Etnisite

Steve FENTON, Bristol Üniversit[illegible] Başkanıdır. ABD, Kanada ve Yeni Zelanda üniversitelerinde misafir öğretim üyesi olarak ders vermiştir. Doktorasını ABD'de, Duke Üniversitesi'nde yapmış ve bu sırada Durkheim'ın Modern Sosyolojiye yaptığı katkılar üzerine çalışmıştır. Bu konudaki doktora çalışması Durkheim ve Modern Sosyoloji (1984) başlığıyla kitaplaştırılmış ve büyük bir etki ve ilgi yaratmıştır.

Nihat ŞAD, ilk ve orta öğrenimini Malatya'da tamamlamış, yüksek öğrenimini Hacettepe Üniversitesi İngilizce Mütercim Tercümanlık Bölümü'nde yapmıştır. Halen Phoenix Yayınevi'nde çevirmenlik görevini yürüten ŞAD'ın Yayınevimizce basılan diğer çevirisi, *Anthony Giddens'ın Üçüncü Yol ve Eleştirileri* isimli kitabıdır.

Etnisite

ETNİSİTE

STEVE FENTON

Çeviren: Nihat ŞAD

ISBN 975-6565-09-8

Etnisite

Steve FENTON

Kitabın orijinal adı: **ETHNICITY**

Racism, Class and Culture

Çeviren, Nihad ŞAD

Yayıma Hazırlayan, Melih YÜRÜŞEN

Kapak Tasarımı, Cemal TEKİN

Mizampaj - Ofset Hazırlık, Serdar AYDOĞAN

Baskı ve Cilt, Pano Ofset

Birinci Baskı, Ekim 2001, Ankara

Phoenix Yayınevi
Dirim Sokak, 23/2
Cebeci 06600 Ankara
Tel: 0.312.320 44 57 - 58
Faks: 0.312.362 53 93
E-posta: phoenixyayinevi@superonline.com

İçindekiler

Sunuş: Etnik Ateş Yatışmışken...

Türkiye, 1987 ile 1998 yılları arasında adını koymanın bile "sorun" olduğu bir sorunu-Kürt Sorununu- çok ağır bir biçimde yaşadı. Bu süre içinde uğursuz kehanetler birbirini izledi: örtülü veya açık bir biçimde mübadeleden, şehirlere taşacak ya da taşınacak gerilla savaşlarından, kanlı bir İç Savaşın kapımızda olduğundan söz edenler oldu.

Şüphesiz, birkaç koşul daha biraraya gelseydi, gerçekleşmeleri çok acı verici olsa bile şaşırtıcı olmayacak olan bu ürpertici öngörüler, başta yaşadığımız çok derin ekonomik görünümlü siyasi krizin temel nedenlerinden biri olan aktif müdahalenin büyük ölçüde başarıya ulaşması ve bunun sonucunda ayrılıkçı etnik savaşı yürütenlerin duruma uygun yeni bir pozisyon almaları ve farklı bir strateji benimsemeleri olmak üzere, çeşitli sebeplerle en azından içinde bulunduğumuz dönemde gerçekleşebilir ihtimaller olmaktan çıktı.

Ayrıntılı bir incelemesi, ayrı bir çalışma konusu olan ve yas tutmadan yaşadığımız toplumsal travmalar arasında kendine özgü özellikleri ve bütün boyutlarıyla anlaşılması olağanüstü bir önem taşıyan bu olgu, sorunlar üstünde gerçekten düşünmek, onları farklı düşünce örgülerinin yöntemleriyle ve değerleriyle kavramaya özel bir değer verenler için büyük bir imkan sunuyor: Etnik ateş yatışmışken, onun doğasına ve iç dinamiklerine nüfuz ederek onu bu topraklarda yaşayan insanlar için şeffaflaştırma, başka bir deyişle açık ve anlaşılabilir kılma imkanı sunuyor. Özellikle de, kendilerini keskin etnik angajmanların dışında gören, varoluşunu körleştirici bir biçimde içine doğduğu etnik kimliğe indirgemeyen düşünce insanları, yazarlar, entelektüeller, siyaset ve kamuoyu oluşturucuları için..

Ancak bu imkanın verimli bir biçimde değerlendirebilmesi, sorunun tam merkezinde yer alan kavram-olgunun, yani etnisitenin tutarlı, sağlam ve pratik olarak açıklayıcı ve kullanışlı bir kavram ve değer örgüsünü içeren perspektif*ler*le analiz edilmesine bağlı. Steve Fenton'un *Etnisite: Irkçılık, Sınıf ve Kültür* adlı çalışması, bu topraklardaki insanların kolektif hafızalarında ve bilinçlerinde kalıcı izler bırakan, doğası ve dinamikleri serinkanlı biçimde anlaşılmaya çalışılmadıkça, farklı tezahürleriyle yeni yaralar açması mukadder olan etnik sorunla küresel bir çerçevede objektif bir biçimde temas kurmamızı, onu belli bir mesafe içinde kavramamızı sağlayabilecek *perspektiflerden birini* sunuyor. Tıpkı çeşitlilikle ve çoğullukla ilgili başka kitaplarımızın sunduğu veya sunacakları gibi..

Melih Yürüşen
Phoenix Yayınları
Genel Yayın Yönetmeni

Teşekkürler

Uzun süredir dostum ve meslektaşım olan Rohit Barot dahil Bristol Üniversitesi Sosyoloji bölümündeki meslektaşlarımın hepsine teşekkür etmek istiyorum. Beni en çok destekleyen, cesaretlendiren ve çok değerli tavsiyelerinden mahrum etmeyen kişi Harriet Bradley oldu; en zor dönemleri beni cesaretlendirmesi sayesinde atlatmayı başardım diyebilirim. Metni ilk kez okuyup çok faydalı tavsiyelerde bulunduğu için Ivan Huey'ye ve canlı tartışmalarımız ve her türlü desteğinden ötürü Steve May'e minnettarım. Metinden sorumlu tek kişi yazarıdır.

Hawaii Üniversitesi'ne ve seçkin Sosyoloji bölümü üyelerine özel bir teşekkür borçluyum. Kendileri 1978, 1981 ve 1986'da ve en son 1996'da beni konuk Profesör olarak ağırladılar. Merhum Andrew Lind'in, Kyoshi Ikeda, David Chandler, Gene Kassebaum daha bir çoklarının yardımlarından ve kılavuzluklarından ötürü kendilerine müteşekkirim. Üniversite Kütüphanesi, özellikle kütüphanedeki Hawaii ve Pasifik koleksiyonu, kütüphanenin sabırlı ve nazik elemanları oldukça yardımcı oldu.

Bu kitabı, başından beri harika iş çıkaran Jenny, Alex ve Lynda'ya adıyorum. Kitabı okumayabilirler fakat kitabın bittiğine sevindiklerinden eminim.

Yayın hakları sahiplerini takip etmek için her türlü gayret gösterilmiştir, fakat yanlışlıkla gözden kaçan olmuşsa, yayıncılar, ilk fırsatta gerekli düzenlemeleri yapmaktan memnun olacaktır.

Önsöz

Sosyolojik 'ırk ilişkileri' fikrinin ölümü yavaş fakat kesin oldu. Popüler söylem içerisinde bir ibare olarak ırk ilişkileri deyimi farklı algılanan insanların aralarındaki ilişkilerin daha iyi ya da daha kötü olması durumunu – yani tatsız/nahoş duyguların (ill-) varlığını veya yokluğunu- ifade eden bir anlam taşımaktadır. Ancak bu ifade, kaçınılmaz bir şekilde farklı olan ve aralarındaki ilişkilerin esası bakımından esasen sorunlu olduğu insanları işaret eden "ırk" teriminin içerdiği analitik belirsizliğin nedeniyle iflas etmiştir. Etnik terimi ve beraberinde gelen "etnik gruplar" ve "etnik ilişkiler" terimleri ırk teriminin geçersizliğinden kurtulmuşlardır. Ancak etnik ilişkiler terimi, etnik duyguların öne çıktığı özel bir ilişki türünün var olduğu şeklinde bir imayı içermesi nedeniyle çıkarımdan yara almıştır. Belli ölçüde "etnik ilginin" ön plana çıktığı tüm bu sosyal durumlarda etnik boyutun ne kadar güçlü olduğunu tahmin bile edemeyiz.

Tarihsel açıdan, etnisite terimi konusunda karşılaşılan zorluk, terimin çoğunlukla antropolojik kaynağı ve açıkça kültür kavramı üzerinde odaklanması olmuştur. Bu yüzden etnisiteye yönelik bir ilginin ırkçılık sorununu bir kenara bıraktığı ve ırksallaştırılmış toplumlarda- yani ırk farklığına olan inancın ve sosyal egemenlik uygulamasının göze çarptığı toplumlarda- açıkça görülen keskin eşitsizlikleri ihmal ettiği görülmüştür. Bu kitapta, etnisiteyi ekonomik ve siyasal olanla yeniden birleştirerek ekonomik eşitsizlikleri veya fark edilmeyen ve o kadar da fark edilmez olmayan güç kullanımını göz ardı etmeksizin kültüre odaklanmanın faydalarını bulup çıkarmaya çalıştık. Irkçı öğretilerin ırksal bölünmeler ve kültürel farklılık fikirlerini içerdiği gerçeği, etnisiteye yönelik ilginin sınıf ve iktidar düşüncesinden geri çekilmeye yönelik bir işaret olmadığını büyük ölçüde ortaya koyar.

Bu amaca ulaşmak için etnisiteyi bağlamsallaştırmak, etnisite çalışmasını tarihteki ve günümüzdeki formlarının, üzerinde etnik dramaların oynandığı sahneyi oluşturduğu ekonomi ve yönetim kavramlarının kendilerine özgü bağlamları içerisine yerleştirmek konusunda ısrar ettik.

İşe etnisitenin kendine özgü bağlamlarını tanımlamakla başladık. Tarihsel üç yörünge saptandı: modern dünyada kölelik ve kölelik sonrası döneme; kolonyal ve post-kolonyal dönem; ve kapitalist Batı'da ve dışında ulus-devletlerin kurulması. Yani Afrikalıların "Yeni Dünya"da köleleştirilmeleri, dünyamızın geniş bir bölümünün topraklarının Avrupalı devletlerin egemenliği altına girmesi ve bu devletlerde ve işgal ettikleri bölgelerde post-kolonyal dönemin getirdiği kötü sonuçlar ve ulus devletlerin kurulması- bunların üçü de etnisitenin şekillenmesi için gereken ortamı sağlamıştır.

Bu kitap boyunca, etnisite ve etnik grupları her yerde aynı olguymuş gibi görmenin gerçek tehlikelere yol açacağını kanıtlamaya çalıştık. Farklı koşullar, oldukça farklı türde bazı etnik grupların - ya da, daha doğrusu, belirgin şekilde farklı etnisite modellerinin- doğmasına neden olmuştur. Ancak bu farklılıklara gözümüzü kapattığımız takdirde bir tür evrensel "etnik olgu"nun veya "etnik uyanış" diye çok önemli bir şeyin var olduğu sonucuna varabiliriz. Elbette baktığımız her yerde - soy, dil ve kültür üzerine kurulmuş- oldukça dayanıklı sosyal sınıflandırmalar mevcuttur. Ancak bunların tamamının aynı türden olgular olup olmadıklarını anlamak için daha yakından incelenmeleri gereklidir.

Etnisitenin özellikleri açısından çok farklı bağlamlara sahip olduğu görüşünü vurgulamak amacıyla bu kitabı, her biri tanımladığımız tarihsel yörüngeler içerisinde ayırt edilebilecek bir yere sahip beş "etnik grup" türü etrafında şekillendirdik. Kölelik ve kölelik sonrası toplumlar genellikle ırksallaştırılmış bir söylemle öne çıkan bir dizi etnisitenin doğmasına neden olmuştur; toprakları ellerinden alınan toplumların göze çarpan özelliği tarihsel marjinalleşme ve yerli halkların kültürel açıdan değersizleştirilmesi olmuştur; kolonyal ve post-kolonyal dünyanın çoğul toplumları, göçmen işçi nüfuslarının kök saldığı, ekonomik ve siyasi alanlar için kendi aralarında ve yerli olduğunu iddia eden gruplarla rekabet ettiği topluluklardır; proto-uluslara, kültürlerin tam anlamıyla entegre olamadığı ve halkların soyu tükenme derecesinde olamasa da marjinalleştiği ulus-devletler içinde rastlanmaktadır; şehir azınlıkları, işçi ve tacir nüfusların küresel bir modele yerleştirilebilecek göçlerinin bir sonucudur. Bu şemanın oluşturulmasında büyük ölçüde Thomas Hyland Eriksen'in çalışmasından yararlanılmıştır; biz bir adım daha atarak, bunları tarihsel zaman ve mekanlara yerleştirdik. Bu türden bir tipoloji düşüncelerimizi ve açıklamalarımızı tarihi ve mekansal boyutlarını düzenlemek için yararlandığımız bir kılavuzdur.

Ayrıca bu kitapta herkesin yakından bildiği diğer iki tartışmaya girmekten de kaçınmaya çalıştık: etnisite esasen maddi olarak mı yoksa sembolik olarak mı görülmelidir ve etnik, "gerçek" bir olgu mudur yoksa "kurulan" bir olgu mu? Bu sorulara bir çırpıda verilen ama o kadar kolay kanıtlanamayan ikna edici cevap şudur: etnisite hem bir temele dayanır hem de kurulur ve hem maddidir hem de sembolik. Şartlar değiştikçe etnik kategorilerin öneminin, içeriğinin ve dayandığı zeminin nasıl da değiştirdiğini göstermek suretiyle etnisitenin kurulan bir olgu olduğunu göstermek mümkündür. Ama diğer taraftan etnisitenin, insanların soya, kültürel farklılığı ve dile yükledikleri mutlak önemde yatan "gerçek" bir sosyal temeli vardır. Bu etnik farklılıklar "sadece kültürel" değildir, ayrıca siyasi ve ekonomik yapı bağlamlarında da örgütlenir ve harekete geçirilir. Etnisite kültürel anlamların ve sosyal yapının bir boyutu olarak tezahür eder; etnik oluşumlar maddesel, sembolik ve sosyal gerçeklerdir. Bunun spesifik bir örnekte nasıl gözlemlenebileceği kitabımızın ilerleyen bölümlerinde anlatılmıştır.

Giriş bölümünde, kitabın geri kalan kısmında çoğunlukla sizlere kılavuzluk edecek anahtar konuları sunduk. Bunlar çunlardır: "ırk/ırksal" ve etnik terimleri arasında, ırk söylemi ve etnisite söylemi arasındaki farklılıklar; toplumsal olarak kurgulamış etnisite görüşü ve toplumsal olarak kültür, soy ve dilde temellenmiş etnisite görüşü; küresel ve yerel, makro- ve mikro-toplumsal formları içinde etnisite; etnisitenin aynı anda hem materyal hem de sembolik olarak ele alınması; ve etnik grupların ve etnik kimliklerin kendi siyasal ve ekonomik bağlamları içerisinde değerlendirilmesi gerektiğini savunan argüman ana hatları.

1. Bölümde modern dünyada etnik oluşumların ortaya çıktığı üç temel tarihsel yörüngenin var olduğunu tartıştık: kölelik ve kötü sonuçları, kolonyal ve post-kolonyal toplumsal düzenler; ve modern ulus-devletlerin oluşumu. Bunlar arasında, Eriksen'in takip ederek (1993b), beş etnisite türü, daha somut bir ifadeyle beş etnik grup türü tanımladık: şehir azınlıkları, proto-uluslar, çoğul toplumlarda etnik gruplar, yerli azınlıklar ve kölelik sonrası azınlıklar. Etnik grupların paylaştığı ortak ekonomik ve siyasi bağlamları ve farklılık gösterdikleri noktaları tartıştık. Şehir azınlıkları, çoğul toplumlardaki etnik gruplar ve kölelik sonrası azınlıkların tamamı, baskı ve zulüm derecelerine göre, serbest dolaşımdan izinsiz dolaşıma kadar değişiklik gösteren işgücü göçü bağlamlarından ortaya çıkmıştır. Proto-uluslar arasında temel sorun siyasidir ve yerli halklar arasında ekonomik marjinalleşme, toprağa el konulması ve siyasi özerklikte olduğu gibi kaybedilme tehlikesiyle karşı karşıya olan hem ekonomik hem de siyasi çıkarlar söz konusudur. Kitabımızda açıklamalarıyla birlikte proto-uluslara örnekler verilmiştir. Diğer dört "tür", dört temel örneğimiz içerisinde anlatılmıştır: Britanya ve şehir azınlıkları, kölelik sonrası 'çoğul' toplum örneği olarak Malezya; yerli bir halkın topraklarının ellerinden alınmasının örneği olarak Hawaii ve Hawaiililer; ve kölelik sonrası azınlığın örneği olarak Afrikalı Amerikalılar. Birinci bölümün son kısmında etnisite ile cinsiyetin kesiştiği noktaları analiz ettik.

2. Bölümde modern karakterine ve kökenlerine ilişkin önemli argümanları takip ederek ırkçılık kavramını ve "ırk" söylemini inceledik. Evrensel insanlık ve "doğal" farklılık konusundaki görüşlerin kaynağı olarak bilime ve Hıristiyanlığa göz attık; ilk Avrupalı maceraperestlerden bazıları karşılaştıkları halkların türleri konusunda ateşli tartışmaları başlatmıştı. Afrikalıların Amerika'da köleleştirilmeleri, radikal değişikliklere uğramasına ve doğruluğunun daima tartışılmasına rağmen Amerikan kültürünün sürekli bir parçası haline gelen bir ırksal farklılık dilinin temelini atmıştır. Ayrıca ırkçı fikirlerin yaratılmasında etkili olmaları nedeniyle Avrupalı beyazlara ilişkin soruların doğuran ırkçı söylemin Avrupalı olmayan bir örneğini (Çin) temas edeceğiz.

3. Bölümde etnisitenin sosyolojisi içindeki tartışmanın iki kilit noktasını ele aldık: durumsal ve araçsal niteliğine karşıt olarak "primordial" karakteri; ve "irrasyonel" ve tutkusal niteliğinin karşısında "hesapçı" olarak karakteri. Bu tartışma, Clifford Geertz'in eski bir denemesi (1973) üzerine bir tartışmayla ve Geertz'in araçsal argümanlarının daha sonra aldığı desteklerin ve eleştirilerin incelenmesiyle sunulmuştur. Tartışmanın temel noktalarından biri, primordial kimliklerin modern devlette, özellikle de yeni kurulmuş devletlerde yurttaşlık bağları çürüterek tahrip edip etmediğiyle ilgilidir. Yurttaşlık bağlarının zayıf olduğu yerlerde primordial bağların güçlü olduklarını ileri süreceğiz- istikrarsız, hatta çökmekte olan devletler primordial bağların yolunu açarlar.

4., 5., 6. ve 7. Bölümler büyük ölçüde ABD, Malezya, Britanya ve Hawai'deki tarihsel vakalara dayanmaktadır; kölelik sonrası toplumların vaka incelemesi için ABD, çoğul bir post-kolonyal sosyal düzen örneği olarak Malezya, eski kolonilerinden göçmen alan post-kolonyal bir kolonyalist bir toplum örneği olarak Britanya ve yerli bir halkın mülksüzleştirilmesinin örneği olarak bugün ABD'yle birleşmiş olan Hawaii. 4. ve 5. Bölüm, bu örneklerin ekonomik, sınıfsal bağlamları, 6. ve 7. Bölümler siyasi bağlamları, özellikle de kültür ve etnik kimlik politikaları üzerinde yoğunlaşmıştır.

8. Bölüm etnisite sosyolojisi tartışmasının merkezinde yer alan bir soruya yanıt aramaktadır: çağdaş dünyada etnisitenin uyanışından bahsedebilir miyiz? Tartışmanın bir boyutu olarak "liberal beklentinin" modernite bağlamında etnik bağlarda bir zayıflamayı öngördüğünü söyleyebiliriz – bu birçoklarının henüz gerçekleşmemiş olarak gördüğü bir beklentidir. Bu modern beklentiyi kendi ekonomik, siyasi, sosyolojik ve kültürel "versiyonları" içinde değerlendirerek, etnisitenin her yerde ve her zaman karşımıza çıkan gücünün abartıldığını söyleyeceğiz..

Giriş

Etnisitenin Kavramsallaştırılması

Bu bölümde kitabın dört temel konusunu tanıtacağız: "ırk" ve "etnik" terimleri arasındaki ayrım; etnisiteyle ilgili makro-, mezo- ve mikro-toplumsal koşullar; gönüllü ve zorla dayatılan etnisite, sağlam temele oturtulmuş etnisite ve kurmaca etnisite arasındaki ayrımlar; ve etnisitenin siyasal ve ekonomik bağlamları.

Irk ve etnisite söylemleri

'Irk' ve 'etnik' terimleri sadece sosyal bilim söylemine ait terimler haline değil, ayrıca günlük konuşmalarımızda ve tanımlamalarımızda da kullandığımız aşina terimler haline gelmiştir. 1996'da ABD'de beyaz karısını öldürmekle suçlanan siyah bir Amerikalının duruşması hep "ırksal gerilimler"çerçevesinde tanımlanır. Eski Yugoslavya'da yaşanan olaylar "etnik çatışma" olarak tanımlanır ve burada yaşayan insanların eylemleri meşum bir ifadeyle "etnik temizlik" şeklinde tanımlanır. Kuzey İrlanda'da yaşanan çatışma mezhepsel, nadiren de "etnik" diye tanımlanır ama asla "ırksal" olarak tanımlanmaz; Güney Afrika'daki siyah-beyaz çatışması genellikle "ırksal" çatışma terimiyle ifade edilir ancak "siyah-siyah" çatışmasının "etnik" hatta "kabile" çatışması olarak tanımlanması uygundur (Horowitz 1985, Marks ve Trapido 1987). Güney Doğu Asya'da, Hindistan'da ve Karayipler'de (Hirschman 1987, Vertovec 1992, Yelvington, 1993), grup kimliklerine ve özellikle de topluluk kimliklerine dayanan siyasi rekabet genellikle "komünal" olarak nitelenir ve bu kimliklerin siyasi manipülasyonu "komünalizm" şeklinde tanımlanır (Ratnam 1965, Hua Wu Yin 1983, Khan and Loh Kok Wah 1992).

Etnik veya ırksal terimleri günlük konuşmalarda ve basın haberlerinde kullanılmaktadır. Şubat 1998'de Malezya hükümetinin, Hindi Çinlilerin ve diğerlerinin aleyhine olarak Malayları kayıran yasal hükümlere geçici bir esneklik getirmeyi düşündüğünü dair basında haberler çıktı. Alt başlık "Malezya'nın ırksal yasaları" diye atılmıştı ve haber *etnik* Malezyalıları kayıran *ırksal* yasaların yumuşatma kararının sadece geçici olduğundan bahsediyordu *(Financial Times 26* şubat 1998, vurgular bana aittir) Malezya anayasası Malaylardan bahseder ve bir Malayı "İslam dinine inandığını açıklayan, Malay dilini konuşan, Malay geleneğine uyan ve Federasyon içerisinde doğmuş" veya ebeveynleri bu kriterleri karşılayan kişi olarak tanımlar (160. Madde, Malezya Federasyon Anayasası).

Malezya Anayasası'nın 153. Maddesi "Malayların özel konumundan ve diğer *toplulukların* yasal çıkarlarından", 161. Maddesi Borneo eyaletlerinin yerlilerinden bahseder ve yirmi kadar *"ırkı"* barındıran Sarawak yerlilerinin bir listesini sunar (vurgular bana aittir). Aynı belgede ırk (ırksal), etnik ve topluluk terimleri, aralarında belirgin herhangi bir ayrım yapılmaksızın kullanılmıştır ve aynı zamanda Malaylar din, dil, gelenek, soy ve doğum yerlerine atfen tanımlanmışlardır.

Amerika'da nüfus sayımlarında "ırklar" kelimesi yaygın biçimde kullanılır ve "ırk, ırklar ve ırksal" kavramları Amerikan sosyal ve siyasi söyleminin hep merkezinde yer alır. Fakat aynı nüfus sayımlarında "etnik" kelimesi de kullanılmaktadır ve "Hispanikleri" etnik bir kategori olarak listeleyen bir tablo "Hispanikler her hangi bir ırktan olabilirler" gibi garip bir dipnot içerir (Lee 1993). Britanya'daki nüfus sayımlarında ırk kelimesine hiç rastlanmaz; ancak Britanya hukukunda bir Irk İlişkileri Yasası vardır ve nüfus sayımı, soruları yanıtlayanlar için etnik kategoriler sunar, bunlardan biri "siyah" ve bir diğeri "Pakistani"dir; birincisi bir "ırk"/renk terimi ve ikincisi de bir orijin/etnisite terimidir (Fenton 1996). Britanya'da "beyaz" nüfus içindeki etnik farklılıklar, öncelikli amacının etnik grupların ölçülmesi olduğu söylenen nüfus sayımlarında neredeyse tamamen göz ardı edilmektedir, bu yüzden sosyal dezavantajlarda oldukça orantısız bir paya sahip olduğunun görülmesine rağmen, etnik İrlandalıların sayımı ancak dolaylı olarak söz konusudur (Fenton 1996). Aslında etnik gruplar açısından Britanya'da nüfus sayımlarının tuhaflıklarından birisi, sayılan nüfusun yaklaşık % 94'ünün tek bir kategoriye girmesidir: "beyaz"; bu da tek başına hiç de kesin bir "etnik" terim değildir (Ballard 1996).

Kategorilerin yaratılmasında ve kullanılmasında hep zorluk yaşanır, yani, kaç kategorinin olması gerektiğine karar verirken ve kimin hangi kategoriye girdiğini belirlerken ve gerçekten neyin ölçü olarak alınacağını değerlendirirken hep sıkıntılarla karşılaşılır. Bugün Malezya'da nüfus sayımlarındaki başlıca ayrımlar, Hirschmann'ın (1987) açıkladığı gibi "her gün kullandığımız terim olan 'ırk'ın gündelik dildeki anlamıyla birebir örtüşen" 'Malezyalı', 'Çinli' ve 'Hintli' ayrımlardır. Ancak Hirschmann bunun nasıl olduğunu açıklamaya devam eder:

Hintli nüfusu Hindular, Müslümanlar, Sihler, Budistler ve Hıristiyanlardan oluşmaktadır ve ayrıca ana dilleri Pakistan ve Sri Lanka kökenli olan Hintlilerden de farklılık göstermektedir. Çin nüfusu da benzer biçimde din ve dil farklılıkları aracılığıyla parçalara ayrılmıştır. Perekan veya Baba Çinlileri diye bilinen Malezyalı- Çinlilerin oluşturduğu bir azınlık dil, giyim kuşam ve mutfak alışkanlıkları dahil Malezya kültürünü ziyadesiyle benimsemiştir. İslam dinine girmek ve Malezya dilini ve geleneklerini benimsemek genellikle her hangi soydan gelirse gelsin kişinin Malay sayılması için yeterlidir (ayrıca bkz. Nagata 1974).

Çoğu nüfus sayımlarında kategorilerin tam listesi ve tanımları bir sayımdan diğerine değişiklik gösterir (Amerika örneği için bkz. Lee 1993). Fakat aslında neyin ölçüldüğü de tartışmalı ve belirsizdir. 19. Yüzyılda ve 20. Yüzyılın başlarında Malezya'da yapılan nüfus sayımı, kolonyalist sosyal bir düzenin hiyerarşilerince desteklenen ırksal farklılık fikirleri aracılığıyla şekillenmişti ve bu, benzer bir çok kolonyal örnekte yaşanan durumun aynısıdır. 1970'ler ile 1980'lerde "topluluk" ve etnik grup gibi terimleri içeren özel bir dile kayış yaşanmıştır, ancak "ırk" kelimesi popüler veya genel söylemdeki yerini hâlâ korumaktaydı. "Irkla" ilgili terminolojinin - insan soyunun yapısı bakımından, birbirine benzemeyen ayrı, farklı ve değişmez türleri bulunduğu var olduğu fikrini içerdiği kabul edilmesine rağmen – bu terminoloji, ABD'de popüler ve akademik söylemlerde varlığını sürdürmektedir. (Rodriguez ve Cordero-Guzman 1992). Akademik söylemde ırk ve etnisite kavramları iç içe geçirilip birbirinin yerine kullanılarak yan yana varolmuşlardır (bkz. Anthias 1992) ve aralarına nihai ve kesin bir çizgi çekmeyi ümit etmememiz gerekir. Yine de kitabımız ilerledikçe önemli noktaları açıklığa kavuşturmaya ve her kavrama özgü vurguların nerede yattığını gösteren ayrımları ortaya koymaya başlayacağız.

Etnik ve ırksal ne demektir?

Etnik grup ve ırk terimlerinin genel, siyasi ve idari söylemlerdeki mevcut kullanımı herhangi bir analitik ayrımın yapılabilmesinde bizlere doğrudan kılavuzluk yapmaz. Çünkü daha önce de belirttiğimiz gibi, bu terimler yıllar boyunca, çoğunlukla, yerleri değiştirilerek, dahası aynı cümlede biri ötekinin yerine geçilerek kullanılmışlardır. Ancak tarihsel kullanımı ve insanoğlunun temelden farklı "türlere" ayrıldığını savunan, bugün artık itibarını yitirmiş teorilerin mirası, "ırk" terimini *fiziksel* veya görünür farklılıklarla ilişkilendirmekte veya açık yahut örtülü bir şekilde kendilerine özgü görünüşleri ile göze çarpan nüfusların yapıları veya biyolojileri açısından farklı oldukları görüşünü taşımaktadır. Bunun aksine "etnik" veya "etnik grup" terimleri özellikle *kültürel* farklılık bağlamlarında kullanılırlar; kültürel farklılık, herşeyden önce, gerçek veya yaygın bir biçimde algılanan ortak bir soy, ayırıcı dil özellikleri ve ulusal ya da bölgesel köken ile bağlantılıdır. Fiziksel/biyolojik (ırka) ve kültüre/soya (etnike) özelliklere yapılan bu gönderme, iki terimin popüler, siyasi ve akademik bağlamlardaki konumları itibariyle ağırlık merkezlerinin belirlenmesinde okuyucuya yol gösterir. Ancak Malezya, ABD ve Britanya'daki kullanımlarıyla ilgili gözlemler yüksek derecede tutarsızlığın mevcut olduğunu göstermektedir. Malezya'da soy ve kültür farklılıklarıyla göze çarpan gruplar ırk olarak tanımlanırken, Britanya'daki nüfus sayımlarında "siyah" terimi "etnik bir grup"u tarif eden kategori olarak sunulmuştur.

Bu kitabın iki temel tartışma konusu şunlardır:

1. "Etnik" teriminin sosyolojide analitik açıdan kullanışlı olma iddiası çok daha fazladır, çünkü "ırk" teriminde olduğu gibi iti-

barını kaybetmiş bir bilimin ve kötü niyetli uygulamaların çağrışımlarıyla yüklü bir geçmişi yoktur.

2. "Irk" fikrini barındıran bir söylem sağ duyulu düşüncenin ve sosyal ilişkilerin düzenlenmesinin güçlü bir özelliği olarak kalmayı sürdürmektedir.

"Irkları" sosyolojik kuramda ve kavramsallaştırmada analitik bir terim olarak görmeyi reddetmemize rağmen, "ırk" terimini kapsayan bir terminolojiyi tamamen bırakmamızı engelleyen tek neden işte bu ikinci gerçektir. Özellikle ABD'de, yaygın ve ısrarcı bir biçimde "ırksal farklılık" fikrini barındıran sosyal bir düzenle karşı karşıya olduğumuzu ve bunun bir çok şekilde Amerika'nın sosyal yapısındaki gerçek bölünmelere ve eşitsizliklere denk düştüğünü kabul etmek zorundayız. Bu, "ırksallaştırmak" ile anlatılmak istenen şeyin ta kendisidir – yani hem "ırk"la ilgili güçlü bir görüş ve inanç dizisi vardır, hem de bu görüşlerin yaygın olarak "ırksal açıdan farklı" algılanan grupların topluma diğerlerinden farklı bir şekilde dahil edilmeleriyle somutluk kazanması söz konusudur.

Irk fikrinin tarihsel bağları

19. Yüzyılın büyük bölümünde ve 20. Yüzyılın yarısından fazla bir süre boyunca insanlığın kaçınılmaz bir biçimde farklı ve kapasiteleri açısından eşit olmayan ırklara bölünmüş olduğu fikri geniş bir sosyal, siyasi ve bilimsel düşünce çizgisinde, özellikle de "beyazları", "Avrupalıları" veya "Kafkasyanları" hemen hemen her zaman insanlığa ait bir hiyerarşinin tam tepesine koyan Batılı beyaz Avro-Amerikan bir söylem içerisinde etkisini korudu (Kiernan 1969, Miles 1989, Malik 1996). Dünya nüfuslarının gerçekten var olduğuna inanılan "ırklara" ayrılmasında belirleyici rol oynayan neredeyse tek kriter deri rengi, saç tipi, endam ve yüz görünüşü

gibi dıştan fark edilebilen özelliklerdi ve ırklar bilimi belirgin bir şekilde tarihte modern genetik biliminden çok daha önce gelmekteydi. Irk bilimi olduğu düşünülen şeyin yandaşları tarih, kültür ve uygarlığın anahtarının "ırk" kavramı içinde var olduğuna; ırkın, 2.Bölüm'de inceleyeceğimiz şekillerde kültürü, insan kapasitesini, karakteri ve her türden eğilimi belirlediğine inanmışlardı.

Bu ırklar biliminin güvenilirliğini yitirerek gözden düşmesinin üç ana nedeni vardır. İlk olarak, var olduğu iddia edilen ırkların kendi içlerinde gösterdikleri çeşitliliğin, kendi aralarında gösterdikleri çeşitlilikten daha fazla olduğunun anlaşılması sonucunda, her hangi bir sınıflandırma sisteminin kabul edilmesinin imkansız olduğu görülmüştür. İkinci olarak, ırksal farklılığın, ırksal olarak kalıtımla geldiği düşünülen diğer birçok farklılığı da açıklayabileceği şeklindeki önermenin yerini, tarihsel koşulların ve kültürel farklılığın, bu farklılıkları çok daha doyurucu bir şekilde açıkladığını savunan sosyolojik ve antropolojik yorum almıştır. Ve üçüncü olarak, 20. Yüzyılın ortalarına gelindiğinde ırksal farklılık biliminin, geçmişte insanlık onurunun ve aşağı ve gereksiz görülen "ırkların" yaşama hakkının hiçe sayılmasına hizmet ettiği tüm acımasızlığıyla gözler önüne serilmiştir. Bu nedenlerle ırk kavramını analitik bir araç olarak ıskartaya çıkardık ve bu anlamıyla, yani geçerliliğini yitirmiş ırksal miras bilimi ve kaçınılmaz bir büyük sosyo-kültürel eşitsizliğin ve farklılığın bileşiminin taşıyıcıları olarak farklı bölümlere ayrılması fikrini içeren anlamıyla terimi, sosyolojik gözlemin ve açıklamanın bir parçası olarak kullanamayız.

Iskartaya neyi çıkardığımızı açıklarken, geriye neyin kaldığını da açıklığa kavuşturmamız gerekir. Geriye, tüm dünyada kendilerine özgü görünüşleri bulabilecek geniş nüfus kümeleri kalır. Lagos ve Nijerya'da, açıktır ki, Stockholm'de ve İsveç'te olduğundan daha fazla siyah derili insan vardır. Sosyologların yapacağı şey bu gerçeği gözden kaçırmak değil, bir medeniyetler kuramından oluşacak görkemli bir binanın bu tür gözlemler üzerine inşaa edilebileceğini kabul etmeyi reddetmektir. Sosyolojik açıdan önemli olan şey, farklılıkların kendilerinden ziyade bu tür farklılıklara yüklenen sosyal anlamlardır. Geriye kalan ikinci şey, ırk konusundaki görüşlerin –bunların en önemlilerinden birisi, kaçınılmaz farklılık ve eşitsizlik fikridir- kültürel ve ideolojik mirasıdır. Bu miras bir taraftan fikir düzeyinde yeniden üretilirken, diğer taraftan daha önce "ırksallaştırılmış" olarak tanımladığımız sosyal düzenlere uygun düşmüştür. ABD'nin tartışıldığı bölümlerde ırksallaştırmanın tarihsel gelişim süreçlerini dikkatle inceleyeceğiz ve 2. Bölüm'de kaçınılmaz farklılığa ve eşitsizliğe olan inanışa karşılık gelen ırkçılık kavramını inceleyeceğiz.

Etnik, etnisite, sosyal söylem, sosyolojik söylem

Bu kitap boyunca, hem ırk söylemi ve etnisite söylemini ele alacağız; ancak bu, tarafsız bir yaklaşımla olmayacaktır. "Etnik" teriminin farklı muamele görmesinin nedeni onun ırk kavramında olduğu gibi yanlış bir tarihsel ilişkilendirmeden etkilenmemiş olmasıdır. Eğer "etnik" kavramının ağırlık merkezi soy, kültür ve dil ise, soy ve soya dair inanışların gerçek sosyolojik değerlerinin olduğunu, hem yerel hem global ölçekte yaşanan şekliyle kültürel farklılığın hayatın gerçek yüzü olduğunu ve hem dil kullanımına ait gerçek bir dağılımın varlığını hem de dil farklılığına atfedilen sosyal anlamları aynı anda gözlemleyebileceğimiz açıktır. Bu son noktayı örnekle açıklamak gerekirse, Galler'de Galce ve Quebec'te Fransızca konuşanlar, dil farklılığı olgusunun "basit" örnekleri olarak gösterilebilir ve bu dil farklılıkları, dilin varlığını sürdürmesinin daha geniş bir sosyal hareketin temel unsurlarından biri olduğu etnik ve ulusal kimlikler bağlamında anlam kazanmaktadır. Dil, hayatın bir gerçeğidir, fakat kültür politikasının da önemli bir boyutudur.

Etnik grup kavramı konusunda bütün yorumcular, kavramın bireyin kendisini kendisi gibi olan diğerlerinden biri olarak görmesini sağlayan sosyal kolektif kimlik oluşumuna karşılık geldiğinde hem fikirdir. Sınırları gevşek veya sıkı bir şekilde belirlenebilen halklar kendilerini kolektif olarak diğer halklardan ayırt ederler. Dolayısıyla etnisite, Eriksen'in (1993b) özellikle vurguladığı gibi, *ilişkiler* içinde ortaya çıkan sosyal sınıflandırmalarla alakalıdır. Basit anlamıyla sadece grup –statik bir kategori- diye bir şey yoktur, fakat içinde insanların kendilerini ötekilerden ayırdığı sosyal ilişkiler vardır. Ancak insanlar bu ayrımları nasıl yapar ve bu kimlikleri nasıl geliştirirler? Etrafında etnik kimliklerin inşaa edildiği sosyal yaşamın yok olması güç boyutları "etnik" kavramının "ağırlık merkezi" dediğimiz boyutlardır – soy, kültür ve dil. Ancak etnisitenin ilişkilere dayanan doğası etnik gruplardan, aynı soy, kültür ve dili paylaşan halklar diye bahsedemeyeceğimiz anlamına gelir. Bu paylaşıma az ya da çok hepsinde rastlansa da etnisitenin hayatiyet kazanması için *gerçek veya algılanan soy, kültür ve dil farklılıklarının sosyal davranışlarda harekete geçirilmesi* gerekmektedir. İnsanlar, konuşma şeklimizden, sürdürdüğümüz geleneklerden ve hayat tarzımızdan, halkımızın nesillerdir devam eden sürekliliğinden ötürü "bizim onlardan farklı olduğumuzu" bilirler veya söylerler.

Soy

Soy kavramı, etnisitenin nasıl sosyal temelli, kültürel olarak özenle işlenmiş ve sosyal bir zeminde kurulmuş bir olgu olduğunu en mükemmel şekilde gösterir. İnsanlar genellikle babalarını, annelerini, büyükannelerini ve büyükbabalarını ve çok daha geniş bir akraba çevresinin ölmüş ya da yaşayan bireylerini tanırlar. Sağlam ya da zayıf akrabalık sistemlerine sahip toplumlarda bu ilişkilerin hatırlanabilmesi toplumda soy kavramının oluşturulmasıyla sağlanır. Fakat insanların atalarıyla aralarında nasıl bir bağ kurdukları, soy kavramının sosyal açıdan nasıl oluşturulduğuna ve kültürel açıdan nasıl işlendiğine bağlıdır. İnsanlar geçmişlerinin bazı yönlerini hatırlamayı ya da unutmayı tercih edebilirler ve atalarında bazılarını sayıp yüceltmeyi seçerken bazılarını akıllarından çıkarmayı yeğleyebilirler. Atalarından bazılarına değer verip diğerlerine vermemelerinin yanı sıra, atalarının kim olduğu konusunda çıkarcı ve sorumsuz bir şekilde davranırlar. Soy için doğru olan etnisite için de doğrudur, her ikisi de aynı zamanda sosyal bir zeminde temellenir ve kurulur.

İnsanlar özellikle, halklarını asilce savunurken veya korkunç bir düşmanın ellerinde öldüklerine inandıkları zaman atalarını hatırlarlar. 1990'ların başlarında yaşanan Yugoslav iç savaşını (Glenny 1990, 1992, Bennnett 1995) ele alırsak, hem çok uzak hem de çok yakın ataların hatıralarıyla ilgili örneklerle karşılaşabiliriz. Sırp ülküsünün ideologu Milosoviç, Sırp vatanseverlerini kışkırtmak için Sırbistan'ın merkezi bölgelerindeki her kasabada sergilenmek üzere Prens Lazar'ın kemiklerinin getirilmesini emretti. Prens 600 yıldan fazla bir süre önce "halkını istilacı kafirler ordusuna" karşı savunurken ölmüştü. Bu örnekte günümüze ait kolektif bir kimlikle asil bir geçmiş arasında bağlantı kurma uğraşı içinde soy kavramı gidebildiği yere kadar çekilmiştir. Daha yakın bir tarihe ait örnek ise Bennett'in (1995) anlattığı, Hırvat faşistleri tarafından anne ve babasının katledilişini hatırladıkça davasına olan bağlılığı artan etnik bir Sırp savaşçısının hikayesidir. Bu örnekte, hunharca katledilmiş olan şerefli atalar kişinin kendi anne ve babasıdır; şiddet dolu savaşlardaki diğer insanlar için bu bir kız ya da erkek kardeş, anne baba, büyük anne ve büyük baba ve diğer akrabalar olacaktır.

Anthony Smith (1981, 1986, 1991, 1995), tarih boyunca hep bir "halk olma" duygusunu taşıyan etnik toplulukları *ethnie** diye ta-

---

* etnikin çoğulu (ç.n.).

nımlar ve Smith'in kavramsallaştırması etnisitenin bir boyutu olan soyun önemini, daha uzun bir alıntı yapmamızı gerektirecek kadar iyi ifade etmiştir:

> Etnikler, insanlar arasında bir kimlik duygusu yaratmak ve bu insanlarda geçmişleri ve geçmişteki geleneklerine karşı bir nostalji duygusu uyandırmak için diğer topluluk formlarıyla – kent, sınıf, din, yöre – rekabet etmiş veya işbirliğine gitmiştir. Ciddi krizlerinin yaşandığı dönemlerde insanlar arasında, geleneksel bir yaşam tarzına ve kimliğe karşı saldırı olarak görülen her şeye karşı güçlü nefret ve intikam duyguları doğurmayı başarmıştır. Ancak çoğunlukla etnikler, insanların kendilerini atalarıyla özdeşleştirebilmelerini ve böylelikle ölümle, özellikle de düşmanın ellerinde korkunç ölümle yüzleşebilmelerini sağlamıştır. Kolektif bir isme tapınmak, topluluğun sembolik imgelerini kullanmak, topluluk ve düşmanlarının sterotiplerini yaratmak, rutin törenler ve bayramlar düzenlemek ve kurbanlar vermek, geçmişteki olayları ve eski kahramanların gösterdiği olağanüstü başarıları topluluk önünde anmak suretiyle, kadın erkek herkesin, kendilerini bir topluluğun ve bu topluluğun kendi bireysel varlıklarını aşan tarihsel kaderinin bir parçası olarak hissedebilmeleri, onların doğal afetler ve insan vahşeti karşısında duydukları yalnızlık ve güvensizlik duygusunu aşabilmeleri sağlanmıştır (Smith 1986).

Kültür ve dil

Kültür, hem sosyologlar hem de antropologlar için eşzamanlı olarak hem merkezi bir kavramdır, hem de umutsuz bir şekilde dağılmış bir kavram. Bugüne kadar çoğunlukla, doğuştan getirilen biyo-psikolojik evrensellere karşı "öğrenmenin" önemini vurgulayan ve dolayısıyla da kültürlerin oluşturulmasında açıkça görünen sonsuz çeşitliliğe işaret eden bir rol üstlenmiştir. En geniş manada kültür terimi, maddi kültür denen şeyi – yaratılan nesneleri, insan toplumlarının maddi olarak yeniden üretimini – kapsar; ancak kavramın asıl karşılık geldiği şey, sembolik olan, değer verilen hayat şekilleri ve tarzları, adetler ve örneğin doğum, evlilik ve ölüm, yeme içme ve giyecekler gibi konularda törenler ve gelenekler ile ilgili olan her şeydir. Akademik düzeyde etnisite üzerinde çalışan öğrenciler, kültürün, grup sınırlarının çizilmesiyle ilgili boyutlarıyla ilgilenir. Kültür sabit bir nitelik olarak düşünülmemelidir; kültürler, hem yavaş yavaş artan adımlarla hem de bir anda bir yaşam şeklinin sona erdiğini veya yeni bir tanesinin başladığını gördüğümüzü düşündüğümüz açıkça dramatik anlarda değişime uğrarlar. Diğer taraftan, kültürün, "şu kültürü' paylaşan insanlar "şu halktır" diye tanımlayabileceğimiz şekilde, kayıtsız koşulsuz, bir grupla, bir toplulukla, bir ulusla ya da bir halkla "ilişkilendirilebileceğini" de düşünmememiz gerekir... Etnik bir grup içerisinde kültürel standartların doğruluğunun tartışıldığını ve değişebilir olduğunu göreceğiz. Örneğin Britanya'daki Sihler arasında giyime verilen önem, erkeklerin sarık takması, saçların hiç kesilmemesi, evliliklerin nasıl yapıldığı ve cinsiyet tarafından şekillendirilen ilişkilerin tamamı tartışma konusudur; çeşitlilik ve değişiklik gösterirler. Britanya'daki Galler halkı arasında – etnik bir gruptan ziyade bir ulus olmalarına rağmen aynı ilkeler geçerlidir- Galce konuşmaya verilen önem her yerde aynı değildir, aynı şekilde Galler içerisinde Galceyi konuşabilme yeteneği de son derece tutarsız bir dağılıma sahiptir. Bu manada Britanya'da Galli olmak veya Sih olmak bir dizi birleştirici kültür özelliğine atfen tanımlanamaz. Grup içerisinde spesifik kültürel formlara olan bağlılık derecesi çeşitlilik gösterir ve bu formların doğrulukları sık sık tartışılarak tekrar tekrar tanımlanır.

Aynı şekilde etnik grup ve dil arasında da birebir ilişki yoktur. Diller kendilerini etnik açıdan ayrı gören bir çok grup arasında "yayılır". İngilizce konuşan Amerikalılar arasında ortak bir dil vardır, ancak İngilizce konuşan bu nüfus içerisinde soyla ilişkili etnik kimliklere olan bağlılıklar varlıklarını kopmadan sürdürürler. Aynı zamanda dil kuşkusuz güçlü bir grup mührüdür, çünkü özellikle dil grup dışındakiler tarafından bilinmiyorsa sosyal bir dışlama aracı görevi görür. Ancak dilin etnik ya da etno-ulusal bir iddianın parçası olduğu durumlarda, Galliler, Katalanlar, Basklar, Quebekliler ve diğer birçok örnekte görüldüğü gibi dil sık sık sınırların belirlenmesi sürecinin merkezinde yer alır (May 1999). Dilin önemi basit bir şekilde dilin yaygın kullanımıyla doğru orantılı değildir. Bir dili konuşanların sayısındaki azalmadan kaynaklanan yok olma duygusu veya bir dilin değiştiği veya –savunucularının gördükleri gibi- kirletildiği ve geri dönülmez bir şekilde yanlış kullanıldığı zamanlarda hissedilen olağandışı değişme kaygısı genellikle dile verilen önemin artmasını beraberinde getirir. İngiltere'nin güzel yalın İngilizcesini koruyan İngilizler vardır (özellikle Amerikan İngilizcesine karşı – okulda şu tembel Amerikanizm öğesi olan "OK"yi kullandığım için öğretmenim beni azarlamıştı), Fransa, Fransız Akademisini güzel Fransızca'nın korunması gibi kutsal bir vazifeyle görevlendirmiştir ve Almanca konuşanlar Amerikan İngilizcesinin kendi dillerinin sınırlarına girmesinden endişelenmektedir. Dil kullanımı neyin uygun ve yalın olduğu konusunda görüşlerle, dilin hakimiyet alanları bir kutsallık ve ihlale veya ihmale karşı bir korumacılık duygusuyla kuşatılmıştır.

Etnik ve ulusal kimliklerle ilgili bu kültür ve dil yorumları, uzun süre ırk kavramıyla bağdaştırılmış "görünüş tipleri" ve görünür farklılıklardan tamamen bağımsız düşünülemez. Bunun iki nedeni vardır. Birincisi, renk farklılığı ve dış görünüşlerle ilgili kavrayışlar bizzat kültürün kendisi tarafından oluşturulmuştur ve hem bize hem de onlara ilişkin popüler görüşlerle, neyin güzel neyin değerli olduğuna ilişkin fikirlerin içine yerleşmiştir. İkincisi, soy ve kültür/dil farklılıklarının etnik kimlikler içerisinde anlam kazandığı durumlarda bu farklılıklara genellikle geçici ya da kalıcı görünür farklılıklar eşlik etmektedir. İnsanların aynı etnik kimliği ve ortak yaşantıyı paylaştığı durumlarda, bu ortak yaşantıdan, insanların sosyal tanınma sistemi içerisine dahil edilen tüm X'ler ve

Y'ler tarafından anında X ya da Y diye tanınabilmesini sağlayan kendilerine özgü konuşma, giyinme ve görünüş özelliklerinin doğma ihtimali yüksektir. İnsanlar istedikleri kültürü öğrenebilip istemediklerini öğrenmeyebilirken, giyinme ya da ibadet tarzlarını değiştirebilirken, evlenecekleri kişileri seçme yollarını değiştirebilirken, bunların tamamını bir ya da iki kuşakta veya daha kısa bir sürede yapabilirken fiziksel farklılıkların kuşaklar boyu değişmeden kaldığı gerçeği hâlâ doğrudur. Ancak fiziksel farklılıklar yok olmasa bile, bu farklılıklara atfedilen önemin kökten, hızlı ve çarpıcı bir şekilde değişebileceği de kesinlikle doğrudur. Güney Afrika, on yıldan daha kısa bir süre içinde, 1980'lerin sonlarından 1994'e kadar, katı bir ırkçı bir rejim kimliğinden sıyrılarak – zor olduğu kabul edilmekle birlikte - kendini çok-etnikli bir demokrasiye dönüştürmekte olan bir ülke kimliği kazanmayı başarmıştır. (Adam ve Moodley 1993).

İlişkiler ve süreç olarak etnisite

Etnik kimlikler, değişmeye, yeniden tanımlanmaya ve doğruluğu tartışılmaya mahkum soy, kültür ve dil gibi özellikler etrafında tartışılmaktadır. Bu yüzden tek başına "etnik gruplardan" bahsedemeyiz. Etnik gruplar sabit ve yalın gerçeklikler değillerse, konumuz, bir zamanlar yanlış bir biçimde algılandığı gibi, "gruplar arası ilişkiler" veya "etnik ilişkiler" değildir. Etnisiteyi, daha çok, *sosyal bir süreç* olarak, insanların, kolektif ya da bireysel açıdan sosyal yaşamlarında etraflarına çektikleri hareketli sınırlar ve kimlikler olarak algılamamız gerekir. Kültürün, benimsenmiş soyun ve soy ideolojilerinin üretilip yaşatılması ve dilin belirleyici bir sosyal farklılık öğesi ve bir halkın simgesi olarak kullanılması, bu sürecin merkezinde yer almaktadır. Kısmen bu sosyal sınıflandırma sistemleri üzerine kurulmuş sosyal ilişkiler, özel ve sınırlı türde "etnik" ya da "ırksal ilişkiler" değildir. Bunlar etnik bir boyutu olan sosyal, siyasi ve iktisadi ilişkilerdir ve bu boyut çok çeşitli bağlamlarda aktif hale getirilir veya bastırılır.

Bireysel eylem düzeyinde etnisite bir özdeşleştirme sinyalidir. Sosyal sistem düzeyinde etnisite "kendilerini kültürel açıdan ayrı gören insan kategorileri arasındaki tasnifleyici temel farklılıkların toplumda sistemli ve sürekli bir şekilde yaşatılmasına" karşılık gelmektedir (Eriksen, 1993). Bu kategoriler, insanlar veya sembollerle ilgili sabit veya kalıcı düzenlemeler değildir.

Etnisiteyi sosyal ilişkilerin bir boyutu olarak görmeye ve "etnik ilişkileri" de spesifik bir ilişki türü olarak düşünmemeye başladığımız andan itibaren, etnisiteden bahsederken kullandığımız dilin bir bölümünü bileşenlerine ayırmak mümkün hale gelir. Bu, bir örnekle çok daha iyi anlatılabilir. Eski Yugoslavya örneğinde Sırp-Hırvat çatışmasının "etnik çatışma" olarak tanımlandığını okuduk. Bu, en az makul iki çıkarım içermektedir: Sırplar ve Hırvatlar belirgin bir biçimde iki farklı gruptur, bu derin tarihsel ve kültürel farklılıklar çatışmanın sebebidir, sanki etnik farklılık bu çatışmayı neredeyse kaçınılmaz kılmaktadır. Bu makul çıkarımların ikisi de, açıkçası, yanlış veya en iyi ihtimalle yanıltıcı olabilir. Yugoslavya'nın şehirlerinde yabana atılmayacak sayıda Sırp ve Hırvat birbiriyle evlenmiştir, dolayısıyla çoğu insan kendini ne Hırvat ne de Sırp olarak görür, kendilerini genellikle Yugoslav diye tanımlarlar ve paylaştıkları kültürel özelliklerin listesi ayrıldıkları özelliklerin listesi kadar uzatılabilir (Glenny 1990, 1992, Bennett 1995). Bu çatışmaların asıl "nedenlerinin" neler olduğundan şu anda bile emin olamıyoruz: çatışmalar merhametsiz bir Sırp (veya Hırvat) azınlığının başarılı manipülasyonlarından mı çıkmıştı, yoksa, her iki grubun da derinden hissettiği ve çoğunluk tarafından paylaşılan karşılıklı düşmanlık mıydı? Gerçekten uzun zamandır süren düşmanlıkların var olduğunu ihtimalini düşünsek bile, bu düşmanlıkların kanlı çatışmaya nasıl dönüştüğünü açıklamamız gerekecektir. Bu sorulara vereceğimiz cevaplar çatışmanın "etnik" olarak tanımlanmasının uygun olup olmadığı konusundaki görüşümüzü etkileyecektir. Aynı şey, halk arasında rutin bir şekilde "etnik" diye tabir edilen dünya çapında yüzlerce çatışma için de geçerlidir.

Kategorilerin ve kimliklerin yaratılması

Kavramsal *kurmacılık* dili (Nagel 1994) 20. Yüzyılın son dönemlerinde giderek önem kazandı. Kavram tamamen yeni bir çıkışı temsil etmekten ziyade, sosyolojideki çok daha eski bir konunun, yani sosyal etiketleri ve etiketlerin taşıdığı anlamları yaratabilecek ve yaşatabilecek bir konumda olanlar tarafından harekete geçirilen sosyal gücün ve sosyal tanımların ve etiketlerin öneminin ayrıntılarıyla işlenmesini temsil eder. Bu yüzden etnik kimliklerin nasıl kuvvetlendirilebileceğini veya bastırılabileceğini ve kendi yapılarını nasıl değiştirebileceğini özellikle vurgulamaktayız. Ancak Thomas'ın (1966) "eğer insanoğlu durumları gerçek olarak tanımlıyorsa, durumlar sonuçları bakımından da gerçektirler" şeklindeki ünlü sözü bu önemli hakikat tohumunu içinde taşımasına rağmen onun, sosyal yaşamın "maddi" durumlarının veya bağlamlarının çok çetin ve zorlayıcı olabileceği gibi bir anlayışı da uygun düşmesi gerekir.

Erkekler ve kadınlar içerisinde yaşadıkları durumların tanımını değiştirmekte tamamen "özgür" değildir; ister maddi ve ekonomik koşullar olarak, ister siyasi ve yasal yetki ve şiddet araçlarının kontrolü olarak, isterse de sosyal ve ahlaki kültürler olarak algılansınlar bizzat "durumların" kendileri zorlayıcı ve engelleyicidir. Dolayısıyla etnisiteye sosyal kurmacı bir yaklaşım, grupların veya kültürlerin özsel devamlılığı düşüncesine karşı bir koruyucu görevi görür. Etnik kimliklerin iradi olarak tekrar tekrar oluşturulmadığını savunan bir görüşün bu yaklaşımla dengelenmesi şarttır. Dolayısıyla etnik kimlikler ve sınıflandırma sistemlerinin oluşturulma *tarzını,* yapı ve eylemin bir boyutu olarak etnisitenin şekillendiği *bağlamları* hesaba katmamız gerekmektedir.

Etnisite: küresel ve yerel, büyük ve küçük ölçek, *de jure/de facto*

Etnisitenin çeşitlilik gösterdiği üç önemli karşılaştırma ölçütü alan, ölçek ve resmiliktir. Etnik kimliklerin alanı en yerelden küresele kadar değişebilir, ölçek makro-sosyalden mikro-sosyal yaşamın bireylerarası münasebetlerine kadar farklılık gösterebilir ve etnisite, düzenli ama gayri resmi bir uygulama meselesi olabileceği gibi, yasal ve anayasal ilkelerle resmiyet de kazanabilir.

Küresel ve yerel

Bazı etnik kimlikler ve özellikle dini kimlikler küresel bir sahnede boy gösterir, günümüzde küresel dini kimliklerin en bariz örneği İslam kimliğidir. Bu, İslam kimliğinin tek bir küresel form taşıdığı değil, yerel formların uluslararası bir çerçevede görülmesini sağlayacak bir şekilde küresel varlığa sahip olduğu anlamına gelir. Dil kültürlerinin de evrensel bir alanı vardır; "İngilizce konuşan dünya" ve "Frankofon[1]" terimlerini düşünün. Bunlar bizim tanımladığımız şekliyle birebir örtüşen etnik kimlikler değildir, ancak etkileri açısından küresel olan ve kültürel farklılığın yerel yansımalarını etkileyen dini ve dilbilimsel kültürleri teşkil ederler. Aynı şekilde, bu bölümün başlarında anlattığımız gibi "ırk" fikri de, örneğin, ABD'nin eski güney eyaletlerinin siyah-beyaz ırklara ayrılmış kast benzeri düzeninde olduğu gibi yerel olarak yerleşmiş formlara sahiptir. Ancak bu fikir küresel olarak ırksallaştırılmış bir

[1] Fransızca konuşan dünya

halklar düzeninin – beyaz üstünlüğünün hakim olduğu bir dünyanın- parçası haline de gelmiştir.

Irksal farklılıkların bu şekilde küresel kullanımı, son dört asır boyunca yaşanan ve içinde bulunduğumuz yüzyılda Portekiz İmparatorluğu'nun 1974'te çökmesine kadar süren (beyaz) Avrupalı kolonyalizmin hakim olduğu bir dünyanın en belirgin özelliğiydi. Balibar'ın ve Wallerstein'in de (1991) tartıştığı gibi ırksallaştırma dünya çapında olmuştur. Beyaz-siyah, Avrupalı-yerli, gelişmiş-ilkel ayrımları, tüm küre üzerinde birbirleriyle hiçbir sosyal organik bağı olmayan çok sayıda insanı bir sınıfta toplayan düşünce ve uygulama şekilleri olarak hayata geçirildi. Yerel sistemde, Mississippi İndianola'daki siyah insanlar birbirlerini tanıyor veya birbirleri hakkında bir şeyler biliyordu ve beyaz halk için de aynı şey söz konusuydu. Ancak siyah-beyaz ve Avrupalı-Afrikalı, Fransa, Britanya, Hollanda ve diğer benzer kolonyalizmlerin de yer aldığı küresel kategoriler haline geldi. Karşıt olarak, "etnik" çoğunlukla yerel bir anlam taşımaktadır, bu sayede kendilerini "aynı gruba dahil" diye tanımlayan ya da diğerleri tarafından böyle tanımlanan insanlar gerçekten birbirlerini tanır, birbirleri hakkında bilgi sahibi olur ve birbirleriyle temas halinde olma beklentisi içinde olur.

Makro-, mezo- ve mikro-etnisite

Makro sosyal oluşumlarda, mikro-sosyal yaşamın yüz-yüze münasebetlerinde ve bu ikisinin arasında yer alan sosyal kurumların mezo-yapılarında etnisiteyi gözlemleyebiliriz. Makro-sosyal oluşumlar, sosyal düzenin başlıca ekonomik ve siyasi yapılarıdır. Bu unsurlar etnik olarak şekillendiğinde, içinde etnisitenin anlamının ve öneminin gelişebilmesine olanak sağlayacak az ya da çok kalıcı bir çerçeve sunarlar. Multi-etnik toplumlar, refahın ve gücün ayrıcalıklı etnik bir seçkin grup veya etnik bir çoğunluk ile nasıl ve ne derece özdeşleştirildiğine göre değişiklik gösterir. ABD'de, büyük bölümünü kente yaşayan fakir ve sosyal olarak dışlanmış siyahların oluşturduğu Afrikalı-Amerikalılar uzun süre çok fazla sosyal dezavantajla mücadele ederek yaşamak zorunda kalmıştır (Wilson 1987, O'Hare *et al.* 1991, Small 1994). Malezya'da Malaylar politika ve yönetim açısından seçkin bir zümre olarak bilinmelerinin yanısıra, hem ekonomik hem de bölgesel açıdan ayrıcalıklı kırsal köylü sınıfı olarak toplam nüfusta orantısız bir yere sahiptir. Beyaz üstünlüğünü savunan Amerika ve apartheid Güney Afrikası[2] hem siyasal hem de yasal olarak etnik ayrımcılığa dayanarak yapılanmış toplumlardır. ABD'de sosyal ayrım yasalarla desteklenmiştir ve "ayrı ama eşit" ilkesi 1954'e kadar yasal bir rehber ilkeydi. Ayrılıkçı Güney Afrika'da vatandaşlık kavramı ve siyasi katılım uygulaması "ırk"a ya da etnisiteye dayanıyordu.

Toplumun mezo-yapıları bazen bağımsız kuruluşlar olan ve bazen de devlet tarafından yönetilen, bireyin ve devletin tam arasında yer alan kuruluşlardır. Burada eğitim kuruluşları merkezi öneme sahip kuruluşlardır, çünkü yükselmek için gerekli kültürel sermayenin kazanılmasının yolu okullar ve üniversitelerden geçer, bu unsurlar sayesinde kültürel kimlikler korunur. En kararlı kültürel mücadeleler, devlet eliyle yönetilen eğitim sistemlerindeki çoğunlukları, baskın kültürleri veya elitleri temsil eden dillerin egemenliği konusundadır (Eriksen 1991, May 1999). Geçmişte Galler'de okullar İngilizce'nin egemenliğini zorla kabul ettirmek için bir vasıta olarak kullanılmıştır ve şu anda okullar Galce'yi yeniden canlandırmak için girişilen devlet destekli çabalara sahne olmaktadır (Williams 1994). Güney Afrika'da devletin siyahların yaşadığı

[2] Güney Afrika Cumhuriyeti'nde beyaz olmayan halklara 1991'e kadar uygulanan sistemli ırk ayrımı politikasına ve bu politikanın yürürlükte olduğu dönemde Güney Afrika'ya verilen ad (editör).

yerlerdeki okul çocuklarına Afrikaans[3] dilinde eğitimi zorla kabul ettirme isteği siyah bir öğrenci ayaklanmasının çıkmasına ve ayrımcı devlet tarafından kanlı bir şekilde bastırılmasına yol açtı (Mare 1993). Doğu Malezya'da Malayların baskın olduğu Malezya devleti Kadazan halklarına Malay dilinde eğitimi dayatmıştır ve Quebec yerel yönetimi, elinde bulundurduğu eğitim kontrolünü Fransızca kullanımını yaşatmak ve İngilizce'nin etkilerini geciktirmek ya da azaltmak için etkili bir biçimde kullanmıştır (Khan ve Loh Kok Wah 1992, Taylor 1992).

Bu açıdan okullar ve üniversiteler egemen kültürlerin üstünlüğü ele geçirdiği ve bastırılmış kültürlerin direnişlerini inşaa ettikleri savaş alanlarıdır. Herhangi bir azınlık dili eğitim ve ekonomi açısından bir dezavantaj olarak görülmeye başladığında, bu dilin zayıflamasının nedeni, hem çoğunluk tarafından bastırılması – Galce'nin dominant İngiliz kültürü tarafından bastırılması örneğindeki gibi- hem de "azınlık" dilini konuşan bir kuşak tarafından yapılan bir hile olabilir. Aynı kuşaktan çok sayıda anne baba, çoğunluğun dilinde eğitim gören çocuklarına atalarının dilini aktarmamaya karar verebilir. Galce konuşanların sayısındaki sert düşüş, 19. Yüzyılın sonlarında ve 20. Yüzyılın başlarında Galce ve İngilizce bilen oldukça fazla sayıda ana-babanın çocuklarına Galce'yi öğretmediği dönemde oldu. Dolayısıyla bu dil, çocuğun öncelikli çevresinden – ev ve aile hayatından - silinmiş oldu ve eğitim çevresinde yeniden canlanabilmesi ihtimali varsa bile, azınlık dillerinin bu çevreden kişisel söyleme yeniden kazandırılıp kazandırılamayacağı tartışmaya açıktır. Aynı türden bir süreci Yeni Zelanda'daki Maori dili örneğinde de görebiliriz (May 1998).

Yüz yüze ilişkilerle şekillenen mikro-sosyal alanda etnik kimlikler ve devamlılıklarını sağlayan gelenekler günlük yaşamda

---

[3] Güney Afrika'ya özgü Flemenkçe. Bu dil Apartheid Güney Afrikasında ülkenin iki resmi dilinden birisiydi (editör).

müzakere edilirler. Yeni şehir merkezlerine göç eden gruplar, eninde sonunda, çocuklarıyla hangi dilde konuşacakları konusunda; büyük ihtimalle bu kurallara uymakta isteksiz genç çocuklarına kılık kıyafet kurallarını zorla kabul ettirip ettirmemeleri ya da nasıl kabul ettirecekleri konusunda ve kızlarının ya da oğullarının evlilik seçimlerinde ne dereceye kadar müsamahakâr olmaları gerektiği konusunda kararlar vermek zorunda kalacaktır. Etnik ya da "ırksal" hiyerarşiler üzerine kurulmuş toplumlarda üstünlük ve ikincillik kalıpları günlük hayatta o kadar çok yaşanmaktadır ki, etnik bölünmeler arasındaki karşılıklı bireysel ilişkilerde, beyaz Amerikalıların yaşları ne olursa olsun, siyah erkekleri "hey evlat!" diye ya da ilk isimleriyle çağırmaları örneğindeki gibi hiyerarşiyi daha da güçlendiren tavır ve davranış şekilleri göze çarpmaktadır.

Etnisitenin makro-sosyal boyutlarının mikro-sosyal boyutlarından çok daha önemli olması gerektiğini düşünmek yanlış olur. Mikro-sosyal etkileşimlerin, aynen başlıca ekonomik ve siyasi güç merkezlerinin etnik bir elit sınıf tarafından idare edilmesinde olduğu gibi etnik kurallar ile yürütülmesi, etnik tanımların totalleştirildiği son derece etnikleştirilmiş ve ırksallaştırılmış sistemlerin en önemli özelliğidir. Davranışlara yön veren etnisiteyle ilgili kurallar hayatın akla gelebilecek her köşesine yayıldığında etnik ya da ırksal sınıflandırma sistemleri "totalleştirilmiş" olur. Hem Güney Afrika'da hem de ABD'de beyaz tahakkümünün yaşandığı çağda dayatılan gelenek ve yasalara baktığımızda (Camejo 1976, Fredrickson 1981, Cell 1982) doğumun, okula gitmenin, arkadaş edinmenin, sevişmenin, Tanrı'ya ibadetin, merhaba demenin, bir bardak su içmenin, tuvalete gitmenin, denizde yüzmenin, parkta yürümenin, ölmenin ve gömülmenin ırksallaştırılmış etnik ilkelerle yönetildiğini görebiliriz.

Günlük hayatta bireylerarasında yaşanan dramların, bireylerarası yaşamın acıları, ironileri ve ikilemleri aracılığıyla etnik düzeni tasvir eden biyografi, oyun ve roman malzemesi haline gelmesinin nedeni budur. (Washington 1945, Douglass 1962, Baldwin 1965, Moody 1968). Frederick Douglass denizci kılığına girerek ve ABD'nin Kuzeydoğu sahil kesimine giden bir gemiye binerek eski Güney'deki kölelikten kaçtı. Beyaz bir yolcunun kendisini tanıdığından şüphelenerek dört gergin saat boyunca yerinde oturdu ve hayatının geri kalan kısmını hep bu Alman göçmenin herhalde ağzını sıkı tutmaya karar vermiş olduğunu düşünerek geçirdi. Douglass, kölelikle mücadelede gerçekten çok önemli bir kariyere kadar yükseldi. Watson'un 1970) Güney Afrika'da beyaz geçinmekle ilgili hikayesinde, kendilerini başarılı bir biçimde beyaz ırktan "gösteren" ve daha sonra orada bulunmalarının etnik kimliklerini açığa çıkaracağını bildikleri için, aile bireylerinden birisinin cenazesine katılıp katılmama ikilemine düşen kişiler anlatılır.

Etnik sınıflandırma kural ve sistemlerinin totalize edilmediği toplumlarda bile küçük etnik dramlara günlük hayatta rastlayabilirsiniz. Britanya'da ofislerde ve fabrikalarda çalışan siyah işçiler beyaz iş arkadaşlarının bitmek tükenmek bilmeyen "ırkçı şakaları"na nasıl tepki göstermeleri gerektiği konusunda bir karar vermek; öğretmenlerse, dini bayramlarını kutlamak ve aile etkinliklerine katılmak istedikleri için izin isteyen çocuklara bir cevap vermek zorundadırlar. Göçmen ailelerin çocukları soylarını onurlandırma konusunda anne babalarından gelen beklentileri, yeni ülkenin bu beklentilere ters düşebilecek taleplerine karşı dengelerler. Etnisite sosyolojisi, sistemlerin doğuşuna ve sonuna damgasını vuran büyük olaylar ve yapısal değişikliklerin yanı sıra işte bu günlük dengelerle de ilgilenmektedir.

Birleşmiş Devletler Temyiz Mahkemesinin 1954'te *Brown versus Kansas Eğitim Kurulu* davasında aldığı karar, makro-sosyal ölçekte, ayrımcılığın sona ermesinin yolunu açtı. Yarım yüzyıldan daha fazla bir süredir geçerliliğini koruyan bir ilke olan "ayrı fakat eşit olanaklar sunulması mümkündür" şeklindeki ilkenin geçerliliğine Kansas Eğitim Kurulu'nun ödenek kurallarına karşı çıkan bir anne tarafından son verildi. Beyaz-egemen Amerika'da yüzyüze ilişkilerin küçük ölçeğinde, başı hafifçe öne eğmek, kafa sallamak veya göz kırpmak bile, günlük hayatın en küçük ayrıntılarını dahi kontrol eden ırksal görgü kurallarını ihlal edebilir ya da güçlendirebilirdi. Bu görgü kurallarına ait 1959 tarihli bir belgede beyaz olmayan çocuk bakıcılarıyla ilgili bazı kurallara yer verilmiştir:

> Beyaz olmayan bir çocuk bakıcısıysanız ve gözetiminizdeki çocukla beraber bir külah dondurma yemek veya bir şişe gazoz içmek istiyorsanız görgü kuralları buna izin verir, ama bir şartla, yiyeceğiniz ya da içeceğiniz şeyi yanınıza alacaksınız, yani bir masaya oturamaz, çatal kaşık kullanamaz veya bir bardak su içemezsiniz-ancak kağıt bir bardaktan içebilirsiniz- (Kennedy 1959).

Beyaz adamlar için kayıkta kürek çeken bir erkek için de benzer kurallar geçerlidir:

> Güneyli dört balıkçı ve beyaz olmayan bir adam aynı kayıkta gölün ortasındadır ve vakit de öğlen yemeği vaktidir. Yemeğe geçmeden önce beyaz olmayan adama kayığın baş tarafında oturmasını söylediler ve kendilerinden tecrit etmek için aralarına bir yelken direğini yatay olarak uzattılar. (*y.a.g.y.*, s. 208

Bunlar geleneğin dayattığı görgü kuralı formlarıdır. Evlilik konusunda uygulama, Güney Carolina Anayasası'nda örneklendiği gibi, yasalarla da belirlenmişti:

> Herhangi bir beyaz erkeğin Kızılderili veya Zenci ırkından bir kadınla veya farklı renklerden anne babanın kızlarıyla, melez kadınlarla veya farklı ırklardan anne babanın kızlarıyla evlenmesi veya herhangi bir beyaz kadının beyaz bir erkeğin dışında biriyle evlilik yapması

> yasadışıdır.... yasa, beyaz kadınların Mongoliyenler veya Malaylarla evlenmesini yasaklar, ancak bu hususta beyaz erkekleri serbest bırakır (Kennedy 1959, s. 69).

Etnik kuralların hep şiddetle veya şiddet tehditleriyle kabul ettirilmeye çalışıldığı etnisitenin bu "buyruklarla dolu" koşulları altında, ya kurallara uymak ya hileye başvurarak onlardan kaçmak ya da toplu siyasal eylemle onlara karşı koymak gerekir. Başka koşullarda etnik kimlikler gönüllü olarak değişir; örneğin dil kullanımına, giyim kuşama ve evliliğe ilişkin kurallar günlük hayat içinde yeniden müzakere edilirler.

De facto, de jure etnisite

Bu örnekler etnisitenin sadece makro-sosyal ve mikro-sosyal bir düzeyde inşaa edildiğini değil, aynı zamanda, etnik sınıflandırma sistemlerinin fiili bir durum *(de facto)* ya da yasa konusu *(de jure)* olabileceğini de gösterir. Ayrımcılık gözeten ABD eyalet yasalarından alınan örnekler, etnik sınırların *de jure* (yasal) olarak temsil edilmesinin ve uygulanmasının açık delillerdir. Bu tür yasaların yürürlükte olduğu durumlarda, geleneksel etnisitelerarası davranış kuralları yasalar tarafından öylesine desteklenir ki, ihlaller sadece sosyal kınama veya ayıplamayla değil, yasal yaptırımlarla da cezalandırılır. Etnik üstünlüğe dayanan sistemlerin sürdürülmesinde yasal şiddete genellikle yasal olmayan şiddet de eşlik eder. ABD'de eyalet yasaları ayrımcılığı yasallaştırırken, Amerikan İç Savaşından sonra kurulan Ku Klux Klan'ın yasadışı şiddeti ve linç çeteleri beyaz egemenliğini korumak için faaliyet göstermiştir.

Etnik sınıflandırma sistemlerini yasallaştırmanın sonuçlarından biri de, herkesin sınıflandırılmasını ve günlük hayatta ifade edilen kimlikler ne olursa olsun, yasada kategorilerin kodlanarak açıkça belirtilmesi gerektirmesidir. Apartheid Güney Afrikasında, içinde bulunduğu grup konusunda şüphe duyan ya da içine dahil edildikleri gruba itiraz etmek isteyenler yeniden sınıflandırma mahkemesine başvurabiliyordu. Mantık şudur, eğer şu park, şu plaj ya da şu tren vagonu beyazlara ayrılmışsa, kimin beyaz olduğunun ve kimin olmadığının kesinkes belirlenmesi şarttır.

Asıl çelişkili olan, etnik eşitsizliklerin tarihsel mirasını düzeltmeye çalışan kamu politikası araçlarının da aynı şeyi yapması gerektirmesidir; eğer bir şirket A grubundan yüzde 40 oranında işçi çalıştırmayı hedefliyorsa, o zaman, kimin A ve kimin B olduğunu bilmenin mümkün olması gerekir.

İrade ve zorlama

Verdiğimiz örnekler ve yaptığımız kavramsal ayrımlar, Eriksen'in ifadesiyle, etnisitenin nasıl "kendilerini kültürel açıdan ayrı gören insan kategorileri arasındaki temel sınıflayıcı farklılıkların toplumda sistemli ve kalıcı bir şekilde yaşatılması" (Eriksen 1993b) olduğunu açıklığa kavuşturmaya başladı. Burada açıklanması ve ayrıntılarıyla işlenmesi gereken unsurlar vardır. Sade ve basit görünmesine rağmen bu tanımın en tartışmalı kısımlarından birisi "kendilerini............olarak gören" ifadesidir. Bu etnisitenin, sadece veya özellikle, istenilen ve gönüllü olarak kabul edilen bir kimlik edinme meselesinden ibaretmiş gibi görülmesi anlamına gelir; verdiğimiz örneklerin çoğu hür iradeye dayanan bu etnisite modeline uymamaktadır. Özellikle etnik üstünlüğün gözetildiği sistemlerde açıkçası kategoriler bazıları tarafından yaratılır ve ötekilere dayatılır; süreç irade dahili değil irade dışıdır; bundan fayda sağlayanlar dahi, kurallardan veya kuralların gerektirdiği davranışlardan nadiren kaçabilir. Dışarıdan dayatılan dışlayıcı sınırlar ile dahil edici iç sınırlar arasında "ırk" ve "etnik" arasındaki bir ayrıma temel teşkil edecek bir ayrım, bazıları tarafından onaylansa da ciddi eksikliklere sahiptir. Bunlardan en önemlisi, kesinlikle "ırksal" olarak nitelendirilen sınırların, özellikle 1960'ların siyah bilinci hareketlerinin hemen sonrasında, siyah teriminin Afrikalı- Amerikalılar tarafından benimsenmesi örneğinde olduğu gibi, gerçek bir toplumsal ve siyasal dayanışmanın temelini oluşturabileceğidir. Yugoslavya'daki etnik temizlik olarak bilinen sosyal dışlama, 1990'larda normalde etnik veya ulusal – Müslümanlar için ise dinsel- denebilecek gruplar (Sırplar, Hırvatlar, Bosnalılar) tarafından gerçekleştirilmişti. 1980'lerde etnik ve kültürel olan bu sınırlar acaba 1990'larda "ırksal" kimlik mi kazanmıştı?

Eriksen'in "kendilerini..........olarak gören" ifadesini kullanma nedenini özellikle de, yine ısrarla vurguladığı "etnisite ilişkilerde ifade edilir" ifadesinin ışığında irdelememiz gerekiyor. Etnisite iki kişinin oynayabileceği bir oyundur ve aslında oynamak için iki kişi şarttır. Bu ilişkilerin eşit olmadığı durumlarda zorlayıcıdır ve hatta bu ilişkilerin resmen eşit olmadığı durumlarda birey, hem kendi grubu içinden hem de "ötekiler"den gelen bir dizi sosyal beklentiyle karşı karşıyadır. Etnik sınıflandırma sistemleri, bu yüzden, tüm sosyal davranış kalıplarında olduğu gibi zorlamanın ve seçimin bileşimlerinden oluşur. Toplumsal tarihin gösterdiği şey, kuşkusuz bu sistemlerin değişmeye mahkum olduğudur – hem etnik düzenin kendisi hem de taşıdığı mesajlar, her ne kadar bir zamanlar çok köklü ve sarsılmaz gibi görünseler de yumuşatılır, üzerinde oynamalar yapılır ve bazen de tamamen değiştirilirler. Bu değişiklikler anlattığımız gibi makro-sosyal, mezo-sosyal ve mikro-sosyal düzeylerde gerçekleşirler: politik mücadele ve reform etnik kuralların radikal tanımlarının yapılmasına neden olur. Okullar, çalışma ve ibadet yerleri etnik değişikliğin gerçekleştiği kurumsal ortamlardır; etnik kimlikler ve kültürler bireylerarası gündelik yaşamda ortaya konur, doğrulukları tartışılır ve yeniden müzakere edilir.

Kategorilerin kurulması

İnsanların kendilerini tanımlamak için kullandıkları veya başkaları tarafından kullanılan terimler olan etnik kategorilerin ve bu kategorilerin içerdiği, Barth'ın (1969) "kültürel malzeme" dediği şeyin kurulmuş kategoriler olduğunu da vurguladık. Bunlar sadece ortak soyun, kültürün ve dilin değil, daha çok, hem kolektif hem de bireysel kimlikler olarak, etnik kimliklerin oluşumu ve modifikasyonu sırasında soyun görülme, kültürün yorumlanma ve dilin kullanılma şeklinin doğrudan bir ürünüdür. Khan ve Loh Kok Wah'ın (1992) incelemelerine dayanan Malezya'dan bir örnek, kurma süreciyle, irade ve zorlama karışımını daha iyi açıklayacaktır.

Doğu Malezya'nın bir parçası olan Sabah Eyaleti, Malezya yarımadasından çok farklı bir tarihe sahiptir, ama bağımsızlığını henüz kazanan Malezya'ya 1963 yılında katılmıştır. Sabah'ın yerli halkı bölgesel kimliklerin yanısıra, dil ve lehçeye dayanan kimliklere sahiptir. Müslüman olmayanların tamamı bu yüzden Malezyalı yerel Müslümanlardan ayrı tutulmuş ve Malezya'nın baskın bir şekilde bir Malay ülkesi olduğu şeklindeki hegemonik bir tanımın da dışında bırakılmıştır. 1970'lerde yerli halklar kendilerini tanımlamak için, çok daha az övücü bir anlam taşıyan eski Dusun teriminin yerine geçen Kazadan terimini kullanıyordu. 1960 nüfus sayımında Dusun olarak listelenenlerin tamamı –Sabah nüfusunun yaklaşık yüzde 30'u- 1970 nüfus sayımında Kazadan olarak sınıflandırıldı. Kazadan kimliklerini vurgulayan siyasi liderler, ortak bir Kazadan kimliğini güçlendirmeye ve potansiyel taraftarları arasındaki bölge ve lehçe özdeşleştirmelerinin üstesinden gelmeye çalıştılar. "Aralarındaki benzerlikleri ve özellikle de onları Malezyalı Müslümanlardan ve diğer gruplardan ayıran ortak farklılıkları vurgulamak suretiyle" (Khan ve Loh Kok Wah 1992, s. 226) bir dereceye kadar Kazadan birliği kurmayı başardılar. Kazadan liderliği bir eyalet olarak Malezya'ya katılma noktasında yetkiyi toplamıştı ve Kazadan kimliğini güçlendirmeye ve Kazadan dili ve kültürünü korumaya çalışıyordu.

Bu Kazadanlaştırma süreci henüz tamamlanmamıştı ve Malezyalı Müslümanlar kendi konumları sağlamlaştırmanın ve Müslüman-ağırlıklı merkezi hükümetle işbirliği yapmanın meyvelerini toplamaya başlamıştı. Sabah'ta ilk Kazadan hükümetinin yerini Müslümanların yönettiği bir hükümet alınca, Kazadanlaştırmanın kültürel kazanımlarına son vermek için gerekli yasalar çıkarıldı – yani Sabah'ın resmi dininin İslam olduğunu ilan edildi ve Malezya dili, okullarda ve resmi dairelerde resmi dil yapıldı. 1980'lere gelindiğinde federal hükümete yakın bir Sabah hükümeti "Malay soyundan ve bağlantısı olan gruplardan herkesi 'Pribumi' adı altında yeniden sınıflandırmaya başladı" ve Kazadanları da içeren bu terim nüfusun yüzde 80'inden fazlasını kapsıyordu. Ancak Sabah hükümeti federal hükümetle olan yakın çalışmalarını arttırdıkça (örneğin yatırım teşviki ve federal destek konularında) Kazadan entelejensiyası, yerel Malaylar ve yarımadadakiler kalkınmanın getirdiği olanaklardan faydalanırken, kendilerinin gitgide dışlandıkları sonucuna varmaya başladılar. Bu pozisyonlarını kaybetme tehlikesine karşı Kazadan direnişi, bahsettiğimiz gibi, kısmen siyasiydi, ancak aynı zamanda kültüreldi ve kendisini Kazadan dilinin korunması ve Hasat Festivalinin kutlanmasının desteklenmesi örneğindeki gibi kültürel faaliyetlerin teşvik edilmesi ile ifade ediyordu. Aynı zamanda, Malayların yanı sıra Kazadanlar gibi yerli grupları da içeren tüm yerli halkların federal bir sınıflandırması olan "Bumiputera" kategorisi, Bumiputera sıfatı altında ayrıcalıklar talep edebilecek bir kategori oluşturduğundan, Kazadanlara oylarını Malezyalılarla birlikte kullanmaları için bir zemin sunmaktadır (Khan and Loh Kok Wah 1992).

Bu örnek, post-kolonyal dünyanın bir çok özelliği bakımından tipik bir örnektir; kavramsal olarak anahatlarıyla çizdiğimiz özelliklerin neredeyse tamamını gerçekten sergiler. Etnik kimliklerin kısmen *temelleri bulunduğunu* gösterir; bu temel öğeler, Sabah'taki halkların bölgesel orijinleri, gerçek dil ve lehçe farklılıkları, İslami uygulamalar ve İslami olmayan dini geleneklerdir. Etnisitenin bu temel unsurları günlük hayatta yaşatılmaktadır. Yerel diller ve lehçeler mikro-sosyal aile ve arkadaş çevresinde kullanılmaktadır, fakat bahasa Melayu dilinde eğitim verilen mezo-sosyal okul ortamında, yerlerine Malay dilinin getirilmesi tehdidiyle karşı karşıyadırlar. Yerel kültürler de, İslami Malay kalıplarının egemenliği altındaki federal kültürün makro-sosyal etkilerinin bir sonucu olarak ortadan kaybolma riski altındadır.

Bu örnek, ayrıca,etnik kimliklerin iç ve dış baskıların birer sonucu nasıl kurulduklarını ve nasıl değiştiklerini de gösterir. İçerde, bir Pan-Kazadan kimliğini güçlendirmek isteyen entelektüel liderler, Kazadan kimliği önemli ölçüde geliştirdiler; dışarda ise, federal hükümetin baskıları yerel kültürel kimliklerin varlığına ters düşmekteydi. Kazadan milliyetçileri "Kazadan" isminin uygun düştüğü, fakat tamamının bunu kabul etmeye yanaşmadığı bir halk arasında, bu ismin önemini ve çekiciliğini yaymak istedi. Nüfus sayımlarının değişen terminolojisi, resmi *de jure* tanımların, halk arasında rakip grup tanımlamalarının egemenliği için verilen mücadelenin nasıl da bir parçası olduğunu gösterir ve Bumiperata'ya özel haklar tanıyan federal yasama, bu ismi istihdam, iş ve diğer alanlarda en avantajlı kimlik haline getirmekte etkili olmaktadır.

Bağlamlar içinde etnisite

En son verdiğimiz örnek, aynı zamanda, etnisitenin doğasına ait çok temel bir noktayı-etnik kimliklerin bağlamsallaştırılmasını- da gözler önüne sermektedir. Bir zamanlar "ırk ilişkileri" ve "etnik ilişkiler" bilimi denen şey isminde bazı çağrışımlar taşıyordu.

"Etnik ilişkiler" terimi özellikle "etnik" ya da bu şekilde genellenmeye elverişli ilişkileri ifade etmektedir. Etnisite bilincinin merkezi veya hakim olduğu sosyal durumlar vardır ve ırksallaştırılmış "üstünlük" iddiasının bulunduğu toplumlarda ırksal kategoriler, hem her alana yayılmış hem de en önemli bir unsur olabilir. Ancak etnik veya ırksal kategorilerin nispeten önemsiz bir rol oynadığı veya önemlerinin bağlamdan bağlama değişiklik gösterdiği daha bir çok koşul vardır. Etnik kategoriler, önemli ve merkezi oldukları durumlarda bile, çok daha geniş bir politik ve ekonomik ilişkiler kompleksinin parçasıdır; etnik ilişkileri *sui generis* diye bu bağlamdan koparmak "etnik ilişkiler kuramı" yaratma girişimlerinde düşülen en temel hatadır; bu yüzden etnisite içinde ikili bir bağlamsallaştırma ile karşılaşıyoruz. Sosyal bir olgu olarak etnisite, hem etnisitenin ifade ediliş şekliyle, hem de taşıdığı sosyal önemin mühim bir unsurunu teşkil eden sosyal, siyasal ve ekonomik yapılarla iç içedir. Aynı zamanda bireysel bilinç ve eylemin bir öğesi olarak etnisite, eylemin bağlamına bağlı olarak yoğunluk ve önem açısından farklılık gösterir.

Rex'in `ırk ilişkileri' durumları

Bu "kurmaca bağlamsallık" çok iyi bilinmektedir ve yaklaşık otuz yıl önce John Rex'in "içinde ırk ilişkilerinin..... ortaya çıktığı toplum türlerini" ayırt etmek amacıyla yazdığı ilk çalışmalarından birinde açıklanmıştır (Rex 1973, 1983). Bu bölümün başlarında belirttiğimiz nedenlerden ötürü "ırk ilişkileri" terimini bir yana bırakıp yerine ırk oluşturma veya "etnik grup oluşturan durumlar" ifadelerini kullanmak arzulayabiliriz; ancak durumlar -veya bağlamlar- üzerindeki vurgu her zamanki gibi açıktır. Bu, "ırksal" veya "etnik" boyutun, her şeyden önce, eşzamanlı olarak "örneği gösterilebilecek" ve tarihsel yerine yerleştirilebilecek bu daha geniş sosyal çerçeveler içinde anlaşılması gerektiği anlamına gelir.

Rex'in (1983) modelinde "ırk ilişkileri" durumlarında üç karakteristik unsur vardır:

1. gruplar arasında farklılaşma, eşitsizlik ve çoğulculuk durumu
2. fiziksel görünüşleri, kültürleri veya zaman zaman sadece soyları yardımıyla bu gibi grupların birbirinden açık bir şekilde ayırt edilebilmesi olasılığı
3. bu ayrımcılığın, her zaman değil ama çoğunlukla açık ya da örtülü biyolojik kuramlarla açıklanması ve doğruluğunun kanıtlanmaya çalışılması.

Söz konusu bu durumlarda taraf olabilecek insanlara örnek olarak Rex, hezimete uğramış düşmanlardan, kölelerden, göçmenlerden, mültecilerden, sözleşmeli işçilerden ve ticaret yapan azınlıklardan bahsederek, koloni ve kölelik koşullarını klasik ırk ve etnik grup oluşturma bağlamları olarak gördüğünü açıkça belirtir. Bu kitabın ilerleyen bölümlerinde tartışılan konuların çoğunda ve daha sonraki vaka incelemelerindeki örneklerin seçilmesinde yolumuza ışık tutan şey; bağlam, tip ve tarih üstündeki bu vurgudur. Etnisite, şekillendirme etkisinin dışında anlaşılması çok daha güç olan politik ve ekonomik yapılar içerisinde bağlamsallaştırılmıştır; ancak gönüllü ve dayatılmış etnik sınıflandırma ve tanımlama sistemleri, bir bütün olarak sosyal oluşumun bileşenlerinden biri ve hatta tanımlayıcı elemanı olabilir ve aslında çoğunlukla da böyledir.

Ekonomik bağlam

Modern dünyada, yani son 300 ila 400 yılda dünyada etnikleşme ve ırksallaşmanın bir çok yeni bağlamının doğmasına, Avrupa devletlerinin askeri, siyasi ve ekonomik gücünün yayılan etkisi neden olmuştur. Ekonomik alandaki faaliyetler kölelik, sözleşmeli iş gücü, topraklara el konulması ve sınırlara tecavüz, ticaret yapan azınlıkların ve göçmen işgücünün söz konusu olduğu durumlarda, karşılaştığımız etnik sınıflandırma sistemleriyle tanımlanmaya başlandı. İnsanların dolaşımı hem gönüllü olarak hem de zorla gerçekleşmişti ve göç, dilin ve kültürün hayatta kaldığı ölçüde çeşitlenmişti; kültürün az çok devamlılığının bulunduğu tüm örneklerde yine de eski formların tamamen değişmesi ve yeni formların yaratılması söz konusuydu; Fiji'nin kamış tarlalarındaki camiler Hindistan'daki camilerin aynısı olmayacaktı. Etnisitenin bu ekonomik bağlamlarının ortak özelliği etnik sınıflandırmanın ekonomik işlevle olan az çok tahmin edilebilir ve açık bağlantısıdır. ABD'deki Afrikalılar plantasyonlarda işçi olarak çalıştırılmak için köleleştirilmişti; Hawaii'deki Japonlar, Çinliler ve Filipinliler gibi Fiji'deki Hintliler de kamış tarlalarından hizmet etmeleri için ithal edildiler; ve Karayipler'de Endonezya'nın bazı bölgelerinde ve bugün Malezya'da Çinliler bir tüccar ve esnaf sınıfı oluşturdular. 4. ve 5. Bölümlerde bunları ve karşılaştırmalı örnekleri inceleyeceğiz.

Siyasi bağlam

Bu etnik sınıflandırmalar sık sık, bir hukuk sorunu ya da bir olgu olarak, politikanın kurucu bir unsur haline gelmeye, onu biçimlendirmeye başlamaktadır. Etnik açıdan tanımlanmış olan gruplar, diğerlerinden farklı politik bir güce sahiptirler, rakip siyasal partilerin doğal seçmen kitlesini oluştururlar ve etnik ya da ırksal ideolojilerin savunucuları veya hedefleri haline gelirler. Devletlerin oluşum sürecinde, geçmişte ve günümüzde, kimlerin bir 'halk' ve ulusal toplumun gerçek ve uygun üyeleri olduğuyla ilgili neredeyse her zaman bir mit olmuştur. Ulus-devletler, yaygın olarak tanımlandığı gibi, göçmen yasaları ve sınır denetimleri aracılığıyla topluma girişi kontrol eder, vatandaşlığa ve uyruğa girişi denetler. Etnik kategoriler, bu yollarla, hem yaratılmaları ya da pekiştirilmeleri, hem de etnisite politikası söyleminde çizilen sterotiplerin teşvik edilmesi sürecinde, siyasi ideoloji ve örgütlenme için gerekli malzemenin bir parçası haline gelir. Politikalar, belli bazı durumlarda "etnik olarak biçimlendirilir": toprak talepleriyle yerli halkların kültürel yenilenme hareketlerinde, göç tartışmalarında, göçmenlerin tuhaf ve yabancı olarak tasvir edilmesinde, etnik isimlere veya etnik desteğe sahip siyasi partilerde, ulus oluşturmaya yönelik kültürel politikalarla, etnik üstünlüğü savunan sistemlerin ırksallaştırılmış politikalarında.

İşte ekonomik ve politik koşulların etnik bilinci ve eylemi nasıl ve neden canlandırdığı bu kitabın genelinde cevabını arayacağımız konulardır; başlıca açıklamalardan ve yorumlardan bazılarını ana hatlarıyla burada gösterebiliriz. Ekonomik alanda etnik kategoriler, sık sık ekonomik ayrıcalığın korunmasına ve ayrıcalıklı olmayanları bastırmanın ideolojik gerekçelerine hizmet etmektedir. Bu durum, köleleştirilen halkın köleliğe uygun olduğunun ve özgür olanların da doğal olarak özgür olduğunun düşünüldüğü ırksallaşmış köleci zihniyetin hakim olduğu tüm örnekler için geçerlidir. İşbölümünün etnik farklılıkla eşleştiği durumlarda, gruplar sık sık ya kendilerine verilen iş için en uygun grup oldukları ya da daha yüksek bir işlevi yerine getiremeyecek kadar yetersiz oldukları şeklinde tarif edilirken, toprakları ellerinden alınanlar doğaları itibariyle tembel veya kalkınma yeteneğinden yoksun olarak resmedilir. Açık ve rekabetçi iş gücü piyasalarında soya, kültüre ve dile göre tanımlanan gruplar meşru ya da gayri meşru rakipler olarak görülür ve ticaretle uğraşan azınlıklar arasında kültürel yakınlık ve özel bağlar, iş ilişkilerinin yağlanması işleminin bir parçası haline gelir – tüccarlar doğru zamanda etnik soylarını hatırlamak suretiyle çok daha fazla kârlı çıkabilirler. Servetlerinin etnik açıdan farklı tüccarların başarısı yüzünden azaldığını düşünenler, onlara cephe alabilirler, 1998 yılında Endonezya'da Çinli esnaflara ve ABD'de de Korelilere karşı yapılan saldırılarda görüldüğü gibi almışlardır da...

Aynı motivasyonlardan bazılarına, ekonomik çıkarların siyasi arenada temsil edildiği ve etnik açıdan tanımlandığı siyasi örgütlenmelerde de rastlamak mümkündür. Bu, örneğin, ayrımcılığın beyazların ekonomik ayrıcalığının ifadesi olduğu Güney Afrika'daki ve yabancı düşmanlığı politikalarının, gayri meşru rakipleri olarak gördükleri yabancılara karşı kendilerini korumaya çalışan işçilere hitap ettiği günümüz Avrupasında yaşanan durumun ta kendisidir. Etnisite ayrıca çok daha genel bir yolla siyasi alanda da ifade edilir, çünkü devlet kurma, kalıcılık ve devamlılık ideolojileri halk olma kavramlarıyla çok sık bağlantılıdır. Bu konular 6. ve 7. Bölümlerde işlenmiştir.

Bağlamsallaştırılmış etnisite, ekonomik ve siyasi

Etnisite, öyleyse, başlıca önemin soya, kültüre ve dile verildiği bazen uysal ve bazen de zorlayıcı karakterli bir grup kimliğidir. Etnik değerler ve kolektif kimlikler, koşullar değiştikçe şekil ve içerik bakımından değişirler, ama yine de, etnik değerler ve bağlılıklar sadece inşaa veya icat edilmiş olgular değildir. Etnisite, hem bir dizi değişen etiketler ve taleplerle sosyal açıdan inşaa edilmiştir, hem de sosyal örgütlenme şekilleri ve akrabalığın uzantıları içinde yükümlülükler ve sosyal bağlarla dolu bir düzende sosyal olarak temellenmiştir. Toplulukların yapısı konusunda hem kolektif hem de bireysel iddialar ortaya atılmaktadır, ancak bu iddialar bireylerin ve toplulukların sonuna kadar iddialarını devam ettirme veya lehlerine olan ifadeleri desteklemeye, olmayanlara ise karşı koymaya yönelik içinde kabiliyetlerini azaltan eşitsiz güç bağlamlarında ortaya atılır.

Etnik kolektivitelerin ekonomik koşulları, etnik olarak tanımlanmış toplulukların, işbölümü ve sınıf yapısı içinde belli alanlarda yoğunlaşmış olması yüzünden, güç ve imtiyaz bakımından eşitsizdir ve hem imtiyazlı seçkinler, hem de oldukça bastırılmış güçsüz gruplar olarak görünen azınlıklarla ilgili siyasi koşullar için de bu eşitsizlik sözkonusudur. Etnik grupların sınırları – belli bir dilin, dinin veya daha genel bir biçimde "kültürün" taşıyıcıları olarak- sembolik bir biçimde temsil edilir; ancak bu sınırlar ayrıca güç ve refah yapıları içinde maddi bir biçimde de oluşturulur. Dolayısıyla etnisite, maddi ve sembolik oluşuma sahip bir yapı şeklinde, bireysel aktörlerin menzillerinin ötesinde sistematik bir özellik ve bireysel eylemin bir boyutu olarak görülmelidir.

Bu bölümün son kısmında kısaca etnisitenin bu bağlamsal doğası ele alınmış ve bunlardan ekonomik ve siyasi alanların, hem etnisitenin sahnelendiği hem de yaratılabildiği başlıca bağlamsal alanlar olduğu ileri sürülmüştür. Daha önce kendisinden bahsettiğimiz Rex, "ırksal" veya etnik değerlerin harekete geçirilmesinde ekonomik bağlamların önemini açıkça kabul etmiş ve bu bağlamları, başlıca özelliklerini ve türlerini tanımlamıştır. Etnik olarak tanımlanmış eşitsizlik sistemi, sınıfsal olarak konumlanmış etnik gruplar ve etnik açılardan düzenlenmiş işbölümü, aynı anda ekonomik açıdan düzenlenmiş etnisite ve etnik açılardan çerçevelenmiş ekonomik yapıların klasik konumlama noktalarıdır. Kolonyal ve post-kolonyal toplumların etnikleşmiş ekonomik yapıları başlıca örnekleri teşkil eder ve Malezya, Fiji ve Güney Afrika bu toplumların en klasik örnekleridir. Aynı şekilde ABD, Karayip adaları ve Brezilya gibi toplumlardaki kölelik dönemi ve sonrası sistemler de önemli örnekleri teşkil eder. Oluşumu itibariyle günümüze en yakın örnek, eski kolonilerinden göçmen alan Avrupa'nın Fransa, Britanya, ve Hollanda gibi metropolitan merkezlerinde görülen post-kolonyal çok-etnisiteli yapıdır. Bu göçmenler, en azından ilk aşamada, şehir ekonomileri içinde karakteristik olarak düşük ücretli ve düşük güvenceli işlere yerleştirilmiştir.

"Etnikleştirilmiş" ve "ırksallaştırılmış" işbölümü tüm dünya çapında yaşanan bir olgudur. Etnik açıdan kendilerini farklı gören ya da başkaları tarafından farklı görülen gruplar, -Malay-Malezyasındaki Malay köylü üreticileri, Jamaica'daki Çinli tüccarlar veya Fiji'deki Hintli kamış yetiştiricilerinde olduğu gibi- iş bölümü içinde etnik kategoriyle mesleğin aynı anlama geleceği şekilde son derece spesifik konumlar işgal ederler. Farklı işbölümü formları olmalarının yanı sıra bu durumlar ayrıca eşitsizliği, sınıfsal yapıyı ve ilişkileri veya hakimiyeti ve üstünlüğü ön plana çıkaran formlardır. Hawaii yerli dilinde beyaz ve Avrupalı-Amerikalı soyundan anlamına gelen "haole" teriminin "patron", iş denetçisi ve yönetici terimleriyle ve toplumda bir ayrıcalık ve üstünlük statüsüyle aynı anlamda kullanılmaya başlanmasının nedeni budur (Kanahele 1996). Bunun yanında, bastırılmış halkların kültürleri de aşağı ve geri olarak tanımlanır.

Politik sistemler de, resmi iktidarın mevcut dağılımıyla ve bu iktidarın sembolik göstergelerinin belirli sosyal düzenin etnik çizgilerini takip etmesiyle birlikte etnik bir düzen kazanmaya başlar. Kölelik ve kolonyal egemenlik sistemlerinde, siyasi gücün, gerek demokratik ve gerek anti-demokratik düzenlerde uygulanmasında söz konusu olan durum budur. Sri Lanka'da bağımsızlığın hemen arkasından yapılan seçimlerde etnik kimlikler aktif bir şekilde siyasi arenada boy gösterdiler. Tamiller çoğunluktaki Seylanlar tarafından sadece Tamiller olarak görülmedi, fakat düşünce yapıları Britanya hakimiyeti altındaki kolonyal elitlerin etkisi altında kalmış Colombo-merkezli (Sri Lanka'nın başkenti) elit bir grupla da özdeşleştirildi. (Geertz 1973).

Bu gibi koşullarda, devlet gücünün meşruiyeti, devletin yetki alanının tamamı, rutin yönetimin uygulanması ve çoğunlukla da askeri güç uygulanması etnisitelerle birlikte tanımlanır hale gelir.

Kolonyal gücün (örneğin Afrika toplumlarında Britanya), silahlı kuvvetlerini toplumun etnik açıdan farklı kesimlerinden toplayarak oluşturduğu post-kolonyal toplumlar örneğinde olduğu gibi, silahlı kuvvetlerin yapısının etnik çeşitliliği barındırdığı tüm çok-etnisiteli toplumlarda bu durum geçerlidir (Horowitz 1985).

Ekonomik, askeri ve siyasi gücün seçkinlerinin belli gruplarla beraber anıldığı durumlarda, ekonomik ve siyasi gücün genele yayılarak yarı-kalıcı etnik bir çerçeve kazanması yönünde gerçek ve sürekli bir olasılık vardır. Aynı şekilde demokraside rakip politikaların etnik bir form aldığı bir çok toplum vardır. Bunların en yaygın örnekleri arasında siyasi partilerin etnik isimler aldığı ülkeler– Malezya'daki Birleşik Malaylar Organizasyonu (UMNO) gibi- veya desteğin büyük ölçüde, Fiji'de olduğu gibi, etnik olarak tanımlanmış kesimden geldiği partiler bulunmaktadır.

Tüm ulus-devletlerde, yani bir "ulusun" siyasi ifadesi olduğu düşünülen devlet yönetim sistemlerinde, ulusun politika-kültürel bir tanımı yapılır. Bu açıdan toplumların tamamında veya çoğunda politikalar "etnikleşmiştir". Ulusun açık ya da üstü kapalı simgeleri etnik çoğunluğun imgelerini ve karakteristik diye bilinen özelliklerini taşımaktadır. Amerika örneğinde, Beyaz-Anglosakson ve Protestan anlamına gelen `WASP' terimi bir zamanlar Avrupalı orijinlerin etnik çoğunluktaki üstünlüğünü yansıtmaktaydı; Amerikalı olmak beyaz, Protestan ve Avrupa orijinli olmakla aynı şeydi, ancak bu bugün, kendisine "çokkültürlü" bir toplum olarak yeniden şekillendirmeye çalışan Amerika'da en fazla karşı çıkılan görüştür. Benzer şekilde, Malezya'da, Malezya'nın Malay-Müslüman kültürel hegemonyasının damgasını vurduğu bir ülke mi, yoksa ayırıcı özelliğini, potansiyel olarak bölünmeye elverişli parçalarından uyumlu ve karşılıklı hoşgörüye sahip bir bütün yaratmakta gösterdiği başarının oluşturduğu bir ülke mi olduğu çevresinde süregiden bir tartışma vardır.

Özet

Bu bölümdeki örnekler ve açıklamalar ABD, Britanya ve Avrupa, Hawaii ve Malezya'ya dayanmaktadır ve bu dört mekan da kitabımızın ana konularının açıklanması için gerekli vaka materyallerini sunmaya devam etmektedir. Bu toplumlar, 4. ve 5. Bölümde (ekonomi ve etnisite üzerine) ve 6. ile 7. Bölümde (politika ve etnisite üzerine) başlıca vaka incelemelerinin yapılacağı alanlar olacaktır. Giriş niteliğindeki bu bölümde, doğası gereği maddi ve sembolik bir olgu olarak; soy, dil ve kültür içinde temellenmiş bir gerçeklik olarak; ekonomik ve siyasal yapılarla, inançlar bağlamında kurulmuş bir sosyal sınıflandırma sistemi olarak etnisitenin doğasını ele aldık. Etnisitenin tarihsel yörüngesini, yani etnisiteyi modern dünyanın bir ürünü olarak görebileceğimiz düşünce sistemini, 1.Bölümde etnisite-oluşturma bağlamının anahtar özellikleri ile belirlenen bir etnisiteler tipolojisi etrafında inceledik.

1.Bölüm

Etnisite ve Modern Dünya: Tarihsel Yörüngeler

Bu bölümün baş kısmında Eriksen'e ait etnisite tipleri şemasını izleyeceğiz: şehir azınlıklarını; yerli halkları; etno-ulusal grupları; çoğul toplumlardaki etnik grupları; ve kölelik sonrası azınlıkları tanımlayacağız. Bunları modern dünyanın üç tarihsel yörüngesiyle ilişkilendireceğiz: kölelik ve kölelik sonrası dünyası, kolonyal ve post-kolonyal dünya ve kapitalist Batı'da yaşanan ulus-devlet oluşumu. Bu bölümün son kısmında Evrenselleşme ve partikülarizm* kavramlarıyla, etnisitenin cinsiyetle ilişkisini tartışacağız.

Tarihsel yörüngeler ve etnisite türleri

Etnisitenin tarihsel ve bağlamsal doğasını ciddi bir şekilde ele almak, evrensel bir etnik ilişkiler kuramı yaratma çabalarına tama-

---

* Bir toplumsal grubun, bir etnik, dini, mesleki topluluğun, bir bölümün oluşturduğu daha geniş topluluğa karşı çıkarak kendi kurallarını, geleneklerini, göreneklerini koruma eğilimi. Yerelcilik veya yörecilik karşılıkları önerilmiştir. Editörün notu

men ters düşer. Tarihsel ve sosyal bağlamın üzerinde durmak karşıt fikirleri de göz önünde bulundurmamızı gerektirir: yani "etnisiteyi incelerken" belli tarihsel kaynaklara bağlı olarak belirgin bir şekilde farklılık gösteren kolektif kimlikleri ve örgütlenmeyi de inceleriz. Bu bölümde bu önermeyi ele alıyoruz ve modern dünyada etnikleştirilmiş ve ırksallaştırılmış sosyal düzenlerin doğmasına neden olan başlıca üç tarihsel yörüngenin olduğunu öne sürüyoruz. Bunlar Afrikalıların köleleştirilmesi; Avrupalıların Asyanın, Afrikanın ve "Yeni Dünya"nın büyük bir kısmını kolonyal hakimiyetleri altına almaları ve siyasi bir yapı olarak modern kapitalizmin ve ulus-devletin gelişmesidir. Bu tarihi süreçler içinde, işçi ve tüccar göçlerinin, uluslararası diasporaların yaratılmasının, bazı halkların mülksüzleştirilmelerinin ve bazı halkların da marjinalleştirilmelerinin farklı etnisite türlerinin ortaya çıkmasına neden olan sonuçlar yarattıklarını öne sürüyoruz. Bu farklı etnisiteler, daha sonra, işçi göçü, modern kölelik ve kötü sonuçları, yerli halkların mülksüzleştirilmeleri, post-kolonyal sosyal düzen ve ulus kavramı ve kültürlere eşit değerin verilmemesi süreçleri içinde tanımlandılar. Bu bölümde daha sonra kölelik, kolonyalizm ve kapitalizm üzerine analitik bir incelemenin ortaya attığı karşıt iddialardan bazılarını ve ırkçılığın varlığını sürdürmesi açısından ne anlamlara geldiğini tartışıyoruz. Bölümün son kısmında ise, bir cinsiyet anlayışının etnisite anlayışıyla olan ilişkisini, cinsiyet ve etnisite düzeniyle ilgili benzeşmeleri ve ayrışmaları yakından inceleyeceğiz.

Etnisite ya da etnisiteler

Etnisitenin ekonomik ve siyasi bağlamsallaştırmasına verilen örneklerin tamamında etnik sınırların çizilmesi –grubun nerede "başlayıp" nerede "bittiği"ne dair sosyal bir tanımın yapılması – ve kültürün, dilin ve soyun mobilizasyonu – "halkımızın türü" - ortak özelliklerdir. Bu önemli ortak zeminde etnisite, ilk yaklaşımların sandığı gibi etnik ilişkiler "yasalarının" yönettiği tek başına sabit veya evrensel bir olgu değildir (Schermerhorn 1970, Banton 1983, Horowitz 1985; ayrıca bkz. Fenton 1987, Fardon 1987). İçinde etnisitenin aktif hale getirildiği ekonomik ve siyasi koşullar, bahsettiğimiz kendine özgü belli koşullarda etnik kimliklere belli bir şekil vermek için biraraya gelirler; etnisite, kendi farklı bağlamları içinde oldukça farklı bir sosyal "güce" sahiptir.

Örneğin, etnik gruplar bazı koşullarda, hayatta kalmak için savaşan kuşatılmış azınlıklar haline gelirler. Grup üyelerinden bazıları daha iyi bir yaşam arayışı içinde yurtlarını terk ederek göç ederler. Dalga dalga Amerika'ya göç eden Avrupalı göçmen nesiller işte bu umudu taşıyorlardı (Handlin 1973, Yinger 1994). Uzun süreli ekonomik bağımlılık, kültürel aşağılanma ve demokratik kazanımları ihtimal dışı bırakan siyasi bir aritmetik söz konusuysa, sürekli taciz edilen bir azınlık, özgürlük savaşçılarına, terörist harekete veya kurtuluş ordusuna dönüşebilir (McGarry and O'Leary 1993).

Diğer durumlarda, işçilerin ve tacirlerin gönüllü ya da gönülsüz göçleri, etnik kimliklerin giderek büyümesi için öncelikli koşulları teşkil eder. İşçi, yerleşmeci ve tüccar gibi insanların yurtlarını terk etmelerini ve onların her birinin yerli halkla -ya da yerlilik statüsüne yönelik güçlü bir iddiada bulunan insanlarla- olan ilişkilerini tanımlayarak bir etnik gruplar ve etnisite-oluşturma durumları tipolojisi ortaya koyabiliriz.

Uluslararası göçler ve diasporalar

İşçilerin, tacirlerin, maceracıların ve kolonicilerin zorla ve gönüllü dolaşımı, halkların, dillerinin ve geleneklerinin bütün yerküreye yayılmasına neden olmuştur. İnsanların anayurtlarını terk edip gittikleri yerlerde topluluklar oluşturduğu her durumda bir diasporadan bahsedebiliriz; terim "yayılma" anlamına gelir ve özellikle esaretin ardından, Yahudilerin, Yahudi olmayanların arasına dağılmalarını anlatmak için kullanılmıştır ve anayurtlarının dışında geniş topluluklar halinde yaşayan tüm halklar için genellenmiştir; bunlardan başlıcaları, kölelik ve zorla-gönüllü işgücü göçünün sonucu olan Afrikalı ve Hintli diasporalardır. Hindistanlı insanlar, gönüllü ve gönülsüz işgücü olarak Fiji, Trinidad, Malezya, Mauritius, Britanya, ABD ve birçok diğer ülkeye göç edip, değişik birçok ortamda yeni topluluklar yaratan, aynı kökeni paylaşan Hindistanlı bir halk diasporası oluşturdular. Londra'da ve Mauritius'ta Hindu bayramlarının, Trinidad'da bir Hindu uyanışının olmasının ve Singapur'un şehir merkezinin yanı sıra, Fiji'nin kamış tarlalarına yayılmış camilerin varlığının nedeni işte budur (Siddique and Slýotam 1982, Eriksen 1992, Vertovec 1992). Malezya'da, ithal edilen Hintli işçilerin hemen hemen tamamı, büyük kauçuk çiftliklerinde çalıştırılan ve uzun süre sosyal ve siyasi açıdan anayurtlarına bağlı kalmayı sürdüren işçilerdi. Onların torunları bugün yeni Malezya'nın vatandaş olarak haklarının bilincinde, sınıfsal olarak ayırt edilebilen bir insan topluluğudur. Fiji'deki Hintli işçiler, şeker üretim çiftliklerinde çalıştırılmak üzere Britanya hakimiyeti altında 1880'lerde ithal edildiler ve onların torunlarının büyük bir kısmı, Fiji'nin en büyük adasının batı ucunda şeker üretim işine devam ettiler. Siyasi alanda ilerlemeleri, yerli Fiji'lilerin "kendi" ülkelerinde üstünlük ve öncelik iddialarıyla engellenmeye çalışıldı. Yerli halkın bu iddialarını körükleyen şey Hintli tüccarların adalardaki ticari başarısı olmuştu. Orlando Patterson'nun kaleminden aktarılan, Jamaica'daki Çinli göçmenlerin bir tüccar sınıfı oluşturmalarının hikayesi, onların ekonomik başarılarında ve sosyal yükümlülüklerinde etnik kimliklerinin ne kadar fazla rol oynadığını göstermektedir -Çinliler iş çevrelerinde destek ve alışveriş konusunda birbirlerine kenetlendikçe daha güçlü bir kolektif kimliğe kavuştular (Patterson 1975).

Herbiri 1960'larda bağımsızlıklarını kazanmış olan Fiji, Malezya ve Trinidad toplumları, Britanya kolonileri olarak, kolonyal bir geçmişe de sahip toplum örnekleridir. Malezya ve Fiji örneklerinde, kendilerini göçmen grupların torunları tarafından yurtlarından edilme tehlikesiyle karşı karşıya gören güçlü bir şekilde varlıklarını sürdüren yerli bir halk söz konusudur. Yeni Zelanda ve Hawaii örneklerinde ise kolonileştirme süreçleri ve ABD'in Hawaii'yi ilhakı yerli halkların mülksüzleştirilmesiyle sonuçlandı ve sayılarının ciddi oranda azalmasına neden oldu. "Beyaz bir göçmen toplumu olan Yeni Zelanda'da, birbirini takip eden göçmen ve işçi ithalatı büyük ölçüde Britanya'dan oldu (Spoonley *ve ark.* 1984, Pearson 1990, Walker 1990). Hawaii'de, kıta Asyasından ve Filipinlerden gelen on binlerce işçi adaya giriş yaparak Hawaiilileri kendi anavatanlarında bir azınlık durumuna düşürdüler, ama gelenler Yeni Zelanda'daki gibi sadece beyaz etnisitenin oluşturduğu bir çoğunluk değildi.

Etnisite-oluşturma durumları

Thomas Eriksen'e ait gruplar ve bağlamlar tipolojisi etnisite-oluşturma durumlarını sınıflandırmak için açık bir başlangıç noktası oluşturmaktadır(1993b). Eriksen'in önsöz niteliğindeki değerlendirmeleri, bu bölümde ele aldığımız "evrensellik" ve "bağlamsal-lık" konularından söz etmektedir:

> Etnisitelerarası her durum için geçerli olan ortak etnik süreç mekanizmaları var olabilir: buna göre etnik olguların tamamında görülen belli başlı ortak biçimsel özellikleri tanımlayabiliriz. Diğer taraftan etnisitenin özsel sosyal bağlamlarının son derece farklılık gösterebileceği ve aslında etnik kimlikler ve etnik organizasyonların kendilerinin

> farklı toplumlarda farklı derecelerde öneme sahip olabileceği konusunda kuşku yoktur... Etnisite kavramının her zaman aynı anlama gelmesine rağmen, karşılaştırmalarda faydalı olması için, araştırma konusu sosyal bağlamları birbirlerinden ayırt etmemiz kaçınılmazdır. (1993, s. 13)

Bu görüşler kitabımızın bütününde ortaya konan argümana çok yakındır. Eriksen'in kategorilerine bir beşincisini de biz ekledik: kölelik sonrası azınlıkları, yani Kuzey ve Güney Amerika'yla Karayipler'deki ırksallaştırılmış etnik gruplar, 16. Yüzyıldan başlayarak köleliğe mahkum edilen Afrikalıların torunları. Şehir azınlıkları kategorisine hem göçmen işçileri hem de Rex tarafından tacir azınlıklar diye tanımlanan göçmen tüccarları kattık. Tüm bu etnik grup türleri sadece bir sınıflandırma sistemi değil, onları yaratan başlıca tarihsel yörüngelerin de sonuçlarıdır.

Beş modern etnisite türü

Öyleyse Eriksen'i takip ederek (1993b), beş tür etnik-oluşturma durumu sayabiliriz:

1. Şehir azınlıkları: örnek olarak Amerika ve Avrupa şehirlerindeki ve yeni yeni sanayileşen toplumların ekonomi-lerindeki (sözgelimi Malezya'daki Endonezyalı işçiler) göçmen işçi nüfusu ve Karayipler'deki Çinli tüccarlar gibi tacir azınlıklar gösterilebilir.
2. Proto-uluslar veya etno-ulusal gruplar: ulus olma talebinde ve iddiasında bulunan ve dolayısıyla da büyük bir devlet ile birleşmiş oldukları halde bir çeşit kendi kendini yönetebilme hakkını talep eden halklar. Kanada'daki Fransızca konuşan Quebecliler, Türkiye ve çevre ülkelerdeki Kürt halkları ve İspanya'daki

Basklar, onlara "gayri meşru" bir şekilde hükmeden devlet sistemi içinde yönetilmelerine tepkileriyle ulus olma talebinde bulunan halkların klasik örneklerdir.

3. Çoğul toplumlardaki etnik gruplar: bu gruplar genelde gönülsüz, gönüllü ve yarı gönüllü işçiler olarak göç etmiş ve girdikleri yeni bağlamda ötekilerden farklı ve bazen de sayıca fazla azınlıklar (Malezya'daki Çinliler gibi) oluşturmuş toplulukların torunlarıdır. Eriksen'in gözlem-lediği gibi, bu gruplar, nadiren etno-ulusal statüyü bölmek gibi bir talepte bulunmakla birlikte, bir ulus-devlet sisteminde oldukça kalıcı bir biçimde ayrı bir kesimi oluştururlar.
4. Yerli azınlıklar: koloni kuran yerleşmeciler tarafından mülksüzleştirilen halklardır. Belli başlı örnekleri, Avustralya'nın aborijinal veya Koori halkları, Yeni Zelanda'nın Maori halkı ve Hawaililer gibi Pasifik'in ada halkları; Kuzey, Orta ve Güney Amerika'nın yerli Amerikan halklarıdır.
5. Kölelik sonrası azınlıkları: eskiden Yeni Dünya'da köleleştirilmiş insanların "siyah" (Afrikalı) torunlarıdır, en klasik örneği ise siyah veya Afrikalı Amerikalılar. Bir çok örnekte bu grupların etnik kimlikleri, gruplararası evlilik yüzünden birbirine karışmıştır, bu yüzden "mulatto" ve "karma ırklı" nüfuslar kısmen ayrı bir nüfusu oluşturabilir – Jamaika'da olduğu gibi (Patterson 1975). Her ne kadar bazı durumlarda, özellikle de Guyana ve Trinidad örneklerinde ve çok daha karmaşık Mauritius örneğinde (Eriksen 1992, 1993a) bu grupların sosyal, kültürel ve siyasi statüleri birbirini izleyen işgücü ithalatlarının akabinde oluşan diasporik Hintli toplulukları ile birlikte masaya yatırılıp tartışılsa da ABD, Küba ve Brezilya'nın dışında, yani özellikle siyah Karayipli toplumlarda bu gruplar gerçekte sayısal azınlıkları oluşturmazlar.

Bu beş tipin her birine ait örneklerin daha yakından incelenmesi, bu tiplerden hareket ederek, modern dünyada kuramsal ve tarihsel bir etnisite anlayışının nasıl şekillenmeye başlayabildiğini gösterecektir.

Şehir azınlıkları: ticaretle uğraşan azınlıklar

Dünya genelinde toplumların çoğunda, ister multi-etnik yapılar içindeki etnik gruplar olsun, isterse göçmen olarak gelmiş tacirler ve onların torunları olsun, etnik orijinleri bakımından diğerlerinden farklı, ticaretle uğraşan azınlık örneklerine mutlaka rastlanır. Örnek olarak, Karayipler'deki Lübnanlı ve Çinli tüccarlar, Avrupa'nın birçok yerinde Yahudiler, günümüz Britanyasındaki Gujaratiler, Malezya ve Endonezya'daki Çinli işadamları, Nijerya'daki Hausa, İspanya ve İtalya'daki Kuzey Afrikalılar (Faslılar ve Tunuslular) gösterilebilir. Avrupa'nın birçok yerindeki Yahudi halklarında olduğu gibi, azınlıkların ticaret faaliyetlerinde yoğunlaşmaları, ekonominin başka alanlarından dışlanmalarının bir sonucu olabilir, bu da sözkonusu etnik grupların iş dünyasına karşı doğal yetenekleri varmış gibi streotipleştirilmelerine yol açabilir. Dükkancılıkta, kuyumculukta, tefecilikte, tekstilde ve günümüz dünyasında bilgisayar ekipmanı ve mikroçiplerde uzmanlaşan etnik olarak farklı küçük tacir grupları, parya grupları veya en azından şüphe ve periyodik düşmanlık nöbetlerinin hedefi haline gelme riskini taşımaktadır. Yiyecek dükkanları işlettikleri yerlerde, yokluk veya yüksek fiyat artışının yaşandığı dönemlerde düşmanlıkların hedefi olma olasılıkları yüksektir, tefecilik yaptıkları durumlarda başkalarının mali çöküşünün tek sorumlusu olarak görülme riskiyle karşı karşıyadırlar.

1989'de Endonezya, ticaretle uğraşan bir azınlık olan Çinlilere karşı şiddet ve düşmanlıkla sonuçlanan birbiriyle bağlantılı bir dizi ekonomik olaya sahne oldu. Endonezya ekonomisi, 1997 Temmuzunda başlayan ve aralarında Endonezya Rupisi'nin de bulunduğu bölgedeki para birimlerinde ani bir değer kaybı ile ilk sinyallerini veren Güneydoğu Asya kapitalizminde yaşanan krizden en fazla etkilenen ekonomilerden biri olmuştu. 1998 baharına gelindiğinde, krizden daha az ama yine de ciddi boyutlarda etkilenen ülkeler, hükümet harcamalarını azaltarak yatırım ve altyapı giderlerinde kesintiye gidiyordu. Bu, Malezya gibi komşuların, iş güçlerine geçici olarak ihtiyaç kalmayan Endonezyalı göçmen işçileri evlerine göndermeleri ve "kaçak" göçmen akınına karşı kıyılarını koruma altına almaları anlamına geliyordu. Endonezya ekonomisinin çökmesi, aynı zamanda, Endonezyalı işçilerin anavatanları dışında iş bulma ümitlerinin daha da tükenmesi geliyordu. Sonuç olarak binlerce Endonezyalı, riskleri göze alıp yasadışı göç yollarını denemeye kalkıştı ve Malezya polisi ile gümrük memurları çalışmalarını yoğunlaştırdı. *Sarawak Tribune*'de yer alan 14 Nisan 1997 tarihli bir haber, bakanlarından birinin Malezya'da 1.2 milyon yasal ve 800.000 yasadışı yabancı işçi olduğu şeklindeki beyanına yer veriyordu; aile bireyleri de eklendiğinde toplam sayı 2.2 milyona ve Malezya nüfusunun % 10'una tekabül ediyordu. Bu ve benzer diğer haberler, 1960'ların Britanyası ve 1980'lerle 1990'ların Fransasının gündemini takip edenlere tanıdık gelecek olan "göçmen karşıtı" ve dolayısıyla da Endonezyalı karşıtı bir iklim yaratmaya başladı. Mart 1998'de Malezya basınında hemen hemen her gün şehirlerde gizlendikleri yerlerde veya yasadışı işgücü tacirlerinin gemilerinden kıyıya yüzerken yakalanan "Endonezyalılarla" ilgili haberler yer alıyordu. Singapur'da polis, Singapur ormanlarında gizlenmiş, derme çatma barınaklarda ve inşaat boruları içerisinde yaşayan ve doğadan bulduklarıyla hayatta kalmaya çalışan kaçak Endonezyalı işçilere ait küçük bir yerleşim yerini gün ışığına çıkarttı. Malezya'da yasadışı işçilerin tutulduğu tutuklu kampında ciddi şiddet olayları yaşandı; Endonezyalıların Malezya'nın istikrarı için bir tehdit unsuru olarak gösterilmesi günden güne artıyordu.

Endonezya'daki Çinli dükkan sahiplerine karşı tepkiler anında veriliyordu. Yiyecek fiyatlarına yüzde yüzden daha fazla zam gelince ve Müslüman Endonezyalılar bu durumun sorumlusu olarak bizzat esnafı suçladı. Ulusal Endonezya televizyonunun bile, aslında fiyatları yukarı çekmek için malların stoklandığı fikrini akla getiren ağzına kadar dolu depo görüntüleri vermek suretiyle bu suçlamaların önüne geçmeye çalışmadığı bildirildi. Çinli esnafa karşı geniş çaplı şiddet hareketlerine ve dükkanlarının yağmalanmasına dair haberler veriliyordu. Endonezya ve Malezya'daki bu olaylar zinciri, 1997 yazının sonlarında gerçekleşen Güneydoğu Asya kapitalist krizinden kaynaklanmıştı ve ekonomik kaynaklı etnik çatışmanın aşina olduğumuz iki oluşumuna neden oldu: göçmen işçilerle ilgili şüphe ve korkuların tırmanması ve etnik açıdan farklı bir *petite bourgeoisie**' ye karşı genel şiddet.

Tacir azınlıklar dışarıdan düşmanca tutumlara maruz kalma riskiyle karşı karşıyayken, onların etnik dayanışmaları hem kendilerini korumaları hem de işlerini ilerletmeleri için sağlam bir temel teşkil eder. Etnik bağlar ticarette işbirliğinin temelini oluştururken birbirlerini tanıyan, aynı dili konuşan ve uzak ya da yakın akrabalık yükümlülükleri taşıyan insanlar alışverişlerde çok değerli ortaklar olabilirler (Patterson 1975).

Şehir azınlıkları: işgücü göçü

İnsanların iş ve "yeni bir yaşam" arayışı içerisinde yurtlarını terk etmesi modern dünyaya ait bir özellik değildir; İkinci Dünya Savaşından sonraki dönemde seyahatte hız ve rahatlık açısından yaşanan gelişmeler, işgücü göçünü rutin bir global olgu haline

* Küçük burjuvazi (ç.n).

getirmiştir (Castles ve Miller 1993). 19. Yüzyılda İrlandalı göçmenlerin Amerika'da gidecekleri bir noktaya ulaşmaları altı aylarını alırken, bugün bu mesafe altı saatlik bir yolculuk anlamına geliyor. Beş etnisite türünden en az üçü günümüzde veya geçmişte yaşanmış bir işgücü göçüne dayanmaktadır -kölelik sonrası toplumlar insanların Afrika'dan toplu olarak göçe zorlanmalarının bir sonucu olarak oluşmuştur ve "çoğul toplumların" etnik grupları, bu toplumlara 19. Yüzyılda çalıştırılmak için getirilmiş işçilerin torunlarıdır. Modern Amerika'nın etnik şehir grupları 19. ve 20. yüzyıllarda Avrupa'dan (örneğin Almanya, İskandinavya, Polonya, Britanya) göç eden nüfusların torunlarıdır ve günümüz Avrupası hem Avrupa içi göçlerden, hem de Türkiye, Afrika, Karayipler ve Hindistan dahil, Avrupa'nın dışındaki kaynaklardan göçmen almıştır. Uluslararası işgücü piyasası profesyonel ve yönetici vasıflı çalışanların yanı sıra, gelişmiş ve gelişmekte olan ülkelerin ekonomilerine gelen düşük ücretli sanayi ve hizmet işçilerinden de oluşmaktadır. Dolayısıyla emek nasıl sermaye gerektiriyor ve iş için uygun yüksek yatırım alanları arıyorsa, sermaye de örneğin üretim maliyetlerini azaltmak için düşük ücretli bölgelerde kendine öyle işgücü aramaktadır.

Almanya'nın yeniden birleşmesiyle yaşanan emek ve sermaye hareketleri bu noktalardan bazılarını örneklemektedir. Kasım 1996'da *Financial Times* bir Alman şirketinin faaliyetlerinden bazılarını sınırın ötesine Çek Cumhuriyeti'ne taşıdığı haberine yer verdi. Şirketin bunu yapma nedeni, ürünlerini, ücret düzeylerinin düşük olduğu Çek Cumhuriyeti'nde daha ucuza daha fazla kârla üretebilmesiydi. Ancak yöneticilerin "Çek işçilerin, şirketin Almanya'daki eski işçileri kadar verimli çalıştıklarından emin olmaları için devamlı denetim halinde olmaları gerekiyordu"; Bir yönetici "Çek Cumhuriyeti'nde çok farklı bir ritimleri olduğunu" söylüyor (*Financial Times* 1996). Çek kasabası Husinec'te 250 kişi işe kavuşurken, Alman şirketin sınırın hemen ötesindeki merkez tesisi on yıl içinde işgücünün yarısını kaybetti. Almanya'da işçi maliyetlerinin Çek Cumhuriyeti'ndekinin on katını bulmasıyla birlikte küresel rekabet kapıya dayandı. "İnsanlar, Asya'nın gelişmekte olan ekonomileriyle rekabetten başka bir şey konuşmuyor. Hong Kong kapımıza kadar gelmiş." *(Financial Times* 1996). Slovakya ve Bulgaristan'da parça imal eden makine aksamı sanayileriyle birlikte diğer sanayilerde de aynı hareketlenmenin yaşandığı bildirilmektedir. Almanya sermaye fonlarını Husinec'e yatırırken, kasabadaki işçilerin çoğu çalışmak için günü birlik Almanya ve Avusturya'ya gidip gelmektedir (*Financial Times* 1996).

İşgücünde etnik farklılıklarla ilgili bu özel durum, yeni yeni şekillenmeye başladı, fakat daha önce yaşanan benzer türde karşılaştırılabilir örneklerden hareket ederek, bu durumla ilgili sosyolojik sonuçlardan bazılarını biliyoruz. Savaş sonrası dönemde tüm Avrupa'da işgücü göçü, göze ilk çarpan örneği Almanya olmak üzere dinamik kapitalist ekonomilerin çoğunun gelişmesinde kaçınılmaz bir rol oynadı (Castles ve Kosack 1985). Bir ulus kavramının -örneğin Alman halkının veya gerçek Britanyalıların oluşturduğu bir ulus kavramının- oluşturulması, gerçekte ne kadar yetersiz olurlarsa olsun, toplum olmanın mükafatlarını daha az hak eden "ötekiler" kavramının oluşturulmasına da zemin hazırlar ve teşvik eder. Bu açıdan, ırkçılık üzerine yazılmış, biyolojik determinizme dayanan dar kafalı bir doğa teorisi anlayışına sahip çoğu Britanya sosyoloji literatürünün üstünde durmak yanıltıcı olur. 'Bu insanların' burada bulunmaya zaten hakları yok veya eğer burada kalacaklarsa yer, kâr ve hizmetten daha az pay almayı hak ediyorlar" şeklindeki çok daha basit bir zihniyet zaten tek başına yeterince zorlayıcıdır (Rose *ve ark*.. 1969, Lawrence 1974). Eğer insanların gayri meşru olarak burada oldukları düşünülüyorsa elde ettikleri en ufak kazanca bile tahammül edilemez, özellikle de "ev sahibi" halk yoksulluk içindeyse. Etnik husumet ve bölünmüş işgücü piyasaları, Bonacich'in de ortaya koyduğu gibi, birbirinden ayrı düşünülemez (Bonacich 1972, 1976). Göçmen işçi topluluklarında etnik farklılığa dair izler işgücünde görünen farklılığın temelini teşkil eder.

Çek-Almanya örneğinde Alman fabrikalarındaki Alman işçiler, kuşkusuz, zaten kendileriyle iş konusunda rekabet eden göçmen Çek işçilerin varlığının bilincindedir. İşçi potansiyeli oluşturmaları Almanya'daki ücret düzeylerini ve istihdamı etkilemektedir, çünkü onlar olmasaydı işgücü daha zor bulunur ve değerli olurdu. Haberde de belirtildiği gibi, Alman yöneticiler yeni tesisin işlerini yürütmek için son derece kolaylıkla seyahat edebiliyorlarsa, bu, Çek Cumhuriyet'inde büyük kısmı Çek olan işçilerin Alman yöneticiler tarafından yönetileceği anlamına gelmektedir. Başka bir deyişle, otorite farklılığı çizgisi aynı zamanda bir etnik farklılık çizgisidir (Gellner 1983). Buradaki ekonomik bağlam, ürünlerini (cam eşya, 'Avrupa'nın en büyük cam imalatçısı") dünya pazarlarında satan uluslararası bir Alman şirketin daha ucuz işgücü arayışıdır. Sermayenin Almanya'nın dışına yatırılması sonucunda Çek Cumhuriyetindeki istihdam olanakları artmakta ama Almanya'dakiler azalmaktadır. Kapitalist ekonominin ana dinamiklerinden biri ve üretimin sürecinin bir parçası olarak "işçilik maliyetlerini azaltma yollarının devamlı aranması süreci" küresel düzeyde her an yaşanmaktadır. Bu, "göçmen karşıtı" politikaların tüm Batı Avrupa'da, giderek Doğu Avrupa'da, ABD'de ve daha önce bahsettiğimiz sanayileşmekte olan ülkelerde su yüzüne çıktığı önemli bir bağlamı oluşturmaktadır (Husbands 1991a, b, 1997, Miles 1994a).

Tarihten ve özellikle de global işbölümü içinde emek göçü ve etnisite-oluşturma süreçlerinin yaşandığı yakın tarihten buna uygun örnekleri hatırlıyoruz (Phizacklea 1999). Karşımıza hemen Londra, Körfez Devletleri ve Güneydoğu Asya'daki Filipinli kadın otel hizmetçileri çıkıyor. `Körfezin hırpalanan köleleri' *(Observor* 1995), kendisine tecavüz eden patronunu öldürmesi üzerine idama mahkum edilen hizmetçinin davasıyla ilgili haberin başlığıydı.

Petrol zengini Ortadoğu devletlerinde on binlerce Sri Lankalı ve Pakistanlı ev hizmetçisi, Japonya'da Kore soyundan işçiler, Fiji'de Hint soyundan işçiler, Almanya'da Türk işçiler veya Kanada'da Meksikalı tütün toplayıcıları vardır. Kuzey Amerika'nın büyük kentleri, 19. Yüzyıl boyunca ve 20. Yüzyılın başlarında, hem kırsal kesimlerden hem de ülke dışından gelen toplu göçlerin sonucunda büyüyebilmişti. Birinci Dünya Savaşı sırasında Chicago nüfusunun üçte birinden fazlası, ABD'nin dışında doğmuştu ve ayrıca giderek artan bir oranı, yoksullaştırılmış güney eyaletlerden gelen Afrikalı-Amerikalılar oluşturuyordu. Daha sonra aynı yüzyılda Kanada'da Toronto da büyük ölçüde aynı karaktere büründü. Göçmenlerin ikinci ve üçüncü kuşakları bugün artık Amerika ve Kanada toplumuna karışmış olduğundan, Chicago ve Toronto çağdaş dünyanın multi-etnik kentlerin prototipini oluşturur. Daha güneye ve batıya gidildiğinde göç kaynakları daha Hispanik ve Asyalı bir karakter kazanır; bu, Kuzey Amerika'nın büyük bölümünde yaygın hale gelen bir trenddir. Bu durum, hem Kanada hem de ABD'de daha sonra tartışacağımız bir konu olan bu ülkelerin çokkültürlü statüleri hakkında tartışmalara neden olmuştur (Reitz ve Breton 1994; Waters 1990, Schlesinger 1991, Goldberg 1994).

Proto-uluslar veya etno-ulusal gruplar

Proto-milliyetçi kimlikler veya hareketler, kültürel ve maddi açılardan, ulus-içinde-ulus olma ya da daha doğrusu devlet-içinde-ulus olma diye bilinen taleplere saygı duymaya yanaşmayan ya da yanaşmamakla suçlanan ulus-devlet sistemleri içinde emilmiş toplulukların siyasi ve kültürel ifadeleridir. Bunlar, tarihin, homojenleştirici bir devlet sistemi içinde kısmen sindirilmek, üstü örtülmek veya unutulmak zorundaymış gibi gördüğü topluluklar veya kültürlerdir. Dil, kültür, eğitim ve sivil yönetimde homojenleştirme süreci, Geller'in de (1983) kanıtlamaya çalıştığı gibi, modernleşme projesinin bir parçasıdır. Devlet, asimilasyon görevinin sadece bir kısmını yerine getirir. Kuzey İspanya Baskları ve Kuzey İrlanda'nın Katolik İrlandalıları tarih tarafından, meşruluğunu kabul etmedikleri – ya da daha doğrusu meşruluğu topluluklarının önemli bir kesimince kabul edilmeyen - devlet sistemlerine "emanet edildiler". Kürt halkları kendilerini başta Türkiye, İran ve Irak olmak üzere bir çok devlet sistemi tarafından kuşatılmış olarak bulmuştur; Kuzey Avrupa'nın Sami halkı (Paine 1992), yaşam tarzlarını ayakta tutma çabalarına genellikle soğuk bakan Norveç, İsveç, Finlandiya ve Rusya gibi devletlere dağılmışlardır. Britanya'da İskoç, Gal ve İngiliz milliyetçilik duygularının açık bir şekilde yeniden canlanmasına özellikle, siyasi güç ve bağımsızlığın arttırılmasına yönelik barışçı anayasal hareketlerde rastlanmıştır.

Proto-uluslar veya etno-milliyetçi gruplara dair önemli üç kuramsal nokta vardır. Birinci olarak, etno-milliyetçi grup her zaman, bir parçasını oluşturduğu devlet sistemine bağlı olarak tanımlanır. Bu devlet sistemi, grupların varlığını ya da onların farklılığını tanıyabilir veya tanımayabilir; tartışma konusu, bu farklılıklarının ne ölçüde tanındığı ve bu farklılığın tanınmasında ve korunmasında kullanılacak siyasi yapıların neler olacağı olabilir. İkinci olarak, tüm ulus devlet sistemlerinde, genellikle hegemonik olarak nitelenen "ülkenin ulusal karakteri" ilgili hakim bir görüş vardır. Bu hegemonik görüşün proto-ulusları dışlaması söz konusuysa, sahne, Taylor'un (1992) "tanıma politikası" dediği şey için hazırlanır. Üçüncü olarak, her ne kadar bu ayrımı sürdürmek gerçekten zor olsa da, proto-ulus veya etno-ulus ile etnik grup arasında fark vardır. Farklılık, uluslar ve devletler arasındaki denklemin son derece güçlü olmasından dolayı, etno-ulusun, açık ya da örtülü bir şekilde, bir ulus olarak kendi kendini yönetme iddiasında bulunmasında yatmaktadır. Bir başka deyişle, milliyetçi ideolojide uluslar, kendilerine ait bir devletleri olması ve devletler de bir ulusun oluşturması gereken şeylerdir (Gellner 1983).

Çoğul toplumlarda etnik gruplar

Çoğul toplum kavramı, genel nüfus içinde dini ve kültürel farklılıkları "koruma"nın yanı sıra, koloniye yeni işçi nüfuslarını getiren kolonyal bir rejimin miraslarından biri olarak multi-etnik bir yapı taşıyan kolonyal ya da post-kolonyal toplumlar için kullanılmıştır. Bu kolonyal rejimleri evrensel oy hakkına dayalı demokratik kurumlar kurmadığından, Weber (1976) ve Gellner'in (1983) ileri sürdükleri şekilde, Batı demokrasilerinin modernleşmesinde itici bir güç olan evrensel bir vatandaşlık şekli veya kültürel homojenlik yaratmaya teşebbüs etmeye yönelik bir ihtiyaç yoktu. Kolonyal toplum, bu yüzden –genellikle iş bölümü içindeki işlevine ek olarak– gelenek, kültür ve dil farklılıkları, kültürel veya kurumsal bütünleşmeye yönelik hiçbir ciddi girişim olmaksızın korunan ayrı gruplardan oluşmaktaydı (bkz. Smith 1965, Jonkins 1997, Rex 1997).

Çoğul toplum kavramı Jenkins (1997) ve daha başkaları tarafından eleştirilmiştir, ama, Malezya, Trinidad, Fiji ve Endonezya örnekleri biraz önce tanımladığımız karakteristik özelliklere uyan tipik çoğul toplumlardır. `Çoğul toplum' kavramının zayıflığı, bütün toplumların, içlerinde kültürel ve sosyal bir çok sadakat bağı ihtiva etmeleri bakımından çoğul olduğu gerçeğinde yatmaktadır; bütün bunlar, onun sunacak pek az şeyi olduğu anlamına gelir. Ancak kavramda iki farklılık noktası göze çarpar. Çoğul şeklinde tanımlanan toplumlar sadece birçok kültürden oluşmamıştır, ayrıca sosyal ve kültürel bütünleşmelerini sağlayacak güçlü dürtüden yoksundurlar ya da tarihsel olarak bu dürtüden yoksun kalmışlardır. Kavramın ilk savunucularının (Furnivall 1948, Smith 1965), dışardan gelen zorlayıcı bir gücün, yani spesifik olarak kolonyal hakimiyetin ortadan kaldırılmasının geride birleştirici mekanizmaları olmayan bir toplum bırakacağını savını öne sürmelerinin nedeni işte budur. Bu savın yanlış bir değerlendirmeden ibaret olduğu birçok örnekte, özellikle Malezya örneğinde görülmüştür; fakat sosyal ve kültürel açıdan önemli ölçülerde ayrı ve entegrasyona yönelik her hangi güçlü bir dürtüsü olmayan kesimlerden oluşan toplumları tanımlarken, kavram, toplumların tamamında görülen "kültürlerin çoğulluğu" özelliğinin üstünde bir anlamı karşılar.

"Çoğul" kavramının ikinci farklılık noktası basit bir şekilde tarihseldir. Çoğul terimiyle işaret edilen toplum gruplarının başında, vasıfsız işgücünün ithal edildiği yakın geçmişlerinin büyük bir bölümünde Britanya, Hollanda ve Fransız sömürgeci hakimiyetinin altında kalmış (Smith 1965) Asya ve Karayip toplumları gelmektedir. Bu işçilerin, genellikle, geçici olarak yerleştikleri düşünülüyordu ve birçoğu da kendi ülkelerine geri döndüler ya da yeni yerlere hareket ettiler. Fakat çok daha fazlası yeni ülkelerinde kalıp kök saldılar ve bugün bu ülkelerin toplam nüfusu içinde kalabalık kesimleri, bazen de Hindistan soyundan gelen Fijiyanların olduğu gibi, çoğunluğu oluşturdular. Bu ülkelerin bazılarında, Malezya nüfusunun % 60'ını oluşturan Malaylar gibi yerli nüfuslarla karşılaşılır. Trinidad ve Mauritius gibi diğer örneklerde Afrikalı soyundan gelen geniş bir nüfus vardır, hiç yerli yoktur ya da çok az vardır, ayrıca daha sonra ithal edilen işçilerin torunları vardır. Bunların ataları genellikle köleliğin kaldırılmasından sonra gelmiştir. Trinidad ve Guyana için de aynı durum söz konusudur, diğer taraftan Mauritius kolonileştirme döneminde yerleşime açılmamış toplumun tek örneğidir. Singapur'da dışarıdan gelen ilk Çinli göçmenler toplam nüfusun büyük bir bölümünü oluşturur.

Bahsettiğimiz örneklerden ikisinde, sadece kültürel ayrılma değil, ayrıca "bu ülke bizim ülkemizdir" ifadesiyle özetlenebilen spesifik "yerli iddialar" sorunu da söz konusudur. Bu durum Fiji dilinde, toprakların eskiden beri sahiplenildiğini anlatmak için kullanılan ve yerli Fijililerin çıkarları adına 1987 darbesini destekleyen hareketin de ismi olan *Taukei* kavramıyla ifade edilmektedir. Gerekçeleri fazla geçerli olmamakla birlikte (Lal 1990, Lawson

1992), darbeyi destekleyenler, yerli Fiji halkının ve yaşam tarzlarının kültürel ve siyasal olarak varlığını sürdürmesi için savaştıklarına kesinlikle inanıyorlardı.

Yerli azınlıklar

Her iki durumda yerli iddialar ya bir çoğunluğu oluşturan (Malaylar hemen hemen %60, artı % 1-2 yerli halklar) ya da oldukça kalabalık olan (yerli Fijililer % 43) nüfuslardan gelir. Bunun aksine kolonyalizmin ve kolonyal hakimiyetin kötü sonuçları arasında, "bu topraklar bizim topraklarımız" iddiasında bulunan halkın o ülkede azınlıkları, bazen de oldukça küçük azınlıkları oluşturduğu durumlar vardır. 17 milyonun üzerinde nüfusa sahip Avustralya'da aborjin halklar veya Kooriler toplam nüfusun sadece % 1'i kadardır. Beyaz sömürgecilerin aborijin nüfusu yok saydıklarının kanıtı toprakları "boş" olarak gördükleri gerçeğidir. Karşılaştıkları aborjinlerin çoğunu yakalayıp katletmişlerdir ve aborjin nüfusun yok olmasına yol açan uygulamalar ve politikalar izlemişlerdir (Turnbull 1948). Bu politikalar ve beyaz Avustralya'nın dış göç kabul etme politikası bugün artık değişmiştir (Wilkie 1994) ve Avustralya hükümeti, aileleri parçalayıp, bir halkı dağıtan idari ve sosyal bir uygulama olan Koori çocuklarının ailelerinden alınarak beyaz ailelere verilmesi uygulamasından ötürü özür dilemiştir. Ancak ırkçılığın yeniden canlanmasının habercisi olan ve ülkeyi bölünme tehdidiyle karşı karşıya bırakan "toprakların sahiplerine iadesi" hususu başta olmak üzere, karşılaşılacak sonuçlarla nasıl başa çıkılacağı sorusunun cevabı hâlâ aranmaktadır (*Independent* 15 Haziran 1998).

Yeni Zelanda'da, Maori nüfusu 3.5 milyondan fazla olan toplam nüfusun yaklaşık % 10'unu teşkil etmektedir. Beyaz Yeni Zelandalıların *(Pakeha),* kendilerinin olarak gördükleri toprak ve kültüre, Maori soyundan insanların çok farklı bir gözle baktıkları konusunda bilinçlenmeleri ancak 1980'lerde başladı (Walker 1995). Kanada'da, Amerikan Yerlileri -Kızılderililer- ve Inuit halkları 26 milyonun üzerindeki toplam nüfusun % 2'sinden daha azını oluşturmaktadır ve aynı şekilde ABD'de de yerli halklar 250 milyonluk nüfus içerisinde buna yakın bir yüzdeye sahiptir. Brezilya'da, Güney Amerikalı Yerli halklar 153 milyonluk toplam nüfusun %1'inden daha az bir kısmını oluşturmaktadır. Karayipler'in tamamında, ne Karayip ve Arawak halkları hayatta kalabilmiştir ne de aborjin Tasmanyalılar (Turrnbull 1948); Hawaii'de yerli Hawaii halkı (veya *Kanaka Maoli)*, dışarıdan gelen gruplar ile evlilikler yapmalarının sonucunda varlıklarını kısmen devam ettirebilmişlerdir; (kısmen) Hawaii soyundan gelenler bugün adanın 1.2 milyonluk nüfusunun yaklaşık yüzde 18'ini oluşturmaktadır. Pasifik'le, Kuzey ve Güney Amerika'nın tamamında yerli nüfuslar, çoğunlukla, gruplararası evlilik yapmış nüfuslar olarak varlıklarını sürdürebilmişlerdir.

Bu örneklerin çoğunda 1970'lerden bu yana, sözkonusu yerli halklar arasında çok sayıda ortak özelliği barındıran bir dizi kültürel uyanışa tanık olunmuştur. Bu hareketler, kıymet verilen şeyleri ve yitirilen değerleri hatırlatıp, kültürel miraslarının değersizleştirilmesini önlemeye çalışarak kolektif haysiyetlerini yeniden kazanma amacını gütmekteydi. "Kültür" kavramının kendisi bilinçli olarak kıymet verilen ve yüceltilen bir mülksüzleştirme sembolüne dönüşmüştür. Aynı zamanda, toprak sahipliği ve mülkiyeti mahkemelerde tartışılır hale geldi ve gayri menkul işlemlerinde sorunlar yarattı; Hawaii örneğinde bu, Uluslararası Honolulu Havalimanının üzerine inşa edildiği toprakların mülkiyeti konusunda yasal bir çekişmeye yol açtı. Bu yerli hareketlerine Pasifik'in tamamında, Kuzey ve Güney Amerika'da ve Norveç, İsveç ve Finlandiya'daki Samiler gibi gruplar arasında rastlayabiliriz. Yerli halkları temsil eden sembolik unsurlar sorunu ve kültür konusuyla bunları bir araya getiren "ulus" konusu, etnisitenin yoksullukla ilgili bütün tezahürlerinin merkezinde yer alır. Bunun nedeni, kolonileştirme ve mülksüzleştirme süreçlerinin yerli halklarda uzun süreli bir kültürel yozlaşma ile birlikte ekonomik marjinalleşmeyi, yoksullaşmayı ve ahlaksal bozulmayı da beraberinde getirmesidir. Her ne kadar yenilenmenin ve siyasi bilincin ilk belirtilerinden bazıları kültürel özellikte olsa da, en fazla mücadeleye sahne olan arena, bugün Avustralya örneğinde de açıkça görüldüğü gibi toprak arenasıdır.

Kölelik sonrası azınlıklar

Yaklaşık 20 milyon Afrikalı kıtalarından alınıp Karayipler, Brezilya ve Kuzey Amerika'ya götürülmüştür. Bu insanlar Afrika'dan Mandinka, Fulani, Ibo, Hausa, Coromantee ve diğer bir çok etnisite ve dil grubuna ait insanlar olarak ayrıldılar; ama onları getirenlerin amaçları açısından Yeni Dünya'da sadece iş gücü, siyah, `zenci' ve köleydiler. Köleler arasında dayanışma ihtimalini en aza indirmek için etnik grupları harmanlamak köle tüccarları arasında uygulanan çok yaygın bir yöntemdi. Bu "harmanlama" işleminin daha az olduğu yerlerde köle ayaklanmalarının ve firar olaylarının daha yaygın olduğu iddia edilmiştir. Brezilya'da ithal edilen Afrikalıların dağıtımı, aynı dili ve ortak geçmişi paylaşan çok sayıda insanın bir yerde toplanmasına yol açıyordu ve köle ayaklanmaları ile firarları daha sık gerçekleşiyordu. Ancak köleleştirmenin etkisi, etnik kimlik ve kültüre dair tüm izleri tahminen bir kuşak içerisinde silecekti; Afrika kültürünün Kuzey ve Güney Amerika'da ne dereceye kadar hayata kalabildiği de çok fazla tartışılan bir konudur. (Huggins *ve ark.* 1971, Rawick 1972). Egemen Avrupalı sosyal düzenin bakış açısından temel sınıflandırma sistemi köle ve özgür; beyaz-renkli ve siyah; ve daha nazik bir terim olan siyah ve küçük düşürücü ve alçaltıcı bir terim olan "zenci" şeklindeydi.

19. Yüzyılın başlarında, ortalarında ve sonlarında kölelik, Britanya hakimiyetindeki Karayipler'de, ABD ve Brezilya'da arka arkaya kaldırıldı. Köleliğin kaldırılmasından bu yana önceden köle olan nüfusun çoğunluğu ekonomik açıdan hep dezavantajlı bir konumda kalmış ve siyasi iktidar sistemlerinde yeterince temsil edilememişlerdir. Ancak karanlıkta kalmış ama hiç kaybolmamış "Afrikalı köklerde saklı tarihsel bir haysiyet" 1960'larda, özellikle de Kara Güç* ve Afrikalı milliyetçi akımlarının kölelik-sonrası toplumların tamamını etkilediği Amerika'da yeniden canlandı (Marable 1984). Son yirmi yıl içinde "ırksal" bir terim olan siyahtan, ulusal bir terim olan "Afrikalı"ya doğru genel bir kayışla birlikte, bugün etnik gururun yeni ifadelerine "Afrikalı-Amerikalılar" ve "Afro-Brezilyalılar" gibi etno-ulusal etiketlerde rastlanacaktır. Etnik kategoriler, ötekilerle ilgili ilişkiler içinde belirlendiği için, kölelik sonrası konumlar kültürel ve etnik işaretlere yönelik belli vurgular değişir. Mauritius, Trinidad ve Guyana gibi ülkelerde Afrika kökeninin konumu, Hint soyundan insanlarla olan ilişkilere göre belirlenir; ABD'de en önemli "ötekiler", sonradan bunlara Asyalılar ve Hispanikler de katılsa bile, Avrupalı beyazlar olmuşlardır. Brezilya'da gruplaşmalar konusunda, renk farklılıklarına göre kavramsallaştırılıp, sınıf ve statü bilinciyle uzlaştırılmış çok daha farklı bir "ara" gelişme görülmüştür. (Degler 1971, Dzidzienyo ve Casal 1979, Fontaine 1985, Marx 1998).

Tipolojiler, tarih ve toplumsal değişim

Etnisite türleriyle ilgili bir sınıflandırma sistemi, içine örneklerin yerleştirilebileceği bir statik kutular dizisidir. Bir tipoloji, eğer toplumsal bir değişim ve tarihsel bir yörünge anlayışının parçasıysa hayatiyet kazanır. Yukarıda belirlenen türlerden beşinin de altında yatan şey, modern dünyanın (burada modernden son dört yüzyıl kastedilmektedir) yaratılmasının temel özelliklerinden olan bazı

---

* Black Power.

kilit toplumsal gelişmelerdir. Modern gelişmeler arasında etnik, "ırksal" ve ulusal grupların ve kimliklerin yaratılması ve harekete geçirilmesiyle yakından alakalı olanlar bulunmaktadır. Kilit ekonomik süreçler serbest veya izinsiz iş gücünün istihdamı ve göçüyle, toprakta mülksüzleştirmedir. Kilit siyasi süreçler, Avrupa'da, post-kolonyal dünyada ve imparatorluk-sonrası dünyada ulus-devletlerin kurulması; anayasal seçme-seçilme ve yurttaşlık haklarının yaratılmasıdır.

Şehir azınlıkları, çoğul toplumlardaki etnik gruplar ve kölelik sonrası azınlıklarına gelince, işgücünün ve tacirlerin göçünde ortak bir payda söz konusudur. İşgücü türlerindeki en can alıcı fark, "vasıfsız iş gücünün" hem etnik gruplarda, hem de kölelik sonrası azınlıklarda ortak olmakla birlikte gönüllü olmasından ya da olmamasından kaynaklanır. Kuzey ve Güney Amerika'yla, Karayipler'deki kölelik sistemleri özgür olmayan işgücü temeli üzerine kurulmuştu. Köleliğin kaldırılmasının ardından Asyalı `vasıfsız işgücü', kölelik sonrası bölgelerin çoğuna ve kölelikle tanışmamış olan - Hawaii - gibi bazı bölgelere ihraç edildi. Kuzey Amerika, Güney Amerika ve Avrupa'nın kentlerinde yaşayan azınlık etnik grupları, öncelikle, engellenmiş veya muhtaç durumda olsalar bile, gönüllü olarak yeni ticaret ve istihdam olanaklarına doğru yollara düşen halkların bir sonucudur. 19. ve 20. Yüzyıllarda Amerikanın sanayileşmesi göçmenlerin işgücü sayesinde başarıldı. 19. Yüzyılın ikinci yarısında Arjantin gibi sanayileşmekte olan Güney Amerika ülkeleri Avrupa'dan işgücü ithal etti.

Başkalarının topraklarına el konulması yerli azınlıkların, kaçınılmaz olarak beraberinde kültürün aşağılanması ve değerini kaybetmesini de getiren ana özelliğidir. Siyasi alanda yerli azınlıklar gayri resmi olarak ikinci plana atılmış ya da resmi olarak dışlanmıştır; aborjin Avustralyalıların 1962'ye kadar oy kullanmalarına izin verilmemiştir. Fiji ve Yeni Zelanda örneklerinde etnik kimlikler, vatandaşların etnik veya "ulusal" bir grubun mensubu olarak oy kullanmak üzere kaydedildikleri seçmen kütükleri oluşturulması sayesinde siyasi olarak korunmaktadır. (Milne 1981, Mulgan 1989, Walker 1990). Bağımsızlığın ardından Malezya seçmen kütükleri fikrini kabul etmedi ve anayasasına bir Malay'ın tanımına ilişkin bir ibare ekledi.

Etnisitelerin oluşturulması ve harekete geçirilmesi, bundan ötürü, sadece ekonomik ve siyasi bağlamlar içinde değil, ayrıca spesifik tarihsel bağlamlar içinde gerçekleşmiştir. Bu, yerel düzeyde, örneğin, Fiji'deki Hindistanlıların veya Malezya'daki Tamillerin başına gelmiştir ve küresel düzeyde "yerli", uygar-vahşi, Hıristiyan-putperest ve siyah-beyaz kategorilerinin oluşturulması sürecinde gerçekleşmiştir. Etnisitenin ve ırkçılığın sosyolojik açıdan kuramsallaştırılması büyük ölçüde bu tarihsel bağlamları belirleme çabalarından ibarettir. Üç tarihsel bağlam diğerlerine ağır basmıştır: Afrikalıların köleleştirilmeleri ve kölelik dönemi ve sonrası toplumlarının gelişmesi; kolonyal yerleşmecilik, ekonomik güç ve kolonyal hakimiyet sayesinde Avrupa'nın dünyanın bir çok yerine egemen olması ve devamında post-kolonyal rejimlerinin ortaya çıkması; ve Batı kapitalizminin gelişmesi ve buna paralel olarak ulus-devletlerin icat edilmesi.

Kölelik dönemi ve sonrası özel analitik vurgulamalar

Bu konu hakkındaki argümanımızın odağında üç temel nokta bulunmaktadır. İlk olarak, ırksal kategoriler ve doğuştan getirilen farklılıklar görüşü – onun bütün tezahürlerindeki ırkçılık- kölelik sisteminin meşrulaştırmasının asli bir bölümü haline gelmiştir; özellikle "bütün insanların eşit olduğunu" ilan eden bir toplumda bu önemli bir noktadır. Çünkü eğer bazı kadınlara ve erkeklere daha düşük ve değişmeyen türden bir statü verilmişse, onların, doğal olarak, farklı türden kadın ve erkekler olarak görülmeleri gerekmektedir. İkincisi, kısmen "ırka" dayalı bir sosyal düzenin bir mirası olduğundan, kısmen de tüm sosyal sınıflardaki beyazlar ırksallaştırılmış ayrıcalıklarını korumaya çalıştıklarından, sosyal düzenin bu şekilde ırksallaştırılması, kölelik sonrası dönemde de devam etmektedir. Üçüncü olarak, siyah erkeklerin ve kadınların, kapitalist sanayi toplumunun yaratılması sürecinde en az avantajlı konumlarla sınırlandırılmalarıyla birlikte ırksallaştırılmış bu sosyal düzen katılaşmıştır.

Ekonomik bir sistem olarak bakıldığında kölelik, özellikle de, kölelerin çiftliklerde kullanılması, iş gücünün kontrol edilmesinin bir aracıydı. Birçok Avrupalı koloni yerleşiminde işgücü özetle, 18. Yüzyıldaki buğday ve pamuk üretiminde olduğu gibi, çok fazla işçi gerektiren her türlü üretim faaliyetinde kullanılabilecek malzeme demekti. Avrupa'dan yeterince büyük malzeme tedarik etmek kolay değildi ve kendi topraklarına ve ekonomisine sahip Amerikan Yerlilerinin çiftlik ekonomisinde çalışmak istemeleri için ortada geçerli bir sebep yoktu. Bazı Yerliler köleleştirildi, fakat bu, işgücü ihtiyacına cevap vermeyecekti. 17. Yüzyılın başlarında Amerika'ya ilk Afrikaların gelmeye başlamasının ardından, Afrikalı işgücü eşittir "köle" ve Avrupalı beyaz eşittir "özgür" denklemi hemen kurulmadı, sözkonusu denklem yıllar geçtikçe somutlaşmaya başladı (Jordan 1968). Sanayileşmenin başlarında, etnik kökenleri ne olursa olsun imalatta veya pamuk-buğday üretiminde çalışan diğer işçiler gibi, Amerika'nın güneyindeki siyah Afrikalı köleler de tehlikeli, aylak ve güvenilmez olarak görülüyordu. İngiltere'deki fabrika işçilerine de çoğunlukla aynı gözle bakılıyordu (Williams 1958). Sosyal bir sistem olarak bakıldığında ırksallaştırılmış kölelik -Afrikalılarla sınırlı köleleştirme- bir ırksal üstünlük sistemiydi. Bu yüzden köleliğin kaldırılması uzun vadede (bkz. Bölüm 4) köleliği haklı göstermek için değil, her sınıftan beyazları, Afrikalılarla rekabete karşı korumak için tasarlanmış yeni bir ırksallaştırılmış düzenin yaratılmasını zorunlu kıldı.

Kuzey Amerika'da köleliğin, dişleri ve pençesi kanlı bir Amerikan kapitalizm ideolojisi ve uygulamasıyla olan bağlantısından ötürü özellikle sert geçtiği ileri sürülmüştür. Köleliğe dayanan güney ekonomisi hızla gelişen kapitalist sistemin bir parçasıydı ve dünya çapındaki eşya/mal üretim zincirinin bir halkasıydı. Fakat diğer taraftan Güneyli çiftlik sahipleri lükse ve (kendi) aylaklıklarına yatırımlar yaparak ve derebeylik toplumlarına özgü davranışları taklit ederek "önü alınamayan kapitalizmle" bağdaşmayan tavırlar sergiliyordu (Genovese 1971). Irksal hakimiyetin, İç Savaş öncesinde ve sonrasında Güney'in değişmeyen bir özelliği olmasına rağmen, birbirinden oldukça farklı iki işgücü sistemi içinde açık açık ifade edilmiştir.

Kolonyal/post-kolonyal döneme özel analitik vurgulamalar

Kolonyal yerleşme, ticaret ve ticari nüfuz ve birçok durumda emperyal hakimiyet formlarını, başkalarının topraklarının ellerinden alınmasını ve yerli halkların emeğinin sömürülmesini beraberinde getirmiştir ve kural koyucuları daha yüksek bir medeniyetin temsilcileri olarak gösteren kolonici siyasi ve kültürel bir düzen kurmuştur. Emperyal kültürün, hükmedilenlerin pagan, geri kalmış, ilkel ve modern öncesi diye tanımlanan kültürlerinden daha üstün olduğu düşünülüyordu. Ekonomi ve yönetimle ilgili kolonyal çıkarlar uğruna, etnik açıdan farklı olarak tanımlanan nüfuslar – bugünkü adı Malezya olan Malaya'da yaşayan Malaylar, Çinliler ve Hintliler örneğinde olduğu gibi - kölelik sonrası dönemde de kendini hissettirecek ayrımcılık geleneğinin temelini oluşturacak şekilde, koloni sistemi içinde ayrım gözetilerek birleştirilmişlerdir. Dahası doğuştan getirilen etnik ve ırksal farklılıkları savunan fikirler, kolonyal anavatanlarına "geri-ihraç edildi" -örneğin Britanyalıların kendileri ve ötekilerle ilgili kabul ettikleri görüşler şeklinde- ve bu fikirler, eski kolonilerdeki halklar, kolonici merkezin ekonomik ve siyasi sistemlerine dahil edildiğinde yeniden ortaya çıktı.

Kolonyal/post-kolonyal döneme ilişkin önemli analitik vurgular, hem zamana ve mekana özeldir, hem de genel ve küreseldir. Spesifiktir, çünkü her koloninin veya eski koloni alanının tarihsel açıdan kendine özgülüğü vardır – neredeyse bir alt-kıta olarak Hindistan'da, Hinduizm ve İslam inanışlarının üstünlüğüne rağmen, Tonga, Fiji ve Hawaii'dekiler gibi Pasifik ada halkları arasında yaygın bir şekilde Hıristiyanlığın kabul edilmesi örneğinde olduğu gibi. Diğer taraftan genel ve küreseldir, çünkü sömürgeci rejimlerin sonrasındaki dönemde, hem sömürgecilerin kazanma ülkelerinde hem de eskiden sömürge olup da bağımsızlıklarını kazanan ülkelerde kültürel rekabetin varolmasıdır. Koloni*ci* ülkelerde kendilerini uygarlığın hamili olarak gören ulus-devletlerin mirası ve "kaybolan imparatorluğun" nostaljisi ve pişmanlığı içinde kolonyal bir zihniyet hâlâ varlığını sürdürmektedir. Koloni*leştirilmiş* ülkelerde kolonici hakimiyetin olumsuz kültürel sonuçları kısmen, kural koyucuların sunduğu – sık sık ve özellikle yerlilerin ve kolonilerin kendi dillerine yabancılaşmalarına neden olan - kültürel varsayımların isteyerek ya da zorla "kabul edilmesinde" yatmaktadır. Aynı zamanda, post-kolonyal dönemde göze çarpan şeylerden birisi de, kolonyal dönemde baskı altında tutulan, değeri azaltılan veya sindirilen yerli dilinin ve kültürün yeniden canlanmasının hangi kültürel formun moderniteye daha uygun olduğu tartışmalarını beraberinde getirmesidir (Eriksen 1991, Mayıs 1999). Ataların kültüründeki gururu yeniden canlandırma isteğinin "modernleşme" isteğiyle çatıştığı düşünülebilir. Bu yüzden kolonyal sistemin sona ermesini izleyen kültürel rekabete, sadece koloninin bağımsızlığına kavuşması meselesi olarak değil, ayrıca bir modernite meselesi olarak da bakılır.

Kapitalizme ve ulus-devletlere ilişkin analitik vurgulamalar

Burada başlıca argümanlarımız iki tanedir. Birincisi, ulus-devletler, başta Batı Avrupa'da ve Amerika'da olmak üzere, modern kapitalizmin gelişmesinde başlıca araç olmuştur ve bu, ulus-devletler, ulusal kültürlerin ve kimliklerin yaratılmasında vasıta rolü oynamıştır (Hobsbawm 1990). Ulusal kültürler -ticaret, iş ve istihdam dairesinin genişletilmesi ve eğitimin devlet eliyle yürütülmesi, vergilendirme ve askere alma konularında- modernleşme için pragmatik bakımdan gerekli olarak görülmektedir (Weber 1976, Gellner 1983). Ayrıca potansiyel sosyal bölünmelerin önüne geçilmesi, sınıfsal çatışmaların önlenmesi ve "enerjik", "girişimci" ve "dinamik" bir ulusal görüntü yaratılması açısından da ideolojik öneme sahip olarak görülürler.

Bazen "sermaye mantığı" diye söz edilen ikinci argüman ise kapitalist toplumların, kapitalist oluşumların kalıcı özelliklerinin bir sonucu olarak ırksallaştırılmış etnik kimliklere yol açtığı şeklindedir. Kapitalist işleyişin ve kalkınmanın bu kendine özgü özellikleri arasında, tekrar tekrar yaşanan krizler, kârlı büyüme ve durgunluk, devamlı bir sosyal huzursuzluk ve moral çöküntüsü duygusunun yaşanmasına yol açan planlanmamış ve devrim niteliğinde kesintisiz bir sosyal değişim ve sömürülebilir yeni emek arayışı bulunur. Kadınlar ve yerli azınlıkların yanı sıra göçmen işçiler de, dalgalanan iş gücü talebine yönelik çözümün bir bölümünü oluşturmaktadır. Etnik gruplar, her zaman olmasa da bazen etnik kategorilerle özdeşleştirilen bir sınıfsal yapının veya hiyerarşiye dayanan bir iş bölümünün parçası haline gelir (örneğin fakir beyazlar, siyah ortakçılar, Asyalı haddehane işçileri). Kıtlığın ve eşitsizliğin olduğu ve kaynaklar için yapılan rekabetin, etnik rekabet olarak algılandığı yerlerde çatışma potansiyeli ve bölünme çizgilerinin giderek belirginleşmesi daha fazladır – "biz daha azına sahibiz, çünkü onlarınki daha fazla". Hem şehir azınlıkları hem de yerli etnik çoğunluklar için, düşünce olarak, sosyal olarak içe alınma ve eşitlik doktrinleri ile gerçek hayattaki sosyal dışlanma ve eşitsizlik uygulamaları arasında bir gerilim vardır. Yükselen suç oranları ve suça maruz kalma korkusu "kabul etmenin çok ötesinde değişen bir dünyanın" görünüşleridir ve azınlık etnik grupları, çoğunluğun sağduyuya dayalı bilgileri içinde hem olağan dışı sosyal değişimle ilişkilendirilir, hem de bunun sorumlusu olmakla suçlanırlar (Solomos 1988, Solomos ve Back 1996).

Kapitalist toplumların devamlı yinelenen bu özellikleri, basit veya "otomatik" bir şekilde, ırksallaştırılmış veya etnikleştirilmiş sosyal uygulamalara ve fikirlere yol açmazlar, ama bunların içinde büyüyebilecekleri bir dizi "fidelik" gibidirler. Ulus-devletler ortak kültürel kimliği ve kaderi fikrini desteklerler. Ortak kültürün, hegemonik kültür terimiyle karşılanan dominant bir tanımı vardır. Aynı zamanda, "öteki" kültürler ister göçmen grupların dilleri ve gelenekleri olsun, ister -Britanya'daki Kelt azınlıklar örneğinde olduğu gibi- varlığını sürdüren azınlık kültürleri olsun, değersizleştirilerek geri kalmış olarak tanımlanırlar (Kiberd 1996). Göçmen nüfuslar "ülkemizdeki" kıt kaynaklar konusunda rakip olarak gösterilebilir. Gitgide ortadan kaybolduklarını ve yaşam tarzlarının ekonomik ve kültürel temellerinin çürütüldüğünü düşünen sınıfların ve sınıfsal kesimlerin, ırkçılık ve yabancı düşmanlığı güden politikaların temel özelliği olan huzursuzlukların teşhisini ve tedavisini vaat eden ideolojik çağrılara zaafı vardır. Durkheim'nin da bir zamanlar toplumsal bakımdan düş kırıklığına uğramış Fransız erkekleri ve kadınları için yazdığı gibi "Yahudileri suçladılar ve kendilerini çok daha iyi hissettiler" (Fenton 1984).

Bu kuramsal çerçeveler – kölelik dönemi/sonrası, kolonyal/post-kolonyal dönem ve ulus-devlet/kapitalist topluma ilişkin analitik vurgulamalar– hem bu kitaba şeklini vermekte, hem de daha sonraki bölümlerimizde ele alacağımız, başta Britanya, Malezya, ABD ve Hawaii'den olmak üzere bir çok karşılaştırmalı örnekte yaşandığı görülen tarihsel bağlamları şekillendirmektedir. ABD, bir kölelik sonrası toplumudur, hem Hawaii hem de Malezya ise post-kolonyal toplumlara örnektir. Malezya'nın yerli nüfusu bir çoğunluktur, Hawaii'ninki ise azınlık; her ikisi de çok sayıda göçmen işçi almıştır. Britanya post-kolonyal bir metropol, Kelt kültürel azınlıklarını içeren yerleşik bir ulus-devlet ve eski kolonilerinden şehir azınlıklarını içeren gelişmiş bir ekonomidir. Tarihsel bir yörünge çerçevesinde şekillenen etnisite tipolojisine, özellikle Britanya (ve Avrupa), ABD, Hawaii (artık ABD'nin bir eyaleti) ve Malezya örneklerine ait vaka incelemelerinin işleneceği 4.-7. Bölümlerde yer verilmiştir.

Referans gösterilen tamamlayıcı ya da karşıt çerçeveler? Kapitalizm, modernite ve kültür

Bu bölümün başlarında yer verdiğimiz tarihsel çerçeveler ve önemli analitik vurgulamalar, sanayi toplumlarında Marksist ve Marksist olmayan sınıf teorilerini; köleci/kolonyal/post-kolonyal çerçeve ile kapitalist çerçeve/ulus devlet çerçevelerini; ve modernist/postmodernist çerçeveleri tartışma fırsatı sunmuştur (Rattansi and Westwood 1994, Miles 1994b, Wieviorka 1994; Rex ve Mason, 1986). Birbirlerine zıt görünmelerine rağmen tümü de gerçekten çok fazla ortak zeminde birleşmektedir.

Wieviorka ve modernite

İlk olarak, farklı "ırksal kabiliyetler"in varlığını bilimsel temellere oturtmaya çalışan periyodik yazılara ve neo-faşist grupların yayımladığı çalışmalara rağmen, eski ırk-bilimi kuramları inandırıcılıklarını büyük ölçüde yitirmiş ve kamuoyu tarafından reddedilir hale gelmiştir. Aynı zamanda etnik gruplara doğal-kültürel özelliklerin atfedilmesinden vazgeçilmemiştir ve hatta zaman zaman artış sinyalleri vermektedir. "Irkçılıklar" üzerinde bu kadar durulmasına, yani bağlamlarına göre tarzları ve önemleri değişen etnik sınıflandırma sistemleri hakkındaki yorumlara yol açan işte bu sonuçlar dizisidir. Wieviorka, özellikle, ırkçılıkların, modern dünyanın yaratılmasında yaşanan tarihsel bir gerginlikler dizisinin yol açtığı farklı oluşumlar olarak ortaya çıktıklarını ileri sürer. Bu yüzden bu farklı ırkçılıklar, ırkçılığın genel formunun yanı sıra kendi tarihsel ortamlarına ait spesifik izleri de taşımaktadır. Wieviorka "ileri ve geri" ırklara ilişkin kuramsal hiyerarşi içinde "modernite galibinden"; rekabetten ve modern maddi refahın faydalarından dışlanmaktan korkan "fakir beyazların" tavrından; 'Yahudilerin genellikle somut örneğini teşkil ettiği' nefret edilen bir modernitenin taşıyıcıları olarak görülen insanlara yönelik saldırgan bir ırkçılığın doğmasına" yol açacak şekilde eski dinlerin, ulusların ve toplulukların değerinin anti-modern bir refleks olarak yüceltilmesinden ve izleri doğrudan moderniteye veya modernite karşıtlığına dayandırılamayan topluluklararası husumetlerden bahseder. (Wieviorka 1994, s. 175);

Modernite galibi, egemen Avrupa kültürlerinin, ötekileri geri kalmış olarak resmederken çizgilerine yansıyan duygularıdır. Bu tutum dışarıdaki bağımlı uluslara yöneltilebilir veya Britanya'da Kelt dilinin ve kültürünün, "kalkınmanın önünde bir engel" olarak görülmesi örneğindeki gibi içerideki "marjinal" kültürlere yönelik olabilir (Hutchinson 1987, Boyce 1991, Williams 1994, Kiberd 1996)]. `Fakir beyazlar', etnik çoğunluk içinde sosyal ve siyasi açıdan ayrıcalığı olmayan ve azınlıktaki etnisitelere karşı korku ve nefret duyguları besleyen kesimdir. Toplumsal olarak durumlarından düş kırıklığına uğramış sınıflar makus talihlerinin sorumlusu olarak, modernitenin etnik açıdan tanımlanmış taşıyıcılarını –Yahudileri – gösterirler. Wieviorka ayrıca 'modern' dünyanın kesinliklerinin çoğunun "post-modern" dünyada çökmesi halinde, ırkçılığın serpilmeye devam edebileceği yeni ve tutarsız bir sosyal ortamla karşı karşıya kalacağımızı iddia eder. Örneğin zengin kapitalist ülkelerde fabrikalarda el işçilerine olan talebin azalması, aynı anda, sınıf ve cinsiyet kimliklerinin temellerini yıkan bir durum olan erkek işsizliğinin bir kaynağıdır; bu etnik kızgınlıkların ortaya çıkabileceği sosyal bir "boşluk" örneğidir. Bu kuramsallaştırma, kapitalizme analitik bakış ile moderniteye analitik bakışı birleştirir.

Kültür ve ırkçılık

Bu ve benzeri argümanlar, özellikle kültür kavramı çevresinde, başka bir kesişme noktasını da beraberlerinde getirirler. Dışlama politikaları kültürel farklılık görüşlerine gitgide daha fazla dayandırıldığından -örneğin Avrupa ülkelerinin göçmen kabulüyle ilgili yasaları (Gordon 1989)- kültür kavramının ırkçılık tartışmalarında giderek daha merkezi bir rol oynadığı açıkça görülmektedir. (Anthias ve Yuval-Davis 1992) Bu, Enoch Powell'ın "bildiğimiz ve sevdiğimiz" bir İngiltere fikrine yüklediği çekicilikte (Foot 1969) ve yakın tarihte Norman Tebbit'in çok-kültürlülüğe karşı saldırılarında ön plana çıkan bir özelliktir *(Daily Telegraph* 1997). Apartheid Güney Afrikası son dönemlerinde, derin kültürel farklılıklardan ve bu kültürleri koruma kaygısından ötürü ayrımcı "çoğul" bir toplumun gerekli olduğunu görüşünü ileri sürdü. Rex'in de belirttiği gibi Güney Afrika "çok kültürlülüğü" benimseyen ilk toplumlardan biridir (Rex 1997a, b, 1986).

Miles (1982, 1993) uzun seneler ırkçılığın, işgücü göçü/kapitalizm bileşimi içerisindeki önemini tartışmış olmasına rağmen, son zamanlardaki çalışmasında, özellikle modern Avrupa'daki ulusların ideolojik oluşumları açısından ırkçılık ve milliyetçilik arasındaki bağlantılara daha fazla önem vermiştir. (ayrıca bkz. Poliakov 1974). Egemen ulusal kültürler, dışarıdan gelenleri istenmeyen olarak tanımlar ve yerel azınlık kültürlerini değersizleştirirler (Miles 1993). Aynı şekilde, Miles gönderme yapılan "kölelik sonrası" ve "post-kolonyal" çerçevelere karşı hiçbir argüman sunmamıştır (sanki bunlar kapitalizme/göçe ilişkin vurgularla bağdaşlaşmazlarmış gibi), bunun yerine köleci ve sömürgeci çerçevelerin temsil edebileceği tarihsel belirlenimlerin, ırksallaştırma/etnikleştirmenin bugünkü kapitalist bağlamlardaki sürekliliğinin ya da yeniden üretiminin analizi yoluyla genişletilmesi gerektiğini ileri sürmüştür (Miles 1994b). Bu konu, kitabımızın ilerleyen bölümlerinde, önde gelen kapitalist bir Güneydoğu Asya ekonomisi olarak, kolonyalizm öncesi ve sonrası koşulları ve günümüzdeki modernleşmesi ile ilişki kurulmadan anlaşılamayan Malezya örneğiyle ayrıntılı bir biçimde anlatılacaktır (Jesudason 1990).

Batı Avrupa ve Amerika'da ve günümüzde dünyanın geri kalan bir çok yerinde görülen modernleşme hep *kapitalist* bir modernleşme olmuştur ve bugün de öyledir; iki çerçevenin de aynı süreçlerin çoğuna karşılık geldiği görülebilir ve bu açıdan aynı noktada birleşirler. "Modernite" tartışmasındaki spesifik vurgulardan biri, Batı kapitalist demokrasileri içinde gelişmiş olan siyasi kültür, yani yurttaşlardan eşitliği evrensel insan nitelikleri ve hakları fikirlerinin ayrıntısıyla işlenmesi üstünedir (Balibar ve Wallerstein 1991). Buradaki çelişki, bu felsefenin Avrupa egemenliğinin yaşandığı bir çağda Avrupalı kökleriyle ve ulus-devletlerde partikülarist bir şekilde (yani sadece Britanyalılara ve sadece Fransızlara) uygulanmasıyla belirginleşmesidir. Batı Evrenselciliğindeki bu çelişki, Fransa'da bir devlet okuluna başörtüsüyle girmeleri yasaklanan iki Müslüman kız öğrenci örneğinde ortaya konmuştur. Yasağın "evrenselci" savunucusu laik eğitim ilkesine dayandırılırken, bu yasak, aynı zamanda, İslam-karşıtı ('ırkçı') bir hükmü de tesis etmişti (Wayland 1997).

Kültürlerin inşa edilmesi ve onlara değer biçilmesi, ırkçılık anlayışımızda önemli bir rol oynamaya başlamıştır. Aynı zamanda, etnisite kavramı, kültüre ilişkin görüşler üstünde temellendirilirken, siyasi rekabet bağlamında eleştirel bir şekilde ele alınmaya başlanmıştır. Irkçılık kavramının kültürleşmesinin ve etnisitenin siyasileşmesinin önceden kestirilemeyen sonuçlarından birisi ırkçılık söylemiyle etnisite söyleminin yakınlaşmasıdır. Etnisite kavramı artık - bugüne kadar sık sık yapıldığı gibi- basit bir kültürel farklılığa antropolojik açıdan odaklanmasından dolayı eleştirilip reddedilemeyecektir (Anthias ve Yuval-Davis 1992, s. 7). Irkçılık(lar) anlayışı genişleyerek – örneğin Edward Said'in, Batının Doğuyu kültürel açıdan nasıl anlatılmaz boyutlarda farklı ve genellikle, ima yoluyla, "daha önemsiz" olarak algıladığını betimlemesinden çok fazla etkilenen kültürel nitelikleri de içine almıştır (Said 1991). Yaklaşımlarımızda bu değişimler bir kere ortaya çıktı mı, o zaman etnisite anlayışıyla ırkçılık anlayışı aynı alanın büyük bir kısmını birlikte işgal etmeye başlarlar.

Irkçılık sosyolojisinde bir kriz mi?

Bütün bu uzlaşmalara ve nelerin hem ırkçılığın hem de etnisitenin tarihsel ve bağlamsallaştırılmış anlayışlarında sinyal niteliğinde ilerlemeler olarak kavranması gerektiğine gelindiğinde, geride ilki ırkçılık sosyolojisinde potansiyel bir kriz olarak görebilecek ciddi güçlükler kalır. Irkçılığı sınıfsal yapı, kolonyal ve post-kolonyal sistemler ve Avrupa egemenliğinin kötü sonuçları içinde değişen bir bağlama yerleştirmekte ısrar etmenin büyük bir katkısı, indirgemeciliğin bütün şekillerinin, özellikle de ırksal ayrımcılığın, ırkçı inanışların ve etnik bağlılıkların, tümüyle, bir çeşit yabancılara yönelik evrensel kayıtsızlığın tezahürleri olduğunu savunan sosyal-psikolojik argümanın güçlü bir eleştirisi olmuştur. Bu indirgemecilik sadece bir sosyal bilim formu olarak ortaya çıkmadı, aynı zamanda, daha inandırıcı bir şekilde, sağduyunun bir formu olarak da kendini gösterdi -kişinin kendi grubuna yönelik ilgisi ve bunun sonucunda diğer gruplara karşı kayıtsızlığı doğal ve evrensel bir olgudur, tek sorun, bu ilginin kendini nasıl açığa vurduğu ve nasıl hafifletilebileceğidir. Kolonyalizmden ve kapitalizmden alınan argümanların hepsi, ırkçılığın doğal ve evrensel bir sosyal farklılaştırma biçimi değil, fakat bağlantılı iki hakimiyet sisteminin belli bir tarihsel – ve belirgin ve baskın bir şekilde "Batılı /Avrupalı"- bir ürünü olduğu şeklindeki örtülü mesajı içeriyordu. Bu yüzden ırkçılık kavramı, kendini üreten tarihsel formların tamamen ötesine geçmesiyle, yani kolonyalizmin sona ermesi ve kapitalizmin yerini daha adil ve akılcı bir düzenin alması sayesinde aşılabilirdi. Kolonyalizmin sona ermesi elbette yeterli görülmemiştir, çünkü post-kolonyal rejimler hâlâ sömürgeciliğin mirasıyla ve küresel eşitsizliklerin süregitmesiyle savaşmak zorundaydı. Yine de ırkçılığın bu tarihsel bağlamlar içindeki kendine özgü yeri bu üstü kapalı üstünlük vaadini yerine getirdi. Bu örtülü ırkçılık sosyolojisi anlayışının kötümser imaları kapitalizmin en azından *pro tem** küresel zafere ulaştığı gerçeğinden kaynaklanıyordu. Kapitalist modernite ve post- modernite ırkçı kültür ve etnik kategoriler için esin kaynağı oluyorsa, o halde, yönümüzü kategorilerin ve sınıfların post modern yapı çözümüne değil de nereye dönebiliriz ?

Dahası bugün yerel ve global kapitalizm rejimleri altında dünyanın modernizasyonu, bundan 20 yıl öncesine kadar mümkün ya da muhtemel göründüğünden çok daha yaygındır. Eski Sovyetler Birliği'nin büyük bölümü, bugün kendilerini modernleşen piyasa ekonomileri olarak gören yeni devletlerden oluşmaktadır; İskandinavya'da refah devleti krizdedir; Güney Amerika, Hindistan, Afrika ve Karayipler'in bazı bölümlerindeki sosyalist deneyimler ya çöküntüye uğramıştır ya da uluslararası sermayenin ve ABD dış politikasının etkisiyle zayıflamıştır ve yerlerini "piyasa ekonomisine dönüş" programlarına bırakmıştır, diğer taraftan Ağustos 1997'de yeni Çin lideri kapsamlı bir özelleştirme programının başlatıldığını ilan etmiştir. Kestirilebilir bir gelecekte modernleşmenin kapitalist bir form almayı sürdürmesi beklenebilir.

Irkçılık ve etnisitenin kuramsallaştırılmasında karşılaşılan başka güçlükler de vardır. Belki de ırkçılığın "kapitalist/Batı Avrupalı"

* Latince geçici olarak, (ç.n.)

açıklamasında karşılaşılan en büyük zorluk, Sovyet/Doğu Avrupa bloku ülkelerinde sosyalist rejimler ve bunların çökmesinden sonraki dönem içinde ırkçılık ve milliyetçilik formlarının varlığının devam ettirdiğine ilişkin delillerdir (Tishkov 1997). Bunlara bir de Çin'deki ırkçı fikirlere (Dikötter 1992) ve etnik çatışmalara dair kanıtlar eklenmelidir *(Guardian* 1997a). Sosyalist dönem boyunca ve kapitalist ülkeler örneğinde söz edilenlerle aynı türde bazı nedenlerden - ekonomik krizler, iş gücü hareketleri ve devlet-ulusal dayanışmasına yönelik çağrılar – ötürü, Eski Yugoslavya'da ve eski Sovyetler Birliği'nde etno-milliyetçi duyguların kışkırtılmasına, azınlıklara ve ulusal topluluklara karşı yapılan zulümlere tanık olunmuştur (Glenny 1993). Elbette, eski Sovyetler Birliği'nin ve Çin'in geçmişte veya bugün imparatorluk olduklarını ve dolayısıyla Batı imparatorluklarıyla aynı türde kültürel emperyalizm sergilediklerini de ileri sürebiliriz. Sovyetler Birliği sonrasındaki yeni devletler, bütünlükleri Sovyet kültür egemenliği altında bastırılarak değersizleştirilmiş kültür topluluklarını desteklemektedirler ve sonuç olarak, dil ve ulusal kimlik konusunda, tıpkı bir zamanlar Avrupa egemenliği altında yaşamış olan post-kolonyal topluluklarda görülebilecek benzer tartışmaların –örneğin Rus etkilerinden arınma tartışmaları- bazılarının takipçileri olarak görülebilirler (Kupchan 1995, Tishkov 1997). Bu, ırkçılığı ve etnisiteyi bildiğimiz analitik bir çerçeveye sokar fakat yine de önceki kapitalizm/kolonyalizm çerçevesinin örtülü iyimserliğine karşın siyasal anlamda kötümserdir. Önümüzdeki yüzyılın ilk yirmi yılında dünyanın – Avrupa dışındaki - çok farklı bölgelerinde Endonezya, Brezilya ve Çin'de ırkçılık ve etnik bölünme formlarıyla iç içe geçmiş "Evrenselci" bir projeyle karşılaşabiliriz (Dikötter 1997).

Siyasi kurumlaşma ve ekonomi, cinsiyet ve etnisite

Etnik kimliklerin ve ırkçılığın oluşumuna katkıda bulunan ekonomi ve devlet politikasıyla ilgili eğilimlerin, cinsiyet rollerinin ve ideolojilerin şekillenmesinde de etkili olduğu görülür ve cinsiyet ayrımcılığı kalıpları sık sık etnik farklılaştırmaya benzer bir form alır. Azınlık etnisiteleri olarak tanımlanan göçmen işçiler, genellikle işgücü içinde daha az ücret ödenen, daha kötü şartlarda çalışan, daha az iş güvencesine sahip pozisyonlarda çalışırlar ve bazı sanayii ve hizmet sektörlerinde yoğunlaşırlar. Britanya'da savaş sonrası dönemde kolonilerden veya eski kolonilerden işçilerin işe alınmasında ulaştırma sektörü ve Ulusal Sağlık Hizmeti alanına ağırlık verilmesi söz konusuydu ve Pakistan'dan gelen çok sayıda göçmen işçi de İngiltere'nin kuzeyindeki tekstil fabrikalarında istihdam edilmişti. Etnik nüfusların bu şekilde belirli meslek ve sektörlerde yoğunlaşmaları, kadınların ve erkeklerin de belirli mesleklere ve sektörlere dağılmasını beraberinde getirmiş, kadınlar ağırlıklı olarak büro ve satış işleri, yaşlı ve çocuk bakımıyla ev işlerinde ve hizmet sektörlerinde istihdam edilmiştir (cinsiyet eşitsizliklerine ilişkin bir tartışma için bkz. Bradley 1996). Hem cinsiyet hem de etnisite konusunda sadece mesleki bir yoğunlaşma sözkonusu değildir, aynı zamanda tabakalaşmış bir eşitsizlik de söz konusudur. Genellikle erkeklerin hakim olduğu mesleklerde çalışabilseler bile, yönetici pozisyonlarına kadar yükselen kadın sayısı çok azdır; yine Britanya'da bazı memur, müdür ve yönetici pozisyonlarında çalışan azınlık etnik gruplar, daha yüksek ücretli ve kıdemli mevkilerde genellikle sayıca daha az temsil edilmektedir (Modood *ve ark.* 1997).

Cinsiyet ve etnik farklılaştırmasının bazı nedenleri aynı veya benzer doğrultuları izlemektedir. Kadınlarla ev içi sorumlulukları arasındaki tarihsel bağdaştırma yüzünden kadınların işgücüne katılımları erkeklerinkine göre hep kısmi, sınırlı ve marjinal olmuştur.

Aynı şekilde, ayrımcılığa maruz kalan göçmen işçiler ve etnik gruplar da istihdam fırsatlarını kısıtlayan tutumlarla karşılaşırlar. Bunlar ya basit bir şekilde tüm istihdam alanlarından resmi veya gayri resmi vasıtalarla dışlanmış, daha az güvenceli koşullarda çalıştırılıyor ya da marjinalliklerinden dolayı haklarını aramaktan mahrum edilmiş olabilirler; işverenlerin, sınır dışı edilmekten korkan işçiler üzerinde baskı uyguladığı bir ortamda göçmen işçilerin bu marjinallikleri, ülkede kalma haklarını tehlikeye sokan bir unsurdur (Anthias ve Yuval-Davis 1992).

Cinsiyete ve etnisiteye özgü deneyimlerin iktisadi yapısı devletteki ve siyasi alandaki benzer deneyimlerle paralellikler gösterir. Ulus-devletlerin göç ve vatandaşlık yasaları, göçmen grupların ve ailelerinin marjinalliklerini genellikle daha da güçlendirerek, ilk göçmen kuşağın ve ardından gelen kuşakların hayatlarını büyük ölçüde etkiler. Britanya'da Jamaikalıların çok büyük bir kısmının – çoğunlukla düğün ve cenaze gibi aile toplantılarına katılmak için-ziyaretçi olarak ülkeye girmeleri engellenmektedir. Hindistan ve Pakistan'dan Britanya'ya giriş yapmak isteyen kadınlar, yıllar boyunca, havalimanında, ülkeye evlenmek amacıyla girmek isteyen kadınların bakire olması gerektiği iddiasıyla kendilerine vajina testleri yapmakta ısrar eden göçmen bürosu memurlarının saldırılarına maruz kalmışlardır (Anthias ve Yuval-Davis 1992, Yuval-Davis 1997). Geleneksel olduğu kadar yasal engellerin de etnik sınırları zorla kabul ettirdiği ırksallaştırılmış toplumlarda devlet istihdam, konut, eğitim ve cinsel davranış ve gruplararası evliliğe dair sınırları belirlemek suretiyle damgalı azınlıkların ikinci sınıf konumlarını yasayla teyit eder. Batı Avrupa toplumlarında erkeklerin birincil konumları, mülkiyet ve miras yasalarında kabul edilmiş ve bu durum siyasi arenaya, tarihsel olarak doğruya doğruya, kadınların oy kullanma haklarının inkâr edilmesi ve bugün bile hükümette, siyasi partilerde ve devlet dairelerinde erkeklerin fazla sayıda temsil edilmeleri şeklinde yansımıştır (Bradley 1997). Bu düzenleme farklı devletlerde farklı özellikler gösterir ve kendi içinde de durağan değildir; politikalar ve yasal engellemeler, hem örgütlü azınlıklara ve kadınlara hem de işgücü piyasasındaki yeni taleplere göre değişir -işgücü piyasasında fırsatların kadınlara açılmasının ve üretimde düşüşün ihtiyaç fazlası ve marjinal genç erkekler fikrine götürdüğünü hatırlayalım (Bradley 1997).

Azınlıklar gibi kadınlar da, hem şiddetin hem de ahlaki kampanyaların hedefleridir. 1980'lerde ABD'de azınlıkların, tek ebeveyn olan annelerin ve "yoksulluk yardımına muhtaç" bütün grupların siyasi olarak kötülenmeleri sözkonusuydu. Bunlar kendi ahlaki zayıflıkları nedeniyle konumlarından kurtulamayan alt sınıflar olarak sunulmuşlardı. Benzer ahlaki kampanyalar Britanya'da da yapılmıştı (Levitas 1986). Kadınların ve azınlıkların ikincil konumları sık sık şiddete başvurarak kabul ettirilmeye çalışılır: "Şiddete genellikle bu egemenlik sistemini yeniden üretmek için başvurulur; diğer azınlıkların üyeleri gibi kadınlar da, kadın oldukları için taciz edilmekte, dövülmekte, tecavüze uğramakta, sakat bırakılmakta ve öldürülmektedir (Guillaumin 1995).

Benzerliklerin ötesinde: cinsiyetin ve etnisitenin kesişmesi

Devlet yapılanması ve cinsiyetle etnisitenin ekonomik yapılanmaları arasında paralellikler vardır. Bu paralellikler, ne teoride ne de uygulamada kusursuz veya sabit değildir, fakat önemli benzerlikleri ve süreklilikleri paylaşırlar. Geçmişte yeterince irdelenmemiş (bkz. Anthias ve Yuval-Davis 1992, Guillaumin 1995, Bradley 1996, Barot *ve ark.* 1999) oldukça farklı bir başka soru ise, cinsiyet ve etnisite arasındaki ilişkinin, kendi aralarında nasıl kesiştikleri ve her ikisinin, sınıfsal tecrübeyle yollarının nasıl kesiştiğidir. İkincil konumda bırakılmış etnik gruplarda, kadınlar ve erkekler cinsel karşılaştırmalarda farklı muamele görür; ikincil erkek, birincil konumdaki kadının, ona karşı korunmasını gerektiren bir tehdit olarak görülürken, ikincil kadın birincil konumdaki erkek için her an elde edilebilir olarak görülür. Bu, hem ırksallaştırılmış kölelik dönemi/sonrası toplumları için, hem de karşı olunan etnik gruplar içindeki kadınların tecavüze uğradığı ve öldürüldüğü Yugoslavya'daki iç savaşta olduğu gibi, güçlü bir etnik ideolojinin etkisi altında açılan savaşlar için geçerlidir. Avrupa'daki ve dünyanın diğer bölgelerindeki göçmen işgücünün en çarpıcı özelliklerinden birisi, içinde kadınların, eşzamanlı bir biçimde, hem cinsiyet hem de etnik kimlikleri bakımından seks işçisi ve hizmetçi olarak görüldükleri iş "fırsatlarında" kadınların ağırlık kazanması olmuştur (Phizacklea 1999). Bunlarla ve başka yollarla, etnisitelerarası benzetmeler ve davranışlar sık sık cinsel olarak ifade edilirken, cinsel davranış da etnik olarak yapılandırılır.

Cinsiyet ve etnisiteyle ilgili olarak betimlediğimiz sınıf ve sektör yoğunlaşmalarının genellikle cinsiyet-etnisite yoğunlaşmaları olduğu görülür. Karayiplilerin savaş sonrası Britanya'ya göçü sırasında, kadınlar erkeklerden bağımsız olarak göç ettiler ve onların büyük bir kısmı hemşire ve hasta bakıcı olarak çalıştı; ve çok sayıda kadının iş gücü piyasasına girdiği Güney Asya topluluklarında, kadınların büyük bir çoğunluğu, emeğin en fazla sömürüldüğü hizmet ve sanayii sektörlerinde genellikle diğer Güney Asyalı kadınlarla birlikte çalışmaktadır. (Phizacklea ve Wolkowitz 1995). Azınlık erkeklerinin, örneğin, giyim sanayiindeki küçük ve orta büyüklükteki imalatçılar halinde iş dünyasına girdikleri durumlarda, bunlar, sözlü tavsiyelere ve iş yerinde bir kontrol mekanizması olarak toplum tarafından kınanma korkusuna dayanarak işçilerini tipik bir biçimde "etnik topluluk" içinden seçmişlerdir (Hoel 1982). Küresel bir ölçekte ev hizmetçiliği ve cinsel hizmetler için – Pakistan, Filipinler, Sri Lanka ve benzeri fakir ülkelerdeki kadınların zengin ülkelerdeki ailelere hizmetçilik yaptığı ve bazen de bu şekilde erkekler için olduğu kadar kadınlar için de bu ülkelerde bağımsız bir hayat ve kariyer sahibi olabilmeyi mümkün kılan – cinsiyet eksenli bir işgücü piyasası vardır. Bu kişilerin gelirleri göç ederek terk ettikleri ülkeleri için önemlidir:

> Tahminen dört milyon Filipinli hayatlarını yurt dışında kazanmaktadır; bu sayının en azından yarısı Ortadoğu, Hong Kong, Japonya ve Güneydoğu Asya'nın geriye kalan bölümlerinde ev hizmetçileri olarak çalışmaktadır. Filipin hükümetine, çeşitli ülkelere, özellikle Körfez Arap devletlerine işgücü ihracını yasaklaması için baskı yapılmaktadır [ancak] hükümet kendini bir kararsızlık içinde bulmaktadır. Her yıl para havaleleri ile yurda gönderilen tahmini 4 milyar Dolar, yıllardır Filipinler'in ödemeler dengesindeki fazlalığı korumasında önemli yer tutmaktadır. Filipinlerde ortalama bir öğretmenin aylık maaşı 120 Dolar olup, Kuveyt'teki yarı okur yazar bir hizmetçininkinden daha azdır (Observer 1 Ocak 1995).

Bu örneklerde, etnik açıdan tanımlanmış toplumlar içinde cinsiyet eşitsizliklerine, etnisiteye özgü cinsellik kurallarına ve sömürü kalıplarına ve uluslararası kadın işgücü piyasasının gerisinde yatan küresel eşitsizliklere rastlanır.

Etnisite ve cinsiyetin kilit kesişme noktalarından birisi de, etnik sınırların hâlâ muhafaza edildiğini gözler önüne seren bu kadar çok örnekte kadınların, etnik topluluğun gerçek ve sembolik anlamda varlığını sürdürebilmesi için gerekli kültürel yeniden üretimin sağlanmasında en önemli rolü üstelendikleri gerçeğidir. Bu, elbette, kadının sosyal ağlarının ve kültürel unsurların devamlılığını sağlamakta oynadığı ya da oynaması beklenen rolünü yansıtmaktadır. Anthias ve Yuval-Davis'in ifadesiyle kadınlar kolektivitelerin biyolojik üreticisi ve topluluğun ideolojik yeniden üretiminde rol alan başlıca kişilerdir ve topluluğun kültürünün aktarıcıları gibidirler" (1992, s. 115). Örneğin Fransa'nın güneylerindeki Katalan kadınlarına bakarsak, kadınlar, genç anneler olarak, çocuklarını

Fransız toplumunda yer almaları için hazırlamaktan ve yaşlı kadınlar olarak da Katalan kültürünü yaymaktan sorumludurlar.

> St Llorenc de Cerdans'ta anneler Fransız kültürünü ve dilini yeniden üretirlerken, büyükanneler de Katalan kültürünü ve dilini yaşatırlar. Bu, kadınların Fransız etnik kimliğinden sıyrılıp, zaman ilerledikçe Katalan etnik kimliğiyle bütünleştikleri hayat döngüleri esnasında geçirdikleri değişikliklerin bir yansımasıdır. Genç insanlar büyük annelerinin dil, gelenekler, aşçılık, müzik ve geçmiş konusunda bilgi kaynağı olduklarını doğrularlar. İşte bu büyükanneler gençken çoğunlukla sadece Fransızca konuşmuşlardır. Büyükanneler, kadınların hayat döngüleri boyunca geçirdiği değişikliklerin bir sonucu olarak Katalan kültürünün ve geleneklerinin haz(i)neleri* olarak görülürler (Goddard'ta O'Brien ve ark. 1994).

Güney Fransa'daki Katalan kadınları, bu yüzden, Katalan kültürünün yaşatılarak, Fransız ve Katalan topluluğu arasında bir dengenin sağlanmasında kilit rol oynamaktadır.

Kadınların, etnik kültürlerin ve sınırların korunmasında önemli rol oynamalarında olduğu gibi, cinsiyetle *ilgili* kuralların da, topluluğu tanımladığına inanılan gelenekler ve beklentiler içinde önemli bir yerleri vardır. Bir kez daha Anthias ve Yuval-Davis'in kelimeleriyle ifade etmeye çalışırsak:

> Etnisitenin sınırları genellikle cinsiyete bağlıdır ve etnik kimliğin belirlenmesinde cinsiyet atıflarına dayanılır; etnik kültürün büyük kısmı cinsellik, evlilik ve aileyle ilgili kurallar etrafında düzenlemektedir ve gerçek bir üye bu rolleri hakkıyla oynayacaktır (Anthias ve Yuval-Davis 1992, s. 113).

---

* İngilizce metindeki reservoir sözcüğü hem depo, hazne, rezervuar hem de hazine anlamına gelir, (editör)

Britanya'daki Güney Asyalı nüfuslar arasında aile kararlarının belirleyici olduğu evlilik gelenekleri* bu konuya çok iyi bir örnektir. Geniş aile ağı içerisinde, uygun bir evliliğin yapılması konusunda duyulan kolektif endişe, seçim ve romantik aşka ilişkin evlilik ideolojisinin bireyciliğine tamamen ters düşmektedir ve bireyciliğin en geniş çağrışımlarıyla nasıl kültür topluluklarının bütünlüğüne karşıt bir şey olarak değerlendirildiğinin bir göstergesidir. Sosyal evlilik yönetiminde cinsiyet ilişkilerinin kültürel tanımının, şehir göçlerin oluşturduğu etnik gruplar arasında kritik bir koruma, adaptasyon ve değişim noktasında durduğu görülebilir.

Evrenselcilik ve partikülarist ilkeler

Hem cinsiyet ve hem de etnisite, 2.Bölümde ırkçılık bağlamında tartışılan Evrenselcilik kavramıyla karşılıklı ilişkileri içerisinde ele alınabilir. Cinsiyet ve etnik grup ayrımcılıklarının her ikisi de, hak edilen iş ve kaynak olanaklarına erişebilmeyi öngören evrenselci ilkelere ve bürokratik tarafsızlık ilkelerine ters düşmektedir. Wallerstein kapitalist demokrasilerin, buna uygun olarak, her iki durumda da evrenselci ve partikülarist – ırkçılık, seksizm - ilkeler arasında sürekli bir gerilime yol açtığını ileri sürmüştür. "Kapitalist dünya ekonomisinin her iki ideolojik ilkesi de birbirleriyle açık bir karşıtlık içindedir" (Balibar ve Wallerstein 1991, s. 35). Irkçılık-cinsiyetçilik, cinsiyet ve etnik grup ekseninde ayrımlaştırılmış bir işbölümünde, cinsiyetçilik aşırı sömürünün her şeklini desteklemektedir. Ona göre bu iki kavram "irrasyonel" bir noktaya ulaştığında, hem kurbanlarının hem de kapitalist düzenin direnişiyle karşılaşır ve kapitalist düzen, böylece, Evrensellik-ırkçılık (ve cinsiyetçilik) içinde zikzaklar çizmeye başlar. Irkçılık ve cinsiyetçiliğe yönelik direnişler, reformun radikal değişimin,

* Türkiye'deki görücü usulünü ve beşik kertmesini andıran gelenekler, (editör)

kültürel değişimin yapısal yeniden düzenlemenin ve fırsat eşitliğinin de sonuç eşitliğinin karşısında konumlandığı aynı ikilemlerle karşılaşmaktadır. Sonuç olarak sosyal eylem ve sosyal örgütlenmenin birer boyutu olarak etnikleştirme ve cinsiyetleştirme öncelikli olarak bağlamsallaştırılabilecekleri -örneğin işgücü piyasaları gibi- alanlarla sınırlı değillerdir, aksine bütün ya da çoğu sosyal eylem alanları için genelleştirilirler. Cinsiyet ve etnik ayrımcılığının siyasi-ekonomik eğilimlere cevap vermelerinin, ama sadece onların ürünleri olarak görülememelerinin başlıca sebebi budur.

Özet

Bu bölümün ilk kısımlarında "etnisite" ve "etnisiteler" konusunu ele aldık. Etnik grup terimi, bugün yaygın bir şekilde, hem akademik söylem içinde hem de dışında kullanılmaktadır. Ancak farklı yerlerde ve ortamlarda etnisite diye adlandırılan şeyin aynı olgu olduğunu düşünmemiz yanlış olur. Aktardığımız örneklerin çoğunda ortak olan birçok özellik vardır. Soya ve bütün kimlik göstergelerine sembolik önem yüklenmiştir; dil, evrensel ve belirleyici bir sosyal farklılık unsurudur ve kültür, insanlar tarafından kolektivitenin mülkiyeti olarak anlaşılmaya başlanmıştır. Ancak diğer taraftan kimlik ve kültürün bu şekilde düzenlenmesinin taşıdığı önem özel tarihsel ve sosyal bağlamlara yerleştirilerek ele alınmalıdır ve bu bağlamlar hem yapı hem de anlam bakımından oldukça farklı olabilir.

Giriş bölümünde etnisitenin hem belli temelleri bulunduğunu hem de kurulmuş olduğunu ileri sürmüştük. Etnik sınıflandırmaların sosyal kullanımları, siyasi kararlarda – örneğin Güney Afrika'da 'apartheid'ın kaldırılması gibi- ve temsil sistemleriyle, bireylerin davranışlarında gitgide artan değişikliklerin bir sonucu olarak, bazen hızla, değişirler. İnsanların kendileri hakkında söyledikleri şeylerde ifade edilen kültürel içerik değiştikçe sınıflamalar da değişikliğe uğrar; insanlar kim olduklarını ve ne türden insanlar olduklarını yeniden belirtirler.

Fakat bu etnik kimlikler kurulmalardan "ibaret" değildir; iki açıdan sosyolojik temellere sahiptir. Öncelikle etnisitenin belirleyici özellikleri sosyolojik açıdan temellendirilmiştir: daha önce de tartıştığımız gibi insanlar gerçekten de kolektif hatıralara katılırlar, duygu ve anlam inceliklerinin ifade edilip, müzik ve aşk yapılan bir dili paylaşırlar ve aile içinde, daha büyük bir topluluğun örf ve âdetlerini öğrenirler. İkinci olarak, etnisitenin bağlamsal özellikleri kolektif bir kimliği yaşatan insanların sosyal ve maddi deneyimi içerisinde temellenmiştir. Bu bağlamsal özellikler etnik grupların içinde bulunduğu uzun süreli – değişime rağmen dayanıklı- sosyal ve ekonomik koşullardır. ABD'de Afrikalı Amerikalıların sürekli karşılaştıkları ekonomik dezavantajlar, Afrikalı Amerikalıların kalıcı bağlamsal özelliğidir. Malezya'da Malayların siyasi-kültürel hegemonyası uzun süre etkisini hissettiren siyasi bir durum olmuştur.

Bu bölümde bu bağlamsal özelliklerin, etnisitenin çeşitli tezahürleri arasındaki farklılıkları anlayabilmek için önemli olduğunu ileri sürdük. Eriksen'in etnisite-oluşturma durumları ve etnik grup türleri üstündeki tartışmasından faydalanarak beş katmandan oluşan bir tipoloji önerdik: şehir azınlıkları, yerli halklar, proto-ulusal veya etno-ulusal gruplar, çoğul toplumlardaki etnik gruplar ve kölelik sonrası azınlıklar. İşgücünün zor kullanılarak ve gönüllü olarak göç bu beş etnisite türünden üçünün özelliğidir. Afrika'daki insanlar yurtlarından alınarak Kuzey ve Güney Amerika'da köleleştirilmiştir, ancak örneğin Karayipler ve Güneydoğu Asya'daki çoğul toplumlar yerlilerin veya 19. Yüzyıl göçmenlerinin torunlarının yurtlarıdır; şehir azınlıkları gelişmiş ve gelişmekte olan kapitalist ekonomilere sahip şehirlere özgü etnik gruplardır.

Bu etnik grup tipolojisinin yanı sıra etnisite oluşturma bağlamının bir parçası olan ve günümüz etnisitesisi kuramsallaştırma çabalarının merkezinde yer alan üç tarihsel yörüngeyi tartıştık. Üç analitik vurgu noktasından bahsettik: kölelik dönemi/sonrası; kolonyal/ post-kolonyal dönem; ve kapitalizm ve ulus-devlet bileşimleri. Bu hareket noktalarının her birini sorgulayan kuramsal bakışları tartışırken, görünüşte karşıt bakış açılarının bazı noktalarda birleştiklerini söyledik. Özellikle, "kapitalizm"den kaynaklanan "yapısal argüman"la "ulusların" kurulması ve modernitenin kilit özellikleri içinde temellenen "kültüralist" argüman uzlaştırıcı ve tamamlayıcı olarak görülmüştür.

Modern ulus-devletlerde modernite ve demokrasi ideallerinin gelişmesinde evrensellik merkezi ve yaygın bir ilkedir. Partikülarizm kavramı, tam anlamıyla zıttı olduğu evrenselciliği gerektirirken, ortak insanlık fikri partikülarizm şekillerinin yerini alır. Bölümün sonunda evrenselciliğin ve partikülarizmin çağdaş toplumlarda ve küresel bir ölçekte birbirlerine nasıl karşıt ilkeler olduklarını tartıştık. Etnik azınlık statülerini ve cinsiyet düzenini birbirinin özdeş olan partikülarizm formları olarak değil, birbiriyle aynı türden olan formlar olarak karşılaştırdık. Bir sonraki bölümde ırkçılık üzerinde yoğunlaşacağız.

2. Bölüm

Etnisite ve Irkçılık

Bu bölümde iki söylemin varlığından doğan soruları ele alacağız: birincisi ırk ve ırkçılık, öteki ise etnisite. Bu iki söyleme akademik yazılar ve geleneklerle, genel ve popüler düşünce ve ifade şekillerinde rastlanmaktadır. Her ikisinin de kendine özgü çağrışımları olmasına rağmen, "ırksal" ve "etnik" terimlerinin işgal ettiği çok fazla ortak zeminin var olduğunu göreceğiz. Ancak "etnik" teriminin aksine "ırk" kelimesinin ve onunla bağlantılı fikirlerin, ırksallaşmış modern kölelik, kolonyal hakimiyet ve siyasi-ekonomik baskı ile aralarında önemli bir tarihsel bağ vardır. Kölelik sonrası toplumlarda, kölelik ve kolonyal hakimiyetle bağlantılı fikir ve uygulamalar küresel boyutlara ulaştı ve geleneksel olarak "ırksal" diye adlandırılan iki taraflı bir siyah-beyaz muhalefetinin parçası haline geldi.

"Irk" teriminin kendisi gözden düşse de, bir ırk ve ırkçılık söylemi ve bunlarla bağlantılı fikirler varlıklarını hâlâ sürdürmektedir. Terim, özellikle davranışlar, inanışlar, uygulamalar ve sosyal kurumlardaki ırksallaştırmanın birbirleriyle kaynaşmış olduğu toplumlarda (başta Güney Afrika ve ABD'de) ayakta kalmaya devam etmektedir. ABD'de "ırk" ve "renk" sadece popüler ve kamuya yönelik söylem, nüfus sayımları gibi resmi sınıflandırma sistemlerinin bir parçası olarak değil, aynı zamanda akademik sosyal bilim söyleminin de parçası olarak kalmayı sürdürmektedir (Omi and Winant 1986).

Bu bölümün ikinci yarısında "ırk" söyleminin, modern dünyada gücün doğası ve ekonomik hakimiyet içinde kendine özgü bazı kökleri bulunduğunu göstereceğiz. Diğer ideolojiler gibi ırkçı ideolojiler de, kategorilerin yaratılmasını ve kategoriler içinde yer alanların belirli doğal ve doğuştan getirilen özelliklere sahip olduğu imasını içerir. O halde, ırkçı düşüncenin ana özellikleri kategorilerin kurulması ve doğuştan getirilen niteliklerin simgeleştirerek birilerine atfedilmesidir. Kölelik ve sömürgeci hakimiyet ile ilgili benzer köklere sahip öteki kategoriler ise "yerli", "kafir", "vahşi" ve "pagan" terimleriyle adlandırılır. Bu bölümün son kısmında bu terimlerin nasıl kullanıldıklarına dair bir kaç örneği ele alacağız. Öncelikle Malezya'dan alınan örnekler aracılığıyla ve Kanada'daki etnik veya etno-ulusal kategoriler olan Fransız-Kanadalıların ve Quebeklilerin siyasi önemine ilişkin bir tartışma aracılığıyla etnisite söylemini irdeleyeceğiz. Etnisitenin kültürel farklılıktan hareket ederek "kurulabilmesine rağmen", sözkonusu etnisitelerin *sadece* kurulmuş olmadıklarını, aynı zamanda, ortak bir dil aracılığıyla taşınan tarihsel deneyim ve anı birikimi içinde temellenmiş olduğundan bahsedeceğiz. Bu manada "ırk"ın terim olarak ayırıcı özelliği, bilimsel hatayla olan bağlantısıdır.

Dikkatimizi ırkçılığa çevirerek, kategorilerle ifade edilen "ötekiler" düşüncesinin ortaya çıktığı tarihsel bağlamları inceleyeceğiz. 16. Yüzyıldan itibaren Avrupalı kolonilerin Kuzey ve Güney Amerika'yla ilişki kurması – Avrupalıların kafasında - "Diğer insanlar neye benziyor?" sorusunun doğmasına neden oldu. Katı muhalefetle karşılaşmasına rağmen, karşılaştıkları insanları pagan, yaşamayı daha az hak eden ve aşağılık yaratıklar olarak gören Avrupalı zihniyet şekillenmeye başladı. 19. Yüzyılın sonlarına ait bir romandan yapılan bir alıntıda Avrupalıların ötekiler hakkındaki görüşlerinin nasıl köklerini salmaya başladığını görebiliriz. Daha sonra, tarihsel bağlam olarak köleliğe ve ideolojik çerçeve olarak bilime dönerek, Afrikalıların köleleştirilmesinin yaygın bir evrensel ırklar hiyerarşisi kavrayışı için nasıl önemli bir zemin oluşturduğuna ilişkin örnekler vereceğiz. Ardından, Amerikalı bir ziyaretçinin anılarından yararlanarak, bir misyonerin gözüyle Malayları ayrıntısıyla inceleyeceğiz ve bundan sömürgeleştirilmiş bir halkın betimlenmesindeki tezatları ortaya çıkarabileceğiz. Bu bölümün son kısmında, Avrupa ırkçılığının kendine özgülüğü tartışmasını doğuran Çin'de ırk düşüncesiyle ilgili önemli bir çalışmayı değerlendireceğiz.

Etnisite ve ırkçılık

Etnisite ve ırkçılık, ilk bakışta, benzer sosyolojik kavramlar düzeni değildir. Etnisite kavramı, sosyal ve kültürel farklılığın, dil ve soyun, sosyal eylemin ve sosyal örgütlenmenin bir boyutu olarak nasıl birleştiğini ve sosyal olarak yeniden üretilen bir sınıflandırma sistemini nasıl oluşturduğunu belirtir. Irkçılık terimi ise ırkları sınıflandırma iddiasında bulunarak, bu ırkları esasında farklı olarak görüp eşit saymayan fikirlere karşılık gelir; ve bizzat, ırksallaştırılmış eşitsizlik sisteminin yeniden üretimine işaret eder (Fredrickson 1988, Miles 1989). Etnisite, somut formunda, etnik bağların sosyal mobilizasyonunu ve soyun, dilin ve kültürün sosyal önemini vurgular. Etnik gruplardan, yani kendilerine yöneltilen "gerçek" veya "iddia edilen" ortak etnik atıfların, onları sosyal bir sistemde ötekilerden ayırdığı "tanımlanabilir gruplardan" söz edebiliriz. Fakat bu grupları çok kesin kalıplar içinde düşünmemeliyiz; onlar ayrı, sürekli veya sabit değillerdir.

Daha önce tartıştığımız gibi, etnisitenin "kültürel malzemesi"nin sosyal ilişkiler içinde temelleri bulunmaktadır. Çoğu zaman farkına varamayabiliriz, ama, etnisite günlük hayatımızın bir özelliğidir. Bu kültürel içerik – ortak soy, ortak bir miras iddiaları, ortak gelenekler ve dil – ayrıca etnik bir etikete özel bir anlam vermek için etnik grup üyeleri tarafından kullanılır veya bu içerikten faydalanılır. Bu içerik, aynı kültürel mirasın parçası olmayanlar ve onu paylaşmayanlar tarafından sırf kendilerini bizden ayrı göstermek için de kullanılabilir. Malezya'da, etnik farklılığın "kültürel malzeme"sinin sosyal ilişkiler içinde temelleri bulunmaktadır, yani Malaylar ve Çinliler arasında günün her anında yaşatılan örf ve âdet farklılıkları vardır. Malayların çoğunluğu Malay dili konuşmaktadır; bunların çoğu ayrıca İngilizce ve oldukça az bir kısmı ise Çince veya Hintçe konuşmaktadır. Malayların İslami geleneklerinden kaynaklanan sadece helal yiyecekleri yeme uygulaması, öteki gruplardan olanlarla birlikte yemek yeme olasılıklarını kısıtlamaktadır; oysa Nash'in de (1989) belirttiği gibi ortak sofra –aynı masada yemek yemek – sosyal etkileşimin ve dayanışmanın büyük ölçüde temelini oluşturmaktadır. Kılık kıyafet belirgin farklılıklar gösterir, sosyal ortamlar çoğunlukla aynı etnik grup içinde oluşturulmaktadır ve gruplararası evlilik çok nadirdir. Bu farklılıklar, Malezya'nın günlük sosyal pratiğinde yeniden üretilmiş "temeli bulunan" kültürel farklılıklar, rutin davranış kalıpları ve öncelikler olarak değerlendirebileceğimiz şeylerdir. Kişisel tavırlarda, evlilik tercihlerinde, yiyecek ve yemek adetlerinde görülen farklılıklar bir araya gelerek bu mikro-sosyal düzeyde etnisiteyi tanımlar:

Ana dil olarak Melayu dilinin yanısıra *halus* (arınmış) adı verilen bir davranış tarzı da Malay olmakla ilişkilendirilir. *Halus* denen bu davranış tarzı yaşa, statüye, dindarlığa ve toplumda değer verilen diğer kişisel özelliklere karşı gösterilmesi gereken bir saygı ifadesi olarak düzeyli bir sosyal münasebet esnasında görülür (Nash 1989, s. 33).

İslam ve Malay etnisitesi doğrudan doğruya uyuşmaktadır; Müslüman olmak Malay tanımının bir parçasıdır. Ancak Müslüman olmanın doğası -örneğin daha az ve daha fazla "köktenciler" arasında- tartışılmaktadır ve Malezya'da Malay olmayan Arap, Pathan, Hintli veya Pakistanlı Müslümanlar da vardır (Nash 1989). Bu Müslümanlardan bazıları gruplararası evlilik yapabilmelerine rağmen, İslam dini, çoğunlukla, Malaylarla Malezyalı Çinliler ve Hintliler arasında kesin bir sınır çeker. Dinin helâl kıldığı yiyecek çeşitleri bu sosyal sınırların daha da belirginleşmesine neden olur:

> Kategorilerarası evliliği yasaklayan grup içi evlilik mekanizmasının yanı sıra aynı masada yemek yiyememe engeli bulunmaktadır. Beraber yemek yemek kişilerarası yakınlaşmanın en kolay şeklidir ve çoğunlukla ortak öze, ortak kökene ilişkin bir metafordur. Müslümanlardaki helal-haram kuralı Çinlileri Malaylardan ayırır [ve] bu kural, Çinlilerin yediği sıradan yiyeceklerinin o kadar büyük bir kısmını yasaklar ki, Malaylar Çinlilerin evlerinde veya restoranlarında yemek yiyemez. Çin restoranları Malay müşteri istiyorsa helal yiyecek sattıklarına dair levhalar asmak zorundadır (Nash 1989, p. 36).

Bu kültürel tercihler, günlük hayatı düzenleyen ilkeleri oluştururken, aynı zamanda, etnik simgeler olarak harekete geçirilir. Çok uzun süredir bu ülkede yaşamalarına rağmen, sadece dışarıdan gelen göçmenler olarak görülen Çinliler ve Hintlilere karşı, Malaylar tarafından hak olarak talep edilen Malay dili, İslam dini ve yerlilik

Malezya'da Malayların ayrıcalığını ifade etmek ve siyasi taleplerini vurgulamak için kullanılmaktadır.

"İcat edilmiş" etnisite, "temelleri olan" etnisite: Fransız Kanadalı örneği

Etnisiteyi önemli kılmaya yönelik sosyal süreç, kesintisiz bir karşılıklı etkileşim sürecinin parçasıdır. Bu, ait olanlar, yani "biz" ve bizi seyredenler, yani "onlar" arasındaki karşılıklı etkileşimdir. Tarihe bakıldığında, 20. Yüzyıl Kanadasında rastlanılan etnisite iddialarının temelinde, bugün Kanada'nın olduğu yerde 200 yıldan fazla süren Fransız varlığı yatmaktadır. Modern etnisitenin "kültürel unsurları" geleneklerde, sosyal üsluplarda, dilde ve ortak bir soyun – Kanada'daki ilk Fransız yerleşmecilerinin- torunları olduklarına dair mantıklı olmakla birlikte müphem iddiada barınır (Handler 1988).

Kanada'da Fransızca konuşanların bu uzun geçmişi içinde tarihsel temelleri olan kültür, dil ve soyla ilgili bir birikim bulunmaktadır. Bu tecrübe, Katolik Kilisesinin etkisi ve son zamanlara kadar Fransız Kanadalı yaşam şeklinin büyük ölçüde kırsal ve küçük kasaba bağlamı ve ABD ile sınır yakınlığı tarafından şekillendirilmiştir (Handler 1988).

Tarihte Fransızların ve İngilizlerin Kanada'yı kontrolleri altına almak için yaptıkları mücadelede galip gelen Britanyalılar Kanada'da Fransızların sosyal ve kültürel özerkliği yönünde karar aldılar. Bu özerklik, her zaman, Britanyalıların uygulamadaki ekonomik, siyasi ve çoğu zaman da sayısal üstünlüğünün gölgesinde kalmıştır. Uzun bir dönem boyunca Fransızlara bir taraftan "Kanada içinde Fransızlıklarını" korumalarına "izin verilmiş", diğer taraftan Fransızlar geniş anlamda Anglo-Britanyalı (Protestan) Kanada'nın hakimiyetinde kalmıştır. 1960'larda ve sonrasında Fransız Kanadalı siyasal bilinci büyümeye başlayınca Fransız Kanadalıların Kanada toplumundaki yeri konusunda bir tartışma ortaya çıktı. Bu süreçte Fransız Kanadalılar kendileri hakkında (yani "biz" hakkında) iddialarda bulunmakta ve bu iddialar da en az iki dinleyici kesimine yapılmaktadır – Fransız Kanadalılar veya "potansiyel" Fransız Kanadalılar, yani kendilerini Fransızlıkla tanımlamaları muhtemel olanlar ve İngilizce konuşan Kanadalılar. Bu arada İngilizce konuşan Kanadalılar Fransızca konuşan Kanadalılar hakkında "tanımlayıcı ifadeler" kullanmaktadır (Vallieres 1971).

Takım arkadaşları o kadar arkadaş canlısı olmasa da etnisite bu ekip çalışmasını ve işbirliğini gerektirir. Eriksen'in deyişiyle (1993b), etnisitenin bir ilişkiden başka bir şey olduğunu düşünmek "tek elle alkışlamayı düşünmek" gibidir. İngilizce konuşanların da iki dinleyici kesimi vardır: kendileri (`biz buyuz ve böyle bir halkız') ve Fransız Kanadalılar (`*siz* şusunuz ve şöyle bir halk-sınız). Kültürel malzemeye – ortak dil, soydaşlık ve gelenekler- belirli bir önem verilir, malzeme şekillendirilir ihtiyaçlara göre kullanılır – tamamen "uydurulmuş" veya icat edilmiş değildir. Kendisinden Fransız-Kanadalı etnisitesinin ortaya çıktığı, gerçek bir sosyo-tarihsel süreç vardır; bu etnisite, aynı zamanda, her zaman çağdaş sosyal anlamı içinde daima kurulmakta ve yeniden kurulmaktadır. Son otuz yılda bu Fransız Kanadalılık giderek artan bir şekilde, Quebec bölgesinin büyük ölçekli bir özerklik elde etme çabasında ifadesini bulmuştur. Bir zamanlar "Fransız Kanadalı" teriminin karşıladığı kavram bugün siyasal zeminde "Quebecli" terimiyle karşılanmaktadır; Kanada'da Fransız kültürünün ve dilinin tanınması talebi ulus ya da "ayrı bir toplum" olarak Quebec bölgesinin özerkliği ya da bağımsızlığı talebine doğru yaklaşmıştır (Taylor 1992).

"Fransız Kanadalılığı" veya "Quebecli olmak" siyasi olarak kurulurken, etnisite resmini "renklendirmek için" tarihsel ve çağdaş materyallerden faydalanılmıştır. Fransızca dilinin saflığına ve yaşamasına yönelik tehditler, Quebec veya Fransız-Kanadalı kültürünün İngiliz kültüründen daha az bencil ve daha az maddeci olarak betimlenmesi, müzik, dans ve geleneğin kararlılıkla teşvik edilmesi hep, (Handler 1988) etrafını saran bir Anglofon denizinde sulara gömülme tehdidiyle karşı karşıya olan bir Fransız-Kanadalı tablosunun parçalarıdır. Eyalet içindeki eğitimde Quebec taşrasının etkisi ve Fransızca kullanımını korumaya yönelik yasaları çıkarma gücü, devleti andıran bir bürokrasinin yetkilerini nasıl bir toplumun orta ölçekli kurumlarını –kültürün yeniden üretiminin çok önemli araçları olan okulları ve üniversiteleri- şekillendirmek için kullandığını gözler önüne serer.

Dolayısıyla Fransız-Kanadalı kimliği, hem, siyasi olarak yeniden şekillendirilmiş olması bakımından kurulmuştur, hem de, tarihsel olarak temelleri bulunmaktadır. Fransız Kanadalılığı aynı şekilde sürekli olarak icat ve yeniden icat edilmektedir, fakat o icat edilmiş bir etnisite değildir; kendilerini halk olarak adlandırabilmeleri için gerekli bazı dayanaklara sahip bir nüfusun geçmişteki ve bugünkü deneyimi içinde temelleri bulunmaktadır. Bu anlamda etnisite, ırk kavramının tam da ayrımcı bir ırk bilimine gönderen mantığından dolayı "ırk"tan ayrılır. Bu mantık, insanlığın, kültür ve uygarlık farklılıklarının temelini oluşturduğuna inanılan doğal biyolojik türlere ayrıldığı iddiasıyla ifade edilir (Kuper 1975). Etnisite kavramı, ırk kavramının "hatalı" temeliyle hiç bir paralellik göstermez.

Bir bilim yanlışı olarak 'Irk'

Irk hep sosyal bilimin filogistonu olarak tanımlanmıştır; filogiston yanma işleminin kimyası anlaşılmadan önce bilim adamlarının zihinlerinde uydurmuş oldukları bir maddedir. Irk kavramının hatalı temeli, 19. ve 20. Yüzyılların büyük bir kısmında, ırk teriminin, insanlığın farklı bölümlerini ifade ederken, bu bölümleri belirtmek için görünür karakteristik özelliklerle ilişkilendirilerek kullanılmış olması gerçeğine dayanmaktadır. Bu sınıflandırma ırkların, ırksal bir mirası oluşturan kendilerine özgü karakter, yetenek ve ahlaki yaradılışa sahip oldukları görüşüyle birleşmişti. Irk, insan nüfuslarının "doğal" – bilimsel anlamda "biyolojik"- bir gruplanması ve uygarlığın başlıca belirleyicisi olarak görülmüştü.

Karakter ve ahlaki kişiliğin, bir dizi ırksal özellik olarak doğuştan getirildiğini savunan kuramlar, tamamen spekülatif nitelikteydi ve ırkla ilgili düşüncelerin çoğu, genetik aktarmayla ilgili günümüz bilgilerinden çok daha önce üretilmişti. Aslında ırk biliminin büyük bölümü, sabit ırk türleri görüşünü prensipte çürüten Darwin'in evrim teorisinden daha eski bir tarihe dayanır (Banton ve Harwood 1975, Banton 1977). Biyoloji biliminde ve sosyolojide ırk terimi büyük ölçüde kullanılmaz hale gelmiş veya gerçekten varolmadığını göstermek amacıyla tırnak işaretleriyle kuşatılmıştır (en bilinen istisnalardan birisi ABD'deki akademik – ve siyasi- söylemdir).

Irk bilimcileri ve ırk kavramıyla ilgilenen farklı türlerden düşünürler tarafından kullanılan deri rengi gibi fiziksel işaretler ve diğer fiziksel özellikler gözle görülür ve gerçektir. Tüm dünya üzerine düzensiz bir şekilde dağılmış, belirgin deri rengi, saç şekli, göz şekli ve diğer yüz özelliklerine sahip insan kümeleri vardır. Yanlış olan şey, bu özelliklerin, kökleri onların biyolojik farklılıklarında bulunan sosyal ve ahlaki niteliklere sahip ayrı insan ırklarının temellerini oluşturduğu şeklindeki iddiadır. (Kuper 1975)

Irksallaştırma, bu gözle görülür işaretlere sosyal bir anlam yüklenen sosyal bir süreçtir. Irksallaştırma, fiziksel farklılıkları sosyal etiketlere dönüştürme ve bu etiketleri genellikle bir baskı rejiminde uygulama sürecidir.

Yanlışlık, beden tiplerinin, açıkça, paylaştıkları ırkın bir sonucu olarak ortak nitelikler de taşıdıklarının düşünülmesine yol açacak şekilde "ırklar" olarak tanımlanmasında yatmaktadır. Bütün yerküreye dağınık bir biçimde yayılmış nüfuslar arasında karakteristik görünüş farklılıklarının olduğu besbelli ki yanlış değildir. Yine insanların kendi istekleri ya da başkalarının zorlamalarıyla, kendilerini, sosyal açıdan ötekilerden ayırırken dayandıkları niteliklerden birinin, bu görünüş farklılıkları olduğu da açıktır. Fiziksel farklılıkları temelinde şu veya bu grup olarak adlandırılan insanlar ortak bir sosyal yaşantıyı paylaşmaya başlar: karmaşık olmasına rağmen Amerika'da beyaz veya siyah olmanın ne anlama geldiğinin altında yatan sosyal bir gerçeklik vardır. Bu sosyal gerçekliklerden hiçbiri, yakın tarihin büyük bölümünde kullanılan anlamıyla ırk kavramının önemi bir yanılgıyı içerdiği görüşüyle ters düşmez, bu da ırk teriminin analitik veya betimleyici bir sosyoloji terimi olarak kullanılamayacağı anlamına gelir.

Miles'in özetlediği gibi:

> İkinci Dünya Savaşının ardından sabit tipolojiler görüşüne dayanan, deri rengi ve kafatası şekli gibi bazı fenotipik özellikleri temel alan bilimsel "ırk" kavramının hiçbir belirgin bilimsel anlamı veya kullanımı olmadığı sonucuna varılmıştır. Dahası belirgin fiziksel veya genetik özellikler ve kültürel özellikler arasında nedensel ilişkinin olmadığı sonucuna varılmıştır. (Miles 1989, s. 37).

Bir "ırk"a aidiyetleriyle adlandırılan insanlar, daha önce de belirttiğimiz gibi, bu sosyal adlandırma sürecinin bir sonucu olarak, bazı ortak deneyimleri yaşamaya başlar. ABD, birçok bakımdan, sosyal bir önemi olan başlıca ayırıcı olarak "siyah" kategorisini icat etti ve Amerikalılar bütün bir sosyal yapıyı beyaz ve siyah ayrımının üstüne kurdular. (Fredrickson 1981, 1988). Bu sistemin bir şekli, ırksallaştırılmış kölelikti ve uzun bir dönem etkili olup 1865'e kadar sürdü; bir başka şekli, 1954'e ve sosyal ayrımcılık sisteminin çözülmeye başlamasına kadar süren ırksal ayrımcılık ve ırkçı baskıydı; üçüncü bir şekli ise, ırksal kategorilerin, Amerika'nın ırksallaştırılmış olmasından zarar görmüş olan kesimler tarafından büyük ölçüde tartışıldığı ve benimsendiği günümüz Amerikasında yaşanan şeklidir. Amerika'da ırk fikri başlıca sosyal işaret, yani neredeyse Amerika'nın sosyal yapısının tanımlayıcı özelliği haline geldi (Kymlicka 1989). Yüzyıllar süren ortak tecrübeler boyunca, ABD'deki siyah insan toplulukları, yeni bir etnisitenin veya çeşitli etnik iddiaların ve kültürlerin doğmasına neden oldu. Goldberg'in de tartıştığı gibi ırk fikri, Amerikan kültürünün ilk önce beyazlar tarafından bir baskı aracı olarak kullanılan ve daha sonra da birçok siyah Afrikalı Amerikalı tarafından hegemonya karşıtı birlik ve insanlık sembolü olarak sunulan bir unsuru olmuştur (Goldherg 1993).

Amerika'da, beyaz olmanın ezici gücünün, ırksallaştırılmış bir toplumdaki rutinlerin yanı sıra şiddet ve baskı yoluyla siyah Amerikalılara karşı kullanılmasına rağmen, siyah Afrikalı Amerikalı etnisitesi, gönüllü bir sosyal ve siyasi proje olarak ve diğer bir çok şekilde ifade edilmiştir. Afrikalı ve siyah terimleri benimsenmiştir - siyah terimi, birliğin ve onurun bir ifadesi olarak ve Afrikalı terimi, bir halk olmanın bir ifadesi olarak.

Kuşkusuz dayatılmış ırkçı bir sistemden etnik komünalitenin dışa vurulmasına doğru bu kayma, genellikle, ırksallaştırma diye tanımlanan süreçler ile "etnisite" veya "etnikleştirme" diye tanımlanan süreçlerin ortak birçok noktası olduğunu gösterir. "Onlardan" (ya da "bizden") ayrı bir halk olarak bahsedilir, gruplar veya grup üyeleri olarak görülen bireyler arasındaki ilişkilerin sınırlarını ve tarzlarını belirleyen özellikler olarak soy ve "miras" fikirlerine, sosyal işaretlerin kullanımına göndermede bulunulur.

Türsel terim olarak `etnik'

"Irk" terimi hatalı bir bilimin tarihinden olumsuz yönde etkilendiği için, "etnik" kelimesini, "ırk"la ilişkili fikirlerin bir alt dizisi olarak alınabileceği türsel bir terim yapmak için iyi nedenler vardır. Gellner (1983) ve Eriksen (1993b) terimi bu şekilde ele aldılar. Gellner, "hükmedenler ve hükmedilenler, ayrıcalıklılar ve ayrıcalığı olmayanlar" ayrımına nasıl gelindiğini ve etnik elit sınıfların hakim konumlarını nasıl "mazur gösterdikleri" tartışır. Etnik bir elit grubunun varlığını destekleyen bir tahakküm ideolojisinin "dili, genetik olarak aktarılan özellikleri (ırkçılık) veya tek başına kültürü elinde tutuyor olabileceğini" söyler (Gellner 1983). Aynı şekilde Eriksen: "Etnik ideolojiler, üyeleri arasındaki soydaşlığı vurgulamaya eğilimli olduklarından ırk ve etnisite arasındaki ayrım sorunludur; 'ırk' fikirleri, etnik ideolojilerin bir parçasını oluşturabilir de oluşturmayabilir de..." demektedir (Eriksen 1993b). Birçok, belki de çoğu örnekte ırksal ve etnik farklılık görüşleri yan yana bulunmaktadır. Amerika örneğinde, Amerika'nın yakın tarihindeki hakim bir etnik grup olan WASP* kavramı her iki temayı da ifade eder. Beyaz Anglo-Sakson Protestan teriminde ırksal (beyaz), soya ilişkin (Anglo-Sakson) ve kültürel veya dini (Protestan) öğeler yan yana sıralanmıştır. Analitik bir ayrımı devam ettirmeye çalışırken geleneksel veya alışılmış kullanımın mahkumu oluyoruz. Akademik söylemde (bkz Rex ve Mason 1986, Barot 1996), "ırkçılık", "etnik ideolojiden" daha yaygındır; halk arasındaki ve gazete haberlerindeki kullanımında ırk ve etnik

* (White-Anglo Saxon-Protestan sözcüklerinin kısaltması ç.v.).

terimleri sıklıkla ve hatta bazen aynı cümlede bile birbirinin yerine geçebilecek şekilde kullanılmaktadır (bkz. Britanya Nüfus sayımı hakkında *Guardian*'ın haberi, 1997a).

Irkçı bir kategorinin (örneğin siyah) parçası olan terimler , bir baskıdan kurtulma hareketi tarafından benimsenebileceği gibi, köklerin geldiği ülkeyi belirtmesi itibariyle etnik veya soyla ilgili anlam taşıyan bir terim de ırkçı bir kategorinin özelliklerini yapısında toplayabilir. Britanya'da, "Pakistanlı" teriminin kökenleri göçe dayanmaktadır, İslam diniyle yakın bağlantısı nedeniyle kültürel çağrışımları bulunmaktadır ve topluluk liderleri tarafından isteyerek benimsenmektedir. Ancak aynı zamanda Pakistanlı kelimesi ve aynı şekilde "Paki" kelimesi beyazlar tarafından aşağılayıcı bir terim olarak ve Pakistanlı terimini bilerek ve isteyerek sahiplenenler için ifade ettiğiyle fazla ilişkisi olmayan bir anlamda kullanılmaktadır.

Birbiriyle bağlantılı bu terimlere nihai bir anlam yüklemek çok güç olsa bile, oldukça süreklilik gösteren yan anlamları ve çağrışımları konusunda açık olmak kesinlikle mümkündür. Irk terimi yanlış düşüncelere ve bilgilere dayanan ırk bilimiyle ilişkidir, fiziksel farklılığı, çoğunlukla da renk farkını ifade eder. Genellikle zararlı bir şey olarak görülür ve ırksal ideolojiler daima zulümle veya baskı rejimleriyle ilişkilendirilir. Irkın aksine, etnisite, sosyal bilimlerde analitik bir terim olarak alınabilir, çoğunlukla halkların gönüllü kimlikleri olarak görülür ve (en azından potansiyel olarak) –zararsız- olduğu düşünülür. Zararlı-zararsız ayrımının en açık şekilde ihlal edildiği yer, Yugoslav İç Savaşı bağlamında kullanılan "etnik arındırma" terimidir ve bu ifade genellikle "ırksal ayrımcılık veya ayırma" terimlerinin kullanılmış olduğu bağlamlarda genel bir kullanım haline gelmeye başlamıştır.

Siyasi tahakküm ve ekonomik sömürü: Evrensellik ve ırkçılık

Irk söylemi, ırk düşüncesi ve daha özelde ırkçılık, bir halkın veya insan grubunun, kendilerini, ötekilerin üzerine koyduğu ve mevcut üstünlüklerini özsel bir farklılık öğretisi aracılığıyla ifade ettikleri bir siyasi tahakküm ve ekonomik sömürü bağlamında (Wolf 1982, Stannard 1992) gelişmiştir. Bilimsel ırkçılık ya da daha genelde ırkçılık özsel farklılığın yegane ifadesi olmamasına rağmen, sözkonusu ırk düşüncesinin aldığı şekillerden birisi de "bilimsel ırkçılık"tı. Ancak 19. ve 20. Yüzyıla egemen ırkçı söylemin önemli ve anlamlı bir yanı, ırkçı söylemin meşruluğunu bilimin otoritesine olan bağlılıktan almasıydı.

Bilimin gelişmesi hümanizm dilinin önemli bir unsuruydu; "insan" bilimsel keşif aracıydı ve aynı zamanda araştırma konularından biriydi. Biyoloji, hayat bilimleri, insan bilimleri, sosyal bilimler ve tıp bilimsel araştırmanın merkezine insanoğlunu koyma amacına adanmanın birer tezahürüydüler. Sonuçta insanoğluna bağımsız rasyonel düşünebilme yeteneği bahşedildiğini; herkesin yönetime katılabilmesini ve bireysel insan onurunun tanınmasını öngören insan haklarının herkes için geçerli olduğunu ilan eden düşünce devrimi yaşandı, bu devrim batıl inancın, basit spekülasyonların ve dini otoritenin yerini alacak olan bilim dediğimiz düşünüş şeklini doğurdu. Dolayısıyla Tanrı kaynaklı otoriteden ve beraberindeki modern-öncesi hiyerarşik tahakküm sistemlerinden kurtuluşun temeli olarak hümanist akılcı düşünüşün üretildiği aynı tarihsel dönemde -özellikle son 250 yılda-, hümanist Evrenselciliğin antitezi olarak ırkçılığın üretilmesi bir tesadüf değildir. Bilim bu yüzden hem insanların (neredeyse hep insanoğlu diye hitap edilmiştir) eşit yaratıldığı ve eşit insan onuruna ve değerine sahip oldukları doktrininin bir özelliğiydi, dolayısıyla evrenselci bir hümanizmin dostuydu; hem de ırk biliminin bir özelliğiydi, bundan ötürü, "insanoğlunun" doğuştan eşit olmadığı doktrininin bir müttefikiydi.

Bu, sosyal düzenlerin (yani sınıf, kast ve mülk toplulukları) mutlaka eşit olmaması gerektiği şeklindeki bir argümanın sonucu veya tek sonucu değildi, insanlığın doğuştan eşit olmayan parçalara –ırklara- ayrıldığı görüşünün bir ifadesiydi. Dini fikirler toplumun – ilahide de söylendiği gibi- "kalesinde yaşayan zengin adamdan ve kapısındaki fakir adamdan ibaret olduğu/Tanrı'nın onları yüksek ve alçak kıldığı ve mülklerini inşa ettiği" ve doğal bir hiyerarşiye dini yetki verdiği inancını desteklemişti. Diğer taraftan bu inanç, herkesin – Tanrı'nın nazarında- eşit yaratıldığı öğretisiyle birleşmişti. Böylelikle bilim, kölelik savunusuna, Hıristiyanlık öğretisi onun kınanmasına yöneltti; Hıristiyan öğretisi ırksal köleliğin savunulması için hizmet verirken, bilim de onun kınanmasına hizmet etti (Curtin 1964, Montagu 1964, Gossett 1965, Balibar ve Wallerstein 1991). "İnsan" bilimi olarak 19. Yüzyılda ortaya çıkan antropoloji bu çelişkilere her yönüyle somutluk kazandırdı: antropolojinin ırk bilimiyle ittifakı, kültür ve çevrenin vurgulanması yoluyla ırk biliminin eleştirilmesi, kültürün asli şekillendirici olarak kullanılması ve kültürel farklılığın derin ve değişmez olarak betimlenmesi (bkz. Boas 1982; Balibar ve Wallerstein 1991).

Evrenselcilik ve ırkçılık

Balibar, etkileri son üç yüzyılının küresel sosyal değişimlerinin tamamına yayılan birbirine karşıt iki ilkeden bahseder: Evrenselcilik ve ırkçılık. Bu son üç yüzyılın en belirgin özelliği dünyanın büyük bir bölümünde hüküm süren tipik olarak "Batı" dediğimiz gücün maddi, siyasi ve ekonomik egemenliği olmuştur. Bu dönemde Ortadoğu, Uzakdoğu, Malezya, Endonezya, Kuzey, Orta ve Güney Amerika, Karayipler, Pasifik ve Afrika toplumlarının doğrudan ya da dolaylı olarak Batılı devletlerin temsilcileri, özellikle de Portekiz, İspanya, Britanya, Hollanda, Fransa, Belçika, Almanya ve İtalya tarafından hakimiyet altına alınmasına tanık olundu. Dünya tarihinin şu anda "gece yarısını" vurduğu hayal edilseydi, Batı Avrupa hakimiyeti sadece on ikiye beş kaladan beridir sürüyor olurdu, ancak bu kısa dönemin etkisi çok büyük olmuştur (Levi-Strauss 1975).

En doğrudan ve emperyal egemenlik şekilleri daha yakın tarihe aitken, Avrupalıların yeni dünyaya doğru ilk saldırıları 18. Yüzyıldan epey önce başladı. 15. Yüzyılın sonlarından başlayıp devam eden Portekiz, İspanya ve ardından Britanya yayılmacılığının başlarında, büyük "keşif" yolculukları, dünyanın hazinelerini aramak için çıkılan seferler ve ticaret noktalarının ve ticaret şirketlerinin tesis edilmesi söz konusuydu. Bu ticaretin bir kısmı köle üzerineydi ve Portekizliler Afrika'nın batı sahillerine yelken açtıktan sonra özel bir ticaret noktası kurmaya başladılar – yakalanan Afrikalı köylülerin Yeni Dünya'da satılmasından ve köleleştirilmelerinden önce tutuldukları kıyı şeridindeki kaleler (Walvin 1983). 1526'ten 1870'e kadar, üç buçuk milyondan fazlası sadece Brezilya'da olmak üzere, yaklaşık yirmi milyon Afrikalı köleleştirilip Yeni Dünya'da satılmıştır. Aynı dönem içinde yüz binlerce değil, milyonlarca Kuzey, Orta ve Güney Amerika, Karayipler ve Pasifik yerlisi insan, bundan sonraki kaderlerini belirleyecek olan Batıyla karşılaşmalarının sonrasında, üç koldan bastıran hastalıklar, yozlaşmalar ve kıyım sonucunda yeryüzünden silinmişlerdir.

Kolonileştirme maceralarının sistematikleştirilmesinin, yerlilerin, kölelerin, sözleşmeli veya ihraç edilmiş ücretli işgücünün plantasyonlarda, yer altı kaynaklarına dayalı sanayilerde ve dünya çapında ticari değer taşıyan ürünlerin bir parçası haline geldikleri diğer ekonomilerde çalıştırılmak kullanılmasının ırkçılığın harekete geçiren şeyler oldukları sık sık ileri sürülmüştür.

Fryer ırk önyargısını ırkçılıktan ayırır, ona göre ırkçılık yalnızca akıldışılığın "kırıntıları" olmaktan çok tutarlı bir öğretidir:

> Tüccar İngiliz kapitalistlerini Afrikalı ticaretine sevk eden şey kâr etme dürtüsüydü. Bu işte büyük para vardı. Teori daha sonra ortaya çıktı. İngiliz köle ticareti, İngiliz şeker üretim çiftliklerindeki kölelik ve İngiliz imalat sanayi kârı üç misline katlanmış birbirine kenetli bir sistem olarak işlemeye başlayınca, tüm bu eskiden kalma mit ve önyargı kırıntılarının az çok tutarlı ırkçı bir ideolojiye, "bir ırk mitolojisine" dönüştürülebilmesi için gerekli ekonomik temel oluşturulmuştu (Fryer 1984, s. 134).

Kısacası dünya kapitalizminin gelişmesi, dünya ırkçılığının gelişmesi için vesile oldu.

Bunu, ırk zihniyetini açıklayan basit bir varsayımdan çok, tarihte örnekleri yaşanmış rehber bir argüman olarak görmeliyiz. Böyle bir argümana takılıp kalmak "ırkçılık nereden geliyor?" sorusuna standart bir cevap arayışı gibi görünebilir. Bu cevap arayışını yalnızca, bizi birçok farklı doğrultuya sevk etmesinden dolayı değil, sorunun, sonuçta, en azından, insanlık tarihinde ırkçılık diye tek bir temel "şey"i tanımlayabiliriz şeklinde bir imayı içermesinden dolayı "hatalı" olarak değerlendirmemiz gerekir. En azından bahsettiğimiz dönem boyunca karşılaştığımız şey, ötekilerin doğuştan farklı ve genellikle aşağılık olarak görüldüğü çok çeşitli sınıflandırıcı düşünce yapılarıydı-Avrupalıların Avrupalı olmayan dünyayla ilişkiye geçmeleri sürecinde gözlemlenen en belirgin ve vazgeçilmez ideolojik özellik. Kapitalizmin Avrupa'da büyümesi ve özellikle Avrupalıların desteğiyle tüm dünyaya yayılması ırkçı fikirlerin ve ideolojilerin kemikleşmesini hızlandırdı; köle işgücünün yönetimi ve siyasi bakımdan savunulması, bu yayılmanın aşamalarından biri olarak gerçekten hayati bir rol oynadı.

Öteki insanlar neye benziyor?

16. ve 17. Yüzyıllarda İspanyol, Portekizli, Hollandalı ve Britanyalı maceraperestler ve geleceğin kolonicileri "Yeni Dünyaya" yelken açınca, gittikleri yerlerde karşılaştıkları ve Avrupalılar için "yeni" halklar ve yeni bir tür olarak görünen insanlar olan yerliler hakkında ideolojik savaşlar başlatıldı. İspanyolların karşılaştıkları Kızılderililere uyguladıkları vahşet, ulaştığı boyutlar bakımından sadece acımasız bir felsefe sorunu değildi, kılıcın soğuk vahşiliğiyle de ilgiliydi. Erkekler ve kadınlar bir av hayvanı gibi kovalandılar ve katledildiler, elleri kesildi, iç organları çıkarıldı, yakıldılar, karnındaki çocuklarıyla birlikte mızraklandılar ve kafaları kayalara vurularak parçalandı (Stannard 1992).

Stannard 15. ve 16. Yüzyılda Orta ve Güney Amerika'da yaşanan İspanyol vahşetini anlatan hikayeleri toplamıştır:

> Küba'da yüz ya da daha fazla kişiden oluşan bir İspanyol taburu kurumuş bir nehrin kıyısında durdu ve nehir yatağındaki bileytaşlarında kılıçlarını keskinleştirdi. Kılıçlarını çektiler ve kadın erkek, çocuk yaşlı demeden insanların karınlarını deşmeye, onları kesip öldürmeye başladılar... bu kıyım ahalinin daha önce İspanyol fatihlere bir manyok, meyve ve balık ziyafeti verdiği Zucayo köyünde yaşanmıştı. Las Casas*, öldürülen Kızılderili sayısını 20,000 olarak aktarır (Stannard 1992, s. 71).

Bir başka hikayede:

> Birkaç Hıristiyan kucağında çocuğunu emzirmekte olan Kızılderili bir kadınla karşılaştı; yanlarındaki köpek aç olduğu için kadının kucağındaki bebeği ondan zorla alarak canlı canlı aç köpeğin önüne attılar ve

---

* Las Cansas (1474-1566), Amerika'da bulunmuş Dominiken İspanyol misyoneri ve tarihçisi (Editör).

annesinin gözü önünde köpeğin çocuğu yemesine izin verdiler (Stannard 1992, s. 71-2).

Yeni Dünyadaki İspanyol maceraperestler sonunda 1550'de, karşılaştıkları insanlara genellikle verdikleri isimle Hintlilerin[**] "doğası" hakkında meşhur bir tartışmanın doğmasına vesile oldular. Roma Katolik misyoner Bartolomé Las Casas, bu vahşetlerin kroniğini çıkartmakla kalmadı, Juan Gines de Sepulveda ile bu Yerlilerin mantıklı düşünebilme yeteneğine sahip olup olmadıkları veya doğası köleleştirilmeye ya da daha kötüsüne uygun hayvanlardan ibaret olup olmadıkları konusunda resmi bir tartışmaya girdi. Bu, kategorilerin oluşturulması ve doğuştan getirilen niteliklerin kriter olarak alınması konusunda bir *locum classicum*dur.[***] Erkekler ve kadınlar bir kategoriye konuldu ve ardından doğuştan getirdikleri karakteristiklerin neler olduğu tartışmasına geçildi. Las Casas bunların rasyonel insanlar olduğunu kanıtlamaya çalıştı; doğaları gereği sadece köleliğe uygun olduklarının düşünülmemesi gerekiyordu. Binlercesinin sakat bırakılmasına ve katledilmesine ve bir hayvan gibi avlanmalarına, üstüne üstlük bir parçalarının getirilip bununla böbürlenilmesine çok kesin biçimde karşı çıktı.

Yaklaşık aynı dönemlerde, başka İspanyol gezginler, Yerliler için "doğuştan tembel ve hırçın, melankolik, korkak ve genelde yan gelip yatan aylaklar" diye yazmıştır (Stannard 1992). Sepulveda, Las Casas'ın aksine Yerlilerin daha az insan, barbar ve insanlık dışı olduklarını iddia etti. Stannard'ın kayıtlarına göre, Stannard, Yerlilerin fetihçi efendilerine hizmet etmek için yaratıldığı

[**] Genellikle Kızılderili ve Amerikan yerlisi dediğimiz terimin orjinali aslında Indian yani Hintlidir; İspanyollar Hindistan diye geldikleri Amerika kıtasında karşılaştıkları insanları da Hintli sanıyorlardı ve öyle adlandırıyorlardı (ç.n.).

[***] Locum Classicum, en klasik kaynak anlamına gelen Latince deyim (ç.n.).

konusunda yurttaşlarının çoğunun desteğini aldığı için tartışmayı kendisinin kazandığını düşünmektedir. Bu tartışmalar, İsveçli bilim adamı Linnaeus'un 18. Yüzyılın ortalarında yaptığı gibi, bilim adamlarının insanoğlunu sınıflara ayırmaya koyulmasından en az 200 yıl önce bir Hıristiyan inanışı çerçevesinde yapılmıştı. İnsanlar Hıristiyan ilkelerini benimsediğinden Stannard'ın Amerikan Holocaust'u dediği şeyin –Amerika kıtasındaki tüm halkların mülksüzleştirilmelerinin ve katledilmelerinin- Tanrı'nın isteği doğrultusunda olduğuna öyle ya da böyle kendilerini inandırmak zorundaydılar. Başta karşıt görüşü savunan dönemin en meşhur sesi Las Casas olmak üzere çoğu Hıristiyan buna katılmıyordu.

İki yüz yıl sonra oldukça farklı bir bağlamda – kölelik hakkında İngilizlerin tartışmasında – Aziz James Ramsay, Britanya şeker kolonilerindeki kölelik üzerine bir deneme yazdı, bu eser Curtin tarafından 18. Yüzyılın en iyi ırkçılık karşıtı kitabı olarak değerlendirilmiştir. Ramsay (Cumin 1964), sadece "Zenciler"den veya "Afrikalılar"dan bahsedilemeyeceğini savunarak, kategori kavramının bizzat kendisini ve kullanımını sorguladı; ve doğal miras savını, fiziksel olan, yaradılıştan gelen ve zihinsel olan arasındaki henüz kanıtlanamamış bağlantıyı eleştirdi. Dinsel ve daha sonra gelen bilimsel düşünce, serüvencilerin, kolonicilerin, misyonerlerin, köle tacirlerinin ve köle sahiplerinin karşılaştıkları halklar hakkında daha uygun bir görüş arayışına girince birbiriyle zıt sonuçlara ulaştılar ve birçok alanda olduğu gibi burada da dinsel olanla bilimsel olan birbiriyle çatışmaya başladı. Dolayısıyla daha sonraki bilim adamları arasında yaygın olan çok ırklı yaratılışa inanış (poligenesis olarak terimlendirilen şey), Tanrı'nın kadınları ve erkekleri tek bir kaynaktan yarattığı şeklindeki geleneksel Hıristiyan inanışına oldukça ters düşüyordu. Beyaz Hıristiyanların üstün olduğuna ikna edilen Hıristiyanlar, Adem ve Havva hikayesiyle çelişen "bilimsel" bir ırk görüşünü kabullenmeye yanaşmıyordu

(Stanton 1960). Bazıları ise dünyadaki ırkları "Ham, Sam, Yafes"in torunları olarak görüyordu ve onlara göre bu yüzden ırksal sınıflandırmalar İncil'le uyuşuyordu.

İspanyol ve Portekizliler, Amerika kıtasının yağmalanmasını başlattıktan sonra, Afrika'nın batı sahilleri boyunca köleleştirilen insanların ticaretinin de temellerini attılar. Britanya, Fransa ve Hollanda dahil, başka ülkelerin temsilcileri de kısa sürede bunlara katıldı ve köle ticaretini 18. Yüzyılda yeni zirvelere ulaşarak varlığını devam ettirdi. Bu ticaret 19. Yüzyılın başlarında resmen kaldırıldı, ancak kölelik, fiilen, Britanya kolonilerinde 1833'e, ABD'de 1863'e ve Brezilya'da da 1888'e kadar devam etti.

Dünya halklarının doğasına ilişkin tartışmalar, bu dönem boyunca, yani Güney ve Kuzey Amerika'ya ilk Hispanik seferlerinin yapılmasından başlayarak köle ticaretinin tırmandığı 18. Yüzyılın ortalarına ve sonuna kadar süren dönemde yapıldı. İşte bu çağ, kolonyal iskan, savaş, hile, antlaşma, satın alma ve güç üstünlüğü aracılığıyla, bugün Kuzey, Güney ve Orta Amerika, Avustralya, Yeni Zelanda diye bildiğimiz geniş toprakların, Pasifik'in büyük bir kesiminin, Malezya'nın ve Uzak Doğu'nun çoğunun ve 19. Yüzyılın ikinci yarısında, "Afrika'nın kırıntıları" diye adlandırılan yerler dahil, Afrika'nın kazanılmasına sahne olmuştur. Köleliğe, ırka ve uygarlaşmaya ilişkin argümanlar, Hıristiyan ve bilimsel en fazla göze çarpan argümanlar argümanlardı, fakat "ırk" düşüncesi birçok alana yayılmıştı. Köleliğin tartışmaya açık olduğu fakat sömürgeci hakimiyetin etkisini en fazla hissettirdiği dönem olan 19. Yüzyıla gelindiğinde ırk, dilbilimi (Gossett 1965), antropoloji (Lorimer 1978), tarih ve tıp dahil akla gelebilecek tüm araştırma sahalarını etkiledi. Bu toplumların etnolojisiyle ilgili tarihsel kayıtları çok az insan okumuştu; çoğu insan Victorya dönemi İngilteresindeki romanları okuyordu.

Victorya dönemine ait bir roman: uzaklarda bir İngiliz

Sosyal bilimin, tarihin ve dil çalışmalarının karakteristik özelliği haline gelen düşünce şekline dönemin romanlarında rastlanabilir, bunun güzel bir örneği, Victorya dönemi yazarlarından Trollope'un Ortadoğu'yu ziyaret eden ana *karaktere* yer verdiği *the Bertrams* adlı romanıdır. Trollope'un kendisinin, Britanya Posta hizmetinin bir temsilcisi olarak Ortadoğu'yu ziyaret etmesinden bir sene sonra 1859'da yayımlanan kitapta, anlatılan ana karakterlerin Kahire'deki ve Kudüs'teki tavırları, özellikle orta ve orta üstü sınıftan İngilizlerin yurt dışında, Edward Said'in (1985) hikayesinde geçen "Doğulu Öteki"ne karşı nasıl davrandıklarını betimler. Aşağıdaki kısa alıntılarda "ötekileri algılama" konusunda akla gelebilecek her türlü örneği görmek mümkündür: İngilizlerin, Doğuluların tam bir zıttı olarak resmedildikleri tasvirler, Müslümanlar, Hıristiyanlar ve Yahudiler arasındaki farklar, doğaya ve kültüre atfedilen farklılıklara ve etnik kategoriler içindeki erkek ve kadın görünümleri.

Kitabın başlarında Bayan Todd, bir Kudüs ziyaretinde güneş şemsiyesini kaybeder:

> Annecim, Zeytin Dağından inerken yolda güneşliğimi kaybettim. İğrenç Arap çocukları çalmış olmalı.

Bizim İngiliz kahramanların rahatsız olmaları için, neredeyse, akşam yemeğinde gerçek İngiliz yemeğinin ihmal edilmesi bile yetiyordu:

> Ne, patates yok mu! Dün patates vardı. Garson, garson insanın patatessiz bir sofraya oturtulduğu nerede görülmüş.

Kudüs'ün kalabalık sokaklarında turist olarak dolaşırken Trollope'un tasvirlerinde etrafındaki kalabalık birden kasvetli bir görünüşe bürünür:

> Etrafındakiler dünyadan dışlanmış ucubeler gibi görünüyordu...kısa saçlı, kirli sakallı ve kızgın bakışlı katil yüzlü aşağılık insanlar; bir İngilizi tiksindiren kirli, iğrenç, bit pireden geçilmeyen yoğun bir sarımsak kokusunun sardığı derilere veya deriye benzeyen pelerinlere bürünmüş insanlar.

Bertram, bir Hıristiyan bölgesini ziyaret eder:

> Yalnız bir kadının ibadetini seyre dalmıştı. Edeplice giyinmiş, otuz yaşlarında, hoş ve temiz görünümlü ve kadın ya da erkek tüm Doğulu Hıristiyanlarda olduğu gibi, hafif bilinçsiz ve tehlikeli bir biçimde kötü niyetli vahşi bakıştan çok uzak, şu ilginç milletlerden birinin kadınıydı.

Doğulu Hıristiyanlara bu kadar övülürken, Yahudiler özellikle de Yahudi kadınları, Müslümanların yanında göz kamaştırıyordu:

> Aynı topraklarda bu kadar yakın komşu olmalarına rağmen, çok farklı kadınların da yaşaması gerçekten muhteşemdi. Muhammed'e inananlar maymuna benziyordu: ama Yahudi kadınları yaratılan dişilerin en güzel örnekleriydi.

Hikayede Kahire'ye doğru gelindikçe, Trollope okurlarını piramitleri ziyaret konusunda uyarmak ister:

> Ah şu piramit rehberleri! İğrenç, düzenbaz, korkak, gaddar hırsızlar! Kahireye giden herkes piramitleri görmeli.. Fakat hiçbir erkeğin, hele

hele hiçbir kadının ziyaret etmenin her halükarda çok eğlenceli olacağını düşünmesine izin vermeyin.. böyle bir seyahatten bahsetmeyeceğime söz vermiştim, fakat bu anıtları ellerinde tutan Arap hayvanlarına – özellikle de en hayvanları olan Arap şeyhlerine isyanımı yüksek sesle haykırmam gerekiyor. Sayıları, giysilerinin pisliği – bir şey giydikleri söylenebilirse tabi-, saldıkları leş gibi koku, müstehcen edepsizlikleri, korkunç gürültüleri, açgözlülükleri.

Avrupalıların "Ötekilere" bakışı bu anlatım tarzında olağanüstü bir açıklıkla görülmektedir –yurt dışına çıkmayı seçen biraz telaşlı, epey de sinirli İngiliz erkeği ve kadını budur. Bu üslupta yabancıların, ötekilerin, kafirlerin tasvirleri gezginlerin günlük kaygıları içerisinde aksettirilmiştir ve "egzotik" deneyimlere aç ilkedeki dinleyicilere bu hikayeleri anlatan oraları gezen Avrupalılardı.

Afrikalılar, kölelik ve hiyerarşi

Gezginlerin masalları, antropologların gözlemleri ve filozofların spekülasyonlarından oluşan bu karışım, Curtin'in beyaz Avrupalıların Afrika'yı nasıl algıladığına dair klasik çalışmasında derlenmiştir (Cumin 1964). Avrupalıların gözünde Afrika konulu tarih çalışmasında, Aydınlanma filozoflarının, 18. ve 19. Yüzyıllarda şekillenen ırksal kategoriler görüşünü doğrulamaya nasıl yardım ettiklerini ya da paylaştıklarını gösterir. Voltaire ve Rousseau "Zencileri doğaları bakımından daha aşağı saymışlardır" - bu da Balibar'ın Aydınlanmacı ve ırkçı düşüncenin aynı zemini paylaştıkları şeklindeki argümanını doğrular. Balibar, filozof David Hume'un "beyaz dışında bir deri rengine sahip uygar bir toplum asla varolmamıştır." şeklindeki görüşünü örnek olarak sunar (Balibar ve Wallerstein 1991). Hume, bunun için, doğanın "insan türleri arasındaki orijinal ayrımı" şekillendirdiğinden başka bir gerekçe bulamamıştır. Ancak daha sonra 18. Yüzyılda ırksal teorinin en sık alıntı yapılan ilham kaynaklarından biri olan Edward Long *Jamaika'nın Tarihi*[*] adlı eserini yazdı ve bu halkın "hayvansı, cahil, aylak, düzenbaz, hain, kan dökücü, hırsız güvenilmez ve batıl" doğasına tanıklık etti. Eğitim almış bir bilim adamı olmamasına rağmen, Long'un fikirleri, köleliği ve ırksal bir hiyerarşiyi destekleyen bilimsel kanıtlar olarak aktarılmıştır. Long'un İngiltere'de sık sık alıntılar yapılan bu kitabı, Amerika'da kölelik yanlısı bir amaca hizmet etmesi için yayımlandı (Curtis 1964, Fryer 1984).

Köleliğin kaldırılmasıyla Evrenselci-hümanist bir perspektif, yani insanların eşit yaratıldıkları görüşü veya Evrenselci-Hıristiyan bir perspektif, yani Tanrı katında herkesin eşit olduğu görüşü arasında basit bir denklem bile kuramayız. Bazıları bir taraftan köleliğin kötü bir şey olduğunu düşünürken, aynı zamanda Afrikalıların daha aşağı olduğuna inanıyordu; eğer çocuktan farksız, ilkel, daha az yetenekliydilerse neden kölelikle daha da alçaltılmasınlardı ki!.. ABD'de Abraham Lincoln, partisi, hükümeti ve ordusu 1863 yılında köleliğin kaldırılmasını etkileyen Büyük Kurtarıcı olarak hatırlanmaktadır. Ancak Lincoln'un nedenleri ekonomik ve siyasiydi; onun isteği, Kuzeyin sanayileşen burjuvazisinin güneyin durgunlaşan "derebeylik" toplumunu ezdiğini görmek ve Birliği korumaktı. Motivleri ve gerekçeleri aslında insanlıkçı değildi; gerçekte özgürlüğün, eskiden köle olanların çoğunun Amerika'yı terk etmesini mümkün kılacağını umarken, köleliğin kaldırılmasının ortaya çıkaracağı bir "beyaz ve siyah" toplumu olasılığına endişeyle bakıyordu (Fredrickson 1988).

"Irk"ın, köleliğin savunusunun yegane ya da başlıca zemini olmadığının da unutulmaması gereklidir. Bu "tuhaf kurum" ekono-

---

[*] History of Jamaica.

mik bir gereklilik olarak; işçiler açısından İngiltere'nin kasvetli şehirlerinde kapitalist üretimden daha kârlı bir şey olarak; ve mülkiyetin, büyük mülkü olan sınıfların imtiyazlarının sağlama alınmasının ve kaçınılmaz bir biçimde eşitsiz olan bir dünyanın örneği olarak savunulmuştu.

Fredrickson, bütün bu mazeretlerin, köleliğin kaldırılmasını savunanların köleliği taşa tuttuğu dönemde – ABD'de 19. Yüzyılın büyük bölümünde– kölelik adına gösterildiğini ileri sürmüştür. Fredrickson son argümanın -yani toplumların doğaları gereği eşit olmayan düzenler olduğu ve köleliğin de bu gerçeğin sadece bir örneği olduğu iddiasının- beyaz çalışan sınıflara ve savaş öncesi Güney'in fakir insanlarına hiç de çekici gelmediğini söyler. Eski Güney'deki insanların çoğunluğu ne köleydi ne de köle sahibiydiler, ancak Güney eyaletlerinde demokratik yönetim şekillenirken, bu insanların görüşlerine kayıtsız kalınmazdı ve köle sahipleri kadar köleliği desteklemeleri sağlanmıştı (Fredrickson 1972). Güneyin zenginliğinin köleliğe bağlı olduğuna veya beyaz çiftçiler ve işçiler olarak azat edilen kadın ve erkek kölelerle rekabet etme tehlikesiyle karşı karşıya kalacaklarına veya köleliğin kaldırılması yönündeki tüm girişimlerin Kuzey eyaletlerinin Güney'i ele geçirmek adına çevirdiği bir entrika olduğuna ikna edilebiliyorlardı; yahut beyaz adamın ve kadının, statüsü kölelik kurumuyla korunan üstün bir tür olduğuna inandırılabiliyorlardı.

Sonuncusu yegane argüman değildi, fakat Fredrickson'un ileri sürdüğü gibi, sonuç olarak en fazla etkili olanıydı. Bu da, elbette, bir halkın dışlandığı bir "üstün ırk demokrasisinin" ve statülerini garantiye alan kurumlarla korunmadıkları taktirde, beyazların siyahlarla yan yana yaşayamayacağını savunan görüşün temellerini attı.

Bilim adamları: zararlı düşüncelere sahip rasyonel insanlar mı?

Siyasi protagonistler ve din adamlarının yanı sıra, kendilerini mükemmel sefalik indeksi –bir kafatası ölçüsü- yaratmaya adamış bilim adamları olarak gören ve durmadan kafataslarını hardal tohumlarıyla doldurup Amerikanın farklı bölgelerinde satın alınan şapkaların numaralarını sıralayan ciddi fikirli insanların varlığı da söz konusuydu (Gossett 1965). Kafa veya kafatası çalışmaları üç bölümden oluşan basit önermesiyle ırk bilimi için çok önemli görünüyordu: kafataslarının veya kafaların ortalama büyüklükleri, görünür bir biçimde farklı nüfuslarda farklı değerler gösterir; büyük kafataslarının daha büyük beyinleri içermesi gerekir; ve daha büyük beyin daha yüksek zekâ anlamına gelir.

Bu önermelerin üçünün de son derece şüpheli olduğu gerçeği, ırksal farklılığın insanın başarısı, uygarlaşma kapasitesi ve neredeyse bilinen tüm eğilimleri anlayabilmenin anahtarı olduğuna inandırılmış insanlar tarafından açıkça görülemiyordu. Kanıtladıklarını iddia ettikleri şeyin -ırksal eşitsizlik- birbirinden ayrı insan kategorileri oluşturmak ve birilerini ötekilere tabi kılmak isteyen politikacılara ve ideologlara destek vereceğinin farkında olanlar vardı. Diğerleri –muhtemelen çoğu- uygarlıkları tam olarak anlayabilmenin anahtarını içerisinde barındırdığından emin oldukları "bilgiyi" arama mücadelelerine devam etti. Bilim adamlarının, tek tek bireyler olarak saiklerini tartışmakla, ırk biliminin büyük bir komplo mu yoksa büyük bir hata mı olduğunu ayırt etmeye çalışmakla (çünkü her ikisi de doğruydu) elimize fazla bir şey geçmeyecektir.

20. Yüzyılda bilimsel delillerin ağırlığı altında çökmesinden; erkeklerin ve kadınların bulundukları duruma, özellikle çocuk ve yetişkin çevresinde sosyo-kültürel öğrenme aracılığıyla geldikleri şeklindeki sosyo-antropolojik görüş karşısında zayıflamasından

önce ırk bilimi, Batı düşüncesi içinde açık bir üstünlüğe sahipti. Michael Biddiss (1979) ve diğerlerinin gösterdiği gibi bu, sorgulanmayan bir üstünlük değildi; bu görüş Michael Banton'un (1977) çoğunlukla gösterdiği gibi bir dizi gelişme ve değişim geçirmiştir. Farklılıkların ne kadar kalıcı olduğuna, öğrenmenin ve kendini geliştirmenin "daha yetersiz" gruplar için yetenekli kuzenlerine yetişebilmeyi mümkün kılıp kılamayacağına ilişkin tartışmalar yapıldı. Yetişebileceklerinin kabul edildiği yerlerde bile, bu sürecin uzun ve yavaş olduğunun düşünülmesi halinde, siyasi politikada bu yönde fazla bir değişiklik yapılmayabiliyordu. Nüfusların farklı türlere ayrıldığı görüşü, nüfusların uygarlaşma sürecinin farklı aşamalarında yer aldığı görüşüyle aynı değildi. Görüş olarak farklı zeminlerde duruyorlardı; uygulamada ise farklılık pek az önem taşıyabilirdi.

Bilimadamları genellikle günlük yaşamın meselelerinden uzak duruyorlardı ve Amerika'nın güneyinde ortalama köle sahipleri veya Karayipler'deki şeker üreticileri ve hatta Amerika'nın güneyindeki fakir beyazlar bile kesinlikle kafalarının bilimle -ya da hardal tohumuyla doldurulmasını istemiyordu. Doğuştan getirilen niteliklere dair kategorik atıflar sadece bilim kaynaklı değildi. Köleleri itaat ettirmeyi, yerli halkları mülksüzleştirmeyi ve tâbi olan halklara hükmetmeyi kendilerine iş edinenler, yukarıdan baktıkları bu insanların tehlikeli, aylak, hain, mızmız, kafasız, sinsi, rahat ve ahlaki kısıtlardan yoksun olduğuna kendilerini hemen ikna etmişlerdi.

Amerika'daki plantasyon yaşamıyla ilgili hikayeler (Blassingame 1979) efendilerin, çalışkan, isyankar ve dikkatsiz gibi çeşitli niteliklerde ve birbirine zıt sterotiplerde kölelere sahip olduklarını göstermiştir. Çelişkiler hiç sorun değildi; insanlar, analitik bir çerçevede soğukkanlılıkla sunuldukları takdirde, birbiriyle açıkça çelişen fikirleri bile uzun süre benimsemek konusunda gerçekten çok yetenekliydi. Çoğu insan günlük hayatlarında "analitik çerçeveyi" fazla kullanmaz. Günlük hayatta "sağduyu" işe yarar ve sağduyunun efendilere yapmalarını söylediği şey, kimin özgürlüğünü kısıtladıklarına, kimin toprağını çaldıklarına veya kimin mirasını yok ettiklerine dikkat etmeleri gerektiği olmuştur.

Kategorik düşünce ve asli nitelikler isnat edilmesi, böylece, tek bir ilke çevresinde değil, kaynağını hem bilim hem ideoloji hem de günlük hayattan alan ilkeler etrafında düzenlendi. Tahakküm teorileri, tahakküm uygulamalarıyla doğrulandı.

Keşifler, koloniler ve Ötekine el koyma

Batının en az 400 yıl boyunca, Ötekine el koyma tarihi, beraberinde ateşli silahlar, mülksüzleştirme ve daha sade ekonomik, askeri ve siyasi türden bir el koymayı da getiren yeni fikirler taşınması süreci olarak görülebilir. Denizcilik, botanik ve antropoloji bilimleri ile keşif seferleri ve koloni amaçlı maceralar işbirliği içerisinde yürütüldü. Pasifik'in keşfinin daha ilk günlerinde gemilerin tamamı, hayvan ve bitkileri araştırıp, coğrafya ve haritacılığı mükemmelleştirmekle görevlendirildi ve keşif gemilerindekilerden, karşılaştığı halkları inceleyen antropologlar gibi davranmaları istendi. Bilim ressamları ve botanikçiler el üzerinde tutuluyordu; keşfedilen bitkiler köleler için ucuz yiyecek kaynağı olabilmeliydi; çizilen gemi rotaları Britanyalılara kolonici Fransız veya Hollandalı rakipleri karşısında avantaj sağlamalıydı; tanışılan, karşılaşılan ve gözlemlenen halklar da mağlup edilmeleri gereken ruhlar haline gelmişti.

Kaydedilen görüşler bazen gerçekten küçük düşürücü ve bazen de anlaşılmaz ve şüpheliydi. Bernard Smith, Pasifik'te Avrupa sanatı üzerine çalışmasında (Smith, 1985) aynı insanların nasıl da "asil vahşiler", yabaniler ve dünyadaki bir cennetin ilahi sakinleri olarak çizildiğini ve resmedildiğini göstermiştir. Hıristiyan misyonerler `yerlileri' vahşi kafirler olarak betimleyeceklerdir; fakat yine de, uzun vadede onların da kendileri gibi Tanrı'nın inayetine ulaşabilecekleri ilkesine bağlı kalmak zorunda kalmışlardır.

19. Yüzyılın sonlarına doğru Malezya'da Malezyalılar hakkındaki fikirlerini özetleyen bir Amerikan misyoneriyle karşılaşıyoruz ve bu misyonerin fikirlerinde de, daha önce bahsettiğimiz eğilimlerin ve anlam belirsizliklerin çoğuna rastlıyoruz:

> Malay karakteri hakkında kendinden emin bir şekilde yazmak kolay değil. Yüz yıllardır Malaylardan hain, kindar ve zalim diye bahsedilmiştir ve onların lehine konuşan çok fazla kişi çıkmamıştır. Ancak dış dünyanın onlar hakkında düşündüğünden çok daha iyi insanlar oldukları gerçeğe daha yakındır. Tüm dünyanın tamamen ilkel bir ırk olarak gördüğü bir halktan yüceltilerek bahsedilebileceğini kimse tahmin etmeyecektir ve karakterlerinin nasıl bu kadar siyah renklerle boyandığını anlamak kolaydır (Thoburn 1892).

Fakat daha sonra şu sonuca varır:

> Bütün bir halkın tamamını açık açık suçlamanın temelsiz değilse bile abartıdan ibaret olduğu genellikle açık bir gerçek olarak görülebilir; akla hemen Malezyalıların hepsinin de kötü olamayacağı ve kendilerine yakıştırılan temel nitelikleri taşımadıkları gelebilir. (Thoburn 1892)

"Bütün bir halkın tamamını açık açık suçlamak" ile ilgili uyarı geniş fikirli olmak gerektiği konusunda bir işareti temsil etmektedir. Misyoner, ötekilerin ne düşündüğünü ve Malayların "ününün" kötü olduğunu bilmektedir, ancak başka ırkların işlediği günahlara değinerek bunu dengelemek ister:

> Anglo-Saksonlar bir düzine ulusu batırmaya yetecek kadar ihaneti ve acımasızlığı atalarından miras olarak almışlardır; biz ise, şimdiye kadar sahip olduğumuz avantajların onda birine bile sahip olamayan kabileleri ve ulusları taşlayacak en son halkız (Thoburn 1892).

Birbirinden farklı ırkların var olduğu kabul edildiği için, tüm ırklarda aynı anda iyiyi ve kötüyü yan yana görme isteğine şahit oluyoruz. Fakat Thoburn diğer taraftan farklı "avantajlar" fikrine, yani içinde bulundukları koşulların sonucu olarak, nasıl olmaları gerekiyorsa öyle oldukları fikrine de yer verir:

> Malayların, yerleşik bir yönetime tabi olmaları ve ödünsüz bir güç tarafından kontrol edilmeleri halinde hızla sakin ve barışçıl insanlara dönüşmeleri ve geçmişin karanlık günlerinde o kötü ünlerini edinmelerine sebep olan kanlı uygulamaları çok çabuk unutmaları ihtimali çok yüksektir. Malaylar, birçok bölgede bugün bile, bir kuşaktan daha kısa bir süre önce kanlı katiller gibi silahlanan Kuzey Hindistan'ın zararsız halkı kadar – çalışkan olmasalar da- uysal ve barışçıldırlar. (Thoburn 1892)

Farklı koşullar farklı ve daha iyi davranışa yol açabilir – fakat "ödünsüz bir gücün" gerekli olduğunu hatırlatalım:

> Ancak ahlaki kuralların ihlal edilmesi Malaylara yöneltilen tek suçlama değildir. Ağır işe ve çalışma gerektiren alışkanlıklara pek yanaşmazlar; karakterleri itibariyle savurgan ve tembeldirler; horoz döğüşüne ve çocukça oyunlara düşkündürler; tam bir kumar bağımlısıdırlar; ulus olarak, uygarlık düzeyinde büyük milletlerin

oluşturduğu aile içinde saygın bir konuma yükselebilecek bir halkta olması gereken niteliklerin tamamından yoksunlardır (Thoburn 1892).

Şimdi ise karakter zayıflıklarının sıralandığı liste uzamaktadır. Okurlarının dikkatini en fazla çeken pasaj bu olmuş olmalı. Fakat bu zayıflıkların nedeninin ırksal karakter değil de kolay bir hayatın getirdiği tembellik olup olmadığını (tropikal ülkeler hakkında yaygın bir yorum teması) merak ederek noktayı koyar. Bir otoriteden alıntıya yer verir:

Dr. W. F. Oldham şöyle der:

`Malaylar, içinde bulundukları koşulların sonucu olarak uyuşuktur. Ekvatorda hayat aktiviteye yatkın değildir. Deniz balıkla doludur, sahiller hindistan cevizi ağaçlarıyla kaplıdır ve pirinç tarlalarında ekinleri kolayca yetişmektedir. Diğer insanların uygar dünyasından ve Batının durmak bilmeyen aktivitesi ve bitmek bilmeyen enerjisinden istediğin kadar bahset, kocaman yumuşak gözleriyle yüzüne bakar, omuzlarını silker ve ağzından tek bir kelime çıkar –Susa- "Zor" (Thoburn 1892).

"Tembel Malaylar" daha enerjik bir ırkla rekabetten uzak durmak zorunda kalacaktır. Malezyalılara göre Çinliler oldukça farklı bir "ırksal karaktere" sahiptirler ve kalmak – ve egemenlik kurmak - için gelmiş olabilirler:

Son yıllarda bu adalara, hem kalıcı olması hem de ülkenin geleceği ve Malay ırkı üzerinde en önemli etkilerden birini yaratması düşünülen yeni bir ırk faktörü katıldı. Çinliler Malezya'ya giriş yaptı ve kalmak niyetiyle gelmişlerdi. Çinliler tropik bölgelerin Anglo-Saksonlarıdır ve toprağın işlenmeyi veya madenlerin keşfedilmeyi beklediği her yerde ilerleyeceklerdir (Thoburn 1892).

Malaylara, içlerinde –tüm halklarda olduğu gibi- alışılmış oranlarda kötüyü ve iyiyi birlikte barındırdıkları halde,erdemlerine duyarsız olan ötekiler tarafından iftira edildiği düşünülür. Onların barış içinde yaşayabilecekleri savunulur –ancak, elbette, ötekiler, yani "ödünsüz bir güç tarafından" hükmedildiği zaman. Anglo-Saksonlar enerjik insanlardır ve uygarlığın taşıyıcılarıdır; ancak bu hep böyle değildi. Çinliler "tropik bölgelerin Anglo-Saksonlarıdır" ve bu da gelecekteki ilerlemeyi belirleyen ırksal veya ulusal bir karakter görüşünü içerir. Cömertliklerinden ötürü Malaylar takdir edilir, fakat onlar aylak, savurgan ve kumar düşkünüdür ve açıkça uygarlık seviyesinde düşük bir barajı bile geçme ihtimalleri yoktur. Tembellik, yazarımızın belirttiği gibi, meyvelerin ağaçlardan döküldüğü ve denizdeki balığın hep el altında olduğu tropik bölgelerin getirdiği rahatlığının bir sonucudur.

Bu türden örnekler, Batılı yorumcuların tüm dünyada karşılaştıkları, kolonyal ve emperyal hakimiyete maruz kalan "yerliler" hakkında neler düşündüklerini gösterir. Öteki halklar hakkındaki yorumlar, bu Ötekilerin aynı ortak insanlık içinde neredeyse hiç yer almadıkları şeklindeki versiyonundan, onların farklı ve belki "daha yetersiz" görüldükleri, ancak sonunda, bir şekilde bunun üstesinden gelinebileceğinin düşünüldüğü versiyonuna kadar çeşitlilik gösterir. Bu "sonunda"nın, halkların yan yana eşit şekilde yaşaması ihtimalini kısa ve orta dönemlerde sunduğu versiyonu bile, hâlâ bir bağımlılık ilişkisini, yavaş bir gelenek evrimini ve kalkınmayı, çocuklar ve anne babaları arasında nazik ve sağlam bir ilişki ve sert bir yetiştirme anlayışının eğitim ve terbiyeyle birleştirildiği paternalist bir ilgiyi gerektirir.

Irkçılık, sınıf ve tarih

Tarihsel olmayan bir ırk kavramıyla çalışma girişimleri, "ırk" kelimesinin vurgularını son yüzyıllarda değiştirdiği ve erkeklerin, kadınların ve toplumun doğasına ilişkin varsayımların bir dönemden diğerine önemli ölçüde değiştiği gerçeğine çarpar. Örneğin 19. Yüzyılın başları, demokratik fikirlerin bugün doğru olmayan veya çok az doğru kabul edilen bir çerçevede tartışıldığı bir dönemdir. Demek oluyor ki, o zamanki ve bugünkü "ırk" düşüncelerine baktığımızda yönetim ve "doğal" kural koyucular hakkındaki fikirlerin birbirinden oldukça farklı olduğu iki ayrı dönemle karşılaşırız. Çünkü geldikleri aile ve zenginliklerinden ötürü daha üstün niteliklere haiz, siyasi gücü ellerinde tutmaları doğal ve uygun insanların – ve yönetime kabul edilmeleri oldukça tehlikeli olan ötekilerin - var olduğu görüşü 19. Yüzyılda çok yaygın bir düşünceydi (Williams 1958). Bu gibi sınıf oluşturucu fikirler, bir halkı doğaları gereği ikincil, tehlikeli ve doğuştan niteliksiz olarak görmekte olan ırksallaştırılmış fikirlerle paralellik içindeydi.

Irkçılık için tek bir kaynak bulma eğilimi, tarihsel olarak kendine özgü ırkçılıklarla ilgili problemlere ve ırksal veya etnik hiyerarşileri içeren ideolojiler ve popüler kültürlerle bir değil, birden çok tarihsel bağlamda karşılaşıldığı gerçeğine takılır. Irkçılığın kolonyalizmle bağlantısı, yönetmeye uygun olanlarla yönetilmeye uygun olanların ırksal niteliklerinin, Avrupa toplumlarının kendi sınıfsal yapılarına uygun olarak oluşturduğu tahakküm ideolojilerinin tümünde de var olduğu gerçeğiyle birlikte kavranmaya çalışılmalıdır. Irksal farklılık temaları, sanayileşen Avrupa toplumlarındaki sınıf ideolojileriyle paralellik göstermiştir.

Ayrıca ırkçılık ve kapitalizmin bağlantısının, kapitalist olmayan toplumlarda ırkçı ideolojilerin varlığını ortaya koyan kanıtlarla birlikte tartışılması gerekir; örneğin eski Sovyetler Birliği ve Doğu Avrupa'daki etnik çatışmalar ve milliyetçi politikaların "sadece" imparatorlukların yıkılmasının bir sonucu olmadığı açıktır (Bennett 1995, Tishkov 1997). Irkçılığın Batıya özgü bir icat gibi betimlenmesinin, batılı olmayan toplumlardaki benzer ideolojilerin açık kanıtları karşısında gözden geçirilmesi gerekir. Bu açıdan en dikkat çekici araştırmaya Dikotter'ün "Çinde ırk söylemi" çalışmasında rastlıyoruz (1992, 1997).

Dikotter: Çin ve soy ideolojileri

Batılı akademisyenlerin "modern dünyayı" kendi yarattıkları bir dünya ve ırkçılığı da Batının icadı olarak görme eğilimlerinde garip ve ironik bir etnosantrizm gözlemlenebilir.

Dikotter'e göre:

> Ten rengi ve fiziksel özellikler hakkındaki fikirler Çin'de artık eski çağlarda kalmış şeylerdir... Konfüçyüs'ün evreninin önemli bölümleri, Çinlilerin, batı yayılmacılığının yarattığı yeni dünyayı ırk kavramı açısından anlamalarında etkili oldu; ve birbirini takip eden dönemlerde sınır halklarıyla kurulan temaslar proto-milliyetçi duyguları uyandırdı ve güçlü bir biyolojik devamlılık duygusu yarattı (1992, s. 1).

Çin, 13. Yüzyılda önce Moğollar, sonra da Mançuryalılar tarafından fethedildi, günümüze yaklaştıkça Çinlileri, özellikle Portekizliler ve Britanyalılar olmak üzere, Avrupalıların varlığına tepki gösterirken görmek mümkündür. Fakat Çinliden başkasını barbar olarak gören ve kültürü beden tipleriyle bağdaştıran bir ırk düşüncesinin varlığına dair kanıtlar bu temaslardan daha eski tarihlere kadar gider. 4. Yüzyıla ait mitolojik ve etnolojik bir çalışmada, tek gözlü insanlardan, üç başlı barbarlardan ve üç gözlü tek kollu kabilelerden oluşan ve "Çin uygarlığının topraklarının ötesinde yaşayan insanlıktan çıkmış Barbarlar" tasvir edilmişti (Dikötter 1992, s. 6). Sadece Çinliler *ren*, yani "insan" veya "insanoğlu" diye tanımlanmıştır, dolayısıyla üstü kapalı olarak yabancı gruplar hayvanlık derecesine kadar alçaltılmıştır.

8. Yüzyılda bile "Avrupalıların zihninde albinolarla kıyaslanabilir fiziksel kusurlara sahip Avrupalılara göndermeler" yapılıyordu. Dikötter Çinlilerin kendilerini sarı ve beyaz olarak tanımladıklarını iddia eder. Sarıyla tanımlarken bu rengin iyiyi temsil ettiğini iddia ettiler; beyazla da derileri "külbeyazı, ceset beyazı renginde" olan beyaz Avrupalılarla farklarını göstermeye çalıştılar (Dikötter 1902, s. 13-14). Çinlilerin ilişki kurdukları Budizme yönelik antipatileri "kültürel" olmasına rağmen, Budistleri de "vahşi ve terbiyesiz, kuşlardan ve hayvanlardan farksız ....kaba ve medeniyetsiz" olarak betimlemişlerdir. Dikötter, "Batılıların imparatorluğun sınırlarına kadar gelmesinden çok daha önce bile" Çinlilerin, siyahları kölelerle aynı gözle gördüklerini ve siyah deriyle düşük statüyü bağdaştırdığını öne sürer (1992, s. 16).

Barton'un "soy olarak ırk" dediği şeyin Avrupa'da ortaya çıkışıyla Çin'deki, aile veya halk, soy ve ırk diye tercüme edilebilen *zu* kelimesi arasında paralellik bulunmaktadır. Dikötter, kaynakların seçkin alimlerin ürünleri olmasına rağmen, popüler görüşe ilişkin bazı kanıtlar buldukça, Avrupalılara yönelik tavırlarda ırk düşüncesinin unsurlarına rastlayabileceğimizi söyler. Britanyalılar beyaz şeytanlardı ve onların siyah Hintli alaylarıyla; beyaz şeytanların – belki de çirkin cinsel davranışlarının açık-laması olabilecek "dört testis" veya düz bir bacak kemiği gibi - insana özgü olmayan bedensel anormallikleri vardı(1992, s. 43). 19. Yüzyıla gelindiğinde, İngiliz çalışmalarından etkilenen yazarlar, Darwin'den ve Spencer'dan alınan fikirleri şekillendiriyorlardı; buradan hareketle Çinlilere ait yeni bir görüş yarattılar ve 1930'larda Çinli akademisyenler halkı farklı ırklar arasında yapılan evliliğin tehlikesine karşı uyaran bir nesil ıslah programı oluşturdular.

Dikötter, halkı mekanlara bağlamak, dışarıdakiler ve "biz" arasında sınırlar çizmek yoluyla "her medeniyetin, Ötekilerini, yönetebilecekleri kurumsal birimlere indirgedikleri etnosentrik bir dünya görüşüne sahip oldukları" sonucuna varır. (1992, s. 5). Bu Levi Strauss'a ait, evrensel bir insanlık kavramının yakın zamandaki kültürel bir oluşum olduğu şeklindeki argümanını hatırlatmaktadır. İnsanlık tarihindeki halkların çoğu, ötekileri insan olarak daha düşük seviyeye koyarak kendilerine ve Ötekilere dair etnosentrik fikirler üretmiştir (Levi-Strauss 1975). Çinliler ve Çin mitinin, daha önce tartıştığımız Avrupalı oluşumlardaki anlamıyla ırkçı diye adlandırıp adlandırmayacağı sorusuna cevap vermek - yanlış soru olduğundan- çok zor değildir. Aynı düşünceleri savunan satırların saptanabileceği, beden tipi ve kültürel statü ile ilgili bir bağlantının varlığı açıkça görülmektedir. Çin düşünüşündeki başka bağlar, ırksal ve kültürel olan arasındaki bağın sabit olmadığı şeklinde bir yorumu destekleyebilir. Böyle bir düşünceyi paylaşan insanlar, kültür ve uygarlık standartlarına uyum sağlamak suretiyle "Çinli" olabilirler (Dikotter, s. 3).

Avrupa ırkçılığına paralel fikirlerin oldukça farklı bir bağlamda şekillendiğine dair kanıtlar, *per se*[*] modern ırkçılığın kökenlerinin tarihi açıdan Batıya özgü bir bağlamda aranmasını engellemez. Fakat bu kanıtlar, - sınırlarının ötesindeki Barbarlarla birlikte - bir uygarlık merkezine ilişkin ideolojik kurmacılığın sadece Avrupalılara özgü olmadığını hatırlatmaya yarar. Dahası ırkçılık fikri, Evrenselcilik fikrine sıkı sıkıya bağlıdır, çünkü bir fikirler dizisinin "partikülarist" nitelikli olduğunu düşünmek, bir Evren-selcilik kavrayışını gerektirir. Irkçılığın Evrenselcilikle zıt bir ilişkisi vardır. Irk bilimi bir yandan geçmişte evrenselci bilimsel projenin bir parçasını oluştururken; ırkçılık, insanların eşit olmadıkları düzenlemelere tabi tutup ortak insanlık fikrini yıkmak suretiyle Evrenselliğe ters düşmüştür. Batı düşüncesi, kısmen hem Evrenselliği hem de ırkçılığı bünyesinde barındırdığı için "Evrenselci

[*] Latince, tek başına (ç.v.).

Projenin" kendisi hep Avrupa merkezli olarak görülmüştür (Sayyid 1997).

Irkçılık, tarihsel ve bölgesel bağlamlarının etkisiyle çok çeşitli şekiller alabilir; her örnekte "doğuştan getirilen niteliklerin yüklenilmesi" dediğimiz fikirlerin oluşturduğu bir yapı mevcuttur. Kategorilerin sistemli bir şekilde oluşturulması ve bu kategorilere sokulmuş olanlara doğal bir karakter atfedilmesi, halkların kendi ulusal sınırları dahilindeki veya dışındaki diğer halkları boyunduruklarını altına aldıkları modern dünyanın, yegane olmasa bile, başlıca özelliğidir. Irkçılığın ve güçlü benzerliklere sahip ideolojilerin birden çok kökeni varsa bu, tarihsel bir vakada kökenin belirlenmesinin çok daha kolay olacağı anlamına gelmez. Yeni Dünya kolonilerinde kölelik müessesesinin oluşturulmasından önce İngilizler ve Amerikalılar, Afrikalılarla ilgili kavramlara sahip olsa idiler (Curtin 1964, Jordan 1968), kurumsal kölelik uygula-ma-sının, şüphesiz, ezici ve güçlü bir ikna edici etkisi olurdu. Sadece sözkonusu kurumun siyasi savunusu değil, ayrıca boyunduruk altına alma uygulamaları da, erkeklerden ve kadınlardan oluşan bir kategorinin ötekilerini korkutması, küçümsemesi ve lanetlemesi için gerekli zeminleri hazırladı.

Beyaz efendiler, onlara güçlü bir ele -acımasız baskıları anlatmak için yumuşak bir ifade- ihtiyaçları olan çocuklarmış gibi yaklaşırlarken, kendilerini kölelerinin doğaları gereği çocuk olduğu fikriyle avutuyorlardı; beyaz koloniciler "yerlilerin" düzeltilmeye ihtiyacı olan çocuklar olduğuna kendilerini inandırmışlardı.

Özet

Bu bölümde, Batılıların Ötekiler hakkındaki görüşlerinde din ve bilimin çok önemli bir rol oynadığını gördük, bunlar genellikle Batı dünyasında sosyal ve felsefi düşüncenin merkezinde duran iki fikir sistemiydi. Tanrı'nın çocukları hakkındaki argümanların gösterdiği gibi, bu görüşler, çelişkilerle doluydu, ancak değişmeyen tek şey temeldeki üstünlük mesajlarıydı. Yine de bu fikirler olağanüstü bir inatla direndi. 1820'de Hawaii'deki ya da 19. yüzyılın sonlarında Malezya'daki misyonerlerden ya da 1840'ta Virginia'daki çiftçilerden yahut 1880'lerde Amerika'daki demokratlardan bahsettik, ama "yerli", "kafir" ve "pagan" fikirleri ve cinsel tehdit, yönetmeye uygunluk, tembellik ve karakter kusurları üstüne görüşler peşimizi hiç bırakmadı.

İspanyol ve Portekizlerin çıktığı ilk serüvenlerden bazı örnekler, ilk kolonici karşılaşmaların ötekilerin değeri hakkında kafalarda nasıl bir soru işareti yarattığını gösterir. Birkaç yüzyıl sonra "yurt dışındaki" İngilizler hakkında yazılmış bir roman, güçlü bir ülkenin temsilcilerinin karşılaştıkları insanları nasıl betimlediklerini açıkça ortaya koyar. Afrikalıların köleleştirilmesi ve beraberinde Yeni Dünya kolonilerinde köleliğe dayalı toplumların yaratılması sonunda, bir ırklar biliminin sözde kesinliğiyle birlikte, ötekili olmaya ve "yetersiz halklar"a dair dağınık fikirlerin bir araya getirilmesine neden oldu. Bunların her biri 20. yüzyılın ırkçılık diye tanımladığı şeyi besledi. Ama, paradoksal olarak, ırkçılık fikrine güç veren Batılı Evrenselcilik anlayışı olmuştur. Evrenselciliğin, evrensel bir insanlık görüşüne kapıları açan ideolojiler olarak hem bilim hem de Hıristiyanlık içinde kökleri vardır. Aynı şekilde, bilim ve din insan soyunun temel bölümleriyle ilgili fikirlerin aktarılmasında kullanılan araçlar olmuşlardı. "Halkların" ve ulusların "doğal topluluklar" oldukları şeklindeki romantik fikirlerle birlikte, 20. yüzyıl, ırksal ve kültürel farklılık görüşlerinin modern çağdaki en korkunç formunda, ırkçılık ideolojisi ve uygulamasında birleşmesine – savaş öncesi ve savaş dönemi Almanyasında anti-Semitizm teorisine ve uygulamalarına - şahit oldu.

Almanya ve diğer ülkelerde, 1930'larda Yahudilerin ve Romanların* soykırımında ırkçı ideolojilerin birçok kültürel boyutunun acımasızca ve sistemli olarak tek bir noktada birleştiğini gördük. Üç etkenin varlığı şematik olarak gösterilebilir: ırk, ulus ve bilim. Bu unsurlar, Birinci Dünya Savaşı'nda uğranılan bozgun

---

* Çingeneler, (ç.n.)

sonrasındaki acı ortamının ve kapitalizmin bir krizinin sonucu olarak 1920'lerin sonlarına doğru bir araya geldi. Üstün ırk ideolojisi ve ırksal bir hiyerarşinin zirvesi olarak beyaz "Aryan" bir halk hayali, Batı Dünyasında 19. yüzyılın ikinci yarısı ve 20. yüzyılın ilk yarısı boyunca büyük çapta destek gören ırksal hiyerarşi konularının vazgeçilmez parçasıydı. Hitler ve ideolojik kurmayları, bu teorilerden faydalandılar ve bu teorilerinin içerisinde, Yahudileri aşağı ve "daha yüce varlıklar" için tehdit unsuru olarak gören öğreti için özel bir yer yarattılar. Aynı zamanda bir halk, kültürel ve manevi açıdan bölünmez bir topluluk olarak bir ulus fikri de en güçlü ifadesini Alman faşizminde buldu. "Irk" fikri ilhamını biraz da 19. yüzyılda biliminden aldı, buna karşılık "halk" veya ulus fikri eninde sonunda "halktan olmayanların" yok edilmesi gerekliliğinde ifadesini bulan mistik bir milliyetçilikten esinlendi. Faşizmin bilimsel boyutu, sadece ırk biliminin ırksal bir hiyerarşi teorisi olarak ayrıntılarıyla incelenmesinden ibaret değildi; ayrıca nesil ıslahı çalışmalarının ırkın "arıtılmasında" uygulanması ile somutluk da kazanmıştır. Almanya'da, sözkonusu unsurların üçü de sonunda tek bir soykırım projesinde bir araya geldi – Avrupa'daki Yahudilerin ve diğer azınlıkların köklerinin kazınması. Fakat bu unsurlardan her birine diğer Avrupa ve Batı toplumlarında da bir ölçüde rastlanacaktır: ayrımcılığın hedefi olarak Yahudileri belirleyen anti-Semitism ideolojisi, tüm Doğu Avrupa'da, Rusya'da, Fransa'da ve Britanya'da yaygındı; milliyetçi ideolojilerin az ya da çok fanatik versiyonları ve beyaz Avrupalıları ırksal bir hiyerarşinin tepesine koyan ırk bilimi tüm Batıda yaygındı; sosyal iyileşmenin temeli olan nesil ıslahı tüm Batı toplumlarında görüldü – sağda olduğu kadar solda da- İsveç ve ABD dahil bir çok ülkede çeşitli nesil ıslah çalışmaları konuşulmuş veya uygulanmıştır. Holocaust* delillerinin uyandırdığı tiksinti ırk ve ırkçılık meselesinin savaşın hemen ardından oluşan siyasi ve bilimsel gündeme nasıl yerleştirileceği hususunda kilit bir faktördür. (bkz Poliakov 1974, Kuper 1975, Bauman 1989, Miles 1994b).

---

* Naziler tarafından uygulanan Yahudi Soykırımı (ç.n.).

3. Bölüm

Sıcak ve Soğuk Etnisite: Köken ve Yoğunluk Teorileri

Etnisitenin ekonomik ve siyasi bağlamlarında görülen farklılıklar, etnik grupların bir tipolojisi için bir zemin sunar. Etnisitenin "tarihsel yörüngeleri" dediğimiz şey etnisitenin modern dünyadaki kökenlerinin araştırılmasına katkıda bulunur. Bu sosyo-tarihsel çerçeveler, niçin Malezya'yı yöneten siyasi partiler ittifakı içinde bir Malezyalı Çinliler Birliğinin bulunduğunu, çağdaş Maori hareketlerinin Aotearoa/Yeni Zelanda'da ulusal kültürü neden yeniden şekillendirdiğini ve politik katılıma, sosyal avantajlara ve arazi mülkiyetine niye karşı çıktığını, Quebec eyalet dil denetim kurulunun neden şirketlere reklamlarını Fransızca yapma şartı koştuğunu ve on binlerce Amerikalının İslam dinini neden kabul ettiğini açıklamaktadır. Böyle bir tarihsel yaklaşım, her zaman bir köken kuramının parçasıdır ve yapısal bir açıklama belli bir sosyal sistem içerisinde eylemin muhtemel sınırlarını belirler. Bunlar, etnik kimliklerin nasıl ve neden yok olmadan kalabildiğine, daha büyük veya daha az yoğunluklar kazandığına ve büyük ya da küçük çaplarda çatışmalara yol açtığına dair harekete geçirici ve anlamlı açıklamalarla birleştirilmelidir. Bu bölümümüzde etnisitenin akrabalıkla olan bağının doğasını ve etnik bağın "yoğunluğunu" tartışacağız. Bu öncelikle etnisitenin eski çağlara dayanan kökenler, araçsal ve durumsal etnisite kavramlarıyla ilgili bir tartışmayı gerektirir. Ayrıca etnik bağlara ters düşen modernite görüşünü tartışacağız.

Etnisite bağlamları: yapı ve eylem

Etnisitenin bir yapı bir de eylem bağlamı vardır. Yapı bağlamı bir sosyal sistemin olabildiğince ırksallaştırılmış ve etnikleştirilmiş siyasi ve ekonomik koşullarından oluşur. Ekonomik koşullar açısından şehir fakirleri içindeki siyah Amerikalıların oranının her zaman yüksek olması buna örnek olarak verilebilir (Small 1994); siyasi koşullar için de, örneğin Almanya ve başka ülkelerde vatandaşlığın belirlenmesinde aile kökeni ilkesinin uygulanmasından bahsedilebilir (Miles 1993). Bunlar eylemin çerçevesini belirleyen maddi ve anayasal koşullardır ve bireysel aktörlerin kontrolünden büyük ölçüde bağımsızdır. Eylem bağlamı, özel alanda günlük ilişkileri, arkadaş tanıdık ve aile ortamı içinde ve orta ölçekli kurumsal iş, eğitim ve resmi ilişki alanlarında bireysel aktörün bakış açısından görülen dünyanın kendisidir. Konunun açık bir biçimde anlaşılması için, etnisiteyi yerel, bölgesel, sosyal ve küresel çerçeveleri içinde ve bir dizi yüz yüze ilişkiler bağlamında failleri olarak görülen bireylerin tecrübeleri zemininde incelememiz gerekmektedir.

Etnisitenin yapı bağlamı bireylerin günlük hayatlarını oynadıkları makro sahneyi oluşturur. Anlam ve motiv düzeyinde tanımlar, siyasi ve ekonomik bağlamları, günlük hayatın unsurları olan etkileşimlere, müzakerelere ve duygulara bağlayarak daha sonraki bazı adımlara açıklık kazandırırlar; her iki düzeyin açıklanması gereklidir. Yapısal tanımlar genellikle bir eylem sistemi içindeki manevra olanağını hafife alır; tercih ve çıkarı vurgulayan tanımlar, tercih ve kısıtlama arasındaki gerilimin karmaşıklığını hafife alır.

Motiv ve anlam

Bu bölümde, özellikle etnik duyguların ve bağların kökeni hakkındaki görüşler, etnisitenin modern dünyanın klasik teorileri içerisindeki yeri, etnisitenin primordial* ve araçsal karakteri ve etnisitenin entegrasyon sorunuyla ilişkisi üzerinde duracağız. Bu bölümde ve ilerideki bölümlerde bahsedeceğimiz örnek vakalar etnisiteyle ilgili karakteristik motiv ve anlam komplekslerini açıklamamıza yardımcı olacaktır. Önsözde geçen birkaç tipik örneği burada kısaca ele alacağız.

Bir çok etnik mobilizasyon örneğinde bir etnisite diliyle ifade edilen kızgınlık/farkına varma seyriyle karşılaşırız. Bu, "dünya çok kötü değişti"den "dünya onlar geldiğinden bu yana çok değişti"ye doğru bir adımdır. Kendi dünyasının yıkılmaya çalışıldığını ve hor görüldüğünü düşünenler, kayıplarının sorumlusu olarak etnik rakipleri veya "istilacıları" görme eğilimindedirler. Benzer biçimde, rakiplerin, sadece etnik açılardan değil, aynı zamanda gayrimeşru rakipler olarak da görüldüğü durumlarda, işgücü, eğitim, barınma veya diğer sosyal mallarda yaşanan piyasa rekabet koşulları, bireysel ve kolektif etnik çıkarlara dönüştürülebilir. Etnik işbirliği, "önümüze" çıkacak engelleri aşabilmemizin olduğu kadar, kapıyı "arkamızdan" kapatarak bazı şeyleri noktalayabilmemizin de bir aracı olabilir (Parkin 1971, Steinberg 1981). Kolektif etnik eylem, bir çoğunluğun ya da elit sınıfın üstünlüğünü öngören ideolojilerde veya bastırılmış bir halkın özlemlerinde görüldüğü gibi, grupların veya bireyin çıkarlarını koruyabilir; eylem veya ideoloji,

* başlangıcıyla birlikte var olan (ç.n.).

aynı zamanda, haysiyetin savunulması ve tanınma arayışı olabilir (Nagel ve Snipp 1993).

Tanıma politikasıyla (Taylor 1992, Fraser 1995) yeniden dağıtım politikası genellikle birbirine bağlıdır; bir grup, sosyal malların dağıtımı sürecinde görmezlikten gelinmediğinden emin olmak istediği durumlarda, bir grup insan olarak da görmezlikten gelinmediğinden emin olmak isteyecektir. Dolayısıyla bir azınlığın dinsel hassasiyetlerinin, geleneklerinin veya dillerinin çoğunluk tarafından göz ardı edildiği durumlarda, azınlığın buna tepki olarak kendi kendisine "Eğer bize böyle – bu kadar onur kırıcı bir şekilde- davranabiliyorlarsa biz artık ne umabiliriz! diye soracakları bir noktaya gelinir. Birey, az ya da çok, kendi kaderini daha büyük bir etnik topluluğun kolektif kaderine bağlı olarak görecektir. Ne kadar çok birey kendi kaderini kolektif kadere bağlı olarak görürse, kolektif onurun korunması konusunda o kadar endişe duyulur. *En uç örneklerde,* sözgelimi siyasi ve ekonomik düzenin, çöküşün eşiğine geldiği durumlarda, kolektif onuru savunma endişesi çaresizliğe dönüşebilir. Hayatta kalabilmeyi sağlayan son ip de etnik kimliğe bağlıdır. Bu motiv ve anlam karmaşalarını daha fazla keşfetmek için etnisite ve akrabalık arasındaki bağlantılara bakacağız.

Akrabalık ve soydaşlık: sıcak ve soğuk etnisite

Kamusal ve politik etnisite retoriği, milliyetçiliğin olduğu kadar, ailenin ve akrabalığın da dilidir. Bu, insanları kana ve tutkuya davet eden "sıcak" etnisite de olabilir, hesaplamalardan ve araçsallıktan ibaret olan "soğuk" etnisite de. İnsanların etnik bir dava için destek aradıkları yerlerde, onlar "kendileri gibi olan" insanlara bir çağrıda bulunacaklardır – Chicago'da veya New York'ta, Sırbistan'da veya Trinidad'daki etnik politikacıların önkabulleri, dinleyicilerin çağrılarına kulak vereceği ve üstü kapalı olarak vurguladığı kolektif kimliği tanıyacağı şeklindedir (Glazer ve Moynihan 1963, Eriksen 1992, Bennett 1995). Walker Connor'un da ileri sürdüğü gibi, etno-milliyetçiliğin dili, "kanın, ailenin, erkek ve kız kardeşlerin, annelerin, ataların, vatanın " dilidir (1993). Connor bir örneğinde "ortak bir atadan gelen aile bağlarından" bahseden Mao'un yurttaşlarına verdiği öğütlere yer verir: "Yurttaşlarım!... ülkenin her yanındaki babalar, kardeşler, halalar ve anneler.... bu görkemli geleceği Yeni bir Çin'e dönüştürün.... tüm hemşehrilerimiz, Huangti'nin bütün coşkulu torunları". Ayrıca Connor, bütün Vietnamlıları (Kuzey ve Güney) unutmamaları gereken şeyler konusunda uyaran Ho Chi Minh'ten de alıntı yapar: "Hepimiz aynı atadan geliyoruz, hepimiz soydaşız, hepimiz kardeşiz... hiç kimse aynı ailenin çocuklarını birbirinden ayıramaz (Connor 1993, s. 382).

Aileye benzemenin çekiciliği gerçekte paylaşılan soydaşlıkla aynı şey değildir. Aynı yazarın gözlemlediği gibi, "tek bir soy duygusunun gerçek tarihle uyuşması gerekmez – ve neredeyse tüm örneklerde uyuşmadığı da görülecektir" (Connor 1993, s. 382).

Bu ideolojik aile ve soydaşlık duygusu, birçok milliyetçilik ve etno-milliyetçilik örneğinin belirgin niteliğidir. İddianın az ya da çok kurgusal olduğu açıktır; fakat yine de aile duygusu her zaman geçerlidir, çünkü güçlü ve etkileyicidir. Ancak mikro-sosyal düzeyde akraba çemberi içindeki ilişkiler, bireylerin kalplerinde ve zihinlerinde yaşatılan etnisitenin sosyal açıdan çok önemli destekleri olabilir.

Bunun birçok örneği vardır: sanayileşmiş toplumlara göç etmiş, yurtlarında konuştukları dili çocuklarına aktaran, giyiniş, evlilik ve ailevi yükümlülükler konusunda bazı beklentiler belirleyen şehir azınlıkları; doğdukları köyle bağlarını devam ettirmenin yanında, şehir ortamında bazı akrabalık yükümlülüklerini yaşatmaya çalışan Afrika şehirlerindeki göçmenler (Cohen 1974, Epstein 1978, Webner ve Ranger 1996). Kişilerarası ve bireysel düzeydeki bu etnisite örneklerinden bazılarının resmi ve *de jure*[*] bileşenleri vardır. Hawaii'de halk, gayriresmi olarak Hawaiili diye tanınmaktadır, ancak hak taleplerine gelindiğinde "gerçekten" Hawaii soyundan geliyor olmak şarttır (MacKenzie 1991). 1925 tarihli Hawaiililer Anayurt Yasası, bir ev ya da küçük bir arazi parçası için başvurma hakkını, sadece, en az % 50 oranında Hawaii soyundan geldiğini kanıtlayabilenlere tanıdı – yani sadece anne veya babasından birisi % 100 Hawaiili olanların veya anne ve babası ayrı ayrı % 50 Hawaiili olanların talep hakkı vardı; bu kural en güçlü –Hawaiili- eleştirmenleri tarafından "ırkçı" olarak nitelendirildi (Hasager ve Friedman 1994).

Malezyalıların ekonomik konumlarını iyileştirmek için düzenlenmiş Malezya yasaları uyarınca, bir kimsenin devlet desteğinden faydalanması için Malay olması gerekir ve bir Malayın kim olduğu da anayasada çok açık ve kesin ifadelerle tanımlanmıştır. Bunun aksine Britanya'da, herhangi birinin nüfus sayımında –uygulamada nadir olsa bile teoride - istediği başka bir etnik kategoriyi seçmesi mümkündür. Diğer taraftan ırksal veya etnik kökene bakılarak ayrımcılık yapmayı yasaklayan kanun hükümlerine göre, bir kimsenin "konumunun" belirlenmesi için, o kişinin sözkonusu kanunun kastettiği çerçeveye giren etnik bir gruba mensup olduğunu göstermesi gerekmektedir. Aynı şekilde, ayrımcılığı en aza indirmek için tasarlanmış herhangi bir kamu yönetimi politikası, etnik kategoriler yaratmak ve bunları bireylere uygulamak zorunda kalacaktır – hastanede çalışan hemşirelerin ne kadarının şu ya da bu gruba girdiğini hesaplamak başka hangi yolla mümkün olabilir ki? Bu, etnik veya ırksal ayrımcılığı azaltmak isteyen (prensipte etnik kökene bakılmadan bir askere alma modelini amaçlayan) herhangi bir politikanın sonsuz bir paradoksudur –çünkü böyle bir sistemin önce kategorileri yaratıp kurumsallaştırması gerekir-.

---

[*] yasal, meşru anlamında Latince sözcük (ç.n.).

Bunun aksine günlük hayattaki bir çok gayri resmi ve rutin etkileşimlerde etnisite çok ince ve değişen şekillerde harekete geçirilir veya bastırılır. Etnisitenin resmi yollarla olmayan aktarılması, bireyin etno-kültürel farklılığın aktarımını kontrol edebilmesini sağlayan- bazen muazzam büyüklüklere varabilen- sosyal zemini sunar. Fakat aktarımın resmi olmayan yollarla yapılması, hiçbir kısıtlamanın olmayacağını garanti etmez – bireyler için ya kendi arkadaşlarının ya da düşmanlarının etnik tanımlarından kaçmak (eğer kaçmak isterlerse) zor olabilir. Bu, etnik kimliklerin etkisinin ne kadar derin olduğu sorusunun kısmi bir cevabıdır; "yoğunluğu" anlamak içinse küçük bir ip ucu.

Yoğunluk kuramları

Etnisite hakkındaki sosyolojik yorumların çoğu -ayrıca genel ve siyasi yorumların yabana atılmayacak bir bölümü- etnisitenin sunduğu bu tür bir yükümlülüğün ve kimliğin, bireyler ve gruplar üzerinde güçlü bir duygusal sadakat etkisi yaratacak şekilde bir dizi bağlılıkları, bağları ve yükümlülükleri, sembolik aidiyet simgelerini ve kişisel kimliği temsil ettiğini öne sürer. Horowitz'in etnik gruplar ve çatışma sosyolojisi(1985), etnik duyguları, sadece kurgusal duygular olarak değil, ayrıca akrabalık bağının ve bağlılığının gerçek uzantıları olarak da betimler, dolayısıyla buradan anlaşılan şey, bu duyguların derin köklere sahip olduğu ve yoğun biçimde hissedildiğidir. Basın, radyo ve televizyon yorumları çatışmaların sebebi olarak hep eski etnik düşmanlıkları gösterir -Yugoslav iç savaşındaki Sırp-Hırvat düşmanlığı, her ne kadar akademik yorumcular tarafından karşı çıkılsa da (Magas 1993, Denitch 1994, Bennett 1995, Silber ve Little 1995, Ramet 1996) etnik duyguların derinliği ve yoğunluğuyla ilgili bu görüşün klasik bir örneğidir.

Diğer taraftan, bununla tamamen ters düşen varsayımların öne sürüldüğü sosyolojik yorumlar da vardır. Burada özellikle iki terim çok önemlidir: araçsal etnisite ve durumsal etnisite kavramları (McKay 1982, Cornell 1996). Birinci yaklaşımda savunulan argüman, etnik sembollerin ve kolektif "sadakatlerin" -başta siyasi güç ve ekonomik ilerleme adına elde edilecek kazançlar olmak üzere-özellikle seküler amaçlara ulaşmak için harekete geçirildiğidir. Genellikle sözü edilmeyen ama bizim çıkardığımız şey, etnik iddiaların altında yatan başlıca harekete geçirici gücün, bir kolektiviteye duyulan sorgulamamış ya da sorgulanmayan bir sadakatten ziyade maddi amaçlar olduğudur (Roosens 1989).

Elbette, hem teoride hem de uygulamada biri ötekini dışlamaz; hem maddi amaçları hem de bağlılıkları esas alarak hareket etmek mümkündür. Sadece kolektivitenin sembolik statüsünün değil, maddi amaçların da mücadele konusu olduğu yerlerde, bağlılık her zamankinden derin hissedilebilir. Aslında bu, yoğunluk sorunu için bir ipucu sunar -ipucu "Ne kadarı tehlikede?" sorusunun cevabındadır. Gruplar veya grupla özdeşleştirilen bireyler, ölüm kalım mücadelesi veriyorlarsa ya da verdiklerine inanıyorlarsa, etnik amaçların peşine düşülmesi kaçınılmaz bir kayıp veya kazanç getirecektir. Yugoslav İç Savaşı sırasında Sırp milliyetçisi Miloseviç, siyasi seçmenlerini tamamen kendi varlıkları için savaştıklarına inandırıp (tabii ki hepsini değil), Sırbistan'a olan bağlılıklarını her şeyin üstünde tutmaları konusunda ikna ederek harekete geçirdi(Bennett 1995). Gerçek veya sembolik, etnikleştirilmiş bir savaşta alınan yenilgi sadece bir onur meselesi değil, aynı zamanda gerçekten veya sembolik olarak ölüm kalım meselesiyse, etnik bağları kuvvetlendirmek için her şey seferber edilir.

Ancak araçsal etnisite görüşünün ima ettiği şey, grubun varsayılan üyelerinin bazıları veya tümü için görünür olan kazanımların elde edilmesinde sadakat duygularına maksatlı olarak başvurulduğudur. Bu iddianın "tutup tutmaması" etnik liderlerin grup içindeki mevcut veya potansiyel bölünmelerin üstesinden gelmekte göstereceği başarıya bağlı olabilir. Brass'ın özellikle vurguladığı gibi (1985), etnik dayanışma ve grubun sembolik belirleyicileri ve kültürel çerçevesini kontrol etmek için verilen savaş, gruplar arasında olduğu kadar gruplar içinde de yaşanmaktadır. Etnik, etno-ulusal veya ırksallaştırılmış bir topluluğu tanımlama sürecinin bir bölümü, liderliği ele alma ve grubun tarzının ve amacının yönünü belirleme hakkı için topluluk içindeki birbirine karşıt unsurlar arasında geçen mücadele sürecidir. Bir "grup" içindeki farklılıklar, gruplar arasındaki farklılıklar kadar zorlayıcı olabilir.

Araçsallık kavramı etnik kimliğin ve mobilizasyonun, duygusal bağlılıktan ziyade bir hesaplama meselesi olabileceğini söylüyorsa, "durumsal etnisite" kavramı da ondan farklı bir şey ifade etmez. Bu, bireyin bakış açısından görülen etnisitedir, yani şimdiye kadar eylem bağlamı olarak tanımladığımız şey. Bireyler, günlük hayatlarında bir sosyal ortamdan diğerine hareket ederek, kendilerini farklı ortamlardaki "önemli ötekilere" – yani bireyin, onlar tarafından onaylanmaya önem verdiği insanlara - takdim ederler. Goffman ve daha birçoklarının iddia ettikleri gibi, modern toplumlardaki bireyler dinleyicilerini önce tartmak ve kendilerini ona göre takdim etmek konusunda hünerli hale gelir (Goffman 1969); dolayısıyla birini yanlış değerlendirdiğimizde, kendimizi kaybettiğimizde veya birçok dinleyiciye aynı anda hitap etmemiz gerektiğinde rahatsızlık duyarız ya da daha kötü sıkıntılar yaşarız. Yeni vatanlarında doğan göçmen çocukları ebeveynlerinin beklentilerinin farkına varır ve bunları, okul arkadaşlarının veya öğretmenlerinin farklılık gösterebilen beklentileriyle uzlaştırmak zorunda kalır. Bu farklılıklar bazen iki kültür "arasında sıkışmış" gençlerin sorunları olarak betimlenir, ama aslında gençler farklı beklentilere ayak uydurmak konusunda oldukça yetenekli hale gelir; bu yetenek çoğu insan için, temel ve içinde dinleyicilerin farklılaştığı birçok kurumsal alanla kesişen bir hayatla başa çıkmanın gerekli, hatta çok sıradan bir aracıdır (Bradby 1999). Sosyal hayatın içinde yer yer gedikler bulunan bu alanları, genellikle kültürün değişip, kimliklerin yumuşatıldığı noktalardır.

Durumsal etnisite kavramı, hem etnik bir kimlikten söz ederken hem de kimlikle ilgili beklentilere uymaya çalışırken, şüphesiz, özgürlüğe ve tercihe bir ölçüde fırsat tanır (Nagata 1974, Okamura 1981, Eriksen 1992, 1993b). Ancak biz farklı dinleyicilere farklı sunumlar yaptıkça, farklı durumlar da sosyal tavrımızda ve tarzımızda küçük değişiklikler yapmamızı gerektirecektir. Yani biz sadece farklı ortamlarda kendi kendimizi nasıl sunacağımızı seçmeyiz -aksine farklı koşulların farklı taleplerde bulunduğunu öğreniriz. Eriksen, Hintli işçilerin torunları olan Hintli Mauritiuslularla Afrika kökenli siyah Kreol Mauritiusluların etkileşimlerini bu şekilde açıklamıştır. Mauritius'da bu iki büyük grubu kuşatan bir beklentiler dizisi yoktur, ama örneğin köylü ve şehirli Hintli Mauritiuslular arasında ve kadınlarla erkekler arasında çok ince farklar vardır. Etnisitenin öne çıktığı hemen hemen her koşulda cinsiyet ve zenginlik son derece önem arz eder ve dolayısıyla aktörler farklı ortamlarda nasıl davranmaları gerektiğini gösteren karmaşık davranış modellerini öğrenir ve uygular. Bu, Hintli Mauritiusluların, Hintli Mauritiuslu olmaktan asla kaçamadıklarını, ama Hintli Mauritiuslu olmanın çok çeşitli anlamlar taşıdığını gösterir (Eriksen 1992).

Yarım zamanlı etnisite

Bunu ifade etmenin başka bir yolu da hiç kimsenin, en azından tüm ortamlarda aynı şekilde, tam gün etnik olmadığını söylemektir. Bu, içinde etnisitenin neredeyse hiç hesaba katılmadığı ortamların bulunması demektir. Britanya'daki Güney Asya soyundan gelen küçük öğrenciler tam gün Güney Asyalı değildir, Kuala Lumpur'daki Malay işadamı tam gün Malay değildir, Gothenburg'daki Finli sosyal hizmetler çalışanı tam gün Finli değildir. Bütün bu örneklerde etnisitenin belirginliği, hem anlamı hem de önemi bakımından çeşitlilik gösterir ve kısmen etnisitenin bu "durumsal" karakterinden ötürü aktörler, kendi sunumlarını üstünde kontrolü bir ölçüde ellerinde tutarlar. Buna karşıt olarak 1930'ların Mississippi kasabasında siyah -ve beyaz - aktörlere tanınan kontrol miktarı çok sınırlıydı. Elbette Mississippi, Indianola'da siyah ve beyaz vatandaşların davranışlarını düzenleyen kurallar kişinin mevcut durumuna ve her iki topluluktaki sınıf ve statü farklılıklarına göre değişiklik gösteriyordu (Dollard 1937). Fakat siyah-beyaz eşitliği ya da evlilik ilişkisi yahut siyahların beyazlara üstün oldukları yerler uygulamada hep göz ardı edilmişti.

Dolayısıyla Mississippi, Indianola'yı ziyaret edenlerin o dönemde etnik sınırın ne kadar katı olduğunu görmemeleri için kör olmaları gerektiğini düşünebiliriz (Barth 1969). Buna karşılık, günümüzde Kuala Lumpur'u ziyaret eden herhangi birinin, günlük hayatları içinde Malaylar ve Çinliler arasındaki ilişkileri düzenleyen bağlam ve anlam inceliklerini öğrenmesi biraz zaman alacaktır.

Etnisite, üç farklı şekilde, sosyal eylemin ve yapının bir boyutunu oluşturur: bir yönetim ilkesi olarak, esnek bir ilke olarak ve teori bakımından etkisiz bir ilke olarak. Mississippi, Indianola'da bu bir idari ilkeydi, Kuala Lumpur'da esnek bir ilkedir ve bazı toplumlarda bazı bağlamlarda ise etkisiz bir ilke. Etnisitenin, hukuk ya da geniş geleneksel konsensüsler tarafından saf dışı bırakıldığı her yerde, yani işe girme, avantajlardan ve hizmetlerden faydalanma hususlarında prensipte adil ve eşit muamelenin yapıldığı yerlerde– ihlaller veya kaçamaklar söz konusu olsa bile - etkisiz bir ilke söz konusudur (Jenkins 1986, Mason ve Jewson 1992). Etnisite etkisiz bir ilke olduğu takdirde, bazen, Gans'ın "sembolik etnisite" olarak adlandırdığı şeyden öteye geçemeyebilir (Gans 1979, 1994).

Zayıflama ve varlığını sürdürme teorileri

Hem makro-yapısal hem de mikro-sosyal yüz yüze ilişkiler açısından, yapı ve eylem bağlamlarında etnik sistemlerin kökenlerini anlama yollarını tartıştık. Bu, etnisitenin ne tür sosyal gerçekler sunduğu tartışmasını zorunlu kıldı. Bu sorun – etnisitenin doğası - modern dünyada etnisite ve milli duyguların zayıflaması ve varlığını sürdürmesi teorilerinde bir kez daha farklı şekillerde karşımıza çıktı. Son 150 yılda oluşturulan sosyolojik kuramlar, birçok örnekte, her zaman, milliyetçiliğin olmasa bile, etnisitenin zayıfladığını ya varsaydılar ya da iddia ettiler. Son yirmi yıl, bu beklentinin bir yanılgıdan ibaret olduğunu gösterdi. Dolayısıyla en azından başlangıç olarak, zayıflama ve varlığını sürdürme teorileri, sosyolojik teorinin başlıca temalarından bazılarının kısa bir değerlendirmesini gerektirir.

Modernist kuram - Marx, Durkheim ve Weber'in evrim şeması

Marx yazılarında Britanya, kıta Avrupası ve 19. yüzyılın ortalarındaki ABD'den ; Durkheim 19. yüzyılın sonları 20. yüzyılın başlarındaki Fransa'dan ve Avrupa'dan; Weber ise yazılarında çoğunlukla aynı dönemden etkilenmiştir. Tümünün ortak özelliği, kendinden önceki tarımsal, feodal ve muhafazakâr düzene sahip toplumları kökten dönüştüren sosyal ve ekonomik bir sistem olarak sanayi kapitalizminin yörüngesini teorileştirmeleridir. Marx, şövalyelere özgü bir coşku çağının, yerini nasırlanmış maddi bağlara ve bencil hesaplara bırakarak geçip gidişine alaycı bir dille hayıflanır. Durkheim'ın yazdıklarının çoğu, yeni bir ahlaki bireycilik düzenine yönelik iyimserlikle, gelişmiş iş bölümü içinde sınır-lamaların ve dayanışmanın yokluğu konusundaki kötümserlik arasında gözlemlediği gerilimin kanıtlarından ibaretti (Fenton 1984). Weber'se, akılcılık ilkesine – modernitenin egemen kültürel işareti- olan hayranlığını modern dünyanın büyüsünü yitirişinin dokunaklı bir betimlemesiyle birleştirmişti. Sosyolojik teori, ya tutumu bakımından, modernitenin bireyselleşen akılsallığını kabul ettiği noktada büyük ölçüde "ilerici" olmuştur; ya da geleneksel ahlak kurallarının, bilinen hiyerarşilerin, aile ve daha geniş topluluklarda yerleşmiş sosyal yükümlülük kalıplarının geçip gitmesine hayıflandığı noktada "muhafazakar" ve reaksiyoner olmuştur (Nisbet 1967).

Marksist olmayan sosyolojinin büyük bir bölümünde öne çıkan bir sorun sosyal ilişkiler, yükümlülükler ve ahlaki kültürlerin sağlamlığı ve doğası olmuştur. Modernite hakkındaki bu yaygın endişe, dini inancın, itikatların ve imanın gücünün gerilemesi, aile bağlarının zayıflaması, ekonomik faaliyet üzerindeki orta çağa ait sınırlamaların kaldırılması, kişisel aidiyetin ve sosyal birleşmenin kaynağı olan ortamın yok edilmesi üstüne odaklanmıştır. Bütün bunlar daha büyük çaplı bir hareketliliğin, akışkanlığın ve modern toplumların karmaşıklığının sonuçları olarak görülmektedir. Bu sosyal değişim modelinin geriye dönük bir versiyonu, ya modern dünyanın kaçınılmaz olarak parçalayıcı doğasını ya da sosyal kontrolün, dini kesinliklerin ve ahlaki disiplinin yeniden ihyasına yönelik ihtiyacı vurgular. İlerici bir model, kolektif yaşamın geri dönülemez şekilde değiştiğini bireycilik doğrultusundaki hususundaki sosyal ve kültürel hareketin tersine çevrilemez olduğunu öne sürer. Bununla birlikte, temelinde bireysel erdeme, haysiyete ve değere verilen önemin yattığı yeni sosyal düzenleme formlarını ve değerleri keşfetmek ve uygulamak mümkündür.

Durkheim'ın çalışmasında, özellikle, ekonomik hayat ve münasebetler modern sosyal düzene hükmettiği halde, ekonomik faaliyetlerin tek başına sosyal dayanışma için bir temel teşkil etmediği gösterilmeye çalışılmıştır. Dolayısıyla modern bir sosyal bütünleşme sorunu veya krizi vardır. Sosyal alışverişlerdeki artış ve durmaksızın genişleyen ekonomik faaliyet alanı, birbiriyle iş yapanların, bilinen veya elle tutulan bir toplumun parçası olma olasılığının gitgide azaldığı anlamına gelir. Şehirler büyüyüp kırsal kesimlerden veya küçük kasabalardan göç aldıkça, buna bağlı olarak, küçük çaptaki akrabalık, topluluk ve kilise dayanışmalarında bir düşüş yaşanır. Tönnies'in çalışmasında bu değişim süreci, *Gemeinschaft*'tan *Gesellschaft*'ta bir kayma, yani model olarak ailenin gösterildiği yükümlülük, güven ve süreklilik gibi ilişkilerden çıkar hesaplarına ve ortak seküler amaçlara dayanan ilişkilere bir kayma olarak tanımlanmıştır (Tönnies, 1963). Bu argümanların etnisite teorileriyle ilişkisi, etnisitenin modernleşme yüzünden ayakta kalma sorunuyla karşı karşıya kalan akrabalık, özel bağlar ve dayanışma duyguları ile bağlantısından kaynaklanır.

Marksist düşünce

Marksist düşüncede ana nokta sosyal bağ değil, kapitalizmin devrimci güçleri tarafından dönüştürülen sınıfsal ilişkilerdir. Bu sınıf ilişkileri sermaye tarafından emeğin sömürülmesi ve kaçınılmaz kâr arayışı üzerine kurulmuştur. Kapitalizmin ekonomik eğilimleri veya yasaları, ekonomik bir sistem olarak kapitalizmin sürdürülebilirliği içinde sürekli tekrarlayan krizlere neden olur; sınıfsal bilincin ve örgütlenmenin büyümesi kapitalist devlete karşı siyasi muhalefete yol açar. Tüm bu meydan okuyuşlar, nihai analizde, tartışılmaz doğruluğunu kanıtlayacak, kapitalizmin yerine sosyalizm gelecektir. Yeni bir ekonomik örgütlenme, kârdan çok fayda amaçlı sosyal üretime kendini adayacaktır. Mülkiyetin, dolayısıyla, sınıfların ortadan kaldırılmasıyla birlikte karşımıza, etnisiteye yer vermeyen ve milliyetçiliğin tamamen gerici bir güç ve kapitalist sınıfların sosyal, siyasi ve ekonomik egemenliğinin beraberinde getirdiği bir ideoloji olarak görüldüğü modern bir dünya hayali çıkar (Tishkov 1997). Sömürülen emekçi sınıfların çıkarları, yerel partikülarizmleri ve milliyetçilikleri aşıp uluslararası bir işçi sınıfı olarak birleşmelerinde yatmaktadır.

Modern dünyanın yörüngesine ilişkin bu görüşte etnisiteyi ilgilendiren iki nokta vardır. Birincisi, milliyetçilik ve etno-ulusal duygular, siyasal şekillenmesi kapitalizmin sonunu daha da hızlandıracak rasyonel bir sınıf bilincinin gelişmesini geciktiren duygular olarak görülür. İkincisi, ırkçılığın kapitalizm içinde, özellikle işçi sınıfı bilincini ve örgütlenmesini bölen, dolayısıyla da, zayıflatmaya yarayan ideolojik ve siyasi bir işleve sahip olduğu düşünülür (Balibar ve Wallerstain 1991).

Günümüzde Marksist veya neo-Marksist ırkçılık yorumlarının sürekli temalarından biri, ucuz ve sömürülebilir emeğe yönelik arayışın bulunduğunu ileri sürmek, göçmen işgücünün ve kadın işgücü kullanımını bu ihtiyacı karşılamak için kullanıldığını ortaya koymak ve ırkçı politikaların ve genel bilincin yükselişini işçi sınıfı içindeki bu bölünmelere yönelik tepkilerle ya da onların fonksiyonlarıyla "açıklamak" olmuştur. Siyasi ve ekonomik bakımdan egemen sınıflar, bölünmüş bir işçi sınıfından çıkar sağlarlar; ırkçılık ve nostaljik milliyetçilik, kapitalizmin tekrarlanan krizlerinin hem açıklamasını verirler, hem de dikkati başka noktalara çeken unsurlar olarak görev yaparlar. Bu argümanlardan bazılarını 2.Bölümde tartıştık.

Modern kapitalizmde sınıfsal ve siyasi örgütlenmenin bu doğrultusuna ilişkin Marksist beklenti yıkıldı, hayal kırıklığıyla sonuçlandı veya yanlış yorumlandı. Kapitalizm, ekonomik ve siyasi bir sistem olarak esnekliğini kanıtladı ve Sovyetler Birliği'nin, uyduların ve imparatorluğun yıkılmasının hemen ardından bir pratik ve bir ideoloji olarak bütün dünyaya egemen oldu. Sovyet imparatorluğunun sonu, dev bir ulusal "özgürlük" dalgasıyla yükselen ya da yeni devletlerin rekabet ettiği alanlardaki ganimetler için savaşan bir dizi bölgesel ve etnik milliyetçiliğin doğmasına yol açtı (Kupchan 1995, Tishkov 1997). Buna verilen sosyolojik tepkilerden biri, sadece Marksizm'in değil, bütün o büyük teorilerin (ya da anlatıların) öldüğünün ilan edilmesi oldu. Kesinlikle emin olabileceğimiz şey, modern ulus-devletlerin sistemlerini yönlendiren anahtarı sundukların iddia eden teorilerin -yani modern sosyal sistemlerin çizgisel doğrultusuyla ilgili açık ya da örtülü kavrayışın- başarısızlığa uğradıklarıydı.

Aynı zamanda Marksist düşüncenin hem önemini hem de inandırıcılığını yitirmeyen unsurları da vardır. Sosyoloji ulusal ve uluslararası sahnede zenginlik ve güç eğilimini göz ardı edemez; "maddi düzene" kayıtsız bir kimlik ve kültür sosyolojisi bir "Alice Harikalar Diyarında" sosyolojisi olur. Ucuz işgücü kaynaklarını araştırarak veya üretim sürecinde emek sömürüsünü yoğunlaştırarak malların ve hizmetlerin üretiminde işgücü maliyetini düşürme dürtüsü, kapitalist sosyal ilişkilerin ve kâr politikasının temel şartlarından biri olmaya devam etmektedir. Bunlar tüm dünyada göçmen işgücü kullanılması, sermaye yatırımlarının emek-ucuz yerlere taşınması ve bu bölgelerdeki sendikal örgütlerin yıldırılması veya yasaklanması şeklinde karşımıza çıkmaktadır.

Bugün küreselleşme denen şeyin önemli kültürel boyutları vardır, fakat bu olgu aynı zamanda çok uzun zamandır modern (kapitalist) dünyanın özelliği olan bir başka şeyin de bir öğesidir – sermayenin uluslararasılaşmasının. Yerel ekonomik ve siyasi stratejiler, çokuluslu şirketlerin gücüyle etkisizleştirildiğinde, ulus aşırı şirketlerin giderek artan önemi ekonomik ve siyasi açıdan ortaya çıkmaktadır. Bu şirketlerin, aynı zamanda ,kültürel önemleri de vardır – hafif içecek, giysi, araba ve elektronik alet alanında en tanınmış global şirketlerin çoğu, ürünlerinin olduğu kadar global kültürel mesajların da ticaretini yapmaktadır (Featherstone 1990, Robertson 1992). Bu mesajlar ulusal sınırları aşar ; küreselleşmenin siyasi ve ekonomik eğilimleri, zayıflamış yerel güce tepki olarak, milliyetçi nostaljiyi ve yabancı düşmanlığını canlandırırken ulus-devletin temellerini çürütür. Kapitalizm sosyal etkisi bakımından devrimcidir. Açıklık kazanmamış ve sıcak bakılmayan sosyal değişim, ırksallaştırılmış mazinin, geçmişin birbirine kenetlenmiş ve 'homojen' toplumuna yönelik hüzünlü bakışların önemli bir bölümünü şekillendirdiği bir nostaljinin ve kederin doğmasına neden olur.

Çağdaş sosyoloji, 19. Yüzyılda ve 20. Yüzyılın başlarında oluşturulan sosyal teorinin muhteşem şeması karşısında kuşkucu tavır takınır, ancak, modern toplumların temel sosyolojik özelliklerinden bazıları üzerinde bir ölçüde görüş birliği söz konusudur. Bunların arasında, akrabalık ilişkilerinin toplumun temeli olma özelliğini kesin bir biçimde yitirmesini, aile bağlarının incelerek çok daha küçük ortaklık bağlarına ve aile birimlerine dönüşmesini ve bu birimlerin de büyük ölçüde özel bir alana – üretimden çok tüketim alanına dahil edilerek tanımlanmasını saymamız gerekir. Bunlara ayrıca yeni teknolojilerin uygulanmasında yaşanan atılımlar dizisinin zorladığı sosyal değişimin derecesini ve hızını; hem kitlesel hem de bireysel iletişimin aynı anda birçok yere ulaşabilmesini, menzili ve hızını; ekonomik, siyasi, askeri ve kültürel görünümleriyle sosyal değişimin küresel boyutunu da ekleyebilirdik (Featherstone 1990).

Liberal beklenti

Marksist yorumların, etnik ve ulusal oluşumlara, sınıf kimliğinin ve örgütlenmesinin önündeki engeller olarak bakmalarına karşın, etnisitenin zayıflamasına yönelik en hatasız argüman, Emile Durkheim'ın liberal evrenselci sosyolojisinde bulunmaktadır. Durkheim'ın argümanı natal çevrenin (bireyin içine doğduğu ortam ve sosyal yükümlülükler - özellikle aileyle ilgili -) zayıflaması dediği şey üzerinde yoğunlaşmıştır. Partikülarist bağların zayıflaması gerektiği şeklindeki inanç, liberal demokrasi ideolojisinin bir öğesidir; onların zayıflayacakları şeklindeki inanç ise, modernleşme sosyolojisinin bir parçasıdır. Durkheim, Fransız Devrimi'ni bireyin özgürlüğünü ve değerini tanıyan yasalar ve sosyal kurumların oluşturulmasını sağlayarak insanların vatandaşlar olarak yeniden tanımlanmasında atılan ilk adım olarak görüyordu. (Tiryakian 1971). Tahmin edilebileceği gibi, "ırk" ve etnik kökeni, ikisi de köklerini sadece doğumdan aldıkları için, modern sosyal düzenin giderek zayıflayan olguları olarak görüyordu.

Durkheim'ın etnisiteyle ilgili göze en fazla çarpan yorumları Fransa'daki Yahudilik hakkındaydı. Kendisi de ateist bir Yahudi olan Durkheim, Yahudiler gibi etnik bir topluluk tarafından temsil edilen türden bağların, yurttaşların oluşturduğu modern devlette büyük ölçüde zayıflayacağını düşünüyordu. Anti-Semitist bir politik dalga sırasında, haksız yere vatan hainliğiyle suçlanan Yahudi bir yüzbaşı olan Dreyfus'u savunmasının ve Dreyfus'a zulmedenlere yönelik eleştirisinin, gayet anlamlı bir biçimde, her şeyden önce, insan haklarının, birey özgürlüklerinin ve onurunun bir savunması olduğunu vurgulamıştı (Fenton 1980, Durkheim'ın antisemitizm üzerine notları 1899). Bu, Balibar ve diğer Fransız yazarların (Balibar ve Wallerstein 1991) Evrensellik diye tanımladığı değerler olan Üçüncü Cumhuriyetin liberal değerlerine (Fenton 1984) Durkheim'ın kucak açmasıydı.

Bu liberal tarih görüşü, Marksist düşüncenin kapitalist gelişimin ideolojik bir müttefiki olarak tanımlayarak karşı çıktığı görüşün ta kendisiydi (Zeitling 1968). Bu eleştiride bireycilik, burjuva bireyciliğidir, özgürlükler piyasa özgürlükleridir, haklar ise mülkiyet haklarıdır. Üstelik, daha önce gördüğümüz gibi, bütün bu hakların kime ait olduğu fikri, ırk görüşleriyle ve sivil topluma katılım derecelerini yeniden belirleyen kolonyal yönetim sistemleriyle sınırlandırılmıştı. Haiti'deki köleler, Fransız Devrimi'nin mesajının kendileri için de eşit ölçüde geçerli olduğunu düşününce Fransızlar şaşırıp, telaşa kapılmışlardı (James 1938).

Fakat ister ırksal, ister etnik ya da ulusal şekillerde ifadesini bulsun, doğuştan getirilen farklılıkların önemini yitireceği öngörüsü konusunda Marksist beklenti, liberal beklentiyle aynı noktada buluştu. Kapitalizm geliştikçe sınıf bilinci de gelişecek ve kadın erkek herkesi rasyonel bir zeminde, paylaştıkları maddi koşullara karşı birleştirecektir. Kapitalizmin yerini sosyalizm almış olsaydı, o zaman, kadın ve erkeklerin sınıf ve doğum ile ilgili yüklerden kurtularak, birbirleriyle ilişki kurdukları rasyonel bir sivil toplumun inşası başlayabilirdi. Bu nedenlerle, kendilerinin sosyalist bir devlet kurduğunu düşünenler (Sovyetler Birliği ve Doğu Avrupa'da) "milliyetçi" bağlılıklar, duygular ve kolektivitelerle başa çıkmakta zorlandılar (Diamond ve Plattner 1994, Kupchan 1995, Tishkov 1997). Siyasi ideoloji, milliyetçi formların zayıflamaları gerektiğini; siyasi gerçeklikler ise ulusal kimliklerin varlıklarını sürdürdüklerini belirtiyordu. Sonuçlar kararsızlık ve soykırımdı. Bu "liberal" (ve Marksist beklenti), milyonlarca insanın "kökenleri" ve "etnik" mensubiyetleri yüzünden Yurttaşlık - ve özellikle Holocaust'ta hayat haklarının- reddedilmesine rağmen ve reddedilmesi dolayısıyla 20. yüzyılın ortalarına kadar başarıya ulaşması bile varlığını sürdürdü (Bauman 1989).

Ancak sosyoloji araştırmacıları, (en az) iki arenada etnisitenin zayıflaması yönündeki bu beklentinin yanlış anlaşıldığını, olaylar tarafından çürütüldüğünü veya yetersiz sosyoloji teorileriyle beslendiğini iddia etmeye başladı. ABD'de Glazer ve Moynihan, çalışmalarında, tüm beklentilerin aksine, etnik bağlılıkların önemini yitirmediğini ve hatta, anlaşıldığı kadarıyla, sınıf temelli kimliklere göre daha da önemli hale geldiğini ileri sürmüşlerdir (Glazer ve Moynihan 1975). Afrika ve Asya'da kolonyalizm dönemi kapanırken, sosyoloji ama daha çok antropoloji yorumcuları büyük ölçüde "etnik" diye tanımlanabilen bağlılıkların ya önemini yitirmeden kaldığını ya da farklı şekillerde önem kazanmakta olduğunu göstermeye başlamışlardı (Horowitz 1985). Primordial bağların modernleşmekte olan devletlerle ilişkisi sorunu, Clifford Geertz'in "Bütünleştirici Devrim" adlı ufuk açıcı denemesinde ortaya atılmıştı.

Yeni devletler ve bütünleştirici devrim

Bütünleştirici devrim sorunu Geertz tarafından, Emile Durkheim ile bağlantılı olarak tartıştığımız meselelerdekinden çok da farklı olmayan açılardan tanımlanmıştır. Yani, modern toplumlardaki temel sorulardan biri, "eski ahlaki erdemler ve dayanışmalar zayıflamışsa, asıl bağlılıkları bir grup insana olmaktan ziyade bir grup ilkeye olan modern yurttaşların karşılıklı saygılarına, yükümlülüklerine ve değerlerine dayanan yeni bir ahlaki erdem ortamını nasıl yaratabiliriz?" şeklindedir. Asıl amacı, köken ve akrabalıkla bağlantılı "primordial" bağlar ile çağdaş bir devletin yurttaşlığı ile ilgili "sivil" bağları birbirinden ayırt etmek olan Edward Shils, bu sorunu, sık sık alıntı yapılan bir makalesinde daha önce tartışmıştır (1957). Durkheim'daki asıl sorun, modern devletin, (liberal, yurttaş-temelli, bireyci) "gelişmiş, kompleks" bir topluma cevap verecek kurumları, yasaları ve yurttaşlık etikini nasıl geliştirebileceği iken, Greetz ve Shils tarafından ele alınan temel problem "sivil" bağların, Durkheim'ın zayıfladığını öne sürdüğü türden "primordial" bağların direnmesiyle nasıl mücadele edebileceği idi.

Bu yazılar, temelleri sosyalleşmenin başlangıcında bulunan asli bir bağlılığı belirten primordializm terimini kazandırdı. Bu terim sosyal bir bağ ve kimlik olarak etnisitenin doğasına ilişkin bir tartışmanın odak noktası olarak kalmayı sürdürdü (Eller ve Counghlan 1993, Hutchinson ve Smith 1996). İlk yazarlar, primordializmin varlığını sürdürmesinin (direnmesinin), kolonyalist rejimlerin resmen "sona ermesinin" hemen ardından, başta Afrika ve Asya'da gelişmekte olanlar olmak üzere, bütün yeni devletlere özgü bir sorun olduğunu ileri sürüyorlardı. Bu yazarlar, genel bir primordializm sorunuyla ilgiliydiler, daha sonraları, yanlış yola girmiş eleştirmenlerin inanır göründükleri gibi, etnisiteyi, mükemmel bir primordial bağlılık türü olarak tanımlamakla değil (Eller ve Coughlan 1993; ayrıca bkz. Grosby 1994). Liberal demokrasinin işlemesi, yurttaşlık yapıları ve yeni devletlerin sosyal ve kültürel bütünleşmeleri, tamamen, primordial bağlılıkların ve sadakat duygularının tehdidi altındaydı.

Bunun temsil edici bir örneği, Hindistan'ın bağımsızlığı sonrasında dahili sınırların, Hindistan'ın dilsel sınırlarıyla örtüşecek şekilde yeniden çizilmesi önerisini uygulamaya koymak amacıyla toplanan Dil Komitesi üyeleri tarafından ifade edilen görüşlerdir. Nehru[1], bu üyelerin, kendisinin seküler bir Hindistan vatandaşlığı hayalinin tam önünde duran kıskançlıklarından dehşete düşmüştü. "Ülkedeki en güçlü adamların, karşısına gelip de kendinden emin bir şekilde ve üzerine basa basa ülkedeki dilin kültürü, ırkı, tarihi, bireyselliği ve nihayet bir alt ulusu temsil ettiğini ve simgelediğini söylemelerini" üzüntüyle karşılamıştı. (Geertz 1973).

Devletin her zaman sağlayamayacağı sosyal tanınma ve haysiyet talebi ile modern etkinlik isteği arasında gerilim olduğu sürece, yeni devletlerde "kişisel olmayan" bir yurttaşlık duygusuna bağlılık garanti edilemezdi. İnsanlar, "bir tanım kaybı ya da daha kötüsü diğer rakip etnik, ırksal veya dilsel toplulukların egemenliğine girme pahasına dahi olsa, sivil bir düzene karşı genele yayılmış bir bağlılığa taraftar olarak, bildiği kimlikleri *ikinci plana* atmaya" her zaman hazır değildi (Geertz 1973). En çok alıntı yapılan *primordialite* tanımı da işte bu nokta üzerinde yapılmıştır:

> Sosyal varoluşun "verili unsurlarından" – ya da daha doğrusu, kültür bu meselelerde kaçınılmaz olarak işin içine karıştığından, "verili ol-

---

[1] Hindistan'ın ilk cumhurbaşkanı.

duğu varsayılanlardan" kaynaklanan- şey: yakın olma ve esasen akrabalık bağı, ama bunların ötesinde belli bir dinsel topluluğun içine doğmuş olmaktan, belli bir dili, hatta bir dilin lehçesini konuşmaktan, belli toplumsal pratikleri takip etmekten kaynaklanan "verili olma durumu". Bu kan, dil, gelenek vb. ortaklıkları, kendi içlerinde ve kendilerinden kaynaklanan tarifsiz ve bazen de ezici bir zorlayıcılığa sahip olarak görülürler (Geertz 1973).

Bu primordial bağlar, "kan ve vatan duygularıyla değil, medeni bir devlete belirsiz, süreksiz ve rutin sadakat ile korunup, devletin polis güçlerinin kullanımı ve ideolojik öğütleri ile az ya da çok desteklenen" ulusal birliği tehdit eder. Alt grupların bağlılıklarının, ulus-devlet üyeliğiyle tutarlı olduğunu ve hatta üyeliğin özünü oluşturduğunu düşünebiliriz. Çoğulcu demokrasinin günümüzdeki taraftarlarının yaptıkları gibi, Durkheim da, bunun böyle olduğunu kanıtlamaya çalışmıştır. Ancak Geertz mesleki, profesyonel ve kurumsal sadakatlerin aksine, primordial sadakatlerin devletle rekabet edebileceğini, çünkü devlete kıyasla ya da en azından ondan "önce" kişinin her yönüne hakim olduğuna ileri sürmüştür. Bu şekilde işlediği görülen primordial bağ türleri, akrabalık veya benzeri ilişkiler, ırk, dil, din, bölge veya geleneklere dayanan bağlardır.

Bu "verili olma durumu", kalıtım yoluyla kana aktarılan bir tür biyolojik öz anlamına gelmez. Daha çok, kimliklerin, insanların kimlere yükümlü olduklarını ve nasıl davranmaları gerektiğini öğrenirlerken içselleştirildikleri; ve bazı koşullar altında bu kimliklerin kişilerin ve kolektif ifadelerin derinliklerine kök saldıkları anlamına gelir. Bunlar, insanların asla başka bir şey bir hayal edemeyecekleri bir şekilde değil, terk etmelerinin zor ve tehlikeli olacağı bir şekilde öğrenilirler; böyle bir grupta sosyalleşme aracılığıyla, bu duygu, bireyin benliğine öylesine güçlü bir biçimde yerleştirilecektir ki, onun bir Sih, bir Hausa, bir Malay olduğunu, ya da Telugu dili konuştuğunu yahut bir Karen olduğunu unutması dahi çok güç olacaktır. Eğer birey unutmaya başlamışsa, başkalarının ona hatırlatmasını sağlayacak bir çok durumla karşı karşıya kalacaktır.

Primordial bağlar

Primordial teriminin Greetz ve diğerleri tarafından kullanımı, sosyal olarak inşa edilmiş, oportünist bir etnisite ve kültür görüşünün tanınmasını dışlamaz. Dil farklılıklarının bazı koşullarda çatışmaya neden olabileceği ama bazılarında olmayacağı gerçeği, kültürel ayırıcıların, grup ilişkilerini belirleyen sınırlar olarak kullanılıp kullanılamayacağı fikrinin bizzat açıklayıcı bir örneğidir. Aynı şekilde, Endonezya'daki Javalılardan gelen egemenlik talepleri, grubu öne çıkarmak, seçkin bir statü ve üstünlük iddialarında mesafe almak amacıyla kültürel farklılıkları harekete geçiren bir gruba örnektir (Geertz 1973). Geertz, primordial dediği türden duyguların, yeni bir demokratik sistemde, kültürel, dini ve diğer kriterlere göre tanımlanmış "bizim gibi insanlar"ı kendine çekebilecek politikacılar tarafından manipüle edilebileceğini kesinlikle kabul eder.

Geertz'e göre Sri Lanka'da:

> Kültür din ve dil alanlarında yaşanan bir uyanış dalgasının akabinde 1956'da Bandaranaike'nin iktidara gelmesi, sadece *Sinhala* konuşulan bir dil politikasını, Budizme ve Buda rahiplerine onurlu bir konumu ve sözde Tamillerin "pohpohlanması" politikasından radikal bir dönüşü ve aynı zamanda Batılı kıyafetleri reddetmeyi ve yerine Sinhalese vatandaşlarının geleneksel giysileri ve banyanını* Hindistan' kabul etmeyi vaat ederek Sinhalese konuşanların primordial duygularına açık açık seslenerek İngilizce'nin ve çift etnisiteli Colombo egemen sınıfının otoritesini ortadan kaldırdı... Evrensel oy kullanma hakkı kurumu, insanlardaki gerçekten de karşı konulmaz

---

* Sri Lanka'ya özgü bir çeşit bol gömlek, ceket ve entari.

geleneksel sadakat duygusuna hitap ederek kitlelere dalkavukluk yapmak için arzularını harekete geçirdi ve Bandaranaike ve taraftarlarının primordial duyguları, seçimden önce kışkırtıp seçimin ardından yatıştırabilecekleri konusunda tehlikeli bir kumar oynamaya götürdü (Geertz 1973).

Bu, etnisite bir yana, etkisinden kaçılamayan basit bir "verili" bir özellik olarak bir "primordialite" bakış açısı bile değildir. Geertz, yine de, kültürel olarak tanımlandığı varsayılan "verili unsurlardan" bahseder. Fakat bu, bu tür bağların başarılı bir cazibe nesnesi olabilmeye yetecek kadar güçlü ve sürekli olduğu -ve çoğunlukla bunun en azından yeterli göründüğü- varsayımını değilse de, spekülasyonu beraberinde getirir. Yanlış olan şey, kültür ve dinin hep çatışma kaynağı, daima "primordial" , yani derinden hissedilen ve sosyal açıdan yerleşmiş unsurlar oldukları şeklindeki varsayımdır.

Argümanı daha da genişletmek için Geertz'in "şöyle ya da böyle siyasileşmeye eğilimli primordial bağlara" yönelik göndermesine bakabiliriz. Konuyu biraz daha farklı biçimde ele almak mümkündür. Etnik (yahut dilsel ve bölgesel) olarak tanımlanan bu gruplar, bütün koşullarda gruba karşı temel bir sadakate sahip olmayabilir -Geertz'in liberal demokratik kurumları tehdit eden çok önemli bir unsur olarak gördüğü şey. Bu grupların asıl rahatsızlık duydukları şey, kategorik bir temelde, onların kaderlerini bir grubun kaderine bağlı gördükleri ölçüde, bu grubun pek az dahil edildiği ya da pek az ödüllendirildiği konusunda duydukları şüphelerin ve korkularının artması olabilir. Dolayısıyla, A olarak tanımlanan bir grup içindeki bir kişi, B ulus devleti içinde B'ye yönelik potansiyel bir tehdit olarak "Ben aslen ve esasen A'yım" diyemeyebilir; bunun yerine kişi ya da kolektivite olarak "İyi B'ler olmamızı istiyorsanız bize A'lara sağlanan imkanları tanıyın" diyebilirler. Bu, bağımsızlık sırasında Malay olmayanlar tarafından kullanılan argümanın aynısıdır (Ratnam 1965). Bu anlamda bir grubun üyeleri, en azından bir noktaya kadar, yurttaşlıkla ilgili değerleri (demokratik süreci ve yurttaşlığı) kabul edebilir ve oldukça kayıtsız bir tavırla siyasi devlet B'ye bağlı olduklarını kabul edebilirler, fakat dışlanmalarına veya devlet sistemine olması gerekenden daha az dahil edilmelerine karşı çıkabilirler. Durum yukarıda anlatıldığı gibiyse uzlaştırılamaz çatışma Geertz'in tahmin ettiğinden daha yumuşak bir hal alır.

Bizim gibi insanlar

"Bizim gibi insanlar"la özdeşleşmek politikacının, halkın farklı kesimlerini – veya bazen neredeyse tüm toplumu cezbetmeye çalışırken kullandığı ekmek ve yağdır. Başarılı bir özdeşleşme gösteren politikacı, seçmenlerin (ne kadar dağınık olursa olsun) yeterince büyük bir kısmının paylaştığı duyguları teşhis edebilen birisidir, dolayısıyla geriye kalan şey, bu ruh durumunu yakalamak, hassas bir yaraya dokunmak veya bir dalgada sürüklenmek gibi sizi onlara yakınlaştıracak bir harekettir. Bu dağınık halka, sınıf, cinsiyet veya etnisite ya da içerdiği mesaj bireyin ilgisini çekip "benden ve bizim gibi insanlardan bahsediyor" demesini sağlayacak diğer kimlikleri kullanarak yaklaşılabilir. Sri Lanka örneğinde Bandaranaike "bizim gibi insanları" nasıl tanımlaması gerektiğini biliyordu ve Miloseviç'in de, en azından bir süre için, Sırplar konusunda aynı başarıyı gösterdiğini söyleyebiliriz (Bennett 1995). Geertz'in argümanının özünü, yurttaş tanımlamalarının açık ve net olmadığı ve "bizim gibi insanlar"ın, devletin kendilerini dahil edip etmediği veya onların çıkarlarını gözetip gözetmediği veya onları onurlandırıp onurlandırmadığı konusunda emin olmadıkları yeni devletlerde, çeşitli primordial bağlılıkların, genellikle, devletin aynı kaderi paylaştıkları yönündeki siyasi çağrılarıyla başarı bir biçimde rekabet ettiği iddiası oluşturur.

Yurttaş sadakatinin kırılgan olduğu devletlerde, kişilerin kaderlerinin, bu şekilde, devletle aynı görmemelerinin tek nedeninin, muhalif bir primordial bağ olmadığı açıkça görülmelidir. Elbette primordial bağ kavramı, bağlılıkların yürekten hissedildiği görüşünü içerir; fakat bu bağın devlet için bir tehdit oluşturmasının veya birey ile devlete karşı sadakatin arasına girmesinin tek nedeni onun yürekten hissedilmesi değildir. Bu soğukluğun kaynağı, onların kazanımlar elde etmek için A'lar gibi kimliklerini ileri sürüp vurguladıkları veya A'lar olarak kötü muamele görmekte oldukları şeklindeki kısmen araçsal bir görüşe dayandırılabilir. Bu, etnik özdeşlemelerin araçsal, fırsatçı, durumsal, inşa veya icat edilmiş olarak tanımlanan anlamlarıyla bağdaşmaktadır (Hobsbawm ve Ranger 1983, Roosens 1989).

Seçim sorunu çok önemlidir. Bu, yüklenilen kimliklerin ve rollerin, herhangi bir niteliğin doğuştan ya da sabit bir üyelik sosyal olarak kazanılmasından ziyade, "açık" ve ödüllendiren bir "başarı"nın bir karşılığı olarak kazanıldığı ölçüde farklılaşan toplumlar fikrini bir kere daha akla getirir. Etnisitenin durumsal ve araçsal ve fırsatçı olarak ifade edilmesi, şüphesiz, bir eylem çerçevesiyle bağdaşabilir. Bireysel aktör "bu durumda bir A olarak tanımlanmam işime yarar mı?" şeklinde hesaplar yapan kişi olarak görülür. Aynı şekilde insanların farklı bağlamlarda farklı şekillerde tanımlanmaları görüşü, belirleyici etnik ve ırksal kategoriler fikrinin aksine, sosyal yaşamda bir ölçüde tercihi ve açıklığı içerir.

"Durumsal" etnisite görüşüyle "seçme hakkı" arasındaki bu denklemin kusursuz olması gerekmez. Malezya'da Malay, Çinli ve Hintli olmak üzere üç pan-Malezyalı kategorisi – veya Malay ve Malay olmayanlar gibi daha basit bir sınıflandırma, birçok açıdan bir hayli zorlayıcı kategorilerdir. Fakat farklı etnik kimlikler örneğin, Müslüman, Hindu, Hıristiyan ve Sih veya Tamil ve Punjabi arasındaki ayrımların bağlamları açısından Malay/Malay olmayan ayrımından çok daha önemli hale geldiği sadece Hintlerden oluşan sosyal çevreler için daha uygun olabilir. (Nagata 1974). Başka bir deyişle, etnik kimliklerin hem zorlayıcı hem de durumsal olması mümkündür.

Aynı temayla, yani bir stratejiye uygun bir biçimde seçilmiş kolektif kimlikler ile ilgili bir açıklama, inşa ve icat edilmiş kimlikler fikrinde bulunabilir. İcat fikri, öncelikle milliyetçilik kuramlarından ve Hobsbawm ve Ranger'in (1983), diğerleriyle birlikte daha sonra, ortak bir folklora ve yaşam tarzına sahip bir ulusun var olduğu ve bu ulusun tarihinin şanlı ve/veya trajik, geleceğinin parlak ve müreffeh olduğu şeklindeki iddiaların temeli haline gelecek olan gelenekler, imgeler, kahramanlar ve efsaneler kurmak için milliyetçiliklerin, seçici bir tarih "okumasına", hatta tarihin yeniden yazılmasına dayandıklarını savunan eserlerinden hareketle oluşturulmuştur. İcat argümanı, sadece bireylerin etnik kimlikler arasında seçim yaptıkları ya da hiçbir tercihte bulunmadıkları düşünüldüğü için değil, fakat bizzat kategorinin kendisinin dikkatli ve bilinçli bir kültür tarihi derlemesi aracılığıyla icat edildiği ya da tekrar icat edildiği etnik bir kategorinin kolektif bir mobilizasyonun varolabileceği düşünüldüğü için etnisite iddialarına da uygulanmıştır (Roosens 1989).

Etki ve akrabalık

Etnisitenin, derinden hissedilen dayanıklı kimlik ve bağlılık şeklindeki "yüksek etki"si akrabalık bağlarına göndermede bulunularak ifade edilir. Primordializm kavramı, şüphesiz, derin bir biçimde hissedilen bağlılıklara işaret eden görüntüsü içinde, akrabalıkla bu etkiyi ilişkilendirir. O halde, sosyolojik araştırmaların görevlerinden birisi de etnisite ile akrabalık arasındaki ilişkinin doğasıdır. Bu konu başlıca iki şekilde tartışılmıştır: birincisi etnik bağları akrabalık ve genişlemiş akrabalık bağlarının bir uzantısı olarak görmüştür; ikincisi ise etnik bağların akrabalık bağlarıymış gibi sunulduğu sözde akrabalığa başvurmuştur.

Milliyetçilikte olduğu gibi etnisitenin retoriği de ağzına kadar akrabalık diliyle doludur. Garip olan ise şudur: akrabalık bağlarının en sağlam olabildiği yerler göç, şehirleşme ve sosyal mobilizasyon öncesi "kapalı" toplumlardır ve özellikle de "ötekiyle" temasın zayıf olması halinde, bu toplumlar, akrabalık bağlarının etnik bağlara dönüşmesine en az rastlanılan toplumlardır (Linnekín ve Poyer 1990). Eriksen'in de oldukça ikna edici bir şekilde savunduğu gibi etnisite, bir ilişki boyutu olarak görülmelidir ve etnisiteler ötekilerle kurulan ilişkiler içinde gelişir. Etnisiteye, öncelikle, etnisitenin, aile üyeleri hareketli hale gelip, doğdukları yerlerle sınırlı çevrelerinin dışındaki yeni ilişki ağlarına doğru harekete geçmeleriyle birlikte genişleyen akrabalığın bir uzantısı olarak görüldüğü yeni devletler ve modernleşen toplumlar bağlamı içerisinde rastlanır. Afrika'da etnisite üzerine yapılan en ünlü araştırma ve yorumların bazıları sosyal mobilite ve şehirleşme süreçleriyle bağlantılıdır (Cohen 1974).

Bu araştırmaların üç özelliği tartışmamızı doğrudan ilgilendirmektedir. İlk olarak, bu araştırmacılar tarafından etnik diye tanımlanan bağlar kısmen gerçek (kurgusal değil) akrabalığın bir fonksiyonudur. İkincisi bu bağlar "basit" akrabalık bağları değildir; şehir ortamında, genellikle daha küçük bir ortamda daha farklı görünmüş olan daha geniş grup karışımları tarafından, grupların sınırlarının yeniden tanımlanmasını içeren yeni anlamlar yüklenirler. Üçüncüsü, az ya da çok gerçek akrabalığa bağlı bu yeni etnik bağların mutlaka yoğun bir şekilde hissedilmeleri gerekmez ve bireylerden talepleri bakımından hayatın bütün alanlarını kuşatmaz.

Bu son noktayı açıklayabilecek sağlam sosyolojik nedenler vardır. İçinde doğduğu topluluktan dışarıya çıkarak, büyüyen şehir merkezlerine hareket eden ve buralarda aşina olduğu ya da olmadığı ötekilerle karşılaşan kişiler kendi etnik kimliklerinin farkına yeni yeni varmaya başlarlar. Bu durum, Copperbelt'in şehirlere taşınan ve yeni tanıştıkları yerlerde hayatta kalmak için genişlemiş akrabalık bağlarına sarılan Afrikalı köylüleri işlediği çalışmalarında anlattığı hikayenin ta kendisidir (Cohen 1974). Kişinin en yakın çevresinden sadece birkaçına ulaşabildiği gerçeği, daha geniş çevrelerin niçin tanımlanmış grup sınırları, akrabalığın, neden sözde akrabalık şeklinde yayıldığı karışımlar haline geldiğinin ikna edici bir açıklamasıdır. Fakat bir dizi yeni dersin öğrenildiği – ya da belki öğrenildiği – yerler de bu şehir koşullarıdır. "Ötekiler"le yan yana yaşama zorunluluğu budur. Kişinin, ötekilerin etnisitelerinin tam anlamıyla farkına varmasına neden olan koşullar, etniklerarası işbirliğini veya en azından "yan yana yaşamasını" gerektirebilen koşulların aynısıdır. Bu nedenle bir raporda (Lloyd 1974) insanların etnik bağlarını hissettiklerine, fakat bu bağları hayatın her yönünü kuşatıcı şeyler olarak tanımlamadıklarına işaret edilmektedir; günlük hayatın her zamanki yapıları (işyeri, pazaryeri, sendika) sık sık etniklerarası işbirliğine sahne olmaktaydı. Aynı şekilde, her ne kadar aynı nedenler geçerli olmasa bile, şehre yeni gelmiş Afrikalılar "kabilecilik" aleyhinde konuşurlar. Etnisitenin akrabalıkla bağlantısı, bu örnekte, onun ne herkesi kucaklayıcı olmasına yönelik bir tarifidir, ne de, bunun aksine, bütün eylemin onun üzerine kurulduğu o kadar yoğun bir biçimde hissedilir (Grillo 1974).

Hal böyleyse, açıkça etnisiteyle bağlantılı bu duygu yoğunluğunu, en azından ve özellikle, bu "yoğunluğun" görünüşe göre önüne geçilemeyen çatışma ve şiddetle kesiştiği durumları başka birşeylerle açıklamak gerekir. Bundan ötürü, Horowitz (1985) öyle görünüyor ki, etnik duyguların yoğun bir biçimde hissedilmelerinin, dolayısıyla, şiddetli çatışmanın çözümünün çok zor oluşunun-etnik "savaşçılar"ın tam anlamıyla kendi kardeşleri için savaştıkları şeklindeki ima- "sebebi" olarak akrabalık üstündeki vurgusunda hatalıdır. Çatışmaların doğduğu ve etnik açıdan yapılandığı durumlarda kuşkusuz akrabalığın etkisi iş başındadır. Fakat akrabalığın tek başına, bu etkinin yoğunluğunun asıl kaynağı olarak ya da "kaçınılmaz" çatışmanın kaynağı olarak görülebilmesi çok zordur. Bu yüzden vulgar bir primordializmin eleştirmenleri kesinlikle haklıdır.

Bu etnik çatışmalardaki dehşet şu basit eşitlemeden kaynaklanmaz:

> Akrabalık ve genişlemiş akrabalık = etnik bağlılık = değiştirilemez farklılık sınırları = düşmanlık, şiddet ve çatışma

Bu eşitleme hiç bir işe yaramaz. Dehşet, Ruanda/Brundi (Evans 1997) ve Bosna'da yaşanan türden etnik çatışmalarda, etnik farklığa rağmen yan yana yaşamayı öğrenmiş insanların, kendilerini hayatta kalmanın artık tamamen etnisite kriteriyle belirlendiği koşullar içinde bulmalarından kaynaklanır. Bu koşullar altında insanlar, geçmişte öğrendikleri derslere rağmen yanı başındaki komşusunu öldürürler.

> "Doğru, annenle babanı öldürdüm. Doğru. Böyle emredildi."
>
> "Kim emretti?"
>
> "Okul müdürü C.M. Başka birçok insanla birlikte öldürdüm. Grupta 42 kişi vardı."
>
> Mr. K. çocuğa baktı .
>
> "Babam senin vaftiz babandı. Onun komşusuydun. Bunu nasıl yapabilirsin, anlamıyorum. Benim arkadaşımdın. Kardeşim gibiydin." (Guardian'ın Ruanda'da yaşanan Tutsi katliamı hakkındaki haberi, 1 Mayıs 1995).

Dahası "Aile - etnisite – duygu yoğunluğu – senin olanı koru – kaçınılmaz çatışma" gibi sebep sonuç zincirleri her zaman doğru değildir, çünkü zincirdeki bir çok halka her zaman işe yaramaz. Örneğin, birinci bağlantı olan "aile – etnisite" bağlantısı, insanlar her zaman aile bağlarını daha geniş etnik bağlar içine taşımadıkları için her zaman geçerli değildir. Aile yaşantısının önemli olduğu, yerlerde - bazı toplumlarda diğerlerine kıyasla kesinlikle daha önemlidir – aile bağları etnik duygulara dönüştürüldüğü takdirde, etnik duygular, yoğunluklarının bir kısmını sosyalleşme ve kimlik oluşumu içinde temellenmiş olmaları gerçeğinden alırlar. Etnik bir davanın peşine düşen etnik savaşçıların biyografilerinde, etnik kimliğin annenin, babanın, kardeşlerin, amcaların ve kuzenlerin kucağında öğrenildiğine dair bir çok örneğe rastlayabiliriz. Ancak her zaman böyle olması gerekmez ve zaten olmaz da... Diğer taraftan daha başka – aile-etnisite-yoğunluk eşitlemesinden başka- üç ihtimalin olduğunu da biliyoruz. Birincisi, ailede sosyalleşme sürecinde etnisitenin vurgulanmayabileceği ihtimalidir. Örneğin sosyalleşmede, etnisitenin en altlarda yer aldığı uzun bir değerler listesinin öğretilmesine önem verilebilir veya hatta özünde etnisite karşıtı bir mesaja yer verebilir. İkincisi, aileden, duygu yoğunluğundan mahrum oturmamış bir etnik kimlik edinilebilir – "halkı için ölmek" gibi manevi bir görev duygusunun yanından bile geçmeyen bir sosyalleşme. Üçüncüsü, gençler, erişkinlik dönemlerinin başlarında kimliklerini yeniden şekillendirirlerken, sosyalleşme sürecinde öğrendikleri her şey köklü değişimlere uğrayabilir.

Aile-etnisite bağlantısının kısmen geçerli olduğunu düşünürsek, peşinden her zaman "senin olanı koru-kaçınılmaz çatışma" çiftinin gelmesini kesinlikle bekleyemeyiz. Bu çiftin "aile-etnisite" çiftini izlemesi için – sosyalleşme noktasında ve/veya yetişkinlerin hayat deneyimleri aracılığıyla – "senin olanı koru- halkın için savaş" mesajını, yapılabilecek en mantıklı hareket kılacak koşulların doğması gerekir. Başka bir deyişle, bir çaresizlik veya ölüm kalım meselesinin söz konusu olması gerekir. Öyle görünüyor ki, bir çok koşulda – silahlı çatışmanın yerel bir düzeyde yaşandığı , şiddetin kapınızın önüne kadar geldiği bir çok örnekte- bu tür bir çaresizlik ve hayatta kalma mücadelesi kaçınılmaz hale gelir. Fakat "etnik duyguların güçlü bir şekilde hissedilmesinin tek nedeni, hayatta kalmanın tehlikeye düşmesidir ya da öyle görünmesidir ve aksi de düşünülemez" yargısı tamamen tartışmaya açıktır. (İfadeyi açarsak, "aksi" ile kastedilen, insanların, tüm güçlü etnik duyguları işin içine karıştırılmış olmasından dolayı, hiç durmaksızın çaresizlik içinde bir hayatta kalma mücadelesi sürdürecek olmalarıdır).

O zaman geriye bu "bir dizi koşulun" nasıl meydana geldiğini açıklamak kalıyor. Bize göre:

1. Çapraz bağlar etkilerini yitirdiğinde.
2. Yurttaşlık bağlarında, devlet kaynaklı etnik olmayan hakemlik formlarına bile güvenilmeyecek kadar genel bir çökme yaşandığında. Etnik bağlar güçlü olduğu için yurttaşlık bağlarının zayıf olduğunu değil, yurttaşlık bağları zayıf olduğu için etnik bağların güçlü olduğunu ileri sürmesi nedeniyle bu yargı Geertz ile ters düşmektedir.
3. Devletin kendisinin etnik bilgilerle hareket ettiği; devlet otoritesinin tamamen ya da neredeyse tamamen etnik bir grupla tanımlandığı durumlarda,

bu bir dizi koşul oluşur.

Bu "türler", hem Afrika devletleri, hem de Yugoslavya örnekleri ile uyuşmaktadır. Bazı Afrika devletlerinde, devlet otoritesi hem ekonomik hem de anayasal nedenlerden ötürü zayıflayabilir. Zenginin ve güçlünün yanında olan bir dünya ekonomisinde, devamlı yaşanan ekonomik kalkınma sorunları, yeni devletlere halka sunabilecekleri çok fazla şey bırakmadığı için entegrasyon problemiyle -devletlerin (bazı) etnik grupları "biraraya getirip" desteklerini kazanamaması sorunuyla- karşılaşılabilir. Bu ve devlet fonksiyonları olarak destekleme ve mobilite sağlama kabiliyetindeki nispi zayıflık gibi başka nedenler yüzünden devlet, vatandaşlarını birbirlerine kenetleyemiyorsa, o zaman aile/genişlemiş aile/etnik bağlılıklar bir ölüm kalım meselesi haline gelebilir. Bir kez daha belirtmek gerekirse devletin, nüfusun oldukça büyük bir kesimini sistematik bir şekilde dışlayan özel bir etnik dille konuştuğu durumlarda yaşanacak olan şey budur.

Aslında bu son bahsettiğimiz soruna "yetersiz" modernleşme gösteren devletlerde ve bazı durumlarda da zengin gelişmiş devletlerde rastlanır; değişime direnen ırksallaştırılmış Amerika'yı, zengin ve fakir kesimler arasında etnik açıdan tanımlanmış bariyerlerin olduğu Apartheid Güney Afrikasını ikinciye örnek olarak gösterebiliriz. Sudan, Ruanda, Gana, Nijerya ve Kenya gibi -daima sayısal çoğunluk olmayan- baskın etnik gruplara sahip tüm Afrika devletleri (bkz. Horowitz 1985) bu tür sorunlara yatkın olabilirler. Malezya, devlet otoritesinin tek bir etnik grupla - Malaylar- tanımlanmasının yarattığı sorunlarından sakınmanın en yakın örneği olarak gösterilebilir, çünkü aynı güçte olan çıkarlar bu tür problemleri engelleyip, etnik uzlaşmayı, ve samimi bir biçimde olmasa da, "etnik olmayan" mütevazı bir demokrasiyi, Malay olmayan etnik grupların, hem ekonomik hem de siyasi araçlarla ona "kenetlendikleri" bir temel haline getirmiştir (Horowitz 1980).

Özet

Bu tartışma, primordial, durumsal, bağlamsal ve araçsal ilişkilerin bir boyutu olarak etnisitenin doğasının teorik bir incelemesinden başlayıp, etnisitenin hem eylemde hem de yapıda belirgin bir yer aldığı ve yoğun duygularla doldurulabileceği türden koşullara ilişkin bir tartışmayla devam etti. Akrabalıkla olan bağlantısı, gerçekten önemli bir bağlantıdır, bunun nedenlerinden biri, anti-primordialistlerin argümanlarına rağmen, akraba-genişlemiş akrabalık-etnisite bağlantılarının kurulabildiği koşulların varolduğu ve akrabalığa bağımlılığın -sadece özel kişisel destekler için değil-ekonomik ve siyasi yaşama karıştırıldığı devletlerde ve toplumlarda yaşayan insanlar için bu durumun çok daha zorlayıcı olmasıdır. Fakat akraba-etnisite bağlantısı zorunlu bir bağlantı değildir; yoğun bir şekilde hissedilebileceği gibi hissedilmeyebilir de; ve yoğun hissedildiği yerlerde akrabalık veya sözde-akrabalık içerisindeki kökleri bu yoğunluğu açıklayamayabilir; bunlar etnisitenin modern dünyada ayakta kalabilmesini sağlayan gücün değerlendirilebilmesi, etnik çatışmanın görünüşteki dramının ve şiddetinin anlaşılabilmesi ve Geertz'in (1973) "bütünleştirici devrim" ifadesiyle karşıladığı sorunların kavranabilmesi açısından önemli sonuçlardır.

Etnik duyguların yoğunluğunun anlaşılabilmesinin yollarından biri akrabalık ve yüz yüze etkileşimler ile bağlantılarının araştırılmasıdır. Bu makro- veya meso- veya "kurumsal" alanlar, bireysel faillerin etnik kimliklerini ortaya koydukları günlük hayatın farklı sahalarını temsil eder. Bunlar, bize göre, çoğunlukla farklı durumlarda yeni kimliklerin oluşturulduğu ve sergilendiği belirsizlik ortamlarını teşkil ederler. Akrabalık, bu mikro-sahaların önemli bir elemanıdır, fakat ne etnik kimlik ne de etnik kimliğin hissedildiği yoğunluk, köklerinden bazılarının akrabalık ilişkileri içinde bulunduğu gerçeğinden hareketle anlaşılabilir. Daha geniş bir makrobağlam dizisinin, etnisiteye hiçbir bireyin bir anda yeniden edinemeyeceği ya da kaçamayacağı bir çerçeve kazandırması gibi, daha geniş koşullar, akrabalıkla ilgili ve başka bölge, dil ve grupsal bağların sürekli etnik muhalefetlere dönüşüp dönüşmemesini etkiler. Zayıflığın -özellikle de bazı yeni devletlerin ekonomik ve siyasi zayıflığının, yurttaşlık bağları zayıf olduğu için etnik bağların güçlü olduğu anlamına gelebileceğini ileri sürdük. Bu, etnik duygular güçlü olduğu için yurttaşlık bağlarının zayıf olduğunu savunan varsayımın ya da argümanın tam tersidir.

Etnik bağların, primordial bağlar olarak görülmesi gerekip gerekmediği sorusunun cevabı, bundan ötürü, olabilir de, olmayabilir de şeklindedir. Gördüğümüz gibi primordialite her durumda tek başına, etnisiteye dair belirli bir durumsal, araçsal veya "icat edilmiş" özelliği dışarıda bırakmaz – bu da bağlamsallaştırılmış etnisite çalışmasında etnisiteye olduğu kadar bağlama da odaklanmamız gerektiğini gösteren bir başka nedendir. Aynısı kolonyalizm sonrası başka toplum türleri – kolonileştirilmiş olanlardan ziyade koloni yöneticileri olan Britanya, Fransa ve Hollanda gibi toplumlar - için de geçerlidir.

Bu bölüm ayrıca etnisiteyle ilgili bir dizi cevaplanmamış soruyu da gündeme getirmiştir: köken teorileri, yoğunluk teorileri, zayıflama ve varlığını sürdürme teorileri. Köken teorilerinde etnik kimliklerin ve bağlılıkların ortaya çıktığı her iki makro-bağlamı inceledik. Yoğunluk teorilerinde özellikle akrabalık ve etnisite arasındaki bağların doğasına ve primordialite tartışmasına eğildik. Zayıflama ve varlığını sürdürme teorileri, hem etnisitenin doğası hem de onun modernitedeki kaynakları hakkındaki sosyoloji teorilerinin genel alanlarıyla doğrudan bağlantımızı – belki de diğer sorulardan daha fazla- sağladı.

Bu tartışmanın büyük bölümü "liberal beklenti" sorunu üzerinde – hem bir ilke hem de bir gerçek olarak "Evrenselcilik" kavramının altını çizen sosyolojik ve ahlaki eğilimler üzerinde – yoğunlaştı. Bu konuya 8. Bölümde tekrar döneceğiz. Liberal beklentinin bileşenleri konusunu açıklığa kavuşturmamız gerekiyor. Liberal beklenti eşzamanlı olarak ekonomik, sosyal, siyasi ve kültüreldir. (Liberal) ekonomik beklenti, modern rasyonel ekonomik hesaplamanın partikülarizmi ortadan kaldıracağı yönündedir; sosyal beklenti, içine doğulan çevrenin önemini yitirdiği yönündedir; siyasi beklenti evrensel hakların ve yurttaşlığın, statü isnat edici bağların ve kimliklerin yerini aldığı yönündedir; ve kültürel beklenti, insanları hem küresel hem de ulusal homojenleşmeye doğru sevk eden tüm bu eğilimlerin genel bir ifadesidir. Bu beklentilerden hiçbiri modern veya post-modern dünyada gerçekleşmemiştir, ancak bunun nedeni, sadece etnisitenin varlığını sürdürerek bu beklentileri sabote etmiş olması değildir.

4. Bölüm

Ekonomik Bağlamda Irksallaştırma ve Etnisite

Bu bölümde etnisitenin sınıfsal yapı ve iş bölümüyle ilişkisini tartışacağız. Bölümün ikinci kısmını, kölelik dönemi ve kölelik-sonrası toplumlarından biri olan Amerika'ya ayırdık.

Etnisite ve sınıf kavramlarının birbirlerine göre tanımları

Herhangi bir etnik grubun sınıfsal durumu, genellikle gruba karakterini kazandıran ve grubun ötekilerle ilişkilerine şekil veren temel belirleyicilerden biridir. Birçok toplumda etnik grupların bir sınıfla veya daha dar anlamda bir meslekle ilişkilendirilmesine,yani örneğin Çinlilerin Güneydoğu Asya'da esnaflık ve ticaretle, Fiji'deki Hintlilerin şeker kamışı üretimiyle, Afrikalı Amerikalıların şehir işçi sınıfıyla hizmet işçiliğiyle ve şehirde yaşayan yoksul kesimle özdeşleştirilmelerine rağmen, etnisitenin sınıfsal bir konumla tam anlamıyla örtüştüğüne pek rastlamayız. Fakat etnik gruplar genellikle sınıfsal katmanlaşmaya sahiptir ve grup üyelerinin sınıfsal kimlikleri, etnik kimliklerinin önüne geçmektedir. Etnik bir nüfus içinde, eğitimli bir orta sınıf veya elit sınıf genellikle siyasi liderliği elinde tutacaktır, fakat diğer taraftan kendi fakir kardeşleriyle aralarına mesafe koymakla, onlara ihanet etmekle veya onların yaşam koşullarını görmemekle suçlanacaklardır. Göçmenlerin şehir azınlıkları haline geldiği yerlerde orta-sınıf toplum liderleri ve profesyoneller, etnik bir topluluk ile devlet veya göçmen kabul eden ülke arasında bir arabulucu ve uzlaştırıcı rolü oynayabilirler veya onlardan böyle bir rol oynamaları istenebilir.

Etnik nüfuslarda sınıfsal ve mesleki yoğunlaşmalar genellikle olgulara dayanır ve söylentilerle yaygınlaşır. Malezya'da Çinlilerin % 28'i toptan ve perakende ticaretle uğraşırken, Bumiputera (Malaylar ve diğerleri) nüfusunun sadece % 12'lik bir kısmı ticaretle uğraşmaktaydı; bu da belirgin bir mesleki yoğunlaşma demektir(Malezya: Yedinci Malezya Planı 1996-2000). Eşine fazla rastlanmayan bir durum ise, Malezya'daki Çinlilerin neredeyse yarısının imalat ve tarım işçisi olmasıdır. Gruptaki sınıfsal farklılaşmaya rağmen, bir etnik grubun sınıfsal veya mesleki anlamda yoğunlaşması, sınıfsal tecrübede etnisitenin uzlaştırıcı rol oynadığı anlamına gelir. Etnik veya ırksal ideolojiler her zaman, mesela ABD'deki yoksul siyahların ve beyazların ortak sınıfsal tecrübelerini önünü kesme tehdidini beraberinde getirir; iş ve ticaret dünyasında etnik ağlar, işlerin yürütülme şeklini doğrudan doğruya etkilemektedir.

Bu "karşılıklı sınıf-etnisite ve etnisite-sınıf tanımı" hem kültürel hem de maddidir. Etnik gruplar belirli sınıfsa konumlara sahiptir ve bu sadece, sanki sınıfsal yapıları etnik değerlerde bulunmayan bir gerçeklik temeline sahiplermiş gibi, "etnik değerlerin" sınıf yapılarına "eklenmesi" meselesi değildir. Etnisitenin, sosyolojik olarak aile yaşantıları, komşuluklar ve okul yaşantıları ve bir toplumun sınıf yapısı içinde temelleri bulunmaktadır; etnisite, siyasi faaliyetlerde ve gönüllü ortaklıklarda mobilizasyonun temelini oluşturabilir ve genellikle oluşturur da . Sınıfsal ve ekonomik konum açısından etnik gruplar, 1.Bölümde tartıştığımız gibi, işbölümü ve sınıfsal yapı içinde belli yerleri elde etmektedir ve bu konumlar sıklıkla eşit değildir. Etnik olarak tanımlanmış eşitsizlik sistemi, sınıfsal olarak yapılandırılmış etnik gruplar ve etnik kriterlere dayanan işbölümü, aynı anda, hem ekonomik bakımdan düzenlenmiş etnisitelerin hem de etnik bakımdan biçimlendirilmiş ekonomik yapıların klasik merkezlerini oluştururlar.

Etnik grupların dışardan yapılan tanımları, onların iskan, işgücü, göç, yurttaşlık ve siyasi katılımla ilgili yasaların bir bölümünü oluşturdukları yerlerde zorlayıcı ve kısıtlayıcıdırlar. ABD örneğinde etnisite son derece ırksallaştırılmıştır ve kolektif kimlikler bir ırk diliyle tanımlanıp yorumlanmışlardır. Bu bölümün büyük kısmında ABD ilgili tartışmamız, bir sınıf ve ırksallaştırma modeli içinde geçecektir.

Aktörlerin değerlendirme çerçevesi

Etnisite çalışmalarında aktörlerin tanımlamalarının göz ardı edildiğine çok az rastlanır ve uygulamada da bu durum nadiren söz konusudur. Fakat sınıflar, ilk durumda aktörlerin bakış açılarının bir açıklamasına dayanmayan analitik bir sistemin parçasını oluşturabilirler. Sosyal sınıfları, aktörlerin kendi sınıfsal pozisyonları veya tutumları hakkındaki fikirlerine bağlı kalmaksızın mülkiyet, sermaye ve ücretli işgücü ya da mesleki kategoriler açısından tanımlayabiliriz. Ancak uygulamada sosyal, kültürel ve ideolojik kurmalar, her zaman, sınıfsal ilişkilerin ve onlarla ilgili anlayışın bir parçasını oluşturur.

En bilinen örnekleri ABD ve Güney Afrika olmak üzere, ırksallaştırılmış toplumlarda siyasi güç ve ekonomik hakimiyet, eşzamanlı olarak, hem sınıfsal hem de etnik veya ırksal olarak yapılandırılır. Bu ülkelerde bir "ırk-sınıf" tartışması –birinin ya da ötekinin "üstünlüğüne" dair bir tartışma – siyasi faaliyetlerin ve akademik yorumların hep merkezinde yer almıştır (Wilson 1980, 1987, Lipton 1985, Marks ve Trapido 1987, Wolpe 1988). Apartheid Güney Afrikasında (1948-1994) siyah Güney Afrikalılar işçi sınıfının, hizmet sektörü işçilerinin ve fakir kırsal kesimin büyük bir kısmını oluşturmaktaydı. Fakat etnik açıdan ayrıcalıklı konumları hesaba katıldığında, beyaz işçilerle etniklerarası bir sınıf ittifakının kurulması fikri neredeyse tasavvur bile edilemezdi.

Sınıfsal yapılar

Sınıfsal yapıları, sınıflar ve sınıfsal ilişkiler, ekonomik ilişkilerin aldığı sosyal biçimi sosyolojik açıdan ifade eder. Feodal ve haraca bağlanmış bir toplumda, toprağı işleyen kesimler ya da üreticiler emeklerinin karşılığı olan ürünün bir kısmını derebeyine veya egemen bir kuruma teslim eder. Kaptan Cook'un Pasifik seyahati sırasında (1778) Hawaii adalarında tesadüfen karşılaşmış olduğu toplum bu türden bir toplumdu. Britanya, Amerika ve diğer yabancılarla temasa geçilmesi ve Pasifik aşırı ticaretin başlaması bu ekonomiyi ve kültürü 70 yıllık bir dönem içerisinde yıkarak kökten dönüşüme uğrattı (Kame'eleihiwa 1992). Kapitalist bir toplumda ekonomik ilişkiler, özel toprak mülkiyeti ve üretim araçları (sermaye) ve ücretli işgücü üzerine kurulmuştur; ücretli işgücü, emeğini satarak hayatını sürdüren bir sınıf oluşturmaktadır. Klasik kapitalist toplumla ilgili klasik anlayışta, üretim araçlarını elinde tutan ve kontrol eden, iş gücünü "satın alan" bir burjuva sınıfının veya kapitalist sınıfın karşısında ücretle çalışan bir sınıf, yani işçi sınıfı bulunur. Bu iki sınıfın çıkarları özü bakımından birbirlerine karşıt görünür. Ücretli işgücü sınıfı, tarihsel olarak rutin ya da maharetli el işçiliğine dayanan fabrika temelli mal üretimindeki karakteristik formuyla özdeşleştirilmiştir; bu durum, birçok ülkede ve sanayide özel bir durum olarak kalmaktadır. Birçok eski kapitalist endüstriyel toplumda fizik gücü gerektiren işlerde ve fabrika temelli işlerde çalışan işçilerin oranı, hizmet sektöründe, profesyonel ve idari istihdam alanlarında yaşanan gelişmeyle birlikte sert bir biçimde düşmüştür.

Zafer Kazanan Kapitalizm

İmalat ve mal üretimiyle öne çıkan hiçbir ileri kapitalist toplumda sınıf çatışması potansiyeli, sosyalistlerin beklediği türden bir sınıf devrimine yol açmamıştır. Dünyanın görmüş olduğu sosyalist devrimler, Avrupa'daki en az gelişmiş ülkelerden biri olan Rusya'da ve tarıma dayalı bir toplum olan Çin'de; Küba'da ve farklı koşullar altında Doğu Avrupa'da gerçekleşmiştir. Rusya'da ya da daha doğrusu Sovyetler Birliği'nde sosyalist devlet, beraberinde büyük ölçüde temel sanayi kollarını ve devlet-kontrollü üretimi getirirken, toprağın kolektifleştirilmesi ve "tarımın" modernleştirilmesinin yürürlüğe konması rolünü çok daha acımasız bir şekilde üstlendi (Hosking, 1985). Eski Sovyetler Birliği'nde, sanayileşmede bu sosyalist deneyden ve endüstriyel bir ekonominin planlı kontrolünden vazgeçildiği açıktır; Çin'de sosyalizmin/komünizmin dış görünüşleri hariç tamamen terk edildiği görülmektedir. Sovyetler Birliği'nde ve Doğu Avrupa'nın "uydu" ülkelerinde 1989'a kadar süren komünist dönemin en belirgin özelliği, gücün, parti hakimiyetindeki bir devlet aygıtı içinde büyük ölçüde merkezileştirilmesiydi.

Bu yapılar, tüm Sovyetler Birliği'nde ve çoğu Doğu Avrupa ülkesinde 1989 ile 1990'ların başları arasındaki çok yoğun dönemde tamamen çöktü. Kapitalizm ve tipik olarak ona eşlik eden sosyal ve siyasi öğretiler -bireyci bir sosyal etikin, piyasa ekonomisinin ve siyasi özgürlüklerinin piyasa özgürlüklerine dayandığı şeklindeki argüman- çok büyük bir üstünlük kazandı. Bu sadece ABD, Almanya, Fransa ve Britanya gibi "eski" kapitalist ekonomiler için değil, aynı zamanda, Pasifik'e kıyısı olan ülkelerin genişleyen ekonomileri için de geçerlidir. Bu ülkeler arasında, başta Japonya olmak üzere Avustralya, Yeni Zelanda, Malezya, Güney Kore, Endonezya ve Tayvan bulunmaktadır. Bugün birleşmiş bir Almanya'da güçlendirilen bir zamanların Doğu Almanyası ve Polonya, Macaristan, Çek Cumhuriyeti ve diğerleri dahil çoğu Doğu Avrupa ülkesi, bugün artık büyük bir hevesle kapitalist bir kültürel ethosu ve kapitalist uygulamaları benimsemektedir.

Sınıfsal eşitsizliklerinin sürmesi

Sosyal ve siyasal bilimler, olayların bu dramatik değişimini tahmin edemediği için, 20. yüzyıl sosyal bilimcileri için en büyük düşüncesizlik, bu eski ve yeni kapitalist rejimlerin bizi yeni yüzyılda nerelere getireceğini öngörebilme başarısını göstermiş gibi davranmaları olurdu. Yine de, içinde etnik kimliklerin aktif olduğu ekonomik bir "alan"ı oluşturan bazı olguları gözleyebiliriz. Bu olgular arasında sınıfların ve sınıfsal eşitsizliklerin varlığını hâlâ sürdürmesi, gelişmiş ekonomilerde yoksulluğun inatla direnmesi, çoğu ülkelerde mülklü olanlarla mülksüzler arasında giderek artan ayrım, kapitalist ekonomilerin tekrarlanan krizleri ve yoksul ülkelerdeki insanların dünyanın zengin ve büyüyen bölgelerine girmeye uğraşmalarından kaynaklanan dünya çapında bir işgücü hareketi bulunmaktadır. Modern ekonominin bu özelliklerinden her birinin, etnisite politikalarına dönüştürülebilme potansiyelleri vardır: dezavantajlı azınlıkların şehirlerde yoğunlaşmaları, refah, güvenlik ve sınıf koruma politikaları; etnik bir grubun yoksulluk ve dışlanma ile özdeşleştirilmesi; Endonezya'daki Çinli tüccarlara yapılan saldırılarda olduğu gibi ekonomik çöküşün getirdiği etnik sonuçlar; göç ve mülteci politikaları.

Göçmen işgücü, tipik bir şekilde, hem ekonomik hem de siyasi açılardan son derece adil olmayan koşullarda istihdam edilir, yani vasıfsız işlerde ya hiç hak tanınmadan ya da sınırlı haklar tanınarak çalıştırılır. Sermayenin ve işgücünün giderek artan hareketliliği ve ticaret engellerinin azalması ile birlikte, kapitalist ekonomiler gitgide bir dünya ekonomisi haline gelmekte, ülkeler ve bölgeler arasındaki rekabeti hızlandırmaktadır. Ekonomik şekilleri bakımından olduğu kadar siyasi ve kültürel şekilleri bakımından da bu süreç, küreselleşme diye bilinen sürecin kendisidir (Robertson 1992). Küresel ekonominin zengin ve fakir bölgeleri arasındaki büyük uçurumu düşünürsek zengin sektörlerde çalışma fırsatı elde etmek için can atılmaktadır. Bugün artık dünyada katı göç ve mülteci kontrolü politikalarının olmadığı bir yer neredeyse yok gibidir. Günümüz Çininde modern sektörlerin iç göçe karşı tutumu savaş sonrası Avrupa'da yaşanan göçü gözlemleyenlere tanıdık gelecektir: "Taşralı kuzenleri Şanghay'da suç oranını yükseltmekle suçlanıyor" (*Financial Times* 8/9 Ağustos 1998). Ekonomik kalkınmayla birlikte Şanghay'da karayollarını ve gökdelenleri inşa eden iç-göçmenlerin sayısı üç milyonu buldu. Devlete bağlı teşebbüslerde çalışan işçilerin işten çıkarılmalarıyla yerel kızgınlıklar büyüyerek ve iç-göçmenlerin adları yaygın bir şekilde suçla birlikte anılmaya başlamıştır. "Waididren" denen ve kasabanın dışından gelen bu insanların kalitesi yerellerinkiyle aynı değildir" (*Financial Times* 8/9 Ağustos 1998).

Küresel rekabet

Avrupa Birliği üyesi ülkeler, Asya bölgesindeki 1997-98 krizine rağmen Güneydoğu Asyalı üreticilerle rekabet etmekten korkmaktadır. Başta dünya nüfusunun büyük bir kısmını teşkil eden ve bu oranları önümüzdeki yıllarda oldukça artacak olan Hindistan ve Çin olmak üzere, uluslararası kapitalistler, büyük bir nüfusa sahip olan merkezlerde hem yatırımcı hem de üretici olarak sağlam bir yer edinebilmek için mücadele vermektedir. Orta Asya petrollerinin kontrolü için verilen mücadele Çin'in artan güç ve etkisini gözler önüne sermektedir (*Guardian* 1997d). Bu "gelişmekte olan" ülkeler, aynı zamanda, dış sermayeyi çekmek ve yurt içinde kalkınmayı sağlamak suretiyle dünya ekonomisinde bir yere gelme çabası içerisindedirler. Bu yeni yeni genişlemekte olan ekonomilerin çoğu, Dünya Bankası'nın veya Uluslararası Para Fonu'nun katı yükümlülüklerini yerine getirirlerken uluslararası sermayeyi çekme sorunuyla karşılaşmaktadır. Dışarıdan gelecek yatırımları çekmeye çalışan ülkeler, kapitalist kalkınmanın devrim sinyallerine karşı, yatırım yapacak dış kaynaklara ülkede bir miktar sosyal ve siyasal istikrarı garanti etmeye çalışmaktadır. 1997-98 krizinin kötü sonuçları nedeniyle Asyalı devletler, ekonomik iyileşme isteklerini, kredi veren kuruluşların talepleri karşısında dengelemek zorunda kalmışlardır; ekonomik liberalizm sosyal kontrolü tehdit etmiştir. Günümüz ekonomik ilişkileriyle dair bu olgular, hem küresel hem de yerel bağlamları itibariyle etnisiteyi etkilemektedir.

Irksallaşma, etnikleşme ve sınıflar

Etnik kimliklerin ve ırksallaşmanın, modern dünyanın, özellikle de Avrupa'nın emperyal güçlerinin ve son olarak da ABD'nin Afrika'daki, Asya'daki ve Yeni Dünya'daki ülkelerin kaderlerini belirledikleri son üç yüzyıllık modern dünyanın üç kilit bağlamı içinde geliştiğini ileri sürmüştük. Bu üç kilit bağlam kölelik; kolonyal yerleşim ve egemenlik; ve Batı'nın kapitalist demokrasilerinin iç dinamikleridir. Bu üç tarihsel yörünge dahilinde kölelik sonrası azınlıklarından, yerli halklardan, şehir azınlıklarından, çoğul toplumlardaki etnik gruplardan ve proto-uluslardan bahsettik. Bu etnik grup türleri, yani kölelik sonrası bir azınlık olarak Afrikalı Amerikalılar; yerli halklara örnek olarak Hawaiililer, post-kolonyal çoğul topluma örnek olarak Malezya ve şehir azınlıklarına Britanya'dan ve Avrupa'dan diğer örnekler; ve kitabımızın çeşitli bölümlerinde karşılaşacağınız "proto-ulus" veya etno-milliyetçilik örnekleri, 4.-7. Bölümlerde sunulan vaka incelemelerinde ayrıntılarıyla irdelenmiştir.

Bu tür etnisitelerin sınıfsal-ekonomik bağlamları, şekilleri ve vurguları bakımından farklılık gösterir. Kölelik sonrası toplumlarda temel ekonomik soru, her zaman, "Özgürlüklerine kavuştuktan sonraki dönemde eski kölelerin ve onların torunlarının ekonomik kaderleri ne olacak?" sorusu olmuştur. Eski köleler, geçmişteki gibi, fakat özgür bir şekilde, büyük çiftliklerdeki işlerine devam edebilirlerdi ya da küçük bir çiftlik sahibi olabilir veya başkasının çiftliğini kiralayabilirlerdi; birçok örnekte, çiftliklerde kullanılan, baskıyla disiplin altına alınmış bu işgücünün yerini ithal edilen yeni işgücü almıştır. ABD'de olduğu gibi, mevcut veya potansiyel rakipler olarak kalabalık bir beyaz nüfusun yaşadığı yerlerde, beyazların sınıf çıkarları, Afrikalıların sınıfsal kaderlerinin belirlenmesinde daima önemli rol oynamıştır.

Post-kolonyal toplumlarda etnisiteyle sınıf pozisyonunun özdeşleştirilmesi, emeğin özel amaçlarla ithal edildiği, örneğin askere alınmada ve devlet bürokrasilerinde içteki etnik farklılığa bakıldığı kolonici düzenden kalan bir miras olmuştur. Öyleyse post-kolonyal sosyal düzen hakkında sorulacak kilit sorular şunlardır: kolonici döneme ait sınıf ve işbölümü uzmanlıkları varlığını devam ettirecek mi? Herhangi bir etnik grup post-kolonyal devlette hakim bir konum edinebilecek mi? Elit gruplar çok-etnikli bir hal alacak mı?

Yerli halkların topraklarının ellerinden alındığı toplumlarda, sadece yerli nüfusun ve kolonici yerleşimcilerin yaşayan torunlarıyla değil, aynı zamanda ne yerli ne de kolonici etnisitenin temsilcisi olan "üçüncü bir göçmen koluyla"da karşılaşacağız. Yeni Zelanda'da Avrupalı veya Pakeha Yeni Zelandalıları, Maoriler ve örneğin Pasifik adalarından ve Asya'dan gelen yeni göçmenler vardır. Ancak gelen göçmenlerin kolektif isteği, hareketliliklerini kısıtlayan engellerin kaldırılmasıyken, yerlilerin ekonomik çıkarları ve kültürel imgelemleri toprağa bağlıdır. 1990'lara bakıldığında yerli halkların karakteristik politikalarını toprak iddiaları, tazminatlar ve kültürel haysiyet oluşturmaktadır. Bu bölümün geri kalan kısmında ele alacağımız etnisitenin ve ırksallaşmanın sınıfsal bağlamı konulu vaka incelemesinde, kölelik sonrası toplumlardan biri olan ABD ve ABD'deki Afrikalı Amerikalıların konumu büyüteç altına alınacaktır.

ABD: kölelik, ırksallaşma ve sınıf

1991'de bile ABD nüfusu farklı "ırksal" mensubiyetlerle tanımlanmaktadır. Hispanik (Latin) kökenli insanlar ayrıca listelenir, fakat devamında "Hispanik kökenli insanlar her hangi bir ırktan olabilir" diye not düşülür, bu da muhtemelen doğduğu ülke veya dili itibariyle "etnik açıdan" Hispanik olan insanların beyaz, siyah veya "diğer ırksal" kökenlerden olabileceği anlamına gelir. "Diğer ırklar"ın arasında Yerli Amerikalılar, Asyalılar ve Pasifik ada halkları gösterilir.

Tablo 4.1 Irksal ve etnik gruplara göre ABD nüfusu, 1990

	Nüfus	%
Tüm ırklar	248.710.000	
Siyah	29.986.000	12
Beyaz	199.686.000	80
Diğer ırklar	19.038.000	8
Hispanik kökenliler	22.354.000	9

Kaynak: ABD Nüfus Sayımı Bürosundan alınmıştır (O'Hare *ve ark.* 1991)

Afrikalıi Amerikalılar, kölelik ve kölelik sonrası

Amerika'nın etnik tarihinin en önemli günleri, Wilson'un ayırdığı tarihsel dönemlere göre (1980), 17. yüzyılın ortalarından 1863'e kadar süren ırksallaşmış kölelik dönemi; iç savaş sonrası yeniden yapılanma ve akabinde 1954'e kadar ırk ayrımcısı Amerikanın oluşturma dönemi; 1954 sonrası ırk ayrımının tamamen ortadan kaldırılması ve sivil haklar dönemiydi.

Irkçılık dönemi, 17. yüzyılın başlarından 1963'e

Afrikalıların Yeni Dünyada köleleştirilmeleri, sınıfsal konumuyla ırksal veya etnik tanımlamanın hemen hemen aynı zamanlarda meydana geldiği bir örnektir. Amerika'nın güneyinde İç Savaşın hemen öncesindeki dönemde Afrikalı Amerikalıların neredeyse tamamı köleydi ve Afrikalı Amerikalıların dışında hiç köle yoktu. Amerika'ya yönelik kolonici akınların ilk yıllarında yerleşmeciler, bazı Yerli Amerikalıları köleleştirmişlerdi; ithal edilen Avrupalı işçiler, koşulları -ilk dönemlerde- Afrikalılarınkinden pek de farklı olmayan sözleşmeli işçilerdi (Jordan 1968). Daha sonra Amerikan Yerlilerini köleleştirme girişimlerinin başarısızlığa uğraması ve nihayetinde Avrupalı ve Afrikalı hizmetkârlar/köleler arasındaki keskin ayrım (Klein 1967) sadece Afrikalıların açıkça köle olarak görüldüğü ve muamele gördüğü bir duruma yol açtı.

Avrupalı beyazların Afrikalıları düşük tabakayla veya bizzat kölelikle bağdaştıran görüşlerden etkilemiş olmalarına rağmen, bu önyargılar, tek başına, bu insanların köleleştirilmelerini açıklamaya yetmez. Üstün bir silahlı güç, kullanıma hazır teçhizat ve Afrikalı devletlerin kendilerini ve halklarını koruyamamaları - köle tacirleri ve köle ticaretinin içinde olan diğer insanlar kadar- bu durumda önemli bir rol oynamıştır. Ancak kölelik kurumu bir kez tesis edilip ırksallaştırılınca -yani kölelik açık bir biçimde Afrikalılar ve siyahlık ile bağdaştırılınca- beyaz erkekler ve kadınlar, kendilerini hem Afrikalılardan hem de özgür olmama durumundan ayrı tutmaları için güçlü nedenlere sahip olmuşlardı. Kölelik, başlıca mahsulün tütün olduğu yukarı güney kesimlerde - Virginia, Kuzey Carolina ve komşu eyaletlerde- yayılmıştı. Tütün üreten diğer bölgelerle rekabet etmeleri, bu eyaletlerden bazılarının neredeyse kölelikten vazgeçmelerine yol açıyordu. Dünya pazarlarındaki pamuk talebi ve Amerikanın güney ucunda - Mississipi, Alabama, Louisiana- yetiştirilen pamuğun başarısı köleliği yeniden canlandırarak, yukarı güney kesimdeki köle sahiplerinin kölelerini güneydeki bu eyaletlere satmalarına neden olmuştu.

Elbette köle olmayan Afrikalı Amerikalılar da vardı. Aslında çok az kimse (Afrikalı) köleye sahipti. (Franklin 1943). Plantasyon köleliği sadece güney eyaletlerde kök salmıştı. Kuzeyde siyah Amerikalılar genellikle hizmetçiliğe ve kol gücüne dayalı ağır işlerde çalıştırılıyordu ve korkunç bir ırksal ayrımcılık yaşanıyordu (Litwack 1961). Güneyde Afrikalı Amerikalı kadınların ve erkeklerin altıda biri özgürdü – fakat sosyal, siyasi ve ekonomik konumlarında ayrımcılık göze çarpıyordu ve *de facto* ve *de jure* kısıtlamaların derin etkisi görülüyordu. Bunların sadece birkaçı emeğinin karşılığını alabilmeyi ve işini veya ticari konumunu sağlama alabilmeyi başarmıştı (Franklin 1943, Hermann 1981). Bu önemli istisnalara karşın, etnisiteyle sınıfsal konum ilişkisinin neredeyse tam anlamıyla oturmuş olduğunu söyleyebiliriz: tüm köleler siyah/Afrikalıydı ve Afrikalı Amerikalıların büyük bir çoğunluğu köleydi.

Siyasi bilince sahip bir sınıf olarak köleler

Bu, kölelerin, ortak sınıfsal konumlarının ve güçlü bir ortak mazi içinde paylaştıkları soylarının farkında oldukları kolektif bir bilinci edinebilmeleri için sağlam bir formül gibi görünebilir. Bu formülün hep bir imkan olarak kalmasına ve ara sıra bir duygu parlaması şeklinde hayata yansımasına rağmen, çoğunlukla kolektif bilincin ve kolektif eylemin karşı karşıya kaldığı korkunç engeller yüzünden birçok şey üst üste yaşanmıştı. Plantasyon hayatı kısıtlayıcıydı; kölelerin arazinin çevresinde özgürce dolaşmalarına nadiren izin verilirdi ve izin verildiğinde üzerlerinde daima bir göz olurdu. Her ne kadar bazıları sayısız ayaklanma ve isyanın yaşandığını iddia etseler de dikkate alınabilecek isyanların sayısı çok azdı (Aptheker 1987).

Bunun sebebi, bazen efendilerinin inanmak istedikleri gibi, kölelerin uysal olmaları değildi, tüm maddi koşulların onlara karşı seferber edilmesiydi. Beyaz efendilerin ve kölelerin başında duran insanların -köle gözcülerinin ve devriyelerin- köleler üzerinde dehşet verici bir güç kullanma yetkisi vardı. Kölelik her şeyden önemlisi baskı, yani tam anlamıyla zor kullanma araçlarının tekeli sayesinde yürütülen bir sistemdi.

Köleler, Güney bölgelerinde – efendilerin istekleri doğrultusunda – bir çiftlikten diğerine sevk edildiklerinde, gittikleri yerlerdeki köleleri olup bitenler hakkında haberdar ediyorlardı – fakat bu köle dolaşımı, köleler arasındaki dayanışmayı yıkmak için iyi bir yöntemdi. Aile bağlarının koparılması bir kontrol yöntemi olarak kullanılıyordu ve "bela"çıkarması muhtemel görülen köleler diğerlerinden uzaklaştırılarak insanlık dışı muamelelere tabi tutuluyorlardı. Sonraları kölelik karşıtı kampanyalarıyla ve İç Savaş sonrası politikacı kimliğiyle ünlenen Frederick Douglass otobiyografisinde kendisinin çok zeki ve kafası düşüncelerle dolu biri olduğunun nasıl farkına varıldığını anlatır (Douglass 1962). Efendisi Douglass'ı, öyle anlaşılıyor ki, Douglass'ın içindeki hırsı zor kullanarak yok etmesini istediği küçük bir çiftçiye kiralamıştır.

Köle çiftliklerindeki hayatı eleştiren ilk yorumcular kölelerin, özellikle de köleliğin içine doğmuşlarsa, konumlarını ne kadar fazla "kabul ettikleri" üzerinde durmuştur (Elkins 1976). Diğer yorumcular, kölelerin başa çıkma ve karşı koyma yollarını benimsediklerini göstermişlerdir (Huggnis *ve ark.* 1971, Rawick 1972, Genovese 1976). Fakat aralarından en cesurları bile bireysel itirazlarını dile getirmekten öteye gidemiyordu.

Amerika'da köleliğin Afrikalılar ve torunları arasında yaygın bir durum olmasına rağmen, maddi konumlarıyla ilgili ayrıntıların değişmesiyle birlikte yaşantıları da değişmeye başladı. Değişmeyen şey özgür olmama durumuydu, fakat koşullar çok farklı şekillerde bir araya gelip kendilerine özgü durumlar yaratabiliyordu. Evde çalışan kölelerle tarlada çalışanlar arasında sosyal bir ayrım vardı. Efendinin büyük evlerinde ve ailesinin maiyetinde günlük hayatları tütün, şeker ve pamuk tarlalarında çalışan işçi kölelerden bir çok açıdan farklılık gösteren hizmetçiler, dadılar ve güvenilir idareciler çalışıyordu. Böylelikle efendileriyle daha yakın temas halinde olan kölelerin bazen statüleri itibariyle bir derece atlamış olduğu düşünülüyordu. Mississippi'de çiftliğin idarecisi konumundakiler, efendileri tarafından bir köle sahibinin sahip olabileceği en faydalı, becerikli ve yetenekli işçiler olarak görülüyorlardı. Güneydeki kısa süreli "radikal yeniden yapılanma" döneminde toprakları el konulma tehlikesiyle karşı karşıya kalan eski köle sahipleri, İç Savaştan sonra Güneye gelen kuzeyli servet avcısı "dolandırıcıların" ellerine düştüğünü görmektense topraklarını eski kölesine bağışlamayı tercih etmişlerdi (Hermann 1981).

Kölelik ırksallaşmış tahakkümdü; aynı zamanda cinsel tahakküm olarak da dışa vuruluyordu. Sahiplerine cinsel zevkler yaşatmaya zorlanan kadın köleler, efendileri tarafından acımasızca kullanılmışlardır. Bu ilişkilerden, en iyi ihtimalle, anneleri kadar babalarından da biraz şefkat gören melez çocuklar doğmuştur.

Melez nesil

Amerika'nın güneyinde bu ve benzeri ilişkilerin ne kadar melez torunlardan oluşan bir nüfus ürettiğinden kimse emin olamaz. Uzun bir süre boyunca, Amerikan "ırk sisteminin" yegane karakteristik özelliğinin, hiçbir ara kategori olmaksızın insanları, ya siyah ya da beyaz olarak tanımlaması olduğu ileri sürülmüştür. Stephan Small bu iddiayı sorgular (Sall 1994). Genel kabul gören bazı kayıtların ve kanıtların, Jamaika ve Güney Afrika gibi "iki ırklı toplumlarda" olduğu gibi, güneyin bazı bölümlerinde "renklilerin" önemli bir sosyal kategori haline geldiğini gösterdiği şüphesiz doğrudur.

Deri rengine bu kadar ciddi bir sosyal anlam yükleyen bir toplumda, renkli insanlar arasında ten rengi "açıklığının" siyahlar ve beyazlar tarafından, aynı şekilde, kendi lehlerinde algılandığı durumlar elbette vardı. Kuzey Amerika'da ve Güney Afrika'da kendini beyaz olarak tanıtma durumları vuku buluyordu (Watson 1970). Fakat Afrikalı ataları olan açık-tenli insanların kendilerini beyaz olarak tanıtmaları, aslında, beyazlar ve siyahlar arasındaki sınırın ne kadar keskin olduğunun bir işaretiydi. Bu olgu, önemli olan şeyin sosyal kabul görme olduğunu gösteriyordu - "ırksal" kategoriler hep bir sosyal kabul görme ve sosyal tanımlanma meselesi olmuştur- fakat bunların, aynı zamanda, insanların açıkça "şu veya bu" diye tanımlanmaları bakımından da önemli olduğunu göstermiştir. Dolayısıyla, kölelik sisteminde ve bu sistemin içinden veya ardından doğan sosyal ve ekonomik dünyada, Afrikalı Amerikalılar arasında hem renk odaklı sosyal statü sistemine hem de yavaş yavaş gelişmeye başlayan sınıfsal farklılaşmalara dayanan sosyal ayrımlar vardı.

Amerikan İç Savaşının Ardından

Köleliğin sona ermesi, serbest işgücünü savunan kapitalist Kuzeyin, tarımla uğraşan, köle işgücüne dayanan muhafazakar güneye karşı aldığı zaferin bir sonucuydu. Ne kuzeyde ne de Güneyde kölelik sonrası bir toplumun neye benzeyeceğine dair kafalarda somut en ufak bir fikir dahi yoktu. Köleliğin 19. Yüzyılın başlarında kaldırıldığı Kuzey eyaletlerindeki birçok beyaz, kölelerin azat edilmesinden zararlı çıkacaklarına inanıyordu. Kuzey Federasyonunun askerleri, birlikten haince ayrılmaya kalkışan Konfederasyona karşı savaşmaya ikna edilmişlerdi, fakat New York'ta ve diğer şehirlerde askere alınmalara karşı kanlı ayaklanmalar çıkmıştı. Beyaz Güneylilerin çoğu bir hayat tarzını savunmak için ölüm kalım mücadelesi verdiklerine inanıyordu. Tarihte yeterince üzerinde durulmasa da yaklaşık 200.000 eski köle Birlik renkleri için savaşmıştı. İç Savaşın sona ermesinin ardından tam 133 boyunca, yani 1998 yılına kadar siyah askerlerin katkıları, resmen ve açık bir biçimde tarafından tanınmamıştı.

Kölelik sonrası Amerika: ırksallaşmış rekabet

Kölelikten kurtulan siyah Amerikalılar kısa bir süre sonra siyasetçi (hiçbiri Frederick Douglass kadar olağanüstü bir başarıya ulaşamamıştır) olmuşlar, tüccar ve hizmet sektörü çalışanı(terzi, berber, bahçıvan, marangoz)haline gelmişlerdir; bazıları, dükkan sahiplerinden, din görevlilerinden ve cenaze işleriyle uğraşanlardan meydana gelen sayıca az küçük bir burjuvazi oluşturdu; ve hemen hemen hepsi eğitimlerini ırksal olarak ayrılmış okullarda yapan daha az sayıda siyah da eğitmenlik, avukatlık ve doktorluk gibi profesyonel mesleklere girdi - ayrımcılığın yapıldığı okullarda aldı (Frazier 1957). Bu sınıflardan bazıları ırksal sınırların ayırdığı her iki nüfusa da hizmet etti -bahçıvanlar kesinlikle beyazların bahçeleriyle ilgilenecekler, terziler beyazların giysilerini onaracaklardı. Birçoğunun -cenaze kaldırıcılarının ve din görevlilerinin- etnik bakımdan özel bir müşteri çevresi vardı.

Fakat kölelik sonrası dönemde siyahların büyük çoğunluğu çiftliklerde çalışmaya devam ettiler, ortakçı veya küçük çiftçi oldular – siyahların, aynı ölçüde fakir ve en iyi ihtimalle kıt kanaat veya mütevazı bir hayat sürdüren binlerce Güneyli beyazla paylaştıkları bir sınıfsal konum- (Gutman 1977, Litwack 1980). Ücretli tarım işçisi veya çiftlik kiracısı olmanın getirdiği çetin koşullarda ayakta kalmayı başaramayanlar, meşru ve gayri meşru uygulamalarıyla Güney'in ceza yasalarının kurbanları oldular ve hayatlarının büyük bir kısmını, kamu yetkilileri tarafından hapishanelere yüklenen amaçsız işlerde veya sözleşmeli kamu işlerinde çalıştırılma şeklindeki ağır cezalarını çekerek geçirdiler (Wilson 1980).

Kamu yetkililerinin, borçlu ve serseri "suçlular" yaratarak yoksulluğu ve umutsuz bir ekonomik sıkıntıyı nasıl suça dönüştürdüklerini Amerika'nın güneyinden daha iyi anlatabilecek çok az örnek vardır. Suçluların hapishanelerde karşılıksız olarak çalışmaları "yasal" bakımdan zorunlu kılınmasıyla birlikte Güney eyaletleri, silahlı beyaz gardiyanların gözetiminde onlara zorla yollar inşa ettirdiler, çukurlar kazdırdılar ve bataklıkları temizlettirdiler. Birçok toplumda fiziksel baskı genellikle ortalıkta yapılmadığı halde, Amerika'nın güneyinde ne anlama geldiğini herkes görebilsin diye, fiziksel baskı şüphe götürmez bir biçimde ulu orta uygulanıyordu. Ve kriterleri ırksal olarak belirlenmişti.

Bunlar, Güney'deki ekonomik hayata dair "acımasız" gerçeklerdir ve bu görünüm 1865'ten 1918'e kadar süren dönemin büyük bölümünde, hatta büyük göçün ardından Güney'de kalanlar için çok daha uzun bir süre bir süre boyunca varlığını sürdürmüştür. Bütün Güneylilerin çoğunluğunu teşkil eden yoksulların kaderleri, geniş ölçüde büyük toprak sahiplerinin, büyük çiftçilerin, bankaların, demiryolu şirketlerinin ve tekstil fabrikası sahiplerinin, şirket mağazalarının ve yargı sisteminin ellerindeydi. Bu durum hem beyaz hem de siyahlar için geçerliydi. Yoksulların başına gelenler, nasıl yaşadıkları ve nasıl öldükleri küçük çiftçilerin, ortakçıların ve topraksız işçilerin hayatta kalmaktan başka bir şey isteyemediği veya umamadığı eski Güney'in o siyasi ve ekonomik sisteminin doğrudan bir sonucuydu. Sonunda, karşılığını yeterince vermeseler de her şeyden çok işgücüne bağımlı olan çiftlik sahipleri, işgücüne duyulan ihtiyacı en aza indirmek için mahsul kontrolünü ve hasadı makineli hale getirme yollarını aradı ve buldu. Hayatın bu gerçeklerini göz ardı etmek Amerika'nın güneyinin tarihinin, kölelik döneminde ve sonrasında, bir "ırk ilişkileri" tarihi olduğunu tasavvur etmek demek olur ki, böyle değildir.

Irksallaştırılmış kölelikten beyaz üstünlüğünün hakim olduğu bir rejime geçilmesi birçoklarına kaçınılmaz görünüyordu. Fakat Vann Woodward'ın da iddia ettiği gibi, İç Savaş sonrası Güney'deki yeniden yapılanma dönemi ırksal olmayan bir sosyal düzenin oluşturulabileceği olasılığını gündeme getirmişti (Vann Woodward 1964). On yıl ya da daha uzun bir dönem boyunca, en azından Kuzey'in, Güney eyaletlerinde askeri bir varlık olarak kalmaya devam ettiği ve ayrılıkçıları cezalandırmaya hevesli olduğu süre içinde, eski köle nüfusu siyasete katıldı, kamu dairelerinde görev yaptı ve kazandıkları özgürlükleri sayesinde ve onlar dışında başka küçük kazanımlar elde ettiler. Yüzyılın sona ermesiyle Güney'in yenilgisi artık kesinleşmişti ve siyah nüfus için gerçek bir sosyal ve ekonomik özgürleşmenin temelini oluşturmaya yeniden yapılanma çalışmalarının başarısızlığa uğradığı yeterince açıktı. Siyasi manevralar, genel önyargılar ve sınıfsal çıkarlar hep birlikte sonucun böyle olmasına neden olmuşlardı. Öncelikle, Camejo'un gösterdiği gibi, eski egemen sınıf –beyaz plantokrasisi* - Güney'deki yeni mali çıkar grupları ile birleşmiş veya yerini bu mali çıkar gruplarına bırakmıştı ve ne bu çıkar gruplarının ne de kuzeydeki kapitalist denklerinin, insan eşitliği uğruna sosyal ve ekonomik bir devrimi gerçekleştirmek gibi bir endişeleri vardı. (Camejo 1976). Özellikle mülkiyetin kutsal bir hak olduğuna inandırılmış olanlar, toprakların yeniden dağıtımını, köleliği savunmak için savaşmış sosyal ve siyasal sınıfı etkisizleştirmek amacıyla, gerektiğinden daha fazla ciddiye almak gibi yanlış bir isteğe kapıldı. En çok toprağa sahip olanların mülkiyete yönelik saygısı ile en az toprağa sahip olan beyazların ekonomik rekabet korkusunun birleşmesi, eski köleler için savaş sonrası Güney'de kendilerine saygın bir yer edinebilmelerini sağlayacak ekonomik bir temel yaratma konusundaki bütün gerçek beklentileri alt üst etti.

1880'lere ve 1890'lara gelindiğinde Güneyli yeni elit sınıfın konumunu hedef alan ciddi tehditlerden birisi de, beyaz ya da siyah olsun, mülksüz tarım işçilerinin, çiftlik kiracılarının ve küçük çiftçilerin birbirleri hakkındaki şüphelerini bir kenara bırakarak "aynı çukurun içinde olduklarının" farklına varmaları ihtimaliydi (Vann Woodward 1963). Tom Watson'un başını çektiği beyaz popülistler, bankalar ve büyük toprak sahiplerine karşı birleşik mücadelelerinde siyah çiftçiler ve çiftlik işçileriyle el ele verirlerse daha kârlı çıkacaklarını gördüler (Vann Woodward 1951). İttifaklarını hiçbir zaman ırklararası uyum için verilen bir mücadele olarak göstermediler, hep ortak sınıfsal çıkarları temelinde pratik ve duyguların geri planda kaldığı bir işbirliği olarak sundular. Beyaz üstünlüğünü savunanlar ve popülistlerin Demokrat muhalifleri popülizmin siyah-beyaz ittifaka yönelik boşa çıkarmak için şiddet hareketlerini kışkırttılar ve Watson'un siyah meslektaşlarını koruması, 19. yüzyılın sonlarına ait Amerikan tarihinin, silahlı nefsi müdafaa müca-

---

* plantasyon sahiplerinden oluşan sınıf, (editörün).

delesinde beyazların siyahlarla birleştiği birkaç örnekten birini teşkil eder.

Şiddetin rolü

Aslında Amerikan tarihinin bu dönemi ve daha sonraki dönemleri boyunca, çoğunluğu siyahlara karşı beyazların uyguladığı olmak üzere, şiddet unsurunun oynadığı rol asla küçümsenemez. İç savaş sonrası dönemde Ku Klux Klan kuruldu, bu hareket ve sempatizanları yaklaşık bir buçuk asır boyunca siyah Amerikalılara karşı uygulanan şiddetin sorumlusu oldu. "İç Savaştan günümüze uzanan dönemde siyah Amerikalıların konumlarını nasıl açıklayabiliriz?" sorusunu sorarken dehşet verici baskı faktörünü asla göz ardı etmemeliyiz. 1900'a gelindiğinde tüm Güney eyaletleri –en azından onları beyaz seçmenleri- beyaz üstünlüğünü savunan rejimler yaratmaya ve mükemmelleştirmeye karar vermişti (Silberman); bunlar eyaletlerdeki kuruluşların ve memurlarının elindeki şiddet tekeli aracılığıyla etkili bir biçimde uygulanıyordu. Beyazların bir sınıf temelinde siyahlarla birleşmesi tehlikesinin önüne geçebilmek için siyasi liderler, yaşam koşulları ne kadar çetin ve yoksul olursa olsun, her zaman beyazlardan daha "aşağı" bir toplum kesiminin var olacağını onlara garanti etmek suretiyle, beyazların grup-içi çıkarlarına ve ırksallaşmış onurlarına hitap etmek gibi basit bir tekniği kullanmışlardı.

"Renkli" çiftçilerle ittifak kuran beyaz popülist lider Tom Watson'un bizzat kendisi, sınıfsal dayanışmadan çok, ırkçı dayanışmanın, kendisi ve taraftarları için daha hayırlı olacağına inanmıştı ve siyasi kariyerinin son dönemini, güney eyaletlerindeki siyahlara vatandaşlık hakkı verilmemesi gerektiğini savunarak ve bu argümanı haklı çıkarmak için gücenmiş ve kızgın beyazların desteğini kazanmaya yönelik itinayla hazırlanmış ırkçı karalamalardan oluşan, herkesin bildiği bir repertuarı yineleyerek geçirmişti (Vann

Woodward 1963). 20. Yüzyılın başlarında siyah beyaz ittifakının ortak sınıfsal mücadeleye yönelik beklentilerin neredeyse tamamı darbe almış, "yasal" ve yasa dışı şiddetle dayatılmaya çalışılan ırksallaşmış bir tahakküm sistemi sağlam bir şekilde yerleştirilmiştir.

Kölelikten ücretli iş gücüne ve etnik rekabete

Amerikanın Güneyinde ve bütün olarak Amerika'da etnisitenin sınıfsal bağlamı, insanların yaşamlarına şekillendiren, yani onların nasıl yaşadıklarını veya yaşayamadıklarını; geçmişlerini, bugünlerini ve geleceklerini nasıl gördüklerini; ve toplumun belirlediği ırksal sınırların içinde veya dışında bağlılık duyguları ve ittifaklar kurarak veya tek başlarına içinde bulundukları koşullara nasıl dayandıklarını veya bunların üstesinden nasıl gelmeye çalıştıklarını belirleyen can alıcı gerçeklerdi. Köleliğin kaldırılmasının ardından, önceden siyahların neredeyse tamamının köle olduğu ve kendi aralarında sınıf farklılığına çok büyük önem veren beyazların ise, plantasyon ve köle sahibi, küçük ve normal çiftçi, tarım işçisi, tüccar ve şehir işçisi olduğu bu sınıfsal bağlam büyük bir değişim geçirdi. Beyazların sınıfsal konumu, Afrikalı Amerikalıları hangi gözle gördüklerini, yani onları düşman mı, gerekli iş gücü mü, rakip mi yoksa mevcut ya da potansiyel müttefik mi olarak gördüklerinin belirlemesi açısından büyük bir öneme sahipti. Aynı şekilde Afrikalı Amerikalıların sınıfsal konumları da kendi kendilerini nasıl gördükleri açısından önemliydi; köleliğin sona ermesini izleyen 140 yıllık dönem boyunca siyah Amerikalılar geniş yelpazede bir çok sosyal ve siyasi ideolojiyi benimsemişlerdir. Kendilerini Afrikalı, Amerikalı, işçi ve sendikacı, Demokrat ve Cumhuriyetçi, Hıristiyan ve Müslüman ve siyah ve ırksal olmayan bir Amerika'nın peygamberleri olarak gördüler (Draper 1970, Marable 1984).

1880'lerin ve 1890'ların sınıfsal ve siyasi mücadeleleri Amerika'yı tamamen ırksallaştırılmış bir toplum haline getirmişti. Küçük çiftçiler ve işçiler arasındaki fakir beyazların sınıf hoşnutsuzlukları siyasi ırkçı çağrılar ile gideriliyordu; etnisitelerarası sınıf temelli dayanışmaya yönelik hareketler, beyazların, beyaz-egemen bir toplumun daha kârlı olduğuna ikna edilmesi suretiyle bastırılmıştı. 19. yüzyılın son çeyreğinde Renkli Çiftçiler İttifakı bir süre beyaz işçilerle ve Popülist Parti'yle siyasi işbirliği yaptı. 20. yüzyılın başlarında siyah ve beyaz madenciler Alabama kömür madenlerinde hep birlikte greve gitti. Bunlar kaideyi bozmayan istisnalardı.

Yüzyılın başından itibaren Kuzeyli siyah Amerikalıların göç ederek şehirli Amerikan proletaryasına dahil olmaları sınıf-etnisite eksenini değiştirdi. Bu dönemin büyük bölümünde siyah Amerikalılar, Amerikan işçi sınıfının büyük bir kısmını -çok daha fazla talep gören işlerden dışlanmış, sendikalara katılması veya vasıflı işlere girmesi engellenmiş, sanayide ve ticarette azami bir teşvike tabi olan kısmını- oluşturdular (Drake ve Cayton 1962).

Şehirlerde kol gücüne dayalı işlerle ilgili faaliyetler de Afrikalı Amerikalılar için Güney'den Kuzey'e bir kayma anlamına geliyordu. 19. yüzyılın bitmesiyle birlikte Chicago ve New York gibi kuzey şehirleri artık, küçük ama artan sayıda siyah güneylinin evi haline gelmişti. Bu hareket savaş sırasında işçi kıtlığı ve Avrupa'dan beyaz göçünün bir süre kesilmesi yüzünden iyice hız kazanmıştı. Birinci Dünya Savaşı biter bitmez iş, barınma ve refah imkanları için bir mücadele başladı ve ırksal kriterler bir kez daha kendini gösterdi. Bu durum Amerikanın şehirleşmiş bölgelerinde art arda kanlı ayaklanmalara neden oldu. Beyaz işçiler, istihdam sürecinde yetkilerini kullanan ayrımcı sendikaların kontrolünü ellerinde tutarak siyah Amerikalıların rekabetine karşı kendilerini korudular.

Bu durumda bazı siyah liderleri, işverenleri siyah iş gücünün değeri konusunda ikna etmenin yolunun, siyah işçileri sendikaların dışında kalmaya ikna etmekten ve böylece beyaz işverenlere beyaz işçilerin yerine geçebilecek sendikalaşmamış bir iş gücü vaat etmekten geçtiğine karar verdiler. Bu stratejileri izleyenlerin -beyaz sendikacılar, işverenler ve bazı siyah organizatörler- sayıları çoğaldıkça beyazlarla siyahları sınıf çatışmasında karşı karşıya getirmek son derece mümkün hale geldi. Wilson beyaz işçilerin grevlerini kırmak için nasıl siyah işçilerin kullanıldığını; ırksallaştırılmış bir düzenin işverenlerin ne kadar çok işine yaradığını göstermiştir (Wilson 1980).

Tüm bu dönem boyunca siyah işçilere olduğu kadar beyazlara karşı da şiddet uygulanmıştır – Amerika başkentinin özel polisi olan Pinkerton güvenlik şirketleri bu dönemde kurulmuştu – ve beyazlarla siyahlar arasındaki sendikal dayanışmayı bir kez daha sağlamak 1930'ların sonlarına kadar mümkün olmamıştır. Özellikle CIO* odalarının, neredeyse her zaman beyaz işçileri siyahlarla rekabete karşı koruyan Amerika İşçi Federasyonu**'nun zanaatkar odaları karşısında üstün olduğu yeni sanayi sektörlerinde durum böyleydi. 1930'ların sona ermesiyle ve Amerikan kapitalizmini 1929'de yaşanan çöküşün yıkıntılarından kurtarmak için tasarlanan New Deal*** politikalarının uygulamaya konmasıyla birlikte ABD, resmi ayrımcılığın sona ermesiyle ve 1954'te Yüksek Mahkemenin o güne kadar ırksallaştırılmış bir egemenlik sistemine hep alttan destek veren "ayrı ama eşit" öğretisinden vazgeçmesiyle belirginleşen bir uzlaşma dönemine girmeye başladı. Siyahların örgütlü mücadeleleri ve İkinci Dünya Savaşı'ndaki siyah katılımın etkileri, yetmiş beş yıldan fazla süren resmi bir ırksal baskı sistemini ortadan kaldırdı (Buchanan 1977).

Amerikan kapitalizminin değişen ağırlık merkezleri , son yirmi otuz yıldır, 20. yüzyılda birçok Afrikalı Amerikalının çalıştığı vasıfsız veya daha az vasıflı sanayi işlerine giderek daha az ihtiyaç duymaya başlamıştır. Irksal ayrımcılığın, ayrımlaşmanın, ırkçı fi-

---

* Congress of Industrial Organitations, Sanayi Kuruluşları Kongresi (çv.).

** American Federation of Labour

*** Franklin Roosevelt tarafından 1929'da patlayan büyük ekonomi krizin sonuçlarını onarmak için yürütülen ekonomik siyaset (editörün).

kirlerin zorlayıcı gücünün ve ABD tarihinde siyah Amerikalıların sınıfsal yörüngesinin birleşmesi, 20. Yüzyılın sonlarında milyonlarca siyah Amerikalıyı toplumun son derece kenarlarına veya bu kenarların da ötesinde bir hayata itmiştir (Massey ve Denton 1993; O'Hare *ve ark.* 1991) (Tablo 4.2).

Tablo 4.2 ABD: Mesleklere göre siyah ve beyaz nüfus dağılımı- seçilmiş mesleki gruplar gösterilmiştir

	Beyaz erkek %	Siyah erkek %
Yönetici ve profesyonel	27	13
Hizmet	9	18
Yarı-kalifiye iş	19	33
	Beyaz kadın	*Siyah kadın %*
Yönetici ve profesyonel	27	19
Hizmet	16	27
Yarı-kalifiye iş	8	12

Kaynak: O'Hare : O'Hare *ve ark.* 1991

William Julius Wilson: ırkın önemi

Biraz önce sıraladığımız tarihsel akışta William Julius Wilson'ın ırksallaştırılmış Amerika'yı ayırdığı dönemlerden faydalanmıştık: birinci evre kölelik dönemi, plantasyon ekonomisi ve ırksal kast baskısı; ikinci evre, 1880'lerden ve 1940'lara uzanan dönem, endüstriyel genişleme, sınıf çatışması, ırksal baskı; üçüncü evre, İkinci Dünya Savaşı sonrası dönem, ırksal eşitsizliklerden sınıfsal eşitsizliklere doğru bir geçiş (ayrıca bkz. Boston 1988, s. 10). Wilson'un önyargılar ve ırkçı tutumlar üzerinde yoğunlaşan analizi, "ırk ilişkileri" teorilerinde çok büyük bir ilerlemeydi. Wilson çarpıcı bir şekilde, ırksallaştırma analizini Amerikan toplumundaki ve tarihindeki sınıfsal yapılar ile "birleştirmeyi" başarmıştır.

Wilson'un temel argümanı, resmileştirilmiş ırksal baskının 1960'lara kadar uzanan döneme damgasını vurmuş olduğu şeklindedir; bu resmi yapılar kaldırıldığında veya en azından yasa dışı sayıldığında ise siyah Amerikalıların kendilerine özgü tarihsel sınıfsal konumları, dezavantajlarının hâlâ sürmesinin başlıca nedeni haline gelmiştir.

Ancak Wilson'un çalışması iki ana sebepten ötürü pek kabul görmez:

1. Birincisi, "ırkın azalan önemi" başlığından da anlaşıldığı gibi, Wilson'un çalışmasında ırkçılığın ve ayrımcılığın artık "öneminin" kalmadığını ileri sürmüş gibi görün-mesiydi.
2. İkincisi ise siyah Amerikalıları tanımlamak için kullandığı "aşağı sınıf" teriminin, sağ kanatın, gettolaştırılmış Amerikalıların kendi "kusurları" yüzünden başarısızlığa uğradıkları şeklindeki açıklamalarında yankısını bulan sık dokunmuş bir dezavantajlar ağına düşmüş olmasıdır.

Wilson, kastetmek istediğinin birincideki yargı olmadığını açıkça ifade edebilmiş olsaydı bunu atlatabilirdi. İkinci sebep ise haksız gibi görünüyor.

Wilson, yoksulların yetersizliklerinden ötürü değil, siyah veya beyaz tüm şehir fakirlerine "kurtulabilmeleri" için sunulan fırsatların nadir ve yetersiz olmasından ötürü, ırksallaşmış bir yoksulluğun kendisini her seferinde yeniden üreten çok sayıda siyah Amerikalının sınıfsal konumunu tanımlamak için alt sınıf terimini kullanır. Wilson'un, argümanında, siyah Amerikalıların içinde bulundukları, sefaleti yeniden üreten sınıf yapılarının, resmi ırksal baskının,yani yasal ayrımcılığın, oy hakkı verilmemesinin, resmi beyaz hakimiyet yapılarının "sona erdiği" andan itibaren belirgin bir şekilde önem kazanmaya başladığını savunuyormuş gibi görünmektedir.

Fakat aslında Wilson, içinde sınıfsal ilişkilerin hiçbir zaman eşzamanlı bir ırksal baskı sisteminden bağımsız olmadığı ırksallaştırılmış bir sınıf sisteminin bir açıklamasını vermektedir. Bu, bizzat Wilson'un, dile getirdiği tüm aşamalardaki "ekonomi ve yönetim" etkileşimine başvurmak suretiyle yakaladığı bir noktadır. Daha açık konuşmak gerekirse, Afrikalı Amerikalılar eşzamanlı olarak kölelikten ve ırktan kaynaklanan baskıların altında kaldılar. Siyah ortakçılar, aynı şekilde güneydeki fakir beyazları da ezen ortakçılığın kendi yapısı ve ayrımcılığı ve beyaz üstünlüğünü savunan kurumlar tarafından eşzamanlı olarak yoksullaştırıldılar.

1865-1900 arasındaki ve sonrasındaki dönemde eski kölelerin kitlesel yoksullaşmaların sürmesinin bir açıklaması için çok uzağa gitmeye gerek yoktur. Bunun böyle olmasını beyaz çoğunluğun üyeleri istediler ve sistemli bir şekilde siyah Güneylilerin büyük çoğunluğunun sivil ve ekonomik iyileşme yollarını kapamaya başladılar; genel olarak da başarılı oldular. Radikal yeniden yapılanma döneminde toprağın yeniden dağıtımı doğrultusunda atılan adımlar, 1880'lerde ve 1890'larda geri alındı ve bu dönemde siyahlar tarafından elde edilen yönetime yurttaş olarak katılım hakkı 1900'de kaldırıldı. Bunda şaşırılacak hiçbir şey yoktu; çünkü elit, orta sınıf ve fakir beyazlardan oluşan yeterli bir çoğunluğun tam istediği şey olmuştu. 1880'lerden başlayarak siyah işgücünün Güney'in dışına çıkmasıyla Kuzey şehirlerinde ırksallaştırılmış yeni sınıfsal yapılar oluşturulmuştu. Siyah işçiler, hizmet işçisi ve vasıfsız sanayi işçisi olarak çalışmaya başlamışlar, fakat akla gelebilecek her alanda ötesine geçmenin çok zor olduğunu görecekleri bir "yükselme tavanı" ile karşılaşmışlardı.

Wilson, haklı olarak, modern Amerika'daki ekonomik eğilimlerin, yani vasıfsız iş gücüne olan ihtiyacın azalması, düşük ücretli ekonomilerle rekabetin ardından yaşanan sanayide gerileme, yüksek eğitim gerektiren ekonomi sektörlerindeki artışı gibi eğilimlerin, tarihsel olarak miras aldıkları konumları düşünülürse, özellikle

Afrikalı Amerikalıların işini son derece güçleştirdiğini ileri sürmüştü. Irkçılığı ve ırksal ayrımcılığı yasadışı kılmanın oldukça az sayıda siyah Amerikalıya sadece sınırlı bir yükselme tavanı sunduğu ve daha fazlasının ancak sınıf sisteminin kendisinin yeniden yapılandırılmasıyla elde edilebileceği şeklindeki çıkarım kaçınılmazdı. Ancak yapısal sınıf "reformu" hiç kimsenin siyasi gündeminde yoktu; gündemdeki tek reform da "geriye" yönelikti - yani refah seviyesinin ve aslında yeni siyah orta sınıfın sosyal mobilitesine yardımcı olan olumlu eylem* programlarının geriye götürülmesi yönünde fikirler vardı.

Sınıf yapısından bahsederken yapılan hata, aslında bunun ırksallaştırılmış bir sınıfsal yapı olduğu gerçeğini göz ardı etmekse, "ırk"tan bahsederken yapılan hata da, etnik grubuna bakmaksızın insanları etkileyen ekonomik veya sınıfsal süreçler konusunda yeterince açık olmamaktır. "Irksal farklılığın" önemli veya ilgi alanımıza giren bir değişken olarak görüldüğü durumlarda çoğu kişinin yapacağı şey, örneğin, ABD'deki siyah ve beyaz nüfusları karşılaştırmak olacaktır. Fakat diğerlerine göre bazılarını daha fazla etkilese bile, ekonomik değişikliklerin, nüfusun tümü üstünde etkilerini hissettireceğini unutmamak gerekir. Boston'un marjinalleşmeyle ilgili tartışması bu konuyu net bir şekilde açıklamaktadır.

Marjinalleşme ve etnisite

Siyah işçilerin konumu konusuna açıklık kazandırmak için Boston, siyah işçi sınıfını birincil, ikincil ve marjinalleşmiş şeklinde üç kesime ayırarak kavramsallaştırır. Birincil kesim kârlı ve sağlam temellere dayanan sanayilerde yüksek gelirle ve çoğunlukla devamlı çalışanlardan oluşmaktadır. İkincil kesimi daha az sürekliliği olan emek-yoğun işlerde çalışanları içermektedir. Üçüncü kesim ise

* affirmative action.

"devamlı bir işi olmayanlar", işsizler, gönülsüz part-time çalışanlar ve "sosyal yardımla geçinenler ve sefalet içindekiler" olarak tanımlanmıştır (Boston 1988, s. 49).

Son kategori, diğer yorumcuların "aşağı sınıf" terimiyle karşıladığı gruba çok benzemektedir. Boston'un tanımında "marjinalleşme iktisadi çevrim davranışlarıyla, sanayide artan otomasyonla, işlerin yurt dışına ihracıyla, sanayiinin başka yerlere taşınmasıyla [ve] endüstriyel temelin zayıflamasıyla bağlantılı dinamik bir süreçtir". Boston, daha sonra, potansiyel bir işgücü oranı olarak marjinalleşmiş siyah ve beyaz işçilerin sayılarındaki düşüşleri ve artışları grafikle gösterir. İlginç sonuçlardan birisi, marjinalleşmiş potansiyel iş gücü oranındaki artış eğrisinin siyahlar ve beyazlar için aynı olmasıdır. Ekonomik değişimlerin -otomasyonun, şirketin başka yerde taşınmasının, iş ihracının, yani işlerin yurtdışında yaptırılmasının- genel bir etkisi söz konusudur. Fakat aynı zamanda, marjinalleşmiş siyah işçilerin oranının, Boston'un açıkladığı 12 yıllık dönemin başında ve sonunda, beyazların oranının yaklaşık iki katı olması da önemlidir:

> 1970'te [marjinalleşmiş konumlardaki işçilere ait] oranlar beyazlar ve siyahlar için sırasıyla yüzde 7.7 ve yüzde 15.3'tü. 1982'de bu yüzdeler sırasıyla yüzde 14.6 ve yüzde 27'ydi (Boston, 1988, s. 49).

Genellikle orta sınıf, profesyonel, yönetici ve idareci diye tanımlanan meslek sınıflarında çalışmakta olanların, toplam iş gücü içerisindeki oranının artmakta olduğu bir dönemde, aynı şekilde, yeni siyah orta sınıf da büyümüştür.

İşgücünün bu kesiminin, 1960'lardan başlayarak, sivil haklar hareketlerinin başarılarına ve bir yüzyıldan fazla bir süredir devam etmekte olan istihdamda ayrımcılığın önüne geçecek programların başlatılmasına sahne olan dönem boyunca büyümesi hız kazanmıştı. Siyah orta sınıf tarihsel olarak hep küçük olmuş ve küçük ticari teşebbüsleri tarafından belirlenmiş, serbest meslekle uğraşmış ve başkasının yanında çalışmış ve büyük ölçüde siyah müşterilere yönelik hizmetler sunmuşlardır. Irksallaşmış piyasalar siyah girişimcileri beyaz müşteri çevresinin dışında bıraktı– başarılı vaizin siyah bir cemaati oldu- ve böylece ırksal ayrımcılık bir pazar "oluşturdu" ve bu pazarı katı sınırlarla çevreledi. Yeni profesyoneller, bunun tam tersine, çoğunlukla beyazların sayıca ağır bastığı, siyah beyaz karışık müşterileri olan kuruluşlarda çalışmaktadırlar. Bunun bir örneği, hem siyah hem beyaz öğrencili üniversitelerdeki akademik üyeleridir. Bu, tüm büyük ve küçük üniversitelerin, siyah ve beyaz, etnik olarak ayrıldıkları 1960 öncesi dönemin çok ötesinde önemli bir adımdır.

Hizmetlerin ve işlerin büyük ölçüde etnik olarak ayrılmış topluluk içinde yürütülmesi, iş dünyasının kendi etnik veya ırksallaşmış kimliğini koruduğu, müşterileri arasında bu kimliği teşvik ettiği anlamına gelebilir ve etnik tanıtım, ırksal ilerleme ve milliyetçilik politikalarını daha da geliştirebilir. Dolayısıyla Amerika'daki İslam Milletinin (siyah Müslümanlar) gelişme dönemlerinde, siyah girişimciliğini ve ırksallaştırılmış piyasa bilincini (siyahların ürünlerini depola, siyahlardan satın al) teşvik eden dar kafalı bir küçük burjuva felsefesini benimsediği iddia edilmiştir. Boston, konumlarını sayıca beyazların ağır bastığı kuruluşlarda çalışan siyah profesyoneller olarak tanımlayan siyah yeni-muhafazakarların profesyonel yeni siyah elit grubundan, özellikle de akademisyenler arasından çıktığını belirtmiştir (1988).

Bütün nüfusları etkileyen sınıf yapısındaki değişimler siyah nüfusun sınıf yapısını etkileyecek ve bu değişimler siyah nüfusu içindeki ilişkileri etkileyecektir. Bütün bu değişimler özellikle bağımlılığı, örneğin etnik girişimcilerin etnik müşterilere bağımlılığını ve entegrasyonu, yani etnik bir orta sınıfın kendini etnik bir işçi sınıfından ve fakirlerden ne kadar ayırdığını etkiler. Bu son argüman, yeni siyah orta sınıfın büyük ölçüde avantajlardan yoksun bir siyah nüfus kitlesinden, farklı başka bir sınıf ürettiğini savunan Wilson için özellikle bir önemliydi (Wilson 1980, Small 1994).

Konut ve iş ayrımcılığı gibi ırksallaştırılmış yapıların kendileri, çoğunlukla, henüz tarif ettiğimiz şekillerde değişen sınıfsal yapıların belirleyici unsurlarıdır. Amerikan toplumunda ayrımcılığın ve fark gözetmenin önemini hâlâ koruduğu Massey'in ve Daton'un, ayrımcılığın siyah Amerikalıların sosyal yaşantılarını ve ekonomik kaderlerini etkilemeye devam ettiğini göstermeleriyle ve Orni'yle Vivant'ın resmi ırkçılığın gayrı meşru kılınması dönemindeki ırksallaştırmaya ilişkin analizleri aracılığıyla kanıtlanmıştır (1993; 1986).

Yazarlar, bazılarının doğuştan aşağı olduklarını savunan ideolojilerin tümünde tekrarlanan iddialara dayanan ırkçılığın, en azından aşırı sağ dışında artık mümkün olmadığını, beyaz Amerikalılar arasındaki ırksallaşmış inanışları kışkırtmak için artık kodlanmış yöntemlerin kullanıldığı iddia ederler. Britanya'da olduğu gibi "yasa ve düzene" bağlılığın arttırılması için yapılan çağrılar, siyah gençliği suç ile özdeşleştiren çok ince bir biçimde örtülü mesajlar içermektedir (Solomos 1988, Solomos ve Back 1996). Sosyal yardımlara bağımlılığın küçümsenmesi, tek ebeveynliğe yönelik saldırılar ve şüphesiz "devletin geri çekilmesine ilişkin yaygın çağrı" için de aynı şey söylenebilir. Amerika'da aşırı sağ, devletçilik karşıtlığıyla ırkçılığı yakın bir benzerlik içinde birleştirir ve Omi ve Winant'ın aşırı devletçilik karşıtı hareketlerin terörizme dönüşebileceği şeklindeki tahminleri oldukça isabetli çıkmıştı. Beyaz anarşist devletçilik karşıtlığıyla ırkçılığın 1998'de Teksas'da bir Afrikalı Amerikalının katledilmesinde birleşmiş gibi görünmektedir. Britanya'da Thatcher dönemi sloganı olan "devleti insanların sırtından indirmek" eşit fırsatlar yaratabilmek için tasarlanan programlara yönelik saldırılar içermiştir.

Ancak ırkçılığın gücüne rağmen, beyaz ırkçılığın istediğini her zaman aldığını düşünmeden önce daha dikkatli olalım. Siyahların topluma sivil ve ekonomik katılımlarının tarihi, sadece bir döneme son vermenin tarihi değil, aynı zamanda milliyetçi, devrimci, yurttaşlık hakları ve ana yerel ve ulusal siyasi projelerin gösterdiği gibi bir direniş ve örgütlü siyasi eylem tarihidir (Marable 1983, 1984). Amerika'nın siyasal konfigürasyonun özelliklerinden birisi ya belirli bir bölgede bir çoğunluk olarak ya da ileride belirleyici olabilecek bir azınlık olarak, hem siyah hem de beyaz politikacılar tarafından "peşinden koşmaya değer" görülmeye yetecek sayıda siyah seçmenin bulunmasıdır. Fakat siyah siyasi liderlerin, yüksek mevkilere gelebilecekleri yerlerde, arkalarındaki desteği güçlendirmeyi istedikleri takdirde, özellikle ideolojik olarak "etnik" milliyetçi olmaya yönelik eğilimlerini sınırlandırarak, beyaz seçmenler ve kurumlar arasında da kendilerine destek bulmaları ve bu desteği muhafaza etmeleri gerekebilir.

Kültürel olarak ayakta kalma

Kültürel olarak ayakta kalma mücadelesi özellikle etnisite konusu için çok önemlidir, çünkü Afrikalıları köleleştirenlerin ve onların işgücünden faydalanan alıcılarının yaptıkları ilk iş, etnik dayanışmayı yok etmek olmuştur. Birbirlerinin dillerini konuşan Afrikalılar, dayanışmanın engellenmesi için, bir arada bulundurulmuyorlardı ve köle sahipleri, ortak inanışların ve ibadetlerin direnişe dönüştüğüne ilişkin her türlü belirtiden korkmalarından ötürü kölelerin çalışma saatleri dışındaki hal ve hareketlerini çok yakından takip ediyorlardı. Bu, aslında böyle olmasına rağmen, ırkçılığın veya sosyal yapıdaki ırksallaştırılmış kategorileştirmenin, etnik anlamlandırmanın sadece kötücül bir şekli olmadığını gösterir. Etnisitenin çoğunlukla kullanıldığı anlamda, yani soya ve ortak kültüre sosyal bir önem yüklenilen kullanımında, kölelik ve ırksal baskı şekilleri, etnik kimliği silmek için düzenlenmişlerdir. Irksallaştırılmış Amerikan sosyal sistemi hakim bir sınıf tarafından tasarlanan, sosyal işlevi tüm diğer kategorileri ve ötekilerin kendilerine ilişkin öztanımlarını umursamamak olan bir üst kategori çevresinde kurulmuştur. Bu sisteme karşı gösterilen direnç, kısmen damgalanmış kategoriye –siyah- dönüşen kültürel bir yaratıcılık biçimini alarak, onu talep edilen öz tanımlama sembolü haline getirdi. Siyah Amerikalılar ırksal bir kategori haline gelerek, bu kategoriyi Afrikalı Amerikalı etnisitesi olarak yeniden yaratıp temsil ettiler.

Günümüz Amerikasında, modern Güneyde yaşayan Afrikalı Amerikalıların, beyaz egemenliğinin bütün kültürel değerlerini önemsizleştirmeye ve aynı şekilde kızgın modern beyazların bu değerleri siyasileşmiş bir kültürel nostalji formu olarak yeniden talep etmeye çalışmalarından ötürü bu mücadele sürüp gitmektedir. Konfederasyon bayrağı ve Dixie* söylenmesi, ayrıca ne olursa olsun, beyaz bir üstünlük düzeni olan sosyal bir sistemin en güçlü iki sembolüdür. Bu yüzden 1990'ların Amerikan güneyi, tarihsel semboller konusundaki kültürel politikalar – heykelleri kaldırmak, eski yerlerine koymak, Dixie çalmak Dixie'yi yasaklamak ve Konfederasyon bayrağını dalgalandırmak ya da yırtıp atmak için yapılan planlar arasında gidip gelmektedir.

> Güney Carolina'da Vali Beasley, Konfederasyon'un savaş bayrağını 1962'den beri Amerika ve Güney Caroline bayraklarının altında dalgalandığı Columbia'daki Meclis binasındaki yerinden indirmek için mücadele etmiştir. Şiddetle karşı koyanların başında Konfederasyon Gazilerinin Oğulları Derneğinin eyalet şubesinin temsilcileri geldi... Virginia'da Senato, "zencilerden" ve "eski güneyli köle efendilerinden" bahsettiği için "Beni Eski Virginia'ya geri götür" eyalet şarkısını emekliye ayırmak için oylama yaptı... yeni hedefler ise güneydeki mahkeme binalarının neredeyse tamamında, ölü bir Konfederasyonun anıtları gibi duran dikili taşlar ve heykellerdir. Franklin Tennessee'nin siyah sakinlerinden birisi, kasabadaki Konfederasyon askeri heykelinin kaldırılması ve ayrıca 44 milyon dolarlık zarar taz-

minatı için federal mahkemede dava açtı... ve Alabama Hayneville'de 1965 yılında vurularak öldürülen bir yurttaşlık hakları taraftarının anısı adına, öldürüldüğü yere dikilen anıtın üzerine spreyle bir Konfederasyon savaş bayrağı resmi yapıldı (Guardian 1997b).

Amerika toplumu, bu kitabın başlarında dökümünü yaptığımız bütün temalar için bize örnekler sunmaktadır. Amerika örneği, kölelik döneminde ve sonrasında iş başında olan ve yaşanan beyaz tahakkümünün, tanımladığımız bütün şekillerde, yani ırksal hiyerarşi teorileri, doğuştan getirilen karakter farklılığı, sosyo-kültürel yetersizlik ve sınıfsal hakimiyet temalarıyla aşılanan ırksal teoriler çerçevesinde haklı çıkarıldığı ırkçı öğretileri çok iyi aydınlatır. Etnik farklılığın köle-siyah-zenci kategorisinin empoze edilmesi karşısında silindiğini gösterir. Ayrıca Amerika, bu ırksal kategorilendirme sisteminin, sosyal, siyasi ve ekonomik yapının kapsadığı geniş alandan başlayıp günlük hayatın ince ayrıntılarına, bireylerarası ahlak kurallarına, dış görünüşe ve iç dünyaya kadar insan yaşamının neredeyse akla gelebilecek her köşesini ırksallaştırmayı başaran toplumlardan birisidir (bir diğeri ise Apartheid Güney Afrikasıydı).

Bu ırksallaştırılmış doygunluk, sosyalleşme sürecinin, hafızaların, kültürün, sevginin ve nefretin içine o kadar işlemiştir ki, Amerikan toplumunun hassas analizlerinde "ırk" etkeninin göz ardı edilebileceğini söylemek neredeyse insanlara hakaret etmek sayılır. Bu ırksallaşmış doygunluk, aynı zamanda, bir sistemin, 1863'ten 1954 tarihli Yüksek Mahkeme kararına kadar ABD'de olduğu gibi, tamamen kategorik tahakküme dayandırıldığı durumlarda, bu düzenden herhangi bir kopmanın bir tehdit olarak algılandığını da gösterir. Dolayısıyla yürüyüş, giyiniş, konuşma tarzı, sadece kafanın öne doğru eğilmesi bile ırksallaştırılmış sistemin uygulamaları içinde düzenlenir. Bu yüzden Martin Luther King'in kendisine "hey evlat" diye seslenildiğinde cevap vermeyi reddetmesi başlı başına bir devrimdi. Aynı şey Rosa Park'ın oturduğu yerden ayağa kalkmayı reddettiği eylemi için de geçerliydi – onun Alabama, Montgomery'de oturma düzeninin ırk ayrımına göre belirlendiği bir otobüsteki bu eylemi, yurttaşlık hakları mücadelesinde bir kilometre taşı sayılan otobüs boykotunu başlatmıştı (Marable 1984).

Irk ve ırkçılık söylemi

Amerika örneğine ilişkin bu açıklamada, bir ırk ve ırkçılık söylemi ağır basmaktadır. Etnisite söylemi de aynı şekilde kullanılabilir fakat Amerikan yorumunda etnisitenin hep tuhaf bir yeri olmuştur. Etnisite söyleminin baskın bir şekilde hep Amerikan toplumundaki beyaz nüfuslar için kullanılması anlamlıdır. Ülkelerindeki dini ve siyasi baskılardan ve ekonomik çaresizliklerden kaçan milyonlarca (beyaz) Avrupalı tasvir ettiğimiz dönem boyunca durmadan ABD'ye gelerek, şehir Amerikasındaki kapitalist sanayileşmede yaşanan ilerlemenin açtığı kapılardan ilk adımlarını atıyorlardı (Handlin 1973, Yinger 1994). Dışarıdan gelen bu göçmenler de zaman zaman Afrikalı Amerikalılar için kullanılan terimlerle ifade edilen türden düşmanlıklarla karşılaştılar ve birçok İtalyan göçmen başlarda "siyah"lar gibi muamele gördü ve sınıflandırıldı (Gossett 1965, Handlin 1973, Yinger 1994). Uzun dönemde onlar da ırksallaştırılmış kategorilere dayanan sosyal sisteme kabul edilip sosyalleştirildiler, Amerikalı olduklarını öğrenmenin önemli bir unsuru da beyaz Amerikalı olduklarını öğrenmeleriydi.

Ne kadar düşmanlıkla yüz yüze kalmış olurlarsa olsunlar, Avrupalı beyaz göçmenler, gerek yurttaşlık hakları açısından gerekse ekonomik, kültürel ve siyasi açılardan beyaz Amerikalıların uyguladığı kararlı bir dışlama politikasıyla asla karşılaşmadılar. Amerikalı toplum gözlemcilerinin, Afrikalı Amerikalılara uygulanan ırksallaştırılmış sosyal eşitsizliklerin neden bu kadar inatla yaşatılmaya devam edildiği sorusu üzerinde, uzun bir süre ve yoğun bir şekilde durdukları görülür. Ancak, ileri sürmüş olduğumuz gibi, cevap oldukça açık görünmektedir: eğer özgürlüklerine kavuştuktan sonra Afrikalı Amerikalıların tamamı veya bir bölümü gözde ekonomik mevkilere gelememişlerse, yani yeniden yapılandırılan küçük çiftliklerin sahibi yahut girişimci olamamışlarsa, sanayileşen Amerika'da sendikalı vasıflı işgücü haline gelememişlerse, idari ve profesyonel yönetici olarak yüksek kademelere erişememişlerse, bunun nedeni, sayıca çok daha fazla ve daha güçlü olan beyazların bunun böyle olmasını istemeleridir. Amerikan tarihinin çok farklı noktalarında açılacak önemli kapılara bağlı olarak, dışlama unsurları, çok çeşitlilik göstermiştir. Ayrımcılık döneminde beyaz elitlerin, beyaz üstünlüğünün uygulanmasındaki suç ortaklıkları, siyahların gelişmesine sadece rekabetten korkan beyaz işçilerin karşı koydukları şeklindeki herhangi bir basit görüşü çürütür (Camejo 1976).

Afrikalı Amerikalıların bizzat kendileri yüzünden gelişme gösteremediklerini savunan ırkçı görüş, Afrikalı Amerikalılar söz konusu olduğunda, fırsat kapılarının nasıl onların yüzlerine kapatıldığına ve beyaz tahakküm sisteminin sonunda resmen sona ermesinde siyah direnişinin katkılarına ilişkin kanıtlarla çürütülür. Aynı şekilde Steinberg'in Amerika'ya art arda göç eden, çocukları ve torunları günümüz Amerikasının etnisitelerini oluşturan grupların kaderleri hakkında hazırladığı klasik incelemesinde, bireyci ve rekabetçi Amerika'yla kültürel uygunlukları belirtilmiş farklı gruplarda farklı yetenekleri ima eden kültüralist açıklamalara yer vermez (Steinberg 1981, Woo 1990).

Amerika 1990'larda en az üç etnisite bağlamı sunar:

1. Kalıpları ırksal kölelik sistemi ve kölelik sonrası beyaz egemen düzen tarafından hazırlanan ırksallaştırılmış beyaz ve siyah Amerika kimlikleri.

2. Sanayileşip şehirleşen Amerika'daki spesifik iş gücü taleplerine cevap veren Avrupalı beyaz göçmenlerle Hispanik göçmenlerin etnik kimlikleri.
3. Yakın tarihin büyük bir bölümünde Amerikan toplumunun kenarlarına itilen ve bugün kendi kaderlerini tayin etmek için bir sosyal ve siyasi güç olarak yeniden ortaya çıkan yerli Amerikalılara karşı soykırımı andıran muamele.

Bu, ideolojik ve kültürel olarak beyaz Anglo-Avrupa hegemonyasının artık sorgulanmadan kabul edilemeyeceği, ona sadece örgütlü Afrikalılar ve yerli Amerikalılar tarafından değil, aynı zamanda, etnik iddiaların kolektif ve bireysel anlamda konum mücadelesi için bir araç olarak kullanıldığı genelleştirilmiş bir kültür ve etnisite politikası tarafından da meydan okunduğu bir ortam yaratmıştır. Bunun, sadece ırksallaştırılmış imtiyazları yeniden ifade edildiği reaksiyoner bir tutum olarak değil, aynı zamanda, hem kolektif taleplerin bireycilik için oluşturduğu "tehdit" hem de kültürel olarak dile getirilen etnik bir politikanın "Avrupalı" kültüre yönelik meydan okuması karşısında duyulan liberal ıstırap şeklinde üretmiş olduğu tepkiden daha açık hiçbir kanıtı yoktur (Schlesinger 1991).

Özet

Etnik grupların tam anlamıyla sınıflar veya sınıfsal fraksiyonlar olarak anlaşılmaları mümkün olmamasına rağmen, sınıfın ve etnisitenin kesişme noktası, etnisiteyi anlamanın anahtarlarından birisidir. Etnik grupların tarihsel oluşumları, birçok örnekte, sınıfsal yapılıdır ve bu, ortak mirası, gerek isteyerek gerekse zorla göçmen işçi olarak yaşayan nüfuslar için özellikle doğrudur. Etnik grupların, işbölümünün belirli alanlarında ve belirli sınıf katmanlarında yoğunlaştığı durumlarda, etnik kimlikle meslek, iş sektörü ve sınıf konumu arasında güçlü bir özdeşleştirme sözkonusudur. Örneğin Jamaika'daki Çinli tüccarlar veya Britanya'daki Gujaratili küçük işadamları gibi tüccar azınlıklar için; Amerika'da köleleştirilen Afrikalılar veya kölelik sonrası kolonilerde tarla işçisi olarak çalışan Hintliler gibi işçi azınlıklar için bu durum geçerlidir. Göçmen çocuklarını takip eden kuşakların ekonominin farklı sektörlerine girmesiyle birlikte sınıfsal ve mesleki konumların belli etnisitelerle bağdaştırılması geçerliliğini genellikle yitirmeye başlamaktadır. Böylece, sınıfsal farklılaşma, etnik olarak tanımlanmış bir nüfusta kültürel farklılaşma sürecinin bir unsuru haline gelir. Etnik olarak örgütlenmiş mücadelelerde, sınıfsal farklılaşma olgusu, çoğunluklar arasındaki sosyal mobilitenin sınıfa ihanet suçlamalarına yol açmasında olduğu gibi etnisiteye ihanet iddialarına yol açacaktır.

Sınıfsal tecrübe, etnik azınlıkların ve çoğunlukların yaşantılarına şekil vermekte ve bizzat etnik kimliği oluşturmakta çok önemli bir rol üstlenir. Ortak sınıfsal tecrübe, kolektif etnik benlik imgesinin yaratılmasında payı olan kolektif hafızanın bir parçası haline gelir. Aynı şekilde azınlıkların ve çoğunlukların sınıf-temelli siyasi endişeleri etnik grupların birbirleri hakkındaki görüşlerini de etkiler. Bu durum, kölelik sonrası Amerika'da siyah ve beyaz kırsal yoksullar arasında gözlemlenen sınıfsal çıkarlar ve ırksallaştırılmış duygular arasındaki gerilimden bahsettiğimiz bölümde örneklerle açıklanmıştır.

Afrikalı Amerikalıların sınıfsal konumuyla ilgili kapsamlı tartışmamızda belli tarihsel dönemlerde çok önemli değişimlerin gerçekleştiğini gösterdik. Kölelik dönemi, kölelik sonrası ayrımcılık ve eksik yurttaşlık sistemi, yurttaşlık hakları ve bir miktar sosyal mobilite dönemi ABD'in ne kadar derinden ırksallaştırılmış bir sosyal düzene sahip olmuş olduğunu göstermiştir. Wilson'ın "ırk"ın daha az önemli hale gelmekte olduğu şeklindeki tezi, ırksal ayrımcılığın, yarattığı etkiler itibariyle zayıfladığını ima etmesi yüzünden eleştirilmişti. Fakat, tarihsel konumlarından ötürü Afrikalı Amerikalılar büyük ekonomik değişimlerden diğerlerine kıyasla çok daha fazla olumsuz yönde etkilenseler bile, bu ekonomik değişimlerin siyahların yanısıra beyazları da olumsuz etkilediğini söylerken Wilson, son derece haklıydı. Bir toplumun etnik oluşumu içinde sosyal açıdan farklı biçimde tanımlanmış ve öteki etnik grupları kendisi için tehditkâr rakipler olarak gören gruplar varsa sınıfsal çıkarların korunması son derece etnikleştirilmiş bir hal alır. Beyazların, siyah işçileri, birçok piyasadan dışlamasında olduğu gibi, sosyal mobilitenin veya iş gücü pazarına girişin etnik açıdan sınırlandırılması, sınıfsal rekabette başvurulan etnik bir taktiktir. Etnik çıkarların gözetilmesinin sınıfsal çıkarı gözetmenin yerini aldığı örnek sayısı fazla değildir, aksine, toplumdaki etnik oluşumun önemini de göz önüne alındığında, sınıf çıkarlarının korunması etnik bir biçim alır. Aynı şekilde etnik çıkarların korunmasının sınıfsal yapılı olduğu da söylenebilir. Bu bölümde kölelik sonrası etnisitenin ayrıntılı bir vaka incelemesini sunduk; sonraki bölümlerde çoğul toplumlar, mülksüzleştirilmiş yerli halklar ve etnisitenin sınıfsal yapılanmasının daha ileri örnekleri olarak Batılı ulus-devletlere bakacağız.

5. Bölüm

Sınıfsal yapılar, Etnik Oluşumlar: Malezya, Hawaii, Britanya

Bu bölümde, kolonyal ve post-kolonyal bir toplumda, mülksüzleştirme ve bir yerli halk örneğiyle, Avrupalı kolonicilerin post-kolonyal toplumları örneklerinden hareket edilerek etnisiteyle sınıfsal yapı ilişkisi irdelenecek. Ele alınacak başlıca örnekler, Malezya, Hawaii ve Britanya'dır.

Kölelikten sonra: "vasıfsız" iş gücü, koloniler ve sömürgecilik sonrası toplumlar

Yeni Dünya'da kölelik, nüfusların ırksallaştırılmasının ve etnikleştirilmesinin başlıca aracı olmuştur. 19. Yüzyılın ortalarında ve sonlarında birçok örnekte köleliğin yerini baskı altında tutulan başka işgücü şekilleri almıştır. Hindistan'dan ve Çin'den Fiji'ye getirilen ve "vasıfsız" iş gücü diye bilinen işçiler, şeker kamışı gibi toplu mahsul üretiminde, birçok açıdan köleliğe benzer koşullar altında, ama efendinin mülkü olmaksızın, kullanıldılar. Kölelik sisteminin sona ermesinin ardından Hintli işgücü birçok Britanya kolonisinde çalıştırıldı. Jamaika, Guyana, Trinidad ve Mauritius'ta durum böyleydi ve Fiji'de Britanyalı idarecilerin plantasyon ekonomisinin dışında "korumaya" çalıştıkları yerli Fijililerin yerine Hintli işçilerin kullanılması tercih ediliyordu (Scarr 1984).

Peru'da 1862'de işgücü kaynağı arayışı içindeki Perulu maden şirketlerinin Pasifik'i tarayarak buldukları Polinezya adaları halkını tutsak ederek köle olarak çalıştırmak için madenlere getirmeleriyle birlikte köle ticaretine karşı yeni bir ilgi oluştu. Adalıların çoğu, Peru'ya ve Guincha Adalarına vardıktan sonra birkaç ay içerisinde Batıya özgü hastalıklara karşı bağışıklıkları olmaması, aşırı çalışma ve ihmal yüzünden öldü; ölüler guano madenlerinde açılan çukurlara gömüldü ve ölmek üzere olanlardan bazıları da "gübre yığınlarına" terk edildi (Maude 1981).

Köleliğin, Britanya kolonilerinde ve ABD'de kaldırılmasının ardında Hawaii'de şeker plantasyon ekonomisi kuruldu. İşgücü Çin, Japonya, Kore, Portekiz ve Filipinlerden ve çok sayıda daha küçük kaynaktan getirildi. Britanya'nın koloni yönetimindeki Malezya'da, Çinli işçiler kalay madenlerinde çalıştırıldı ve Hintli işçiler de kauçuk işletmelerinde ve demiryollarında çalıştırıldılar. Britanya'nın Afrika'daki kolonileri olan Uganda ve Kenya'da ve Seylan adasında (bugünün Sri Lankası) plantasyonlarda veya demiryolu inşası gibi özel projelerde çalıştırılmak üzere Hintliler getirildi.

Bu kitlesel işgücü hareketleri, kolonileşmiş ülkelerde yeni ekonomilerin gelişmesinin temelini oluşturuyordu. Her ne kadar işçiler bazen yer değiştirseler veya eski ülkelerine geri dönseler de, çoğu, torunlarıyla birlikte, geldikleri bu yeni ülkede aşamalı olarak yerleşmeye ve burayı kendi evleri olarak göremeye başladılar. Yerli nüfuslar – Hawaii'deki Hawaiililer, Fiji'deki Fijililer, Malezya'daki Malaylar - ithal edilen işçilerin çalıştığı modern piyasa ekonomilerinin büyük ölçüde dışında kaldılar; etnik kökenle tanımlanan nüfuslar uzun yıllar boyunca birbirinden oldukça uzak kendi yerleşim bölgelerinde yaşamışlardır.

Yeni ülkedeki öteki etnik gruplarla ilişkiler, etnik kimliklerin kemikleşmesi açısından çok önemliydi. Bu, özellikle, ülkeye gelen göçmen işçilerin veya onların çocuklarının plantasyonları terk etmeye başlayıp böylece yerel nüfusla potansiyel olarak ekonomik bir rekabete girdikleri durumlarda geçerliydi. Eski koloniler bağımsız hale geldiklerinde etnik bilinç yoğunluk kazandı. Yerli halk, genellikle, dışarıdan gelenlerin varlığını olağandışı ve gayri meşru görüyordu. Kaynaklar için yapılan rekabette etnik kızgınlıklar göze çarpıyordu. Aynı şekilde Malezya'nın, Sri Lanka'nın, Trinidad'ın ve Fiji'nin bağımsızlık sonrası izledikleri ilk politikalarda açıkça görüldüğü gibi siyasi alandaki rekabet etnik boyutlar kazanıyordu.

Etnik grupların birbirlerine kavrama şekli kısmen kolonici güç tarafından izlenen politikaların ve uygulamaların bir sonucuydu. Koloni yönetimleri, nüfuslara ayrı varlıklarmış gibi davranıp, askerlik ve polislik gibi özel meslekler için diğerlerinden ayrı gruplar seçerek etnik farklılaşmayı pekiştirmişler, hatta "yaratmışlardır".

Malezya: etnik oluşum, sınıfsal yapı

Malezya, sınıfsal ve etnik kategorilerin kesişmesinin ve etnik fenomenlerle ilgili anlayışları, sınıfsal bir yapı ve süreç bağlamına yerleştirme gerekliliğinin mükemmel bir örneğini temsil eder.

1995'te Malezya nüfusu 20.69 milyondur ve nüfusun başlıca üç etnik gruptan oluştuğu görülebilir: Malaylar (yüzde 55), Çinliler (yüzde 30) ve Hintliler (yüzde 9). Ayrıca seyrek nüfuslu Doğu Malezya'da veya Kuzey Borneo'da Malay olmayan yerli gruplar da vardır (Malezya: Yedinci Malezya Planı 1996-2000). Malayların çok uzun bir süreden beri bölgeye yerleşmiş olmaları, az sayıdaki Malay olmayan yerlilerin de aynı statüde olduklarını inkar etmemekle birlikte, kendilerini açıkça ülkenin yerli halkı olarak görmelerine neden olmaktadır. Bu üç grupta da grup içi ayrımcılık söz konusudur – örneğin Hintli nüfus içinde Tamiller ve diğer Hintliler arasında veya dini açılardan Hindu ve Müslüman Hintliler arasında. Fakat Malezya'daki etnik kimliklerin sosyal ve siyasal yapılanmasına dair zorlayıcı olgu, bu üç ana kategorinin –Malay, Çinli ve Hintli – önem itibariyle diğer sınıflamaların yerini almasıdır. Malaylar tarihsel açıdan kendilerini bölge "halkı" olarak görür, siyasi partiler etnik ("topluluksal" diye tanımlanan) bloklar olarak kurulmuştur ve etnik grupların açık bölgesel yoğunlaşmaları göze çarpmaktadır.

Malezya toplumundaki etnik grupların sınıflarla özdeşleştirilmesi – Birleşmiş Devletlerde kölelik ve Afrikalı kökeni örneğimize kıyasla- "mükemmellikten" çok uzaktır. Sınıflar içinde etnik farklılaşma, etnik gruplar içinde sınıfsal farklılaşma vardır. Sömürge döneminde Malay köylerinde (*kampong*) yaşayan köylü üretici kitlesiyle, Britanya'nın "dolaylı hakimiyet" uygulayabilmesinde aracı rolü oynayan Sultanların ve emirlerin oluşturduğu üst sınıf arasında temel bir sınıf ayrımı vardı. Sultanların son sözü söyleyecek kadar etkili bir siyasi gücü yoktu, fakat İslamiyet ve Malay geleneklerini ilgilendiren tüm işlerin yönetimi onların elindeydi (Husin Ali 1991).

İngiliz sömürge sistemi geliştikçe küçük ama giderek artan sayıda Malezyalı çoğunlukla koloni idaresiyle bağlantılı alt orta-sınıf bürokrasi ve hizmet görevlerine getirildi. Fakat bağımsızlıklarına kavuştuklarında (1957) gerek *grande bourgeoisie*[*] (büyük işadamları) gerekse küçük çaplı işlerle ve ticaretle uğraşan işadamları ve tacirler arasında çok az Malay vardı. Aslında herhangi bir şehir

---

[*] Büyük burjuvazi.

mesleğinde çalışan Malay sayısı çok azdı ve bir Malay "sanayi işçi sınıfı" neredeyse hiç yoktu.

Bunun aksine, kolonyal dönemde ve bağımsızlık noktasında, birçok Çinli ve Hintli büyük ölçüde, başlangıçta işçi olarak ihraç edildikleri iki ekonomik sektörle –kalay madenciliği ve kauçuk üretimiyle- özdeşleşmişlerdi. Çinliler, aynı zamanda, Malezya'daki tüccar ve kapitalist sınıfın önemli bir bölümüyle, yerel burjuvazinin en büyük bölümünü oluşturmuşlardır. Hintliler de iş ve ticaret sektörlerine dağılmış ve hatta küçük bir bölümü hukuk ve tıp gibi profesyonel mesleklere girmiştir. Kısacası Çinliler ve daha az ölçüde Hintliler, Malezya'da çoğunlukla "modern sektör" denilen, şehir mesleklerini ve iş faaliyetlerini içine alan sektöre girmiştir.

Göç, etnisite ve girişimcilik arasındaki bağlar, tarihte birçok örnekte tekrar tekrar karşımıza çıkmaktadır. Çok az yerli Malay bunu başarabilirken, Jomo'nun, dışarıdan gelen göçmenlerin iş dünyasında kendilerini nasıl kabul ettirebildiklerine ilişkin açıklamaları Malezya'nın dışında bir çok başka örnek için de geçerli olabilirdi:

> Görünüşte Malay olan bir çok işadamının etnik kökleri genellikle Araplara, Hintlilere ve bugün "Endonezyalılar" denen etnisiteye kadar gidebilir. Çinlilerin belirli ekonomik ve mesleki rollerde uzmanlaşmaları sıklıkla alt-etnik uzmanlaşmayı da, yani ardından gelen lehçe grubu veya soy bağları içeriyordu. Bu, sınır ekonomisindeki sermaye organizasyonun büyük ölçüde akrabalık ve diğer benzer ilişkilere dayandığı anlamına gelir. Kolonyal ekonomideki pozisyonlar sağlama alındıktan sonra, bu sınıfsal ve mesleki rollerinin yaşatılması, alt-etnisiteyi ve dolayısıyla da etnik uzmanlaşma kalıplarını koruma eğilimi göstermiştir... Buna karşıt olarak, Malay üst sınıfı ve köylü sınıfına, müteşebbislik faaliyetlerine girebilmeleri için çok az fırsat veya motiv sunulmuştur. (Jomo 1988, s.245)

Bu ekonomik ve mesleki yoğunlaşmalar, Malezya'daki etnik grupların coğrafik yoğunlaşmalarıyla bağlantılıdır; Çinliler batı sahillerindeki şehir alanlarında yoğunlaşırken, Malaylar, özellikle de yarımadanın doğu sahilleri boyunca uzanan kırsal *pirinç*-üretim alanlarında yoğunlaşmaktadır.

Bağımsızlık dönemine gelindiğinde Malayların oldukça büyük bir çoğunluğu, Malay köyleri, *kamponglarda*, coğrafik olarak tecrit edilmiş ve kısmen gelişmiş bir siyasi bilince sahip köylü tarım üreticileriydi.

Tablo 5.1 Malezya'da İstihdam, 1995

	Bumiputera	*Çinli*	*Hintli*
Çalışanların toplamı	52.4	30.3	8.4
Tarımda çalışanların toplamı	62.1	12.3	6.4
Doktor olarak çalışanların toplamı	33.4	32.1	32.0

Kaynak: Yedinci Malezya Planı Tablosu 3.2 ve 3.4 (uyarlanmış)

Malezya'da, bağımsızlıktan bu yana on yıllar boyunca sınıfsal yapıda ve bu yapının etnik boyutlarında belirgin değişiklikler olmuştur. Bunların en önemlisi öğretmenler, memurlar, idareciler, akademisyenler ve bunlarla ilgili profesyonel ve yarı-profesyonel mesleklerden oluşan orta sınıfın genişlemesi ve şehirli işçi sınıfının, özellikle de yeni imalat sanayileri alanında genişlemesidir. Sınıfsal yapıdaki bu değişimin etnik boyutu, modern mesleklere girişte Malayların, planlı bir devlet politikası gereği olarak kayırılması şeklinde olmuştur (Lim 1985). Malaylar, aynı zamanda, sermayeyi elinde tutan sınıfın bir parçasını oluşturmaya başlamışlardır. Bu da yine, Malayların "geleneksel" sektörde yoğunlaşmasını gerçek ve potansiyel anlamda ciddi bir siyasi sorun olarak gören bir devlet politikasıyla desteklenmiştir. Malaylar arasındaki sınıfsal farklılaşma, bu dönemde öylesine değişime uğramıştır ki bugün sadece geleneksel bir elit ve köylü sınıf ayrımını -Sultanlar ve köylüler- değil, ayrıca *grande* ve *petite bourgeoisie*'yi, idari ve siyasi bir sınıfı ve şehirli bir işçi sınıfını da içermektedir.

Malezya'daki bazı Çinli yerleşimciler, Malayların yanında tarım ve küçük çaplı ticaret ekonomilerine girmiştir ve geriye Malezya'nın ırksal hayatı içerisinde asimile edilen bir Çinli azınlığı kalmıştır. Fakat Malezya'daki çok sayıda Çinli, başlangıçta çalışmaları için getirildikleri kalay madenlerinin bulunduğu alanlarda ya da yakınında, arka arkaya girdikleri iş ve ticaret sektörlerinde ve hâlâ en büyük bölümünü oluşturdukları şehir üretim sektöründe çalışmaya devam etmişlerdir. Dolayısıyla Malezya'daki başlıca üç etnik grup, geçmişe ait ve bazı açılardan hâlâ devam eden bir dizi sınıf-etnisite özdeşleştirmelerine, yani Malayların köylülükle, Çinlilerin kalay madenciliğiyle, iş ve ticaret sektörleriyle ve fabrika işçiliğiyle ve Hintlilerin kauçuk imalatıyla, alt düzey idarecilikle ve özellikle tıp olmak üzere bazı uzmanlıklarla özdeşleştirilmelerine rağmen, sınıfsal farklılaşmayla tanımlanabilir (bkz. Tablo 5.1).

Malay köylülerinin Çinlilerle temasları, yan yana tarımsal faaliyet yürütmenin dışındaki spesifik ekonomik ilişkilerle, yani fakir Malay köylüsünün tüccar veya tefeci Çinlilere göre çok dezavantajlı bir konumda kaldıkları ticari ilişkilerle başladı. Bir Malay işadamları sınıfını güçlendirmeye yönelik ilk girişimleri değerlendirirken Jomo, Malaylarla Çinliler arasındaki şu ticari bağlantıyı gözlemlemiştir:

> Malay kapitalistlerinden oluşan bir sınıf yaratma yönelik ilk çabaların hayal kırıklığı yaratan sonuçları, mevcut bir kaç kapitalistin ve bu gibi sınıfsal özlemleri olanların planlarını suya düşürdü. Yaşadıkları hayal kırıklığının başlıca nedeni olarak, tahmin edileceği gibi, genellikle Çin burjuvazisiyle özdeşleştirilen yerleşik burjuvazi içindeki rakipleri gösterildi. Ayrıca yeni gelişen bir burjuvazinin iştahını kabartan henüz fazla tekelleşmemiş ekonomik pozisyonları işgal edenlerin başında Çinli işadamları geldiğinden, kapitalistler arasındaki rekabetten kay-

naklanan hayal kırıklıkları giderek daha sıklıkla etnik açılardan dışa vuruluyordu. Dahası özellikle ticaret ve kredi konularında, yani para dolaşımı alanında, Malay kitleleriyle doğrudan ilgilenenler de çoğunlukla kapitalistlerdi ve dolayısıyla genel kızgınlığın yönlendirilebileceği uygun bir hedef konumundaydılar. Bu Çinli burjuvazinin aslında ekonomiye hakim olmamasının, bu yüzden, Malay burjuvazisinin istekleriyle hiçbir alakası yoktu (Jomo 1988).

Jomo, "etnisite"nin veya 'ırk'ın sınıflarla veya sınıf fraksiyonlarıyla bu kadar güçlü bir biçimde özdeşleştirmenin, etnik olanı, açıkça siyasi ve ekonomik bir mücadeleyi tırmandırmak için en elverişli ideolojik bayrak haline getirdiğini söyler.

1969 seçimlerinde Çinlilerin desteğini alan partilerin seçim başarıları elde etmesinin hemen ardından başkentte başlayan kutlamalar etnik ayaklanmalarla noktalandı (bkz. 6.Bölüm). Bu huzursuzlukların sonuçlarından birisi, Malezya'nın siyasi ve ekonomik politikalarında Malayların daha fazla söz sahibi olması gerektiği yönündeki görüşlerin güçlenmesi oldu. Bu, topluluklararası şiddet ve gerginliğin nedeninin, Malayların, diğerlerine kıyasla daha çok ekonomik dezavantaja sahip olmaları, modern ve modernleşmekte olan sektörlerde yeterince temsil edilmemeleri olduğunu savunan argümana dayanıyordu. Sınıfsal açıdan ifade edilirse bu, Malayların büyük çoğunluğunun yoksul kırsal köylüler olduğu ve ücretli işçi veya işadamı olarak çok az Malayın, şehirdeki kapitalist endüstriyel ve ticari sektörde çalıştığı anlamına geliyordu. Yeni Ekonomik Politika bu yüzden iki temel amaçla birlikte anılıyordu: yoksulluğun giderilmesi ve ekonomik işlevin etnisiteyle özdeşleştirilmesine bir son verilmesi... Etnik bir sorunun sınıfsal bir çözümünün olduğu - özellikle elbirliğiyle ve planlı bir şekilde bir Malay orta sınıfının ve işveren sınıfının yaratılması- düşünülüyordu. Sisteme bu şekilde dahil olmadıkları takdirde Malaylar kendilerini, kendi ülkelerinde kaybeden insanlar olarak görmeyi sürdüreceklerdi; böyle bir sonuç da onların kendi topraklarında bağımsız bir şekilde yaşadıkları konusundaki görüşleriyle ters düşecekti. Malay bir yazarın anayasaya ilişkin görüşünü ifade ederken yazdığı gibi:

> Genel uzlaşma açıkça, Malay olmayanların, Malezya'ın bir Malay ve Müslüman ülkesi olduğunu tarihsel gerçeğini kabullendiğini göstermektedir (Nawawi 1990).

Malezya'daki bütün etnik nüfusların sınıfsal açıdan farklılaşmalarına rağmen, Malaylar, uzun süredir Çinlileri hep iş dünyası ve zenginlikle özdeşleştirmiştir. Bunun nedeni, kısmen yabancı sermayenin düşük profilinin aksine Çinli burjuvazinin belirgin olması ve kısmen de Malay köylülerinin ve şehir sakinlerinin, "ticaret ve kredi hususunda genel öfkenin yönlendirilmesi için elverişli bir hedef haline gelen" Çinli işadamları ile doğrudan ilişkiye geçmiş olmasıdır (Jomo 1998).

Malezya devletinin 1969'dan beri oldukça açık bir amacı vardı: Malezya'da başarılı bir kapitalist ekonomi yaratmak ve büyük etnik (topluluksal) şiddetten ve huzursuzluklardan uzak durmak. Her ikisi de birbirleriyle çok yakından bağlantılıdır, fakat bunun tek nedeni, Malezya'nın gözünü yabancı ve uluslararası sermayeye dikmesi ve ülkeye çekmek istemesi değildir. Üretimin çöküntüye uğraması riski ve güvenlik maliyetleri düşünülürse, ciddi sosyal huzursuzluğun ve siyasi istikrarsızlığın ortaya çıkması, her yerde sermaye yatırımı için caydırıcı bir unsurdur. Malezya hükümetinin, aynı zamanda, Malezya'yı yabancı yatırımcılar için, hangi etnik kökenden olursa olsun hiçbir işçi kargaşasının yaşanmadığı cazip bir yer haline getirmesi gerekmektedir. Siyasi örgütlenmelere ve tartışma özgürlüğüne getirilen kısıtlamalar, özellikle etnik bölünmelerin idaresini ve sınıf politikalarının ve sendika direncinin kontrolünü veya bastırılmasını hedeflemektedir. Husin Ali etnik politikalara kıyasla daha fazla sınıf olan kontrolünden bahseder:

Günümüz koşullarında etnik nüfuzun daha güçlü olduğu görülmektedir. Malezya politikasında, etnik temelli siyasi partiler, ırksal politikaları veya ideolojileri oldukça özgürce ve yüksek sesle ifade edebilmektedir, ancak diğer taraftan sınıf ideolojisini benimseyenlerin hayatı zorlaştırılmıştır; aslında sınırlandırılabilir veya yasaklanabilirler ve bugüne kadar da böyle olmuştur (1991).

Etnik politikalar genel olarak eşitsizlikler karşısında halkın kızgınlığını maskeleyebilmesine rağmen, etnisitenin sınıfsal politikaları bozduğu teorisi yabana atılmamalıdır. Malezya'da *tek başına* etnik bölünmeler bile ciddi bir tehdit oluşturmaktadır; Malezya'da etnisitenin ve sınıfın ekonomi politiği dengeleyici bir rol oynamaktadır. Hükümet ne bir sınıfsal ayaklanmayı kaldırabilir (1997'de kötü iş güvenliği koşullarına karşı ayaklanan Güney Kore işçileri gibi) ne de etnik kargaşaları. Köylü sefaleti için "Malay sefaleti" ve ticari zenginlik için de "Çinlilerin zenginliği" ifadeleri kullanılabilir, ama hiç kimse etnik bir savaşı kaldıramaz.

Tüm Bumiputraların* beşte birinden daha fazlası (çoğunlukla Malay) tarımda istihdam edilmektedir; kıyaslarsak, örneğin Hintliler için bu oran altıda birden daha azdır. Hükümet, Malaylara yardım etmeye ne kadar kararlı olursa olsun, köylünün yoksulluğu için açık bir çözüm yoktur. Diğer taraftan bu, Malezya'nın ekonomik politikasının büyük ölçüde, yabancı sermayenin korunması ile devlet yönetimindeki iç kapitalizmin bir kombinasyon gerektiren modern kapitalist sektörün geliştirilmesine yönlendirilmiş olmasının bir sonucudur. Diğer taraftan eyalet hükümetleri dünya mal fiyatlarına bağımlı bir ekomiyi yönetemediğinden köylünün yoksulluğu devam etmektedir. İç piyasalarda pirinç fiyat desteği görebilir veya sübvansiyon edilebilir ama, uluslararası piyasalarda pirinç ya da başka mallar için bu söz konusu değildir. Kırsal sefalet

* Bumiputra,Malaylara ayrılmış olan topraklara verilen ve "toprak çocuğu" anlamına gelen ad (editörün)

veya ekonomik açıdan ayakta kalmak, büyük ölçüde, Batı pazarlarında otomobil ve spor malzemelerine gösterilen talebe bağımlı olan dünya kauçuk fiyatlarının dalgalanmasına bağlıdır.

Kırsal sefaletin ortadan kaldırmaya yönelik siyasi irade, Malay etnik nüfusunun sınıfsal konfigürasyonu yüzünden zayıflamaktadır. Devletten teşvik gören Malay işadamları, Malay toprak sahiplerinden oluşan eski bir elit sınıf ile siyasi gücü paylaşmaktadır. Malay köylülerin işine yarayacak olan toprak reformları, topraklarının bölünme ihtimali olanlar için hiç de hayırlı olmayacaktır. Kırsal kesime yönelik toprak takası planlarıyla ve yoksul Malay köylülerine yeni girişimleri başlatmalarında yardımcı olarak kırsal yoksulluğu çözmekte bazı mütevazı başarılar elde edilmiştir. Fakat Malezyalı köylü sınıfının büyük bir kısmı, yoksulluk içinde veya yoksulluk sınırında yaşamaktadır ve tüm dünyadaki kırsal üreticiler gibi dış piyasalardaki dalgalanmalara bağımlı kalmaktadır. Malezya'daki yoksulların çoğu kırsal kesimdedir ve köylü sınıfı yarıya varan bir oranda yoksulluk içinde yaşamaktadır (Jesudason 1989). 1995'te tüm Malezya'da ortalama aylık hane geliri 2.007 RM'ydi; Bumiputra için bu değer 1.600 RM, Çinliler için 2.895 ve Hintliler için 2.153'tü (Malezya: Yedinci Malezya Planı, Tablo 3.6).

Bağımsızlık sonrası Malezya devletinin başarısı, kırsal yoksulluk sorununu çözmek değil, modern sektörde devrimci kapitalist ilerleme için gerekli şartları yaratmak olmuştur. İmalat sektörü -örneğin Japonların yatırım desteğiyle otomobil ve elektronik eşya imalatı – petrolü, ham maddeleri (kalay, kauçuk, palmiye yağı) ve geleneksel tarımı, genişleyen Malezya ekonomisine dahil etti. Başbakan, MSC – Medya Süper Koridoru- bölgesiyle küresel ekonominin en büyük aktörlerinden biri olmayı hedefleyen "2020'lerin Malezya vizyonunu" belirledi (Jeshurun 1993). Etnik açılardan başarı, örneğin Sri Lanka'nın aksine, büyük etnik bölünmelerin ortaya çıkmamasında ve Malayların siyaset ve iş dünyasında orta ve üst sınıf konumlarına yükselmesinde yaşandı. Malezya'da, herşeyden önce elitler düzeyinde Malaylar ve Çinliler (ve diğerleri) birbirlerine muhtaçtır – bu çok etnisiteli bir elit sınıftır:

> Malaylar ve Çinliler, [hükümette ve Ulusal Cephede] siyasi açıdan, ortak girişimlerde ekonomik açıdan ve klüp üyeliklerinde ise sosyal açıdan birbirlerine bağlı küçük bir elit halkadan oluşurlar (Husin Ali 1991, s. 105).

Etnik entegrasyon sınıfsal özellik taşır. Fabrika işçileri arasında, etnisitelerin kesiştiği kolektif eyleme yönelik bazı girişimler başarılıdır, fakat sendikacılık hem topluluksalcılık hem de yetki ve faaliyetlerini dizginleyen genel güçler tarafından engellenmiştir (Ackerman 1986, Khan ve Loh Kok Wah 1992, Boulanger 1996).

Malayların ücretli iş gücü olarak şehir ve imalat ekonomilerine girmeleri, uzun dönem içinde bir sınıfı ve toplulukla ilgili olmayan sendika politikalarını canlandırabilir; kısa ve orta dönemde etnisite veya "topluluksalcılık" ağırlığını hissettirmeye devam eder. Bu tür bir sınıf ve etnisite kesişmesi, Malezya'daki kültür ve etnisite politikalarıyla yakından alakalıdır. Daha "köktenci" bir İslam inancına destek verilmesi, örneğin, kırsal kesimlerdeki yoksullar ve Malay şehirli orta sınıfın bazı kesimleri arasında görülen belli sınıfsal gruplaşmalarda çok daha belirgindir (Khan 1998, Schmidt *ve ark.* 1998).

Bu kültür ve politika konularına 6. ve 7. Bölümde döneceğiz. Bu bölümün geriye kalan kısmında, diğer iki karakteristik etnik oluşturma bağlamlarını, yerli halkların mülksüzleştirilmesini ve Avrupa'da şehir azınlıklarının oluşumunu inceleyeceğiz.

Hawaii: yerlilerin mülksüzleştirilmesi

Hawaii Adaları'na ilk yerleşenler, M.S. 3. yüzyıl ile 5. yüzyıl arasındaki bir dönemde bugün Markiz Adaları diye bilinen Güney Pasifik adalarından göç eden insanlar olmuştur (Oliver 1975). Bunlar, Güney Pasifik'in diğer halklarıyla kültürel benzerlikleri paylaşan, bugün Tahiti, Markiz Adaları, Yeni Zelanda (Maori) ve okyanus Polinezyalılarının seyahat edip yerleştikleri diğer adalarda yaşayan Polinezyalı halklardı. Hawaii ile doğdukları adalar arasında süren kesintisiz trafikle birlikte Hawaii adalarının nüfusu daha sonraki yüzyıllarda durmadan büyüdü. 18. Yüzyılın sona ermesiyle birlikte Hawaii'nin nüfusu hakkındaki tahminler farklılık göstermeye başlamıştı. Bir süre için, kısmen gemileri ilk defa adalara rastladığında Kaptan Cook'un yaptığı tahminlere dayanan 400.000 sayısı civarında bir görüş birliği sağlanmıştır. Çok daha yakın zamanlardaki yorumcular, bu tahminlerin çok düşük olduğunu, gerçek sayının büyük ihtimalle bir milyonu bulduğunu, bu sayının da Avrupalılarla temas etmeden önce, Kuzey ve Güney Amerikalı ve Pasifikli nüfuslara ait genel bir yeniden tahminin bir kısmı olduğunu ileri sürmüştür (Stannard 1989, 1992). Yeni tahminlerin etkisi iki yönlü olmuştur: Avrupalılarla temasa geçmeden önce, bölgelerdeki toplumların muazzam gücüne ve başarısına işaret etmekte ve Avrupalıların gelişinin yol açtığı sosyal ve fiziksel yıkımın büyüklüğü hakkında ortaya daha yüksek bir tahmin koymaktadır.

İngiliz Kaptan James Cook'un adaları kolonileştirmek gibi öncelikli bir niyeti yoktu, fakat onun ve diğerlerinin serüvenlerinin amacı Avrupa'nın genişlemesi ve egemenliğiyle çok yakından bağlantılıydı. Gezginler, sponsorlarına uluslararası ticarette ve alışverişlerde avantaj sağlayacak yeni deniz rotalarını araştırıyorlardı ve bazıları, örneğin, köle ekonomileri için ucuz yiyecek sağlayacak bitkileri arıyordu. Kısmen tecrit edilmiş konumundan ve potansiyel kolonicilerin böyle bir seyahatten elde edilebilecek avantajları görememelerinden ötürü Hawaii hemen kolonileştirilemedi. Fakat adalara Avrupalılar birlikte ateşli silahların gelmesi, doğudan batıya doğru birkaç yüz milin üzerinde bir alana yayılan bu adaların, Hawaii Krallığının ilk Kralı Birinci Kamehameha önderliğinde birleşerek güçlenmesi sürecini hızlandırdı. Resmen ve bağımsız bir Hawaii Krallığı 1893 yılına, ilhakı savunan partinin, son hükümdar olan Kraliçe Liliuokalani'yi silah zoruyla devirmesine kadar varlığını sürdürdü. Her ne kadar Federal ABD hükümeti ilhak önerisini hemen onaylamasa da, yüz yılın sonuna gelindiğinde adalar, ABD'nin ilhak ettiği bir bölge haline gelmişti ve onların bu statüsü 1960 yılına, Hawaii ABD'in ellinci eyaleti olana kadar devam etmiştir.

Kraliçe Liliuokalani hükümetinin gayri meşru bir şekilde düşürülmesi ve 1959'da Hawaii bir Amerika eyaleti yapılırken Hawaii halkının rızasının alınmaması, Amerikan rejiminin gayri-meşruluğuna ve toprakların ellerinden alınmasına ilişkin mevcut iddiaların temelini oluşturmaktadır. Bugün adalardaki toprakların büyük bir bölümünün, özellikle de gayri meşru devirme hareketinin ardından Federal hükümete bırakılan ve 1960 yılında tekrar Hawaii eyaletine teslim edilen toprakların mülkiyeti ve kullanımı siyasi ve hukuki tartışma konusudur (Loomis 1976). Hawaii'nin A.B.D toprağı statüsüne geçtiği dönem sırasında onaylanan Vatan Toprakları Yasası uyarınca tayin edilen büyük toprak hisseleri de, yasanın amaçladığı gibi Hawaiililere hiçbir kazanç sağlamamıştır (Buck 1993).

Adanın bugünkü nüfusu yaklaşık 1.2 milyondur ve bu sayının yaklaşık yüzde 20'si az ya da çok Hawaiili kanı taşıdığını iddia edebilmektedir ve adalar halkının elinden alınan toprakların tamamı için hak iddiasında bulunabilmektedir. Hawaii soyundan gelen on binlerce insan ABD'nin diğer eyaletlerinde yaşamaktadır (Barringer *ve ark.* 1995). Hawaii'nin yakın geçmişi, Avrupalı ve Amerikalı bir kolonyalist yayılmacılık, mutlak hakimiyet ve ekonomik sömürü modelinin parçasıdır, fakat bazı örneklerden önemli bakımlardan farklıdır. Avrupalıların başlarda kolonileştirmeyle fazla ilgilenmemeleri, egemen krallık tarafından yönetilen ve yönlendirilen bir değişim döneminin yaşanmasına olanak sağladı. Fakat bu dönemde –19. Yüzyılın ilk yarısı- bile Avrupalılarla temasın ekonomik etkisi oldukça büyük olmuştur.

Birincisi, sandal ağacı ticareti adalarda tek bir ağaç kalmamasına neden oldu ve ülkenin ekonomisini ve ekolojisini düzeltilemeyecek şekilde mahvetti. Daha sonra Honolulu'nun ve Lahaina'ın uluslararası balina avcılığı ticareti için çok önemli uğrak limanları olarak kullanılmaları, geleneksel taro* üretiminin, balıkçılık ekonomisinin ve bunlara bağlı yaşam tarzlarını yok olmasını beraberinde getirdi. Hastalıkların ortaya çıkmasının, ekonomik müdahalenin, siyasi karmaşanın ve Hıristiyan misyonerlik faaliyetlerinin ardından kültürel birleşik etkileri bir medeniyetin yok olmasına neden olmuştur. 18. yüzyılın ikinci yarısında neredeyse bir milyona yaklaşabilmiş bir nüfus, 19. yüzyılın sonunda 30.000'in sadece biraz üzerine çıkabilmiştir. Bu, bütün Amerika ve Pasifik boyunca örneklerine rastlanan bir yok oluşun hikayesidir.

Hawaii hükümetinin varlığını sürdürmesine rağmen,19. yüzyıl boyunca Hawaii, adaların askeri stratejik öneminin giderek artan bir şekilde farkına varılmasının ve Amerika'nın adalardaki ekonomik çıkarlarının beraberinde getirdiği giderek artan bir baskıya maruz kalmıştır. Hawaiili hükümdarlar kendi özerkliklerini ve halklarının çıkarlarını korumak isteyebilirdi, fakat genellikle donanma gemilerinin adaların açıklarına konuşlandırılmasıyla sinyalini veren Amerikan askeri tehdidi, Hawaii hükümetinin hareket serbestliğini ortadan kaldırmıştı. 19. yüzyılın ortasına gelindiğinde hükümet, Hawaii halkına ve geleneksel hayat tarzına yabancı, Batılı bir arazi mülkiyeti ve kontrolü sistemi içinde, toprak alım satımına izin vermeye zorlandı.

1830'larda plantasyon ekonomilerinde bazı tecrübeler yaşanmış olmasına rağmen, 1860'lara gelindiğinde, toprak alım satımı veya kiralanması daha fazla toprak spekülasyonuna yol açarak, hemen

---

*kökleri için yetiştirilen tropik bir bitki.

ardından ABD'yle yapılan 1871 Karşılıklı Mübadele Antlaşması şeker plantasyonlarının geniş bir alana yayılmasına olanak sağlamıştı. Antlaşma, Hawaii şekerinin gümrük vergisi alınmadan ABD'ye girebilmesinin önündeki engelleri kaldırmış, daha sonra da "karşılık" olarak, stratejik öneminin farkına varılan Pearl Hourbour'un Amerikalılar tarafından kullanılmasına izin vermiştir.

1870'lerle, 1880'lerde krallığın çıkarlarıyla plantasyon sahiplerinin ve ticaretle uğraşan öteki kesimlerin çıkarları arasında belli bir uzlaşma sağlanmasıyla, özellikle Kral David Kalakaua'nın hükümdarlığı döneminde nispeten istikrarlı bir dönem yaşandı; son Kraliçenin Krallığın özerkliğini bir nebze koruyabilmek için gösterdiği çabalar plantasyon sahiplerinin ve onların yanında yer alanların krallığı devirme planları yapmasına yol açtı (Liliuokalani 1964). O zamana kadar şeker plantasyonları, büyük ölçüde, Asya'dan ithal edilen göçmen işçilerin çalıştırıldığı diğer adalara da yayılmıştı (Lind 1938).

Beyaz Avrupalı ve Amerikalı göçmenler ile Hawaiililer arasındaki evlilikler sayesinde 19. yüzyılın başlarında sağlanan bir arada yaşama dönemini, torunlarının çoğu adalarda kalarak Hawaii'nin bugünkü etnik demografisinin temellerini atan yüz binlerce "Asyalı" plantasyon işçisinin ithalatı izlemiştir (Lind 1938, Kent 1993). 1990'da bir milyonu aşan nüfus içinde, temelde Amerikalılardan oluşan beyazlar bir azınlıktır, ama yüzde 30'un üzerinde bir oranla en büyük etnik nüfusu oluşturmaktadır. Aralarında bugüne kadar dışarıdan evliliğin çok nadir gözlemlendiği Japon soyundan gelenlerin nüfusu ise (yüzde 25) ikinci en büyük grubu teşkil etmektedir. Hâlâ karışmamış, aynı soydan gelen çok az Hawaiili vardır, fakat beyaz Amerikalılar, Çinliler, Filipinliler, Portekizliler ve diğerleriyle yapılan gruplararası evliliklerin ardından doğan melez nesillerin büyük çoğunluğunu oluşturduğu Hawaii kökenli nüfus, bu yüzyılda devamlı büyümüştür (Hormann ve Lind 1996).

18. Yüzyıl Hawaii toplumunda başlıca sınıfsal ayrım, *ali'i* ve *kama'aina* , yani soylular sınıfı ve onlara sadakat borcu olan, onlara karşı minnettarlıklarını emek, üretim veya hizmet şeklinde gösteren sıradan halk arasındaydı. Üst tabakayla halk tabakası, erkeklerle kadınlar arasındaki ilişkileri düzenleyen kurallar, ciddi cezalarla yaptırım gücüne sahip bir yasaklar sistemi olan *kapu* tarafından yönlendiriliyordu. Toprağa gösterilen ilgi özellikle, balığın yanında bölgenin başlıca ürünü *poi*'nin ana maddesi olan taro bitkisinin üretildiği sulak topraklar üzerinde yoğunlaşmıştı. Eski Hawaii kültürüne ait hayatta kalan izlere, örneğin *heiau* (tapınaklar) kalıntılarında, mezarlık alanlarında, taş resimlerde, bir kısmı kazılarla gün ışığına çıkartılmış köy yerleşmelerinde ve şarkılar, efsaneler, hula-hulalar ve okyanus, balıkçılık, kano yapımı, sağlık ve manevi huzur hakkında sonsuz bir bilgi birikimi gibi manevi kültür öğelerinde rastlanılabilir (Handy *ve ark.* 1981).

1778'den sonra görülen Avrupa kökenli hastalıkların etkisi, daha önce de belirttiğimiz gibi, ciddi ve geniş çaplıydı. Fakat Avrupalılarla ticari ilişkilerin sonuçları da, yerel toplum ve ekonomi için aynı şekilde tahripkâr olmuştur. Yabancı tacirler bölgeye girebilmek ve sandal ağacı tedarik edebilmek için *ali'i*lerle anlaşmışlardır. Güzel kokulu ağaçlar *kama'aina*'lar tarafından toplanarak, ödemeyi *ali'i*lere yapan tüccarlara teslim edilmişler, fakat *ali'i*lerin ticari bilgilerden yoksun olmaları, zararlı çıktıkları anlaşmalarla aldatılmaları ve ödemelerin, adaların daha önce görmediği ıvır zıvır şeylerle yapılmasına ikna edilmeleri anlamına geliyordu. Daha sonra balina ticaretinin izlediği bu süreç, adanın sosyal düzenini ve önderlerle sıradan halk arasındaki ilişkileri bozmuştur. 1820'de misyonerler gelerek kendilerini dinleyen insanlara Hawaii'nin sapkın ve yozlaşmış bir uygarlık olduğunu anlatmaya başladıkları sıralarda, yozlaşma ve nüfus azalması, dolayısıyla, tarımın ihmal edilmesi süreçleri açıkça görülmekteydi.

Hawaiili *ali'i* sınıfından bazı bireyler ve aileler adaya tüccar, misyoner veya donanma subayı ve askeri olarak gelen beyaz Avrupalılarla ve Amerikalılarla ilişkilere girmişler ve evlilikler yapmışlardır. Dışarıdan gelenlerden bazıları, bir çok örnekte, Amerika ve dışındaki dünya hakkında sahip oldukları yararlı bilgilerini paylaşan elçiler olarak Hawaiili önderlere ve Krallığa faydalı hizmetlerde bulunmuşlardır; böylece bölgede, yönetici Hawaiililerin dışarıdan gelen Avrupalıların ve Amerikalılarla iki grup arasında bağlar yaratan gruplar arası evlilik yapmış ailelerin oluşturduğu bir üst sınıf oluşmuştur (Daws 1968, de Varigny 1981). Hawaiili soylular sınıfı, yaptıkları ve söyledikleri itibar gören resmi yönetim ve bölgeye girişi sağlayabilecek bir vasıta olduğundan, dışarıdan gelenler, bu sınıfın işbirliğine muhtaçtı. Hawaii Üniversitesi'nin ilk sosyoloji profesörü Romanzo Adams (1934) üst sınıf düzeyinde "ırklararası" evliliklerin meşrulaştırılmasının, benzer yerlerle karşılaştırıldığında, Hawaii'de farklı bir ethos ve "ırk" öğretisi yarattığını ileri sürmüştür. Hawaii toplumunun bu kısmen-Hawaiili-kısmen-*haole* fraksiyonu hem sınıfsal hem de etnik olarak tanımlanmıştı. Bu durum, krallığın yönetici elit sınıfında da göze çarpıyordu ve Hawaii üst sınıfında, *hapahaloe* denen yeni bir etnisiteyi yaratan melez bir soy grubuydu.

Toprakları kraliyet, hükümet, soylular sınıfı ve sıradan halk arasında paylaştıran bir yasa olan 1848-50'nin Grand Mahele'sinde (Chinen 1958, Kame'elehiwa 1992), *kama'aina*'ya tahsis edilen pay çok azdı ve nüfusun genel olarak güçsüzleştirilmesi çoğu toprak istihkakı taleplerinin resmi kayıtlara geçirilmesi (tapulanması) konusunda çok az ilerleme kaydedilebilmesinin nedenlerinden birisiydi. *Ali'i*'lerin bazıları topraklarını satmışlar veya kiraya vermişlerdir, plantasyon ekonomisinin korunmasını kolaylaştıran değişikliklerden birisi de bir emlak piyasasının oluşması olmuştur. Kraliyet ve hükümet toprakları, daha önce de belirttiğimiz gibi, 1893 yılında hükümetin gayri meşru bir girişimle devrilip, ardından

Hawaii'nin ilhak edilmesi ve 1959 yılında bir eyalet olduğunun kabul edilmesi sırasında kaybedilmişti. Bu dönemde 19. yüzyıldaki topraklarını kaptırmamayı başarmakla kalmayıp, aynı yüzyılın ikinci yarısında daha da arttırarak, her zamankinden çok daha varlıklı hale gelen nüfus kesimi söz ettiğimiz *hapahaole* etnik sınıf gruplaşmasının üyeleridir.

Geçim kaynakları olan toprak ve deniz üzerinde çok fazla hakları olmayan, hastalıkların ve sayıca azalmanın zayıflattığı Hawaii halkı, yeni plantasyon ekonomisi için gerekli iş gücü ihtiyacını karşılayacak bir konumda değildi. Dolayısıyla Hawaiililer, adalarda, hem sosyal hem de coğrafik açıdan marjinalleşmiş bir pozisyonda kalırken plantasyon ekonomisi Hawaii ekonomisinin merkezi unsuru geldi. Bu olgu başka bir sınıfsal ve etnik ilişkiler sistemi yarattı. Plantasyon ekonomisi ABD'de köleliğin kaldırılmasından on yıl sonra, 1870'ler boyunca hızla gelişti. Karayipler'deki plantasyonların, Hintli iş gücü alması ve daha sonra Fiji'nin Hintlilerin sırtından bir şeker sanayisi inşa etmesi örneklerinde olduğu gibi, Hawaii şeker ekonomisi de, Asya'dan ithal edilen iş gücüne bağımlıydı. İlk göçmen işçiler Çin'den, ikinci grup Japonya'dan gelmişlerdi. Bu iki kaynağın tükenmesinin ardından Filipinli iş gücü en büyük grubu oluşturdu.

Şeker, daha sonra ananas üreticileri, sürekli olarak, işgücündeki etnik bölünmelerden faydalanmaya çalıştılar. Farklı göçmen grupları belli çiftliklerde çalışıyorlardı ve çalıştıkları yerlerde inşa edilmiş basit kulübelerde yaşıyorlardı (Takaki 1984, Beechert 1985). Lind, göçmen işçilerin, çiftlik hayatının koşulları altında nasıl ırksallaştırıldıklarını – kendi özlü ifadesiyle "ırk-oluşturucusu olarak plantasyon"u anlatmıştır:

> Plantasyonlar, 1852'de Çinlilerden başlayarak, takip eden yaklaşık bir asırlık bir dönem içinde değişen sayılarda Portekizliyi, Güney Denizi Ada halklarını, Japonu, Almanı, Norveçliyi, Koreliyi, Porto

Rikoluyu, Rus'u İspanyolu ve Filipinliyi ülkeye getirmiştir. Her biri özellikle, gerekli uysal vasıfsız iş gücü arzının bir kısmını karşılamak için ithal edilmişlerdi ve daha sonra uygulanan ayrımcı bir işgücü kontrolü sistemine her grup ayrı ve farklı – fakat açıkça ikinci sınıf - bir ırk olarak kabul edilmeye başlandı... İşçiler üzerinde etkili kontrol kurmayı amaçlayan plantasyon stratejisine, işçileri aynı etnik geçmişlere sahip insanlardan oluşan çalışma gruplarına ve farklı topluluklara veya "kamplara" ayırmak da dahildi (Lind 1996).

İşçi örgütlenmeleri – 1930'lara kadar - büyük ölçüde etnik temelliydi, dolayısıyla bütün işgücünü kapsayan bir örgütlenmeyi engelleyerek, etnik rekabeti teşvik ediyordu; farklı gruplar giriş aşamasında belirlenen oranlara bağlı olarak farklı oranlarda ücret alıyorlardı. On binlerce işçi Hawaii'ye gelince üreticiler farklı iş gücü kaynaklarıyla ilgilenmeye başladılar – yeni gruplar çok daha kolay kontrol ediliyordu ve daha ucuzdu. Dolayısıyla plantasyon sahipleri ve temsilcileri peş peşe etnik stereotipleri geliştirdiler. Çinli işçiler yerleşik hale geçtiklerinde, onlardan sonra gelen Japonlara kıyasla daha az uysal görülmeye başlandılar; ve daha sonraki gruplarda da bu böyle oldu. Gruplar içindeki çeşitlenmelerin, farklı işgücü kaynakları içindeki çeşitlenmeler kadar çiftlik sahiplerinin işine yaradığı düşünülüyordu. Çin'den ilk gruplar geldiğinde, plantasyon yöneticileri işçiler arasındaki dil ve bölge farklılıklarına özellikle dikkat ediyorlardı. İşgücünü hem toplarken hem de kullanırken ayrı ve çeşitli gruplaşmalar işverenlerin işine geliyordu. Bu yüzden Lind, "büyük plantasyonların, ilk defa dünyanın oldukça farklı ve aşırı nüfuslu bölgelerinden köylü gruplarını getirip onlara ayrı bir ırksal kimlik bahşederek, gerçek anlamda, Hawaii 'ırklarının' çoğunu yarattığı" sonucuna varır (Lind 1996, s. 114).

Günlük işin sıkı bir disiplin altında yürütülmesi ve iş dışı saatlerde işçilerin kontrol edilmesi plantasyonun genel özellikleriydi ve Lind bu rejimi tanımlarken kölelikle benzer olduğunu vurgulamıştır (Lind 1938). 1920'lerde yaşanan baskılar sırasında protesto edilen etnik temelli sendikalar acımasızdı ve 1930'larda etnisitelerarası sendikacılık geliştiğinde gösterileri bastırabilmek için güç kullanılmıştır. Barışçı bir gösterinin bastırılmasına ilişkin hafızalara kazınan en kötü olay, 1938 Hilo Katliamında, çok etnisiteli sendikaları hedef alan, göz yaşartıcı gaz, tazyikli su ve silahların kullanıldığı polis hareketiydi (Daws 1968, Beechert 1985, Puette 1988). Çok açık sınıfsal mücadeleyle, işçilerin ve ailelerinin disipline edilmesi, plantasyon üretimine ve ABD ordusu için adanın artan önemine bağımlı bir ekonomi, "şeker kaplı kale" olarak Hawaii'in altın çağını yaşadığı 1880-1939 döneminde had safhaya ulaşmıştı.

Aynı dönemde ırkçılığın ve etnik bölünmenin en açık belirtileriyle karşılaşıyoruz. Irksallaştırılmış kategoriler etnik kimliklerin önüne geçerek, Asyalı işçiler ve torunları, "Amerika uygarlığı" için zararlı ve tehlikeli, doğuştan gelişme kabiliyetinden yoksun veya giderek bir Amerikan toplumu haline gelen şeyin içinde asimile edilemeyecek kadar yetersizliklerle doğmuş "Sarı Tehlike"ler olarak tarif edilmişlerdi. Malezya'daki Hintliler ve Çinliler için sözkonusu olduğu gibi, Hawaii'deki Japonların da ana vatanlarına, yani Japon imparatorluğuna, sadakat borçlu oldukları düşünülüyordu; kültürel farklılık, siyasi tehdit ve yabancı tehlikesi olarak yorumlanıyordu.

Hawaii toplumunun en açık şekilde plantasyon döneminde ırksallaştırıldığı gerçeği, plantasyon sistemlerinin "ırk oluşturucuları" olduğu ve sınıfsal ilişkilerde ve işgücünün disipline edilmesinde dönen dolaplar konusunda kanıtlar sunduğu yönündeki argümanı daha da güçlendirir. 1930'larda Hawaii, nüfusun yüzde onundan fazlasını askerlerin teşkil ettiği son derece militarize edilmiş bir toplumdu. Askerin çoğu güneyli Amerikalılardı; hangi bölgeden gelirlerse gelsinler, hâlâ açıkça ırksal olarak aşağı ve üstün olma fikirlerine dayanan ayrımcı bir toplum olan savaş-öncesi bir ABD'de yetiştirilmişlerdi. Bu ırkçı tavırların bir kısmı Japon işçilere ve onların ailelerine yöneltilmişti. Bu, kendisini, çiftlik işçilerinin söylediğimiz gibi disipline edilmesiyle gösterdi; fakat etnisiteyle ilgili bir diğer tipik sınıfsal bağlamda da, yani ticaret ve işgücü piyasalarında rekabette de buna rastlandı. Çinli ve daha sonra Japon çiftlik işçileri, plantasyonlardan ayrıldıkları zaman şehir merkezlerinde ticaret, işçilik ve hizmet sektörlerinde iş aradılar. Bunun onları, örneğin küçük inşaat işleri, tamir işleri, çamaşırhane ve restoran işlerinde *haoleler* ve Hawaiililer ile karşı karşıya getirdiği durumlarda, "Asyalı"-karşıtı duygular için gerekli zeminler hazırdı.

Bazı örneklerde bu husumet duyguları, adadaki en büyük etnik nüfus olarak, sadakatlerinden şüphelenilmesi ihtimali yüksek olan Japonları hedef almıştır. Bunun nedeni kısmen "Sarı Tehlike" düşüncesinin genel yaygınlığı, kısmen de eski kuşakların, Japonların "Amerikalı olmadıkları" önyargısına yüzeysel bir haklılık kazandıracak şekilde giyim kuşamda, dini ibadetlerde, örfte, konuşmada ve imparatorlarına saygıda Japonluğa özgü gelenek ve sembollere bağlı kalmalarıydı. Japon karşıtı duygular, Japon-soyundan bir erkek çocuğun küçük bir beyaz okul çocuğunu kaçırarak öldürdüğü 1929 yılında doruğa ulaşmıştı (Daws 1968, Lind 1996).

Fakat Hawaii'de, bu dönemde etkili sömürgeci baskın bir sınıf olan Amerikalı beyaz elit azınlık tarafından ifade edilen duygular, Çinlilerin, Japonların ve tüm diğer sözde "yabancı" grupların yanısıra Hawaiilileri de silip attı. Bu durum, Hawaii'de konuşlanan ABD Donanmasından bir Amerikalı subayın karısının ada yerlisi erkeklerin tecavüzüne uğradığını iddia ettiği Massie Dava'sında açıkça görülmüştür. Bu olayın ardından Kıta Amerikasında oluşan nefret ve isteri ortamında beyaz kadınlar, her an vahşi yerli erkeklerin saldırısına uğrama tehlikesiyle karşı karşıyaymış gibi tasvir edilmişlerdir (Daws 1968, Lind 1996). Massie'nin iddialarının hiçbir temeli yoktu, fakat daha sonradan Massie'nin annesi, bir sanığın ağzından sahte itiraf almaya çalışırken adamı vurdurarak öldürtmüştü. Anne, Hawaiili sanığı yasalara karşı gelerek öldürmekle yargılanıp suçlu bulunduktan sonra,valinin makamında izzet-i ikramla geçen bir saatlik bir hapis cezasına çarptırılmıştı (Daws 1968). 1930'ların başlarında yaşanan bu olaylar, beyaz (*haole*) iş, asker ve politika çevrelerinin gücü elinde tuttuğu kolonyal bir toplum olan Hawaii'de, bazen beyaz olmayanları kapsayan daha genel bir kategoriye içine alınan yerli Hawaiililer de dahil, adadaki bir çok etnik nüfus hakkında yabancı, tehlikeli ve kültürel, yapısal açıdan aşağı oldukları yönünde ırksallaştırılmış bir düşüncenin oluştuğunu göstermiştir.

Hawaiililerin – hepsi olmasa da – çoğunluğu plantasyon ekonomisinden yoksundu. Fakat onlar da, Çinlilerin ve Hintlilerin aksine Malaylarda olduğu gibi, eski plantasyon işçilerinin ve çocuklarının 20. yüzyılda giderek daha fazla içine çekildikleri "şehirli" ticaret ve hizmet sektörlerinde daha az başarılı olmuşlardır. *Hapahaole* sınıfının bir bölümü, Hawaii toplumunda belirli bir statüye sahip olmuştur ve diğer Hawaiililer polis gücü ve itfaiye gibi kamu hizmetiyle ilgili mesleklere girmiştir. Ancak bir bölümü California ve diğer eyaletlere gitmek için adaları terk etmiştir (Barringer 1995). Ancak çoğunluk, eski kültürleri alaya alınmış, değeri veya önemi küçümsenmiş ve kırsal kaynakları kıt kanaat bir yaşamı gerektiren mülksüzleştirilmiş, dolayısıyla ekonomik ve sosyal açıdan marjinalleşmiş bir halk olarak kalmıştır. Çoğu insan, Yeni Zelanda'daki Maoriler ve Avustralya'daki aborjinler gibi, Hawaiililerin de sayı olarak yok olma derecesine varacak kadar azalacağını umuyordu ve en iyi ihtimalle himayeci bir sosyal yardım nesnesi olabilirlerdi. 1920 Hawaii Anavatan Yasası küçük parseller halindeki toprakları yerli Hawaiililerin kullanımına sunmuş, fakat çok az fayda sağlamıştı.

1990'larda gözle görülür nispi dezavantaj sorunu hâlâ devam etmektedir. Bu, Hawaii soyundan gelenlerin tamamının sağlık, refah ve gelir açısından geri olduğu anlamına değil, dezavantajlardan yerli Hawaiililere düşen payın orantısız olduğu anlamına gelir. 1990 nüfus sayımında, toplam nüfusun yüzde 10'nun fazlasıyla karşılaştırıldığında Yerli Hawaiili diye sınıflandırılan ailelerin yüzde 18'inin hane gelirleri 15.000 Dolardan daha azdı. Yerli Hawaiililerin ortalama hane gelirleri yaklaşık 9.000 Dolardı ve Hawaii Eyaleti'nin ortalama hane gelirinden düşüktü; düşük ücretli mesleklerde çalışan Hawaiili sayısı da yüksekti (ABD Nüfus Sayımı Bürosu, 1993). Hawaii Üniversitesi'ne yerli nüfustan kaydı yapılanların yüzdesi toplam nüfustaki temsil yüzdelerinden düşüktür, ama bu oran 1990'larda giderek artmaktadır. Birçok sağlık göstergesinde yerli Hawaiililerin sağlık durumu tüm nüfusa kıyasla kötüdür. 36-65 yaş grubunda yüksek tansiyon oranı tüm nüfusta binde 130.3'ken yerli Hawaii nüfusunda binde 197.2'dir (ABD Nüfus Sayımı Bürosu 1993). Bazen çok daha ciddi boyutlara varabilen bu tür nispi dezavantaj modellerinin aynısına, Kanada ve ABD'deki Yerli Kızılderili halklarında, Yeni Zelanda'daki Maorilerde ve daha bir çok ülkedeki mülksüzleştirilmiş yerli halklarda rastlanmaktadır. Bu duruma neredeyse her zaman yüksek oranlarda hapis cezası ve çok daha çarpıcı vakalarda insanlık dışı muamele ve cezaevinde ölüm eşlik etmektedir (Hazlehurst ve Hazlehurst 1989).

Ancak bu kültürel yozlaşma modeli, bir yıkım modeli olmaktan artık neredeyse kurtulmuş, bir yeniden canlanma ve kutlama modeli haline gelmiştir. Bu siyasi ve kültürel uyanışa daha önce bahsettiğimiz ve etnisite politikaları tartışmasında yeniden döneceğimiz tüm mülksüzleştirme bağlamlarında rastlanmaktadır.

Britanya ve Avrupa: metropolitan merkezlere giden post-kolonyal göçmenler

Avrupa toplumları – ve özellikle inceleyeceğimiz Britanya - oldukça farklı bir anlamda post-kolonyal toplumlar haline geldiler.

Bu toplumlar, İkinci Dünya Savaşının sonundan itibaren, büyük ölçüde, kolonilerdeki egemenliklerini bırakmışlar ve 1950'lere ve 60'lara gelindiğinde, kolonileri olan veya olmuş toplumlardan giderek artan sayılarda göçmen almaya başlamışlardı bile. Birçok örnekte – mesela Jamaika örneğinde- bir zamanlar köleleştirilmiş olan işgücünün torunları da bu göçmenler arasındaydı. Britanya, Fransa ve Portekiz kolonyalizm ve kölelik sonrası toplumlardı, fakat bu yönden Brezilya ve ABD ile aralarında belirgin bir farklılık vardı – bunların köle aldıkları sömürgeler "ülkelerinden" son derece uzaktaydı. Dolayısıyla bu ülkelerde köleleştirilmiş nüfusların torunları bulunmaktadır, ama bunların sayıları çok azdır. Fakat kölelik hakkında tartışmalar ve ardından sosyal ve siyasal bir imparatorluk bilinci tüm bu toplumlara, kolonilerinden gelen sonraki dönem göçmenleri hakkındaki fikirlerini şekillendiren kolonyal bir zihniyet kazandırmıştır (Kiernan 1996, Rich 1986).

Afrikalılar ve Hindistanlılar küçük sayılarda olsa da, 1960'larda ve sonrasında gelen on binlerden çok daha önce Britanya'ya gelmişlerdi. Muhtemelen Britanya'ya ilk gelen Afrikalılar, Roma İmparatorluk Ordusunda askerdiler (Walvin 1973, Shyllon 1977). Britanya'ya giden daha sonraki gezginler sıklıkla yüksel sosyal statüdendi: Afrikalı prensler ve alimler 18. ve 19. yüzyıllarda Britanya'yı ziyaret etmişler ve 19. Yüzyılın ikinci yarısında Hawaii Kraliyet ailesi ile Britanya Kraliyet ailesi tanışmışlardı. Hawaii'deki yazlık saraylarında, bugün, Kraliçe Victoria veya akrabalarının onlara gönderdiği hediyeler sergilenmektedir.

Britanya'ya gelen diğerleri hizmetçi konumundaydılar ve 18. yüzyılda Afrikalı siyah genç adamların zenginlerin evlerinde uşak olarak çalışması moda haline gelmişti; dönemin tablolarında sıklıkla evin içerisinde bir sahnede özene bezene giyinmiş Afrikalı genç bir erkek uşak görünmektedir (Walvin 1973, Dabydeen 1985). Afrikalılar ve Hintliler, Britanya'ya ayrıca denizci ve tüccar olarak da gelmişlerdir ve Londra, Glasgow, Bristol, Cardiff ve

Liverpool gibi liman şehirlerinde 19. yüzyılın başlarında, bazıları 20 yüzyılda da varlığını sürdürecek olan küçük siyah nüfuslar ortaya çıkmıştır. Bu nüfuslar ve yerli beyaz nüfus arasındaki ilişkiler çok çeşitliydi; tarihçiler düşmanlığa ve dayanışmaya ilişkin örneklerden bahsederler (Walvin 1973, Shyllon 1977).

19. yüzyılın ikinci yarısında ırksal tavırlar özellikle daha sert bir hal almıştır ve bu tavırlar sınıf, statü ve güçle yakından bağlantılıdır (Lorimer 1978). Bu tavırlar, (özellikle) siyah insanların yapıları itibariyle zayıf, adi işlerde çalışmaya uygun ve potansiyel tehlike ve tehdit unsuru olarak tasvir edilmesinin Britanya'daki orta ve üst sınıfın şehirli proleterler hakkındaki görüşleriyle aynı nitelikte olması açısından sınıfsal tavırlarla ilişkiliydi. İngiliz şehirlerindeki İrlandalı işçiler hakkındaki görüşler de büyük ölçüde aynıydı (Miles 1993). Sınıf ve ırk ideolojileri çoğunlukla ya paralel ya da birbiriyle bağlantılı olmuştur: halkın bir sınıfı, adi işlere uygun, yapısal olarak aşağı ve düzenli toplum için tehlike ve tehdit teşkil eden insanlar olarak tasvir edilmiştir.

Beyaz Ari üstünlüğü teorileri ve etnolojik veya antropolojik ırksal farklılık çalışmalarını teşvik eden topluluklar, yeni orta sınıfların statü meraklıları arasında gelişti (Lorimer 1978). "Yerlileri" tehlikeli olarak gören zihniyeti, emperyal gücün diğer periyodik krizleri kışkırtmıştı: Jamaika'daki Morant Körfezi Ayaklanması ve ayaklanmanın bastırılması, emperyal gücün sürekliliğinin, nihayetinde üstün bir silahlı kuvvetler tarafından nasıl sağlandığını göstermiştir. 19. Yüzyılın ikinci yarısında ve 20. Yüzyılın büyük bir bölümünde yaşanan emperyal savaşlar ve ayaklanmaların bastırılması, "beyaz uygarlığı" temasının yinelenmesi ve bağnaz vatanseverliği ve imparatorluğu halkın yaygın biçimde benimsemesi için fırsatlar sunmuştur (Rich 1986).

Son iki yüzyıllık bu dönem boyunca Britanya, İrlanda'dan ve kıta Avrupasından çok sayıda göçmen almıştır. Victoria Britanyasında ve 20. yüzyılın ilk on yılında hem İrlandalı hem de Yahudi göçmenler, dışarıdan gelenlere gösterilen düşmanca duygulara hedef olmuşlardır (Foot 1995, Holmes 1988). İrlandalılar, daha sonraki beyaz göçmenlerin de karşılaşacağı gibi hor görülüyordu ve "hayvanlar" olarak tanımlanıyordu; sosyalist yazarlar Marx ve Engels, İrlandalılardan İngiliz şehirlerinin etnik çöplüğünün bir bölümü diye söz etmişlerdir. İrlandalılar hizmet sektöründe ve emeğe dayalı mesleklerde çalışarak kazandıkları parayı ailelerine gönderiyorlardı ve genellikle Katolik karşıtı önyargılardan farklı etnik bir önyargıya karşılaşıyorlardı. *Manchester Guardian* (4 Temmuz 1852) gazetesinin haberlerinden biri İngiltere'nin kuzeyinde Stockport'ta İrlandalı halka karşı gerçekleştirilen şiddetli bir saldırıydı:

> Sadece çok sayıda alt sınıf İrlandalıların oturduğu yerlerde görülen, İrlandalı Katoliklerle alt sınıf İngiliz fabrika işçiler arasındaki bitmek tükenmek bilmeyen kavgalar yüzünden çıkan utanç verici ayaklanmalardan birini daha bildirmek zorunda olmaktan esef duyuyoruz.

Eğer haber doğruysa "ayaklanma" bir grup İngiliz işçinin ellerindeki baltalar ve balyozlarla demirden altar parmaklıklarını parçaladıkları Roma Katolik kilisesine karşı bir saldırısıydı:

> Altara ve kutsal mahfazalara yöneldiler ve hemen bunları da mahvettiler; bu yıkımda kadınların da erkekler kadar hevesli ve aktif olduğu söyleniyor.

Ardından yaşanan çatışmada bir kişi ölmüş ve diğerleri de ciddi şekilde yaralanmıştı. Yabancılarla ilgili yasanın yürürlüğe girmesi için verilen mücadelede Yahudilerden Avrupa'nın Britanya'ya boşalan lağımı diye bahsediliyordu (Foot 1965) ve İskoçya'ya göç eden Litvanyalı madenciler gibi diğer grupların da yerli halkın sağlığını ve saf "kanını" tehdit ettiği söyleniyordu (Holmes 1988).

İkinci Dünya Savaşının hemen ardından gelen dönemde Britanya'ya giriş yapan nüfusların başında, savaşın yerlerinden ettiği veya yurtsuz ve mülteci durumuna düşürdüğü – Polonyalılar ve İtalyanların da aralarında bulunduğu- halklar gelmekteydi ve bu halklar 1940'ların sonlarında ve 1950'lerin başlarında hatırı sayılır miktarda gelmişlerdi. İrlandalılar Britanya'nın aldığı başlıca göç kaynaklarından biri olmaya devam etti ve savaştan sonra senelerce en büyük tek kaynak olma özelliğini kaybetmedi. Tüm bu göçmenler, savaştan sonraki on beş yıla damgasını vuran işçi kıtlığında çok fazla hissedilen iş gücü ihtiyacını gidermişlerdir. Aynı işgücü açığına karşı, 1950'de eski sömürgelerden göçmenler Britanya'ya gelmeye başladı. İlk yıllarda Jamaika tek başına en büyük kaynaktı, Jamaikalı erkek ve kadınlarla, Barbados ve diğer Karayip ülkelerinden gelen işçi göçmenler, ulaştırma, hemşirelik ve hastabakıcılık alanındaki işgücü ihtiyaçlarını karşılamak için kullanılmışlardı (Lawrence 1974). 1950'lerin sonlarına doğru Hindistan'tan ve Pakistan'dan çok sayıda işçi gelmeye başladı ve bunlar, sonunda Karayiplerden gelenleri, hem yeni göçmenler hem de toplam nüfusun bir parçası olan yerleşimciler olarak sayıca geride bıraktılar.

Sınıf ve etnisite: göçmen ve şehir azınlıkları

Dünya çapında bir iş gücü göçü–daha önceki örneklerin gösterdiği gibi- yeni bir şey değil, modern küresel ekonominin büyüyen ve görünüşe bakılırsa kalıcı bir özelliğidir (Castles ve Miller 1993). 1950'lerde, 60'larda ve 70'lerde Karayip ülkelerinden, Hindistan'dan ve Pakistan'dan Britanya'ya gelenler, aynı ülkelerden ABD'ye, Kanada'ya, Avustralya'ya, Yeni Zelanda'ya, Norveç'e ve diğer ülkelere göç eden insanlarla benzerlikler gösteriyorlardı; çoğu ana yurtlarına gönderebilecekleri bir gelir elde etmek amacıyla göç etme geleneğini sürdüren ülkelerden, bölgelerden ve hatta ailelerden geliyordu ve gittikleri yerler de kendiliğinden doğan fırsatların bir ürünüydü. Karayipler'den gelenler, Panama Kanalı'nın ve Hindistan'dan gelenler Kenya'da ve Uganda'da demiryollarının inşasında çalışmışlardı. Göçmen işçiler, genellikle, aldıkları ücretleri anayurtlarındaki düşük gelir imkanlarıyla karşılaştırdıklarından işverenler için yerli işçilere göre daha ucuz ve dolayısıyla daha caziptiler. Göçmen işçilerin çalıştırılması göçmen kabul eden ülke için her zaman net bir tasarruf kaynağıdır, çünkü ülke iş gücü sektörüne olgun ve bazen de vasıflı işçileri kabul ederek işçilerin ve ailelerinin sosyal güvencelerinden doğacak masraflardan kurtulmaktadır. Göçmen işçilerin sahip oldukları sosyal haklar ne kadar azsa bu o kadar doğru geçerli olmaktadır.

Göçmen işçilerin ülkede kalma hakları konusunda endişe duymaları durumunda, çalışma koşullarına konusunda örgütlenmeleri veya koşulları protesto etmesi ihtimali de çok düşüktür; göçmen işçiler, işverenlerinden gelecek açık ve üstü kapalı tehditlere karşısında çok savunmasız olabilirler, pis veya tehlikeli ve iş güvenliği yönetmeliklerini ihlal eden işlerde çalışmaya çok daha istekli olabilirler.

Son kırk yılda tüm Avrupa'da, göçmen işgücünün ve sınıfsal deneyiminin öne çıkan bu özellikleri, hem eski kolonilerden gelen işçiler açısından hem de (Türkiye dahil) Avrupa'da iç göç kapsamında, eskiden kıtanın güneyinden, bu günlerdeyse doğusundan göç edenler açısından defalarca tekrar etmiştir (Castles ve Cosack 1985). 1990'lara gelindiğinde müreffeh Avrupa ülkelerinin tamamında, ikamet ettiği memleketten başka bir ülkede doğan nüfus, toplam nüfusun yüzde 3'ü ile 8'i arasındaydı (Yinger 1994) ve buna onların çocukları da eklenince yüzdeler aşağı yukarı ikiye katlanacaktır.

Portekiz, savaş sonrası (ve öncesi) dönemin büyük bölümünde Avrupa'nın ekonomik açıdan en az zengin bölgelerinden birisi olmuştur ve Portekizli işçiler, başta Fransa ve Almanya olmak üzere diğer Avrupa ülkelerine göç etmişlerdir. 1974 ihtilalinden ve uzun süren bir otoriter bir yönetim döneminin sona ermesinden ve 1986'da Avrupa Birliği'ne girişinden bu yana ülkede çok büyük bir toplumsal açıklık ve ekonomik kalkınma yaşanmıştır. Kolonilere siyasi bağımsızlıklarının verilmesi, modern Portekiz'in yaratılmasında önemli bir boyuttu, çünkü Caetano hükümetinin devrilmesinde, Portekiz'in Afrika'daki kolonilerde emperyal savaşların bitirilmeye çalışılmasına karşı çıkanların kışkırtmaları oldukça etkili olmuştu.

Ekonomik fırsatlar ve başta inşaat sanayilerinde olmak üzere beden işçilerine duyulan ihtiyaç, Cap Verde adalarından gelen işçilerin Lizbon ve civarında iş aramasıyla birlikte bizzat Portekiz'in göçmen kabul eden bir toplum haline geldiği anlamına geliyordu. Portekiz 1990'larda, iki Cap Verdialının Lizbon'da vurularak öldürülmesinin ardından kendi sınırları içerisinde ırkçılık sorunuyla yüzleşmek zorunda kaldı(*Expresso* 1997). Bu, kendisini Brezilyalı çok-etnikliliğin ve etnisiteler arası evlilikle ilgili Brezilya'ya özgü kabul modelinin parçası olarak gören (Brezilya eski bir Portekiz kolonisiydi) bir ülke için tam anlamıyla bir şoktu.

Britanya'da etnisiteyle ilgili en yakın sınıfsal bağlam ve 1950'lerin göçünün yeni kaynakları, düşük ücretli devlet sektörü işlerinde, ulaştırma ve Ulusal Sağlık Hizmetlerinde çalışanları içeriyordu (Carter *ve ark.* 1987). Bu işçi akınlarını teşvik eden hükümet, işçilerin bir "çalış ve dön" modeli oluşturmalarını umuyordu; aynı şekilde 1950'lerde Karayipler'den Britanya'ya gelen erkeklerin ve kadınların büyük çoğunluğu da beş-altı yıl sonra yurtlarına dönmeyi umuyorlardı (Lawrence 1974). İşçi sıkıntısı çekilen bir dönemde göçmen işçiler büyük ölçüde yerli işçilerin yapmak istemedikleri işlerde çalışıyorlardı, dolayısıyla iş gücü piyasası da ilk yıllarda çatışmanın yaşandığı alanlardan biri değildi. Savaş sonrası dönemde yetersizliklerin yaşandığı bir konut piyasasında pansiyonlar ve sosyal kaynaşma yeri olan dans salonları etnisiteler arası çatışmaların en fazla rapor edildiği yerlerden bazılarıydı. Gözle görülür renk farklılığı, dışarıdan gelenlerin yerliler tarafından saptanmasında anahtar bir rol oynuyordu (bkz. *The Times,* "Karanlık Milyon" 1965). Karayipler'den ve daha sonra Hindistan'dan yeni gelenler, özellikle "renkli" olarak tanımlanmışlardır ve Britanya'daki mevcudiyetlerine dair tartışmalar, resmi belgeler dahil her yerde renk kavramlarıyla ifade edilmiştir – "renkli göçmenler", "renkli işçiler", "renk engeli" gibi tamlamalar insanların ve ilişkilerin tanımlanmasında kullanılan ifade biçimleriydi. İrlanda'dan gelen göçün hep büyük çaplı olduğu ve göçmen kontrolünün İngiliz Uluslar Topluluğu'ndan gelen göçmenlere yöneltildiği gerçeği, belirgin renk farkının ve ırksallaştırılmış kategorilerin, savaş sonrasında alınan yeni göçlerde belirleyici rol oynadığını göstermektedir.

1950'lerin sona ermesiyle birlikte "renkli göçmenler" diye sınıflandırılan nüfus hâlâ sadece on binlerdeydi, fakat iş gücü açığı işsizlik oranında artışa yol açınca, büyük ölçüde renk terminolojisiyle telâffuz edilen bir göç kabul politikası içişlerinde önemli bir yer tutmaya başladı. 1951'den 1964'e kadar iktidarda kalan Muhafazakar hükümetin ilk kabine toplantılarında, potansiyel seçim konuları olarak göç kontrolü ve "Britanya'nın ırksal karakteri" tartışıldı (Foot 1965, Sivananda 1982, Layton Henry 1984, Miles ve Phizaklea 1984, Carter *ve ark.* 1987).

Her ne kadar çok-etnikli Britanya hakkındaki ilk tartışmaların çerçevesi "entegrasyon", "asimilasyon" ve renk önyargısı tartışmaları olarak belirlense de (Rose *ve ark* 1969) sınıf ve sınıf bilinci konularında bir endişe de önemli yer tutuyordu. Karayipler'den gelen siyah kadınlar hastane hizmetlerinde ve hastabakıcılık mesleklerinde oldukça yoğunlaşmıştı ve erkekler ulaştırma hizmetlerinde, vasıflı ve yarı vasıflı sanayi işlerinde yoğunlaşmıştı. Hindistan'ın ve Pakistan'ın belli bölgelerinden çok daha sonra gelen göçmenler hafif ve ağır sanayide, başta Pakistanlılar olmak üzere İngiltere'nin

Kuzeyindeki Lancashire ve Yorkshire'ın zayıflayan tekstil sanayilerinde yoğunlaşmaya başladılar (Shaw 1988, Ballard 1994).

Bu topluluklara 1960'ların sonlarında ve 1970'lerin başlarında, özellikle 1972'de Asyalıların Cumhurbaşkanı İdi Amin tarafından Uganda'dan kovulmalarının ardından, Doğu Afrika'dan sürülen Hindistan kökenli bireyler ve aileler eklendi. Bu son göçle gelenlerin çoğu geçmişte tüccar, küçük iş adamı, dükkan işletmeciliği ve profesyonel işçilik yaparak oldukça varlıklı bir hayat sürmüş insanlardı; karşılaştıkları engellere ve mülteci konumuna düşme sürecinde varlıklarının tamamını yitirmiş olmalarına rağmen Britanya'da işlerini yeniden kurmaya çalıştılar. Ortak amaçları "beyaz olmayan" göçmenleri ve onların çocuklarını sosyal açıdan dezavàntajlı konumlara mahkum etmek olan ırksal ayrımcılığa, yaygın ırkçı hakaretlere ve şiddete rağmen yeni şehir azınlıkları arasında, sınıfsal farklılaşmanın temelleri atıldı (Virdee1995).

Özellikle Güney Asyalı ve Karayipli göçmenler ve Britanya'da doğan çocukları açısından sınıfsal ve etnik kesişme sorunu birçok şekilde ele alındı (Miles 1982). Bir olasılık, biri azınlık etnik grupların basit bir şekilde Britanya işçi sınıfına dahil olduğunu kanıtlamaya çalışmaktı. Büyük çoğunluk ücretli işlerde ve hizmet mesleklerindeydi; beyaz otobüs şoförleriyle birlikte otobüs şoförü olarak, diğer tekstil işçileriyle yan yana tekstil işçisi olarak, öteki hemşirelerle birlikte hemşire olarak çalışıyorlardı. Gelirleri nerede yaşayacaklarının ve dolayısıyla da çocuklarının hangi okullara gideceğinin belirlenmesinde etkili olacaktı. Bütün bunlar, onların sadece belli bir ücretli çalışanlar sınıfı konumunda bulunan insanlar olarak değil, aynı zamanda, beyaz işçi sınıfının sınıfsal deneyimini –ve böylece muhtemelen sosyal ve siyasal duygularını - paylaşan insanlar olarak görülmelerini de sağlamıştır.

Ancak birkaç faktör yüzünden bu anlayışın, eksik ve potansiyel yanıltıcı görünse de, tamamen yanlış olduğu düşünülmemelidir. Örneğin ulaştırma sektöründe Bristol'da 1960'larda siyah otobüs şoförleri ve otobüs biletçileri beraber çalıştıkları beyaz işçilerden gelen ırksal ayrımcılığa ve düşmanlığa maruz kaldılar (Dresser 1986). Tekstil sanayiinde ve aynı türden sanayilerde azınlık etnik grubuna mensup işçilerin gece vardiyalarında ve ıssız saatlerde çalışmaları ihtimali daha yüksekti ve gelirleri onlarla aynı işi yapan beyaz işçilere göre daha düşüktü (Brown 1984). Hastane hizmetlerinde, siyah Karayipli kadınlar genellikle üçüncü sınıf hemşirelik meslekleriyle sınırlandırılmıştı ve hastane temizliği, hastabakıcılık dahil düşük ücretli vardiyalı işlerde çalışıyorlardı (Carter 1997, Fenton 1988). Bu kadınlar hemşire arkadaşları ve hastaların genelde soğuk tavırlarıyla veya daha kötüsüyle karşılaştılar ve terfilerde ayrımcı tercihlere takıldılar.

1970'lerde ve 1980'lerin başlarında tekstil sanayiiyle birlikte, Orta Bölgelerdeki diğer imalat sanayileri de çökmeye başlamıştır, orta yaşlı Güney Asyalı erkekler kendilerini kapının önünde buldular ve yeni bir iş bulma umutları çok azdı. Hastane ve yerel yönetim hizmetleri – temizlik gibi- 1980'lerde özelleştirildikleri zaman, Karayipli siyah kadınlar ve beyaz meslektaşları genellikle, daha düşük ücretle ve daha kötü koşullar altında tekrar işe alınmışlardır. 1950'lerde Britanya'ya göç ederek, hemşirelik ve hastabakıcılığı işlerinde çalışmaya başlamış ve 1980'lerde artık orta yaşın son dönemlerine girmiş Karayipli siyah kadınların sık sık söyledikleri şey sağlıklarının kötü olduğu, Britanya'nın onları hayal kırıklığına uğrattığı ve Karayipler'de emeklilik gibi yarı gerçekçi bir düşlerinin olduğuydu (Fenton 1988,Carter 1997). Güney Asyalı kadınların bir çoğu, işverenlerinin muhtemelen Güney Asyalı olduğu, aralarında hava alanı temizliği, uçak yer hizmetleri, otoyol hizmetleri, fabrika işçiliği, fotoğraf işleme, daktilo imalatı, çorap dokumacılığı ve giysi ticareti gibi işlerin de bulunduğu düşük ücretli, ağır, güvencesiz yarı vasıflı ve vasıfsız işlerde çalıştılar. Hintli erkekler Orta Bölgelerdeki çelik sanayinde en kötü koşullar altında yürütülen işlerde istihdam edildiler.

Bütün bunlar biraraya gelince "Britanya işçi sınıfına katılmanın", Britanya'daki siyah ve Asyalı işçilerin konumlarını ve tecrübelerini tanımlamaktan çok uzak olduğunu gösterir. Bu işçiler, ülkenin belli bölgelerinde – Güney Doğu, Orta Bölgeler, Lancashire ve Yorkshire ve Glasgow - son derece spesifik sanayilerde ve hizmetlere girmişler ve bu mesleklerde genellikle düşük ücretli ve kötü koşullara sahip alt düzey pozisyonlarda çalışmışlardır.

Cinsiyet, Karayipler'den ve Güney Asya'dan gelen insanların iş yaşamını etkileyen önemli bir faktördü: Karayipli kadınlar için düşük ücretli hemşirelik ve hastabakıcılığı, Güney Asyalı kadınlar için kötü şartlar altında hizmet ve imalat işleri. Ne ırksal ayrımcılığın, göçmenlerin ve ailelerinin sınıfsal deneyimlerini daha da çekilmez hale getirdiğinin söylemek yeterliydi, ne de kadınlar için cinsiyet ve ırksal ayrımın ekstra "faktörler" olduğunu söylemek... Çoğu için etnisite ve cinsiyet, iş tecrübesinin ve daha geniş sınıfsal yaşantılarının önemli bileşeni ve belirleyici unsurlarıydı (Anthias ve Yuval-Davis 1992).

Beyazların ve azınlıkların sınıfsal yaşantılarındaki ortaklıklara karşıt olarak, özgüllük, azınlık nüfusların sınıfsal ve siyasi duyguları sorunuyla bağlantılıdır. Britanya'daki azınlık işçileri, sendikalara katılırken beyaz işçilerle dayanışma göstermişlerdir; tüm sektörlerde azınlık işçilerinin sendikalı olma ihtimali beyaz işçilere göre daha yüksektir, siyah ve Asyalı işçilerin, 1930'ların Amerika modelindeki grev kırıcılar gibi kullanıldığı örneklere hiç rastlanmamıştır. Sendikalarda rastlanan ırksallaştırılmış duyguların kaynağı, siyah işçilerin istihdamına karşı örgütlenen ve bu işçilerin amir pozisyonlarına gelmesini engellemek için entrikalar çeviren beyaz sendikacılardı. Dikkat çekici birkaç örnekte, siyah ve Asyalı işçiler, sendikalardan gördükleri çok az destekle ya da destek olmaksızın örgütlenmeye zorlanmışlardır ve sendikal hareket, ulusal düzeyde etnik eşitlik sorunlarına cevap vermekte hep geç kalmıştır. Bunun sonuçlardan birisi, azınlık işçilerinin sendikalı olmalarına rağmen, beyazların liderliğindeki sendikalara çok az güven duymaları ve sendikalar içerisinde belli etnik gruplar için bölümler olması gerektiği fikrini genellikle onaylamaları olmuştur (Modood *ve ark.* 1997). Aynı şekilde, Karayiplilerin ve Güney Asyalıların çoğunluğu, genellikle hiçbir büyük partinin sorunlarına eğilmediği düşünmelerine rağmen, birbirini takip eden seçimlerde İşçi Partisi'ne oy vermiştir; birçoğu oyunu kullanmamaktadır ve azınlıkların önemli bir bölümü bir bölümü seçmen kütüklerinde kayıtlı değillerdir.

Sosyologlar, istihdama özgü bir dizi özelliğin, çalışma koşullarının ve yoğunlaşmanın yaşandığı bölgelerin ve sektörlerin, işçi sınıfının - Phizacklea ve Miles'ın (1980) "sınıf fraksiyonu" olarak tanımladığı - bir alt-setini oluşturduğunu söyleyerek, azınlıklar arasındaki sınıfsal konumun ve tecrübenin bu özgüllüğünü yakalamaya çalışmışlardır. Tüm Avrupa'da göçmen işgücünün, tehlikeli iş, vardiyalı iş, güvencesiz istihdam ve sektöre özgü işlerle bağdaştırılmasının yanı sıra, göçmen kontrolü kapsamında devletin belirlediği göçmenlik/yurttaşlık statülerinden kaynaklanan güvenceden yoksun durumlarından faydalanılması, göçmen işçilerin işçi sınıfı içinde, bu şekilde, kendine özgü bir kesim olarak tanımlanmasını teyit eder. Phizacklea ve Miles siyah işçilerden "*ırksallaşmış* bir sınıf fraksiyonu" olarak, Stuart Hall ise "ırktan, içinde sınıfın yaratıldığı bir modalite" olarak söz eder (Phizacklea ve Miles 1980, Hall *ve ark.* 1978).

İş ve sınıf deneyimini etkileyen yalnızca ırkçılığın ve ayrımcılığın dış etkisi değil, aynı zamanda, etnik nüfusların belirgin "iç" özellikleridir de... Sıkı aile örgütlenmesi bazı ticari faaliyetlerde çok büyük önem taşır; Çinlilerin yiyecek içecek işi ve Güney Asyalı dükkan işleticileri bu faaliyetlerin Britanya'daki örneklerdir ve işlerin bu şekilde etnikleşmesi bütün dünyada görülen bir olgudur (Wallman 1979). Çok daha geniş bir etnik bağlılık çemberi, uzun zamandır ticaretle uğraşan grupların işlerindeki başarılarının temelini oluşturur. Bir çok Afrikalı Asyalı, her şeylerini yitirmiş bir şekilde Uganda'dan sürülmelerinin ardından geldikleri Britanya'da işlerini yeniden kurabilmeyi başarmıştır. Yiyecek ve kılık kıyafet konusunda özel zevkleri olan tüketicileriyle bir etnik topluluk, yerel düzeyde mal ve hizmet sunanlar için uygun bir pazar oluşturur.

Etnik nitelikler, aynı zamanda, işçi piyasasına katılımı da etkileyebilir ve katılım genellikle cinsiyete özgüdür. Britanya'daki Güney Asyalı Müslüman kadınların, yirmi yıldır, çok azının evleri dışında bir işte çalıştığı, istihdam edilenlerin sayısının, işçi anketlerine göre beşte birden daha az olduğu kaydedilmiştir. Evinde çalışan kadınlar için ev içi istihdam oranı büyük ölçüde kayıt dışıdır ve Müslüman kadınlar arasındaki istihdam oranı aşamalı olarak artmaktadır, fakat istihdama genellikle düşük katılım, aileye yönelik yaklaşımları ve kadının rolünü yansıtır (Modood *ve ark.* 1997).

Müslüman kadınların aksine, Britanya'daki Karayipli kadınlar işgücü piyasasında herhangi diğer etnik nüfustan daha fazla yer almıştır, bu da kısmen onların Britanya'ya, en başta, bekâr bağımsız göçmenler olarak gelişini ve kısmen de Karayipli kadınların ailelerindeki yerleşmiş bağımsızlık geleneklerini yansıtır. Dolayısıyla ırkçılık gibi etnisite de iş ve sınıf deneyimini etkiler (Anthias ve Yuval-Davis 1992). Bu, etnik gruplarla ilgili sabit kültürel niteliklerine dair bir okuma olarak algılanmamalıdır. Bütün örneklerde, yerleşmiş tercihler ve nitelikler belirgin ve etkilidir, fakat hepsi de eşit derecede değişime mahkumdur. Özellikle de köy toplumlardan ve şehirli olmayan ekonomilerden yakın zamanda göç ederek geldikleri yerlerde, şehirli azınlıkların kültürlerinin önemli bir boyutunu, erkeklerin ve kadınların davranışlarını kuşatan kültürel beklentiler dizisi oluşturur. Fakat bunlar hızla değişebilirler ve ne sözde "geleneksel" toplumlarda ne de modern şehir toplumlarındaki azınlıklarda "kadın bağımlılığının bir örüntüsünün basit tekerrürü olarak görülebilirler.

Bu argümanlarla, etnisiteyi ve ırkçılığı kuramsallaştırma çabaları kapitalizmin ekonomi politiğinin genel yörüngesi içine çekilmeye çalışılmıştır, bu sadece azınlıkların sınıfsal pozisyonlarını açıklamaktan çok daha kapsamlı bir çabadır. Irksallaştırılmış sınıf fraksiyonları, özellikle ucuz ve sömürülebilir ikame işgücüne yönelik hiç bitmeyen bir arayış içindeki kapitalizmin kaçınılmaz bir işlevini gerçekleştiren bir şey olarak görülüyordu. Siyasal söylemin merkezi bir boyutu olarak ırkçılık, kapitalist ekonomilerdeki krizlerden doğan (örneğin düzen ve işsizlik konularındaki) soruları yanıtlamak için ortaya çıkmış görünen, spesifik bir ideolojik işlevi yerine getiren bir şey olarak değerlendiriliyordu.

Bu yaklaşımla ilgili olarak geride, son on ya da daha fazla yılda yaşanan açık değişikliklerle birlikte iyiden iyiye belirginleşen güçlükler kalır. Yaklaşımın çatısı büyük ölçüde göçmen işçilerin savunmasızlığı fikrine dayanır ve özellikle göçmen nesillerin ağırlıkta olduğu nüfuslara hitap eder. Bu anlamda etnisite sosyolojisi gerçekten de bir göçmen işgücü veya göç ve ırkçılık sosyolojisidir; iki ortak ve neredeyse evrensel gerçeği yansıtır:

1. Hem ulusal hem de uluslararası ölçekte kapitalizm, işgücü akışkanlığını talep eder ve göçmen işgücüyle kendisine ucuz ve sömürülebilir bir kaynak bulur.
2. Buna sık sık, yerli nüfuslardan ve onların girişlerini kolaylaştıran hükümetlerden kaynaklanan ırkçı fikirler eşlik eder.

Fakat teori, ırksallaştırılmış nüfusların tecrübelerinin iradi olmayan boyutlarına karşıt olarak, etnik grupların iradi olan nitelikleri konusunda çok az şey söyler. Teori, ırkçılığın, aynı anda azınlıkları bastırıp, çoğunluğun içindeki kesimleri yüreklendirerek ve düştükleri batakta çaresizlik içinde çırpınan yönetimdeki siyasi partiler için ideolojik çözümler sunarak kendine yol açtığını farz etmeye eğilimlidir. Britanya'da bu süreçlerden bazıları, 1980'lere 90'lara ait kehanetlerle öngörüldüğü ettiği şekilde sonuç vermedi.

Bizim tanımlamış olduğumuz sınıf-ırkçılık argümanı azınlıklar arasındaki sosyal mobilite ile her zaman uyuşmazlık içinde olmuştur ve göçmenlerle çocuklarının dezavantajları ve alt sınıf konumlarının sürmesi üzerinde odaklanma eğilimi göstermiştir (Ballard 1992). Irksallaştırılmış azınlıklar içinde orta sınıfların varolması, onları dezavantajlı durumlarını sürmekte olduğuna ilişkin teorileri çürütmez. ABD'de, Afrikalı Amerikalılar içinde sağlam ve giderek büyüyen bir orta sınıfın doğmasının, Amerika'nın şehirli siyah fakirleri arasında anormal ölçüde orantısız dezavantajların hâlâ sürdüğüne dair kanıtlarla yan yana ele alınması şarttır. Fakat Britanya'da etnik olarak tanımlanmış nüfuslar içindeki ve arasındaki giderek büyüyen sınıfsal farklılaşmaya ilişkin kanıtlar kaçınılmaz bir ırksallaştırılmış baskı imasıyla ters düşmektedir.

1990'larda Britanya'daki etnik azınlıklarla ilgili yapılan anket üç büyük kategorinin oluşturulabileceğini göstermiştir (Modood *ve ark.* 1997). İlk grup Çinlileri ve Afrikalı Asyalıları içeriyordu ve birçok açıdan ekonomik avantajlara sahipti. Büyük ölçüde Pakistanlıları ve Bangladeşlileri içeren üçüncü grup, ekonomik açıdan kötü durumda olanlar arasında oransal olarak bir hayli büyük bir paya sahipti. Karayiplileri ve Hintlileri kapsayan ikinci grup ise ikisinin arasındaydı. Bu her iki nüfusta da devam eden dezavantajlara ve yoksulluğa ait izlerin yanı sıra, orta sınıf statüsüne, iyileşmiş gelir düzeylerine ve yüksek mesleki statülere ilişkin açık kanıtlar da vardı. Benzer çalışmalar Britanya'daki şehir azınlıkları arasında sosyal bir mobilite modelinin varlığını doğrulamaktadır (Iganski ve Payne 1996). Bu ve diğer çalışmalar, cinsiyet ve etnisite farkının gözetildiği açık bir ayrımcılık modeline de işaret etmektedir. Örneğin Britanya doğumlu Karayip soyundan gelen genç kadınlar, genç Karayipli erkeklerden daha fazla ekonomik başarıya ve sosyal mobiliteye ulaşmışlardır (Modood *ve ark.* 1997).

Bu kanıtlar gelecekteki sosyal mobilitede sınıfın belirleyici rol oynayacağını düşündürmektedir (Modood *ve ark.* 1997).

Amerika'da ve Britanya'da, gerek etnik azınlıklar gerekse, çoğunluklar içinde sosyal dışlama olgusu ve altsınıf statüleri kemikleşirken, aynı zamanda, orta sınıf statüsü hem etnik azınlıklar hem de çoğunluklar arasında giderek gelişmektedir. Sınıfsal ve ekonomik yapılarda etnisite "körü" olan değişiklikler azınlıkları orantısız bir şekilde etkilemektedir (Srinivasan 1992). Süper marketler köşe başındaki bakkalı iflasa sürüklüyorsa bunu etnisite ayrımı gözetmeden yapar, ama bir çok küçük girişimci darbe yer. Aynı şekilde Britanyalı genç siyah kadınların başarısı da, kısmen genel olarak genç insanlara ve özel olarak kadınlara açılan fırsat kapılarına dayanır. Britanya'daki genç siyah kadınların geniş ekonomik mobilitesinin meslek yapılarının dişilleşmesinde cinsiyet primini yansıtması mümkündür. Sosyal dışlamanın yoğunlaşıp yoğunlaşmadığı hakkındaki sonuçların, belli azınlıkların dezavantajlar "kapanında" kısılı kalıp kalmadığı sorusuna verilecek cevapla aynı olması gerekmez.

Özet

Yeni Dünyada plantasyon ırksallaştırılmış kimlikler bağlamını nasıl yarattıysa, ardından gelen göçler de köleliğe dayanmayan plantasyon ekonomisinde iş gücünün metropol şehir merkezlerine getirilip çalıştırılması sürecinde etnik grupları öyle oluşturdu. Hindistan'dan gelen işçiler Karayipler'de, Malezya'da ve Fiji'de plantasyon ekonomisinde çalıştırıldı ve Çin'den gelenler de aynı şekilde bu yerlerin çoğunda kullanıldı. Bu bölümde incelediğimiz örneklerde, Malezya'daki Çinliler ve Hintliler madencilik ve çiftlik ekonomilerinde çalıştırılan işçilerin torunlarıdır; Hawaii'de Çinliler, Japonlar ve Filipinliler, emeklerinden yararlanılan en büyük üç gruptur – Britanyalılar kolonici bir güç olarak Hawaili yetkililerin

Hintli işçileri çalıştırma iznini reddetmiştir. Hawaii'de plantasyon işçilerini toplama ve çalıştırma tarzı, yani onlar birbirinden ayrı gruplar halinde tutmaları, plantasyon ekonomisinin, Lind'in ifadesiyle, bir "ırk-oluşturucusu" olduğu anlamına geliyordu. Kolonyal geçmişin ve zihniyetlerin günümüze taşınmış etkileri, eski kolonilerden eski kolonicilere göçün (örneğin Jamaikalıların Britanya'ya göçü) alt yapısını oluşturmuştur (Grosfoguel, 1997). Britanya'daki ve Avrupa'daki göçmen işçiler, tipik olarak, sınıfsal ve mesleki yapı içindeki düşük ücretli ve düşük talepli boşlukları doldurmuşlardır; göçmen ailelerin kız ve erkek çocukları, kendi sınıfsal tecrübeleriyle ve ırkçılık deneyimleriyle şekillenmişlerdir; ama bu sabit bir şekillenme değildir.

6. Bölüm

Politika ve Etnisite

İktidar, resmi ve gayri resmi yollarla, kamusal ve özel alanlarda örgütlenir. Politikanın en görünür tezahürlerine anayasal oluşumlarda, yönetim sistemlerinde, yasal partilerde ve kamu baskı gruplarının mobilizasyonunda rastlanır. Bu ve bundan sonraki bölümde üzerinde duracağımız politika türleri bunlardır. Özellikle, devletlerin etnik kategorilere özlerini nasıl kazandırdığı, siyasi işlerin kamu eliyle yönetiminin bir etnisite dilinde nasıl ifade edildiği ve grupların çıkarlarını bir etnik kimlik bayrağı altında nasıl organize ederek geliştirdiği üstünde duracağız. Bu da bizim ilgi alanımıza aşağıdakilerin girdiği anlamına geliyor:

- Devlet ve etnik gruplar
- Kültür politikaları ve etnik ideolojiler
- Etnik grup mobilizasyonu

Bu, etnisite politikalarının alabileceği formların eksiksiz bir listesi değildir. Kültür politikalarını irdelerken, seçim politikaları analizlerinin, günümüz etnisitelerinin anlaşılmasında önemli katkıları bulunmasına rağmen, bu tür çalışmalar üzerinde fazla durmayacağız (Husbands 1991b). Demokratik siyasi sistemlerde seçim politikalarının etnik aritmetiği, etnik siyasi hedeflerin başarısı ve siyasi sistemin uyumu için son derece hayati olabilir. Azınlık bir etnik grup, coğrafi bakımdan yayılmışsa ve seçimlerde herbir seçim bölgesinde tek temsilcinin seçildiği dar bölge sistemi uygulanıyorsa, grup amacına ulaşmakta büyük güçlük çekecektir. Rakip partilerin azınlıklara karşı kayıtsız kaldıkları durumda bir bedel sözkonusu değilse, onlar pekâlâ bu şekilde davranabilirler. Aynı grup, hem ekonomik açıdan dışlanmış hem de siyasi açıdan ihmal edilmişse, engellenmiş arzular ve umutsuzluk politikaları için gerekli koşulları hazırlanmış demektir. Seçime yönelik düzenlemeler, özellikle nispi temsil sistemi, azınlıkların da seçimlerde seslerini duyurabilmesini sağlayacak kadar büyük bir fark yaratır.

Bireylere dayanan devlet sistemlerinde ekonomik ve siyasi güç tipik olarak birbirlerine bağımlıdır. Ekonomik zenginlik siyasi gücün temelini oluşturabileceği gibi, siyasi güç de zenginliğin temelini oluşturabilir. Bu, bireylerin kendilerini ve ailelerini, siyasi iktidar temelinde zenginleştirdiği yozlaşmış rejimler için de geçerlidir -Zaire'de Mobutu, Filipinler'de Marcos ve Endonezya'da Suharto. Fakat aynı zamanda her grubun, siyasi sistem içerisinde egemen bir konum vasıtasıyla kendi konumunu yükseltmesi de mümkündür. Güney Afrika'da Afrikaaner* konuşanların ezici bir çoğunluğu çiftçilik yapmıştır ve Anglo-egemen kapitalist sınıftan büyük ölçüde dışlanmışlardır. 1948 rejimi sonrasındaki hegemonik konumları, hem kapitalist alana girebilmelerini hem de geniş ekonomi büyük bir kısmını devlet kontrolü altına alabilmelerini sağlamıştır (Adam ve Giliome 1979). Malezya'da 1970'den itibaren Malaylar, siyasi sistemdeki lider konumlarını, kısmen Malay bireylerine veya kuruluşlarına kredilerden ve yatırım fonlarından tercihli olarak faydalanma hakkı verilmesi gerektiğinde ısrar ederek, bir Malay orta sınıfı ve girişimci sınıfı yaratmak için kul-

* Güney Afrika'da konuşulan bir Hollanda lehçesi.

lanmışlardır. Bundan önce Malaylar, Malezya ekonomisinin modern sektörlerinden büyük ölçüde dışlanmışlardı (Jesudason 1990). Bu şekilde siyasi iktidar, sadece ekonomik gücü desteklemekle kalmaz, aynı zamanda, farklı bir etnik grubun ekonomik gücünü de arttırır.

Öyleyse politikanın alanı, gücün uygulanma alanıdır ve özellikle de resmi ve örgütlenmiş devlet gücünün uygulanma alanıdır. Politika alanı aynı zamanda partilerin, baskı gruplarının ve kurumların siyasal örgütlenmeleri aracılığıyla da oluşturulur ve siyasi sembollerin mobilizasyonunu ve kültürel sembollerin siyasileşmesini de beraberinde getirir. Bizi ilgilendiren, bu siyasi kuruluşların ve süreçlerin etnik öneme nasıl sahip oldukları veya kavuştuklarıdır. Modern devletlerin yaratılması ve geliştirilmesi sürecinde etnik kategorilerin yeri bu sorunun merkezinde yer almaktadır.

Devletler, ulus-devletler ve etnik gruplar

Modern Avrupa'nın devletleri, benzersiz tarihleri boyunca *ulus*-devlet kavramını büyük ölçüde paylaşmışlardır. Gellner'in de (1983) iddia ettiği gibi, bu devletlerin tümü ulus olmalarına resmi siyasi ifade ve özerklik verecek devlet sistemlerine sahip olmaları gerektiği şeklindeki ilkeyi izleme eğilimi göstermiştir. Buna paralel olarak devletler, ortak bir kültür ve soy iddiasına sahip insanlardan oluşan uluslardır; milliyetçilik, ulus ve devlet uyumunu daha da ilerletmeyi amaçlayan öğretidir (Gellner 1983).

Ulus-devletler hakkında etnisite konusunu çok yakından ilgilendiren üç soru vardır. İlk olarak, ulus kavramı etnik grup kavramında olduğu gibi akla aynı soruyu getirir: ulusları nereye kadar doğal temelleri bulunan sosyal gerçeklikler olarak görebiliriz ve nereye kadar çıkarlarına hizmet ettiği grupların siyasi hayal güçlerinin kurguları veya icatları olarak görebiliriz? (bu soru hakkında varsayılan bir orta konum için 7. Bölüme bakınız). Bu, açıkça teorik ve kavramsal bir soru olmaktan ziyade kısmen ampirik bir sorudur – bazı uluslar diğerlerine göre çok daha fazla icat edilmiştir. Hobsbawm modern İtalyan devleti yaratılırken "standart" İtalyanca'nın nüfusun yüzde üçünden daha azı tarafından konuşulduğunu öne sürmüştür (Hobsbawm 1990). Kültürel hegemonya ulus-devletin üzerinde inşa edilebileceği bir temel olmaktan ziyade başlı başına yaratılacak bir şeydi. Fakat aynı zamanda, kendilerine örneğin Sırplar, Qubecliler, Hawaiililer ya da Arnavutlar diyen modern halklar, en azından ulusal bir talep olarak vurgulandığında gerçek bir dil-mekan ortaklığı ve bir ortak tarih iddiasında bulunabilirler. İkinci olarak, devletlerin, ulus-devletler olarak oluşumları etnik bir kültürel çoğunluk tanımını gerektirmektedir. Yani, ulus kavramı içinde, az ya da çok, üstü kapalı bir şekilde, kimin ya da neyin ulusu oluşturduğu fikri saklıdır. Soya ya da biyolojiye dayanan ulus anlayışında, ya ulus içindeki çok etniklilik dışlanır ya da azınlık etnik grupları tam üyelikten daha düşük bir konumla tanımlanır. Bu, beyaz olmanın, ulusun bir üyesi ve tam bir ABD, Avustralya ve Güney Afrika yurttaşı olmaya ilişkin kavrayışın temel bir boyutu olduğu yerler için özellikle doğruydu. Bu üç ülkede, nispeten yakın zamanlara kadar sadece "beyazlar" tam vatandaşlık ve siyasi katılım hakkını elde edebilmiştir. Diğer durumlarda ulus ya da etnik çoğunluğun tanımı birbirine dille bağlı bir grup kavramına, ortak din kavramına veya kültürel ve "ırksal" karakteristiklerin bir bileşimine dayanabilir. Kosovalı Arnavutların Sırbistan/Yugoslavya içinde bağımsızlık ve daha büyük bir özerklik talepleri Kosova halkının %90'ından fazlasının Arnavutça konuştuğu, Müslüman olduğu ve Sırp yöneticileriyle eğitim dili (Sırpça ya da Arnavutça) konusunda anlaşmazlık yaşadıkları gerçeklerine dayanmaktadır. Britanya'da kimin ve neyin gerçekten Britanyalı ve İngiliz olduğu fikirleri çoğunlukla kültür, din ve ırksallaşmış ideolojiler hakkındaki iddialar içinde temellenmiştir. İslam ve Hinduizm, Pakistan ve modern Hindistan'ın tanımlanmasında merkezi öneme sahip olmuştur. Soy, din veya dille tanımlanan bir ulus kavramı mecburen bazılarını kucaklarken diğerlerini de dışarıda bırakacaktır; aynı şekilde etnik çoğunluk kavramı azınlık kavramını beraberinde getirir. Azınlığın özkavrayışını çoğunluk, çoğunluğun özkavrayışını azınlık şekillendirir ve her ikisi de birbirleriyle olan ilişkilerine göre tanımlanır. Eğer çok-dillilik, çok-etniklilik göstergesiyse "en" çok-etnikli devletler, Kanada ve ABD hariç, aynı zamanda daha fakir devletler arasında yer alır (Lazcko 1994).

Üçüncü noktaya gelirsek, homojen gibi görünmesi istenen ulus-devletlerinin kurulması asla kusursuz olmamıştır. Gellner'in (1983) modernleşmenin gerekli bir parçası olarak gördüğü kültürel homojenleşme projesi, hem takip eden göçler bu süreci kesintiye uğrattığı için, hem de bir ulus-devletin kucakladığı kültürel azınlıklar, farklılıklarını kaybetmedikleri veya farklılıklarından vazgeçmedikleri ya da tamamen kaybetmedikleri veya vazgeçmedikleri, yahut farklılık iddialarından vazgeçmedikleri için hiçbir zaman tam anlamıyla başarılamamıştır. Sonuç olarak ne İngilizce'nin egemen olduğu Britanya devleti Gal dilini ve kimliğini, ne de Kastilya İspanyol devleti Bask dilini ve kimliğini kovmuştur. Bu kitabın başlarında belirttiğimiz gibi, bu nüfuslar ve talepleri tam anlamıyla "proto-uluslar" olarak görülmektedir, çünkü bu nüfuslar sadece etnik dayanışmanın siyasi bir ifadesini değil, aynı zamanda yeni bir devlet olarak veya çok-uluslu bir devlet içinde özerk bir ulus olarak kendi kendini yönetebilme hakkının siyasi bir ifadesini de ortaya koymuşlardır. Etnik ideolojiler ulusları tanımlıyorsa, etnisite de ulus-devletler içindeki yurttaşlığı tanımlayabilir. Daha önce örneklerde bunu gördük: "geçmişte ABD, Güney Afrika ve Avustralya'da tam vatandaşlık hakkının sadece "beyazlara" verilmesi; ve oy kullanma hakkının kısmen etnik grup üyeliğiyle bağdaştırıldığı Fiji'de ve Yeni Zelanda'da topluluğa ait seçmen kayıt kütükleri.

Daha önce tanıma politikasından, kaynaklar ve dağıtımları politikalarından bahsetmiştik (Taylor 1992). Ekonomik marjinallik, hareketliliğin engellenmesi ve yoksulluk kendi onur kırıcılıklarını beraberinde getirir, böylece tanınma ve maddi iyileşme arayışı özsel olarak değil ama analitik olarak ayrılabilir. İngiltere Bradford'daki genç Müslümanlar kızgın bir haldeyseler, bunun üç muhtemel sebebini, yani ekonomik mahrumiyet tecrübesini , ırkçı hakaretleri ve İslama dil uzatıldığı duygusu birbirinden ayırmak çok da kolay değildir (Samad 1992, Lewis 1994). Dolayısıyla, kültürel tanınma talebi ve bir gruba ya da bir grubun üyeleri olarak bireylere yönelik kaynakların peşine düşülmesi el ele gider. Bu, aynı zamanda, tarihsel ayrımcılık ve dezavantajların etkilerini yok etmek için tasarlanan politikalar - yani eşit fırsat politikaları, pozitif eylem ve destekleyici eylem politikaları- için de geçerlidir. Bu açıdan ayrımcılık karşıtı politikalar ve uygulamalar etnik grupların tanınması ve mobilizasyonu için teşvik edici bir unsurdur. Etnik kimlikler, hem kolektif hem de bireysel amaçlara ulaşılmasını sağlayan araçlar haline gelirler.

Kültür politikası

3. Bölümde primordialite, araçsal ve durumsal etnisite kavramlarını tartışmıştık. Araçsal etnisite kavramı, ya grupların kolektif çıkarları kovalamak için seferber olduğunu, ya da bir kolektif kimliğin maddi kazanımlar elde etmek için oluşturulduğunu varsayar. Bir grubun paylaştığı semboller dayanışmanın kaynağı, birliği geliştiren araçlar, gerçek ve mecazi anlamıyla altında insanların yürüdüğü bayraklar haline gelir. Bu açıdan araçsallık kavramı, sahicilik fikri karşısında bir meydan okumayı temsil eder. Ancak, bir grubun dayanışmasını ifade eden ortak sembollerin ve kültürlerin yaşanmış deneyimlerde, insanların kalplerinde ve zihinlerinde hiçbir gerçek temeli bulunmadığı şeklinde önceden bir yargıya varı-

lamaz. Paylaşılan dil örneğine ve bir dili yaşatma isteğine bakarsak, dile karşı duyulan bağlılıklar her zaman eylemi başlatan güç olmuştur veya mobilizasyonda önemli bir itici güç olmuştur. Milliyetçi Kosova Arnavutları, 1998'de, çocuklarının Sırp dilinde eğitim görmelerine karşı ayaklanmışlardı; Soweto'nun Afrikalı siyah çocukları, 1976'da, devletin kendilerine Afrikaans dilinde eğitim vermekte ısrar etmesine isyan etmişlerdir. Bu kültürel bağlar ve sadakatler, örneğin, hem bir dile hem de bir sembol, bir dil, bir bayrak, bir heykel veya anma gününün bütün bir ulusun veya etnik grubun geleceğini özetliyor gibi görünebileceği gerçeğine bağlanan asli değere dayanmaktadır. Kuzey İrlanda'daki Orange Order grupları Katoliklere karşı alınan askeri bir zaferin anısına kasabalar ve şehirlerde yürüyüş yaparak geleneklerini korumaktan bahsederler.

Halkı tanımlamak için kullanılan sözcüklerin doğruluğu tartışılmaktadır, çünkü bu kelimeler nadiren sadece tanımlayıcıdır, daha ziyade egemenlik veya bağımlılık, üstün veya aşağı statüleri ve ayrıcalık veya lekeleme çağrışımlarını da taşırlar. ABD'de "zenci" kelimesinin ve Güney Afrika'da "kafir" kelimesinin içerdiği hakaret anlamı açıktır; diğer örneklerde halklarla ilgili isimlerin anlamları çok daha inceliklidir.

Kelimelerin bu kültürel ve siyasi anlamları, insanların yanı sıra nesneler ve yerleri de içermektedir. Bastırılmış grupların siyasal ve kültürel uyanışının ardından ve devletlerin ve imparatorlukların dağılması esnasında genellikle statülerin yıkıldığına, tarih kitaplarının yeniden yazıldığına, sokakların, kasabaların ve dağların yeniden adlandırılmasına şahit olunmuştur. Rusya'da Sovyet İmparatorluğunun yıkılmasının ardından bir grup tarihçi, okul tarih kitaplarını yeniden yazmaya koyulmuştur. Bağımsızlığına yeni kavuşmuş Sovyet-sonrası devletlerin tamamı muazzam bir kültürel yeniden yazma ve yeniden isimlendirme işiyle karşı karşıya kalmışlardır. Örneğin Litvanya'da olduğu gibi, Rus azınlıklar, geride bıraktıkları yerlerde Litvanyalıların semboleri yüceltilirken,Rus üstünlüğünü gösteren sembollerin aşağılanmasını seyretmek zorundadırlar (Kolsto 1996, Skultans 1999).

Yeni Zelanda'da bizzat ülkenin ismi tartışılmaktadır. Ülkenin isminin Aotearoa şeklinde değiştirilmesini isteyenler bile, tanınma kaygısıyla çok daha bilindik biçim olan Yeni Zelanda'yı kullanırlarken, bazıları da her ikisini birleştiren biçim olan Aotearoa/Yeni Zelanda'yı kullanmaktadır. Avustralya'da 1998'de Yeni Güney Galler eyalet hükümeti, "siyah ve beyaz Avustralyalılar arasında bir barış hareketi olarak" Botany Körfezi Parkının adlandırılması konusunu gündeme getirmiştir. Botany Körfezi her zaman, Kaptan Cook'un 1770'de adaya çıkışının ve ardından Britanya krallığının karayı sahiplenmesinin anısını yaşatan "beyaz Avustralya'nın doğum yeri" olarak görülmüştür. Önerilen isim değişikliği, beyaz Avustralyalıların aborjin aileleri, sistematik olarak bölen geçmişteki politikalarından duydukları üzüntüyü ve pişmanlığı göstermek amacıyla düzenledikleri "Özür Günüyle" çakışmıştır. Avustralya'da daha önceki isim değişiklikleri beyaz muhafazakarların itirazlarının ardından hep iptal edilmişti (*Guardian 1998*).

1960'larda bağımsızlıklarını kazanan Afrika devletlerinin neredeyse tamamı ülkenin ve büyük şehirlerin ismini değiştirmiştir – Belçika Kongosu'nun yerine Zaire, Zimbabwe'de (bir zamanlar Rodezya) Salisbury yerine Harare. Hindistan, Campbellpur gibi eski isimleri, idarecilerin, politikacıların ve askerlerin isimleri aracılığıyla emperyal yönetime ait izler taşıyan eyaletleri ve şehirleri yeniden adlandırmıştır. Yeni Zelanda, Egmont Dağı'nın adını Taranaki Dağı şeklinde değiştirmiştir, fakat Kuzey Adası'ndaki Palmerston North, Hastings ve Hamilton'a ve Güney Adası'ndaki Christchurch'a, Canterbury'a, Nelson'a ve Queenstown'a dokunmamıştır.

Tarihte baskılara maruz kalmış nüfusların siyasi bilinçlerinin yeniden canlanması esnasında lekelemeye ve alayla bağlantılı isimler reddedilir ve değiştirilir. ABD'de "nigger"* kelimesi kabul edilmemektedir, bu kelimeyi ancak Afrikalı Amerikalılar kullanabilir; O.J. Simpson davasında olduğu gibi, kelime beyazlar tarafından ulu orta kullanıldığı takdirde, kelimeyi kullananlar ayıplanıp gözden düşerler. Eski futbolcunun cinayet davası için tanıklık eden polis memuru, konuşmalarında 'nigger' kelimesini kullandığını gösteren kasetler mahkemede dinletildiği zaman, tanıklığı güvenirliğini yitirmiştir. Güney Afrika'da 1997'de bir rugby koçu "kafirlerden" bahsettiği duyulunca işinden olmuştur.

Dil ve kültürel semboller

Kültürel etnisite ve ulus politikaları yer, bina ve olay isimleri hakkındaki bu tartışmalar sırasında su yüzüne çıkmıştır. Genellikle keskin ve ateşli tartışmalar, belli kültürlerin ve dillerin egemenlikleriyle ilgili uzun süredir devam eden tartışmaları kesintiye uğratmıştır. "Çok-kültürlü" toplum kavramının içerdiği büyük güçlüklerden birisi de, kültürlerin karşılıklı hoşgörü içinde yan yana yaşamasının yanı sıra, değerleri açısından eşit olduğu fikrini de kapsamasıdır. İnsanlar bir dili, özellikle, ortak bir kader duygusunu paylaşan bir nüfusun tamamına verilen değeri simgeleyen bir kültür öğesi olarak gördüklerinden, diller baskı altına alınır, savunulur veya geliştirilir. Yukarıda Yugoslavya, Kosova'da yaşanan Arnavutça eğitim örneğinden ve Güney Afrika'da Afrikaans kullanımından söz etmiştik. Diğer benzer örnekler arasında Galler'de Galce'nin baskı altına alınması ve yeniden canlanması, Quebec'te Fransızca'nın teşvik edilmesi, Sovyetler Birliği'nin eski cumhuriyetlerinde Rusça dışında tüm dillerin teşvik edilmesi, Malezya'da Çince eğitimin desteklenmesi sayılabilir (Lee 1986, Handler 1988, Tishkov 1997, May 1999).

* (dipnot*zenci (ç.n.).

Dolayısıyla eğitim sistemi, rekabet içindeki ulusal ve etnik kimliklerin savaş alanı haline gelir. Geertz'in ifadesiyle: "genel grev eğer sınıf savaşının klasik siyasi ifadesiyse.... o zaman okul krizi de primordial bağlılıkların çatışmasının siyasi ifadesidir" (Geertz 1973). , Raymond Lee , Malezya'da kültürel semboller mücadelesinin, dilin ve sembolik formların kullanılmasından elde edilecek küçük veya büyük kazanımların, etnik bir topluluğun gücünü gösteren ölçütler olarak görüldüğü temel politikalardan biri haline geldiğini iddia etmiştir (Lee 1986, 1990). Eğitimde Çinli topluluğun Çince eğitim yapan bir üniversite kurma isteği konusunda görüş ayrılığı vardı; bu üniversite için kurma izni verilmedi. 1998'de, Hindu tapınağına çevrilen bir bina, aralarında Penang'daki tapınağın hemen yanında bulunan bir camiye bağlı Müslümanların da bulunduğu bir grup Müslüman tarafından düşmanlıkla karşılanınca ciddi bir toplumsal huzursuzluk yaşanmıştı. Bu kültürel ve sembolik çatışmalar, kültürün ve sembollerin hem kendileri ciddiye alındığı için, hem de kültürel bir çatışmadaki yenilgi ya da galibiyet, grubun siyasi mücadelede kendine ait olana sahip çıkmakta ne kadar güçlü olduğunu gösterdiği için çok önemlidir. Şüphesiz, insanlar kullandıkları dil, içinde ibadet ettikleri binalar ve mahkeme binası üzerinde dalgalanan bayrak konusunda çok güçlü duygulara kapılırlar; hayatta kalma mücadelesinde kaçınılmaz bir geri adım söz konusuysa insanlar bu sembolleri her zamankinden çok daha fazla içlerinde hissederler.

Etnisite türleri, tarihsel bağlam ve kültür politikaları

1. Bölümde tanımladığımız etnisite türleri şunlardı: şehir azınlıkları, yerli halklar, etno-ulusal gruplar, çoğul toplumlardaki etnik gruplar ve kölelik sonrası azınlıklar. Bu türleri üç tarihsel bağlam içerisinde tartıştık: kölelik toplumları ve kölelik sonrası toplumları; kolonyal ve post-kolonyal toplumlar; ve modern kapitalizmde ulus-devletler. Tüm bu bağlamlar çok farklı kültür ve vatandaşlık politi-

kası sorunlarına yol açar: Her etnisite türü için farklı bir politik hedefler çerçevesi söz konusudur.

Bunlar şematik olarak aşağıdaki gibi gösterilebilir:

Yurttaşlık ve Kültür: Tarihsel Bağlamlar

Kölelik toplumları ve kölelik sonrası toplumları: Kölelerin haklardan yoksun, hatta tam anlamıyla "insan" olmaktan uzak olarak tanımlanması; siyasi hedefler olarak köleliğin kaldırılması ve özgürlüklerin verilmesi; kölelik sonrası dönemde eskiden köle olanların ve onların torunlarının tam yurttaşlık haklarına kavuşması; ekonomik işbirliği; ırkçı kültürün yeniden yazılması.

Kolonyal ve Post-Kolonyal Toplumlar: Bir zamanlar kolonileşmiş toplumlarda post-kolonyal kültür politikaları, (daha önce değersizleştirilmiş kültürlerin) kültürel açıdan yenilenmesi ve kolonyal zihniyet sorunu; dil ve eğitim; ve çok etnikli toplumlarda birbirleriyle rekabet eden grup talepleri üzerinedir.

Daha eski kolonici toplumlarda ise bu, imparatorluğun sona ermesiyle birlikte başlatılan "uzlaşma" politikasıdır. Ayrıca bir zamanlar kolonileşmiş toplumlarda mülksüzleştirilmiş yerli gruplar, hem kültürel haysiyetlerini hem de yitirdikleri toprakları geri kazanmaya çalışırlar.

Modern kapitalist ulus-devletler: ulusun egemen bir halk ve kültür olarak tanımlanması; marjinalleşmiş kültürlerin yeri; Orta Avrupa'daki Roma örneğindeki gibi köklü yerleşime sahip ve yeni göçlerle gelmiş azınlık etnisitelerin birleşmesi (Barany 1995).

Farklı türlerde etnisiteler için siyasi amaçlar da şematik olarak gösterilebilir:

Siyasi amaçlar ve etnisite türleri

Şehirli azınlıklar: başarılı bir şekilde birleşme, tam vatandaşlık hakları ve çok kültürlü bir toplumda (özellikle özel) tanınma.

Yerli halklar: dil ve kültür rönesansı, kamusal tanınma ve toprak hakları, ulus devlet içinde daha geniş özerklik.

Proto-uluslar veya etno-ulusal gruplar: kamusal kültürel tanınma, bir ulus statüsü, daha büyük bir devlet içinde bağımsızlık veya özerklik.

Çoğul toplumlarda etnik gruplar: "dışarıdan gelenler" için, tam vatandaşlık ve kültürel özgürlükler; "yerliler" için, "vatanın evlatları" statüsünün korunması, kültürel hegemonya.

Kölelik sonrası azınlıklar: vatandaşlık ve sivil haklar aracılığıyla etnisiteye bakılmaksızın birleşme; veya çok kültürlü bir bütün içerisinde tanınma; veya kültürel milliyetçilik/ayrımcılık.

Etnisite politikalarının örnekleri, bu bölümde kölelik toplumları ve kölelik sonrası toplumları (özellikle ABD ve Malezya); 7. Bölüm'de yerli halklar (Hawaii) Britanya'daki ve Avrupa'daki etno-ulusal politikalar ve şehir azınlıklarıdır.

Siyasi etnisitelerin yaratılması: ABD

4. Bölüm'de etnisite, ekonomi ve sınıfı tartışırken, Amerika'daki siyah erkeklerin ve kadınların geçmişine ait kilit dönemleri göste-

ren bir şemayı izledik. Aynı dönemler, yurttaşlık, sivil haklar, sosyal ve kültürel tanınma açısından Afrikalı Amerikalıların değişen statülerinde dönüm noktalarını temsil etmektedir. Afrikalıların 1619'da ilk kez ABD'ye ithal edilmelerinden başlayarak 1662'de Afrikalı köle statüsünün resmen tanınmasıyla devam eden ve 1787 Bağımsızlık Anayasasına ve 1985'te köleliği kaldıran yasa değişikliğine kadar geçen zaman, köleliğin Kuzey Amerika'da uygulandığı ve onaylandığı yaklaşık 250 yıllık bir dönemi temsil eder. Dolayısıyla bu, neredeyse tamamen ırksal karakterli bir kölelikti – siyah Afrikalı köleliği- ve Afrika soyundan gelip de köle olmayanların özgürlükleri ve hakları kısıtlanmış ya da uygulamada tamamen yok sayılmıştır. Bu dönemin ilk bölümünde hakim olan, İngiliz kolonilerindeki kölelik sistemiydi; ikinci bölümündeki ise, anayasasında tüm insanların eşit doğduğu ilan edilen bir ABD'nin kölelik sistemiydi.

İç Savaşın 1865'te sona ermesi, köleliğin kaldırılması ve siyah Amerikalıların sivil haklarının garantiye alınması amacıyla Anayasanın değiştirildiği kısa bir reform döneminin başlangıcıydı. 1876'da Kuzey ordularının yenilgiye uğramış güneyden çekilmesinin ardından savaş sonrası yıllarda kazanılan sivil haklar geri alınmaya başlanmış ve uzun sürecek bir kölelik-sonrası beyaz tahakkümü için sahne hazırlanmıştır. 1930'ların sonlarında çıkarılan New Deal yasası ırksal ayrımcılıkta gedikler açmaya başlamış, İkinci Dünya Savaşı en sonunda silahlı kuvvetlerde entegrasyonu sağlamıştır. Bununla birlikte, Yüksek Mahkeme'nin 1876'da *Plessey versus Ferguson* davasında "aynı fakat eşit" şeklindeki kadar eski kararında örtülü olarak tasdik ettiği ayrımcılığı yürürlükten kaldıran, 1954'te *Brown versus Kansas Eğitim Konseyi* davasındaki kararı olmuştur.

Bu dönemlerin her birinde yurttaşlık ve Avrupa ve Afrika kökenli olma yakından ve ciddi şekilde bağlantılıydı. Birinci dönemde Afrikalıların veya o zamanlar sık sık kullanılan ifadeyle

"Negroların" statüleri tam anlamıyla köle statüsüyle sınırlıydı ve özgür Negrolar da nadiren, köle olanların büyük çoğunluğundan daha fazla yurttaşlık hakkına sahipti. Özgür olanlar, özgür statülerini kanıtlama zorunluluğuyla karşı karşıya kalma ihtimali karşısında her zaman savunmasızdı. "İthal edilen her Negro, dini veya ulusal geçmişi ne olursa olsun köle sayılıyordu. Virginia'nın köle konumlarında kölelik statüsüyle siyah ya da kahverengi renkleri arasında o kadar mantıklı bir bağlantı kurulacaktır ki, daha sonraki yıllarda her Negro ve Mulatto* otomatik olarak köle sayılacaktır ve aksini ispatlaması zorunlu hale gelecektir." (Klein 1967).

Herkesin eşit doğduğunu ilan eden Bağımsızlık Anayasası, insan felsefesinde yer alan Evrenselci haklara ilk kez somutluk kazandırdı. Fakat ırk ve kölelik konusunda suskundu ve açıkça kölelikten ve Afrikalıların aşağı konumundan hiç bahsetmeden geçecek şekilde tasarlanmıştı. Bu büyük çelişki neredeyse 90 yıl boyunca inatla sürüp gitmiştir. Anayasadaki ibarelerden bir çoğunun köleliğe göndermede bulunduğu açıkça anlaşılmaktadır ve bu Anayasa, köleliğin sona ermesini ne bekleyen ne de planlayan bir toplumda hazırlanmıştır. Kölelerin –dolayısıyla Afrikalıların- insan daha az insan oldukları fikrine, vergi alınmayanların beşte üçünü oluşturan "belirli bir dönem boyunca hizmetle yükümlü olanlar ve vergilendirilmemiş Yerliler de dahil özgür insanların sayısına göre" temsilcilerin ve vergilerin dağılımını belirten 1. Madde 2.Bölümde rastlanmaktadır (Ollman ve Birnbaum 1990). 1987 yılındaki Anayasal Kongrede delegelik yapmış olan, Güney Carolinalı Charles Pinckney daha sonra şunları söyleyecektir:

> Birlik'te siyah ya da renkli vatandaş diye bir şeyin var olmadığını kesinlikle biliyordum, o zamanlarda böyle bir şeyin olabileceği ihtima-

* (dipnot*melez (ç.n.).

lini bile aklıma getiremezdim; şimdi bile öyle bir vatandaşın olduğuna inanmıyorum (Litwack 1961).

Hangi eyaletlerin köle eyaleti, hangilerinin serbest işgücü eyaleti olacağıyla ilgili büyük mücadele olan 1820 Missouri Uzlaşması sırasında köleliği savunanlar, eyaletler tarafından kabul edilen yasaların Negroların (sadece kölelerden değil "Negrolardan" da bahsediyorlar) aşağı statüsünü teyit etmiş olduğunu iddia etmişlerdir. Kölelik yandaşları, eyaletlerin "Kuzeyin ya da Güneyin siyahları hiçbir zaman siyasal topluluğun uygun bir üyesi olarak görmediğini açıkça gözler önüne serdiğini" iddia etmişlerdir. Neredeyse tüm eyaletler Negrolara oy kullanmayı, mahkemede tanıklık etmeyi ve beyazlarla evlenmeyi yasaklamıştı; hiçbir eyalet onları milis kuvvetlerine kabul etmemiş veya kanun kapsamında vatandaş yapmamıştı..' Senator Smith'e göre "bu, Kongrenin özgür Negroların ve mulattoların içinde olması gerektiğini düşündüğü düşük konuma dair açık bir kanıttır" (Litwack 1961, s. 35).

Herhangi bir kuşku kalmış olsaydı, Yüksek Mahkeme'nin 1851 yılındaki Dred Scott davasıyla bunu gidereceği ortaya çıkmıştır. Scott, köleliğin olmadığı bir eyalette yaşadığı gerekçesiyle özgürlüğüne kavuşmak için mahkemeye başvurmuştu. Mahkeme Scott'un özgürlüğü hak etmediğine, bir köle ve negro olarak ABD vatandaşı olmadığına karar verdi. Kölelik yanlısı ve tarım üreticisi sınıfından olan Yüksek Mahkeme Başkanı Taney, çoğunluğun düşüncesine uydu:

> 1787'den önce en az bir asırlık dönem boyunca Negroların içinde olduğu ikincil durum, bu halk sınıfının (kelimesi kelimesine) "Birleşik Devletler halkı" tarafından kabul edilmek istenmediğini göstermiştir (Litwack 1961).

Lincoln tarafından 1863'te özgür ilan edilen kölelerin özgürlükleri, 1865 yılında kabul edilen ve köleliği kaldıran on üçüncü Anayasa tadiliyle ve İç Savaşta Kuzeylilerin Güneylilere karşı aldığı zafer ile teyit edildi. 1866 Yurttaşlık Hakları Yasası ve on dördüncü ve on beşinci tadilleri, oy verme hakkı dahil, siyah insanların haklarının onaylandığı diğer yasal zeminlerdi. 4. Bölümde belirttiğimiz gibi, İç Savaştan sonra kısa bir süre için vatandaşlık hakları açısından eşitlik tesis edilmişti; aynı zamanda özgür ve eşit bir toplum yaratmak için yakalanan bu tarihsel fırsatın varlıklı ve yoksul beyazların nasıl ve niçin bu kadar harcamış olduklarını da gösterdik. Federasyon askerlerinin Güneyden çekilmesi, eski Konfederasyon eyaletlerini kendi hallerine bırakmış ve yüz yılın sonuyla birlikte beyaz egemen bir sistem tam anlamıyla oturmuştu.

İç Savaşın hemen ardından kabul edilen yurttaşlık haklarının koruma altına alındığı yasalar geri çekilmedi, dolayısıyla sistematik ırksal ayrımcılık, yurttaşlık haklarından özellikle de seçme-seçilme hakkından mahrum bırakılma, amaçları nadiren saklansa da dolaylı araçlarla gerçekleştirildi. Bu geriye dönüş, eyalet yasalarıyla, örf ve adetlerle ve Yüksek Mahkeme'nin ırksal eşitliğe karşı bir 80 yıl daha süren antipatisiyle desteklendi. Vatandaşlık haklarından mahrum bırakılmaya, seçim hakkı vergisi, (siyasi partileri özel kurumlar olarak tanımlayan) beyaz önceliği, okur yazarlık testi, büyük baba maddesi ve şiddet araçlarıyla ulaşıldı. Beyaz üstünlüğünü savunan avukatlar açıkça niyetlerini belirtmişlerdir. Mississippi'de anayasa "Negro vatandaşların insanlıklarını ayaklar altına alan" bir politika arayışı içinde revizyona uğramıştır (Silberman 1964). Virginia'da 1901'de bir Senatör şunları söylüyordu: "Ayrımcılık mı? Önerdiğimiz şeyin kesin nedeni... def edilebilecek her Negro seçmenin elenmesidir (Silberman 1964). *Plessey Ferguson* davasında Plessey, demir yollarında "ayrı fakat eşit yer düzeni" gerektiren bir Lousiana yasasına itiraz etmiştir. Yüksek Mahkeme, "şeylerin tabiatında renge dayalı farklılıkları ihlal etmek ya da siyasi eşitlikten ayrı olarak sosyal eşitliğe zorlamak ya da iki ırkı, ikisi içinde tatsız sonuçlarla birbiriyle kaynaştırmak gibi bir niyetin olmadığını" söyleyerek, bu yasanın on dördüncü tadili ihlal etmediği kararına varmıştır (Berger 1952).

Afrikalılık bilinci ve siyah Afrikalı kimliğinin kutlanması dönemin başlangıcından bugüne kadar varlığını sürdürmüştür. Kölelik döneminde Afrikalı bir kölenin oğlu olan Paul Cuffee Afrikalılar için memleketlerine geri dönüş planları hazırlamıştı ve 20. yüzyılın başlarında Marcus Garvey Afrika'ya dönüşü savunan güçlü siyah siyasetçi olmuştur. İkinci Dünya Savaşı'ndan önce kurulan ve 1990'lara kadar gelen Siyah İslam Ulusu ideolojik olarak beyaz Amerika'yı reddetmiş ve "ya bu kıtada ya da başka bir yerde kendilerine ait ayrı bir bölge aramışlardır" (Pinkney 1976, Essien-Udom 1962, Malcolm X 1968, Omi ve Winant 1986, Small 1994).

Amerika'daki siyah tecrübenin en kötü döneminde,yani 1880'le 1954 arasında, bazı siyah siyasi liderler ve hareketler, en azından halk arasında, beyaz üstünlüğü ve ayrımcılığına ilişkin acı gerçeğin bir nebze ortadan kaldırılmasına işaret eden politikaları takip etmiştir. Beyaz hayırseverliğiyle ittifak içinde olan Booker T. Washington'in liderliği, bir çok siyah kolejinin ayrı kuruluşlar olarak kurulmasını sağlamıştır. Bu dönemde Amerika'nın orta ölçekli kurumsal yapısı –örneğin okullar, kolejler, kiliseler ve eğlence yerleri- ikili bir sistem üretmiştir. Bu kurumsal ayrılıkların bir kısmı ayrımcılığın resmen kaldırılmasının ardından da devam etmiştir ve bazılarında, Afrikalı Amerikalıların kendi mülkiyetlerindeki ve kontrollerindeki kurumlarda gelişerek büyüyeceğine ilişkin süregelen bir inanış vardır. "Irksal olmayan" bir felsefeyi benimsemiş hareketlerde bile, birçok kişi, en azından geçici bir ayrılık döneminin, Afrikalı Amerikalıların Amerika'daki yerinin yeniden belirlendiği bir aşamada gerekli olduğuna ikna olmuştu. Bu eğilimlerden her biri, ırkçılığa ve etkilerine verilecek gerçek cevabın ırkkörü bir toplumun mükemmelleştirilmesi olduğunu savunan Evrenselci görüşün basit bir şekilde uygulanmasını engelleyen unsurları temsil etmektedir. Aslında birçoğu için, ırksallaştırılmış bir sosyal düzenin kaldırılması ve sosyal kurumların ve kültürel ifadenin vatandaşlık hakları açısından etnikleştirilmemesi, ne geçmişte ne de bugün "ırk" ve etnisite politikalarının içerdiği hakim düşünce olmuştur. Siyah Amerikalı hareketlerinin en "entegrasyonistleri" bile, entegrasyon ve işbirliği hedeflerinde periyodik olarak güven kaybına uğramıştır. Entegrasyonizme dört şey engel olmuştur: yurttaşlık haklarında elde edilebilecek kazanımlara getirilen kısıtlamalar, siyah yoksulluğu ve yoğun ekonomik dezavantajların yapısal sürekliliği, ırksallaştırılmış düşünce geleneklerinin beyaz Amerikan kültürü içinde derinlemesine nüfuz etmiş olması ve etnik ve kültürel farklılığın hem doğası bakımından hem de siyasi strateji olarak olumlu değerlendirilmesi. Martin Luther King dahil tüm büyük Afrikalı Amerikalılar, bir düşmanlık ortamında "birleşme" ve siyahların gururunun ve haysiyetinin ayakta tutulması arasındaki gerilimle mücadele etmek zorunda kalmışlardır.

Kültürel mücadele

Özellikle ABD'de -aynı zamanda Güney Afrika'da- ırksallaştırma ve etnikleştirme sorunları kültürel mücadele olarak karşımıza çıktı. Irksallaştırılmış toplumlarda bastırılmış bir grubun sınıflandırılması, aynı zamanda, çoğunluk ve/veya hakim etnisitenin de sınıflandırılması anlamına gelir. Amerika'da siyah/Afrika kökenli olmak, en azından kısmen veya bazen neredeyse tamamen vatandaşlıktan dışlanmakla aynı şey olsaydı, o zaman dahil olmanın da hakim unsuru beyaz/Avrupalı olmak olurdu. Irksallaştırmanın kısmen kaldırılmasının hazırladığı devrim, beyaz kimliklerde onun sonucu olan "krizi" kışkırtmıştır. Glazer ve Moynihan, etnisitenin en önemli sosyal veya siyasi mobilizasyon biçimlerinden biri olarak kaldığı veya biri haline geldiği görüşünü en iyi savunucularıdır ve kuşkusuz bu kısmen, Amerikan toplumuna göçmenleri dahil etmeye yönelik uzun sürecin yarattığı şehirli etnisitelere "sahici" bağlılıkların bir sonucudur; Avrupalı göçmenlerin oluşturduğu birbirini izleyen her grup, başlangıçta, daha sonra sosyal mobiliteyle ve birleşmeyle aşamalı olarak azalacak olan düşmanlıklarla karşılaşmışlardır.

Fakat "Amerikalılaşma"nın neredeyse tüm Amerikalı şehir göçmenlerini ilgilendiren bir boyutu, beyaz olmanın "dahil olmak" için önemli bir unsur olduğunun öğrenilmesi süreciydi. Bu sebeple, Avrupalı Amerikalılar arasında "etnik canlanmaya" dair işaretlerden bazılarının, ırksallaştırmanın her şeyi kuşatan gücünün çok farklı ifade şekillerini temsil ettiğinden "şüphelenilebilir." Amerika'da Avrupa etnisitelerinin -Polonya, İtalya, İrlanda ve daha bir çoğu- ortak bir paydası vardır: ırksallaştırılmış bir toplumda "beyazlık" (Waters 1990).

Etnik talepler çevresindeki siyasi hareketlilik, Amerikan milliyetinin sıkı dokusunu ve yurttaşlık statüsünü aşındırmıştır. Bu görüşü, "yeni bir ırkçılık" olarak değil, siyasi etnisitenin, Amerika'da yurttaşlığın ve kültürel yaşantının temellerinden birini, dolayısıyla da, bizzat Amerikan toplumsal tecrübesi için gerekli asgari bütünlüğü ve devamlılığı sağlayan, değer verilen ve paylaşılan asgari kültürü tehdit ettiği yönünde duyulan derin bir kaygı olarak, en etkili şekilde Arthur Schlesinger ifade etmiştir. Bu problemin en güçlü ifadelerinden birine –Schlesinger'in de çok iyi bildiği gibi- en geniş tanımıyla, eğitim tartışmaların ve politikalarının, üniversitelerin ve entelektüel hayatın en belirgin özelliği olan kültür politikalarında rastlıyoruz (Goldberg 1993). 1960'lara kadar neredeyse tamamen ayrımcılığa sahne olan okullar ve üniversiteler uzun süre ırksallaşmış bir sistemin kilit unsurları olmuşlardır. Ancak onların buna katkıları sadece örgütlenme şekilleriyle yani ırksal dışlamaya ve kabul yönelik uygulamalarla kalmıyordu, aynı zamanda, ırksallaşmış bir topluma yönelik çok önemli kültürel mesajlar olarak aktaracakları şeyleri de kapsıyordu. Beyazların siyasi ve ekonomik üstünlükleri beyaz hakimiyetini bir biçimde gerektiriyordu; fakat sanat, müzik, tarih ve sosyal bilimler dahil tüm kültürel temsil şekillerini kapsayan bir tekeli değil. Irksallaştırılmış üstünlüğe yönelik direnç, bu tekeli andıran kültürel temsili doğru bir biçimde teşhis ettiği takdirde, tarihin, sanatın ve bütün kültürel hayal gücü ve iletişim şekillerinin beyaz ve Avrupalı etkisinden arındırılmasını kısmen çözüm olarak algılaması şaşırtıcı olmayacaktır.

Schlesinger'e ve onun gibi düşünenlere göre kültürün bu politik etnikleştirilmesi, kültürü, etnik açıdan değil "insanlık" açısından tanımlayan "liberal" Evrenselci düşünceyi içeren Avrupa geleneğinin"en nitelikli" çekirdeğini tehdit eder. Önde gelen kahramanlarından bazılarını -Hume ve Kant gibi- ırkçı uygarlık anlayışlarını ifade ederken görebiliyorsak, Batı felsefesinin bir bütün olarak şüpheli olduğu sonucundan Avrupalı (veya beyaz) olmayan savunucuları kaçınabilirler mi? Fakat kültürün etnikleştirilmesi, yani yüksek kültürün, sözde mükemmellik ilkeleri tartışmasının tezahürlerinden, günlük hayata ilişkin kültüre kadar etnikleştirilmesi, kültürel dışavurumun kendi etnik temelleri dışına çıkamayacağı anlamına geldiği takdirde, evrenselci insanlık idealine yönelik bir tehdidi temsil eder. Wallerstein'in son derece ince bir biçimde tartıştığı gibi kültür şu ikili anlamı taşır: kültürün, farklılıkların öğrenildiğini ve doğuştan gelmediğini göstermek için seferber edildiği evrensellik anlamı (yani antropolojik Evrenselcilik) ve farklılıkların "doğal" olduğu ve kültürün de bu farklılığın bir ifadesi olduğu fikrini ifade edebilmesini sağlayan anlamı (Balibar ve Wallerstein 1991). İnsanlar eğer kültürün ikinci anlamına inanırsa bu farklılığı korumak için canla başla savaşmaları beklenir –çünkü bunu yaparlarken, aynen bir çok etno-kültürel savaşçının inandığı gibi hayatta kalmak için savaşırlar.

Malezya ve Post-kolonyal çoğul toplumlar

Malezya'da bağımsızlıktan bu yana politikaların yürütülmesinde farklılığın değil, çatışmanın azaltılmasının amaçlanmamış olduğu iddia edilmektedir. 5. Bölümde ekonomik eşitsizlikler konusunda gösterdiğimiz gibi Malezya'da hakim politikaların çoğunda temel düşünce kendilerini o toprakların halkı olarak gören Malayların "kendi mekanlarında" ekonomik ve sosyal vatandaşlık haklarının ellerinden alınmasına tahammül etmelerinin beklenemeyeceğidir. Ekonomik politikada bu, Malayların modern ekonomi olarak adlandırılan sektöre sokulması yönünde çok fazla çaba harcamak anlamına geliyordu, kültür politikalarında ise Malay geleneklerinin, İslam inancı ve Malay dilinin, en azından *primus inter pares** olarak korunacağı, saygı göreceği ve muhafaza edileceği konusunda Malayların bir kez daha güvence verilmesi anlamına geliyordu.

5. Bölümde ana hatlarıyla gördüğümüz gibi Malayların "gerçek" Malaya/Malezya halkı olarak tanımlanması, Britanya'nın koloni yönetimi tarafından teşvik edilmişti. Malay sultanları aracılığıyla uygulanan dolaylı yönetim yerli hayatın unsurlarını, özellikle İslami yasaları ve sultanın sorumlu olduğu kültürü korumak için tasarlanmıştı. Dışarıdan gelen başlıca iki nüfus -Çinliler ve Hintliler- kolonyal ekonominin son derece spesifik sektörlerinde çalışmaları için ithal edilmişlerdi, dolayısıyla onlara Malaylarla kaynaşmaları ya da ülkenin "ulusal yaşantısına" entegre olmaları için fazla fırsat sunulmamıştı. Bu kesimler, asla kendi işlerine kapalı bir yapıda değillerdi ve bazı kırsal bölgelerde Çinliler ikamet ettikleri toplumların hayatları içinde iyice yoğrulmuşlardır. Çinliler ve bazı Hintliler Malezya ekonomisinde başlangıçta uğraştıkları işleri bırakınca, en azından ticari ilişkiler zemininde, mal ve hizmet sağlayıcıları ve diğer küçük ticari girişimciler olarak Malaylarla birlikte

* Eşitler arasında birinci anlamına gelen Latince deyim (ç.n.).

çalıştılar. Gruplararası evliliğin önündeki din engeline rağmen bireylerarası ilişkiler etnik bağlantıları geliştirmiştir.

Bununla birlikte, bağımsızlık müzakerelerinin hazırlık aşamasında "Malay" diye tanımlanabilenlerin ve tanımlananların büyük çoğunluğunun kendilerini Malaya/Malezya halkı ve ötekileri de konuk, göçmen işçi veya yabancı olarak gördükleri kesin gibidir. Bu "ötekiler"in, birçok Malay'a göre, büyük ölçüde Malayların olmayan bağımsız bir Malezya'nın "üyesi" olma iddiası vardı. Çinlilerin ve Hintlilerin kendi "anavatanlarına" bağlı oldukları düşünülüyordu; Malezya'daki Çinliler, Çin'deki komünist davayı savunan devrimci partiler halinde örgütlendiklerinden Çinlilerin, anavatanları Çin'e karşı -gerçek ya hayali- yakınlıkları tamamen şüphe altındaydı. Malezya'da komünizm tehlikesini bastırmak için Britanyalılar olağanüstü hal ilan ederek, devrim karşıtı mücadelede Malay askerlerinin desteğini sağlamış ve böylelikle halkın hafızasında keskin bir bölünme anısı yer etmişti.

1950'lerde *merdeka* -bağımsızlık- gerçek bir olasılık haline geldiğinde Malaylar, yeni Malezya'ya dışarıdan gelenlerin tam siyasi haklarının kabul edilmesiyle tehlikeye düştüğünü düşündükleri Malayan/Malezya politikasındaki "özel konumlarını" korumaya çalıştılar. Malayların bilinçlenmesinde en büyük itici güç "etnisiteye dayanmayan" bir Malezya vatandaşlığı yaratacak ve Malayların, toprakların, kültürün, dilin ve dinin korunmasına yönelik gibi özel taleplerini kökten silecek bir bağımsızlık anayasasının önerilmesi oldu. Malay ulusal bilinci 1930'larda ağır ağır gelişmişti (Roff 1994) ve bizzat sultanlık, siyasi açıdan en aktif Malaylar arasında yer alıyordu. Ancak ulus çapında siyasi bilinci uyandıran küçük ama giderek büyüyen bir aydınlar, gazeteciler ve öğretmenler sınıfının da katılımıyla süreç hızlandı. Bağımsızlık noktasında toprağı etnik rakiplere kaptırma korkusu sultanların, üst sınıftan Malayların ve entelektüellerin harekete geçmesine yol açtı.

Kendilerini Malay çıkarlarının savunucuları şeklinde sunarak Birleşik Malay Ulusal Örgütü'nü kurdular (Roff 1994).

Bağımsızlık esnasında yaşanan tartışmalar, vatandaşlığın başlangıçtan beri nasıl "komünal" terimlerle ele alındığını gösterir; "komünal"le Malezya devletinde varlıkları tespit edilmeye başlanan etnik topluluklar kastedilmektedir. Bir bağımsızlık anayasası hazırlamak için bir danışma komitesi kurulmuştu. Komiteye sunulan önergelerin arasında şunlar vardı:

> Burası bir Malay ülkesidir, Malaylara ait olduğu ezelden beri kabul edilir... Malaylara diğer ırklardan daha fazla söz hakkı ve tahsisat verilmesi gerekir. [Malay]
>
> Bu ülkede yaşadık ve burada alın teri döktük...Çinliler de Malaylarla eşit temsil hakkına sahip olmalı, çünkü Çinliler ülkeye en fazla katkısı olan ve vergilerde en büyük payı ödeyen kesimdir. [Çinliler]
>
> Avrasyalılar bu toprağın çocuklarıdır ve bizlerin Malaya'da ana vatanımız olarak görebileceğimiz başka bir ülke yoktur. [Avrasyalılar]
>
> Sihler, Hindistan halkları içerisinde ayrı bir mevcudiyet olarak tanınır ve Hindistan'daki, başlıca ırklara ait uç görüşleri dengeleyen güçlü bir azınlık konumundadır. [Sihler]
>
> Asyalı ırkların çoğu zararsız bir otokrasiyle yönetilmeyi gerektirir ve başkalarından şüphelendikleri veya başkalarını kıskandıkları için kendi kendilerini yönetebilme yeteneğinden yoksundurlar... Malaya'yı İngilizler kurmuşlardır. [Britanyalılar] (Ratnam 1965).

Anayasa konusundaki mücadeleler Malezya politikasında etnik kimlikleri pekiştirip güçlendirmiş, fakat yine de bir uzlaşmaya götürmüştür (Ratnam 1965). Malay olmayanlara talep ettikleri vatandaşlık güvenceleri verilirken, Malaylar, Malay kültürünün ve geleneklerinin öncelikli konumuyla, ekonomik ve kurumsal alanlarda etnik ayrıcalık politikalarının oluşturulmasını güvence altına almışlardır. Anayasa resmi din olarak İslamiyeti, resmi dil olaraksa Malay dilini onaylıyordu. Ayrıca anayasa hükümlerinde bir "Malay" toprak, eğitim ve ekonomi ile ilgili tercihli politikaların odağı olarak tanımlanıyordu. Önde gelen etnik temelli partiler –Birleşik Malay Ulusal Örgütü (UMNO), Malezyalı Hintliler Kongresi (MIC) ve Malezyalı Çinliler Birliği (MCA) –daha sonra *Barisan Nasional* veya Ulusal Cephe'ye dönüşecek hükümet partisi olan bir İttifak kurmuşlardır. 1998'e gelindiğinde Dr. Mahatir'in Başbakanlığındaki Ulusal Cephe partisi (BN), 1981'den beri iktidarda olan hükümet partisiydi.

İttifak içindeki bu partiler, etnik amaçla kurulmuş ve isimlendirilmiş olmalarına rağmen, onların aynı zamanda, sınıfsal olarak farklılaşmış etnik nüfuslar içinde belli bir sınıfsal tabanı bulunmaktaydı. Hintli ve Çinli partilerin tabanları, büyük ölçüde ticaret girişimci profesyonel sınıflardan oluşuyordu, diğer taraftan UMNO'un sınıfsal tabanı, gerçek bir Malay burjuvazisi olmadığından, idari ve siyasi bir Malay elit sınıfıydı. Bağımsızlık sonrası uzlaşma, İttifakın tüm ülke çapında desteğini büyük oranda İslami Partiye kaptırdığı 1969 seçimlerine kadar, görünen o ki, başarılıydı. Seçim sonrası Kuala Lumpur ayaklanmalarının ardından parlamento iki yıllığına askıya alındı.

Horowitz'in de iddia ettiği gibi bağımsızlık zamanında Malezya'da istikrarlı entegrasyon beklentileri zayıf gibi görünmüş olabilir; Sri Lanka'da beklentiler daha olumluydu. Geçen otuz yılın ardından sonuçlar neredeyse tam tersini gösteriyor. Sri Lanka çözülmesi imkansız görünen bir iç savaşa karışırken, Malezya, ülkenin ve halkından bir bölümünün giderek zenginleşmesini beraberinde getiren birazcık etnik barışı sağlamayı başarmıştı.

Bazı yorumcuların Malezya'ya ateş püskürmesine neden olan iki özelliği – ifade özgürlüğüne konulan bazı kısıtlamalar ve Malaylardan yana etnik bir ayrıcalık sistemi- ulusal entegrasyonu bir ölçüde mümkün kılan özelliklerdir. Bazı yorumcuların Malezya'daki sisteme yönelik hoşnutsuzlukları, "doğru" formu, evrenselci vatandaşlığa ve kısıtlanmamış aleni genel tartışma hakkına dayanan bir demokrasi görüşüne işaret eder. Horowitz ve diğerlerinin ileri sürdükleri gibi Malezya devletinin hedefi farklılığı değil, çatışmayı azaltmaktır (Horowitz 1989).

Etnik çatışma potansiyeline dair en açık ve uyarıcı sinyaller 1969 yılında, Malaylar, Çinlilerin etnik çıkarlarında ileri bir adım olarak görülen seçim sonuçlarının ardından kutlama gösterisi yapan Çinlilere şiddetli bir biçimde tepki verdikleri zaman görüldü. Kuala Lumpur ayaklanmaları, o zaman ve o zamandan bu yana, etnik rekabetin böylesine bu kadar şiddetli bir biçimde ortaya çıkması durumunda, nelerin olabileceğini gösteren çarpıcı bir örnek olmuştur. Bütün yorumcular, Malayların hoşnutsuzluğunun altında yatan sebebin kendi ülkelerinde ekonomik açıdan dezavantajlı durumda olduklarına ve dışarıdan gelenlerin (yani Çinlilerin) zengin olduklarına ve giderek zenginleştikleri şeklinde inançları olduğu konusunda büyük ölçüde mutabık görünmektedirler. Unutmamamız gerekir ki, bu etnik hoşnutsuzluğun ihtimal dahilinde olabilmesi için daha önce kısmen açıklamış olduğumuz önkoşulun gerçekleşmesi, yani insanların, kendilerinin ve başkalarının durumlarını her şeyden önce etnik terimlerle görmesi gerekir.

Malezya devletinin tepkisi -Malay olmayan temsilcilerin işbirliğini gerektiren bir tepki- Malayların, Bağımsızlık Anayasasında önceden oluşturulmuş olan özel konumlarını yeniden onaylamak ve siyasi elit sınıfın, Malay hoşnutsuzluğunun gerçek nedeni olarak gördüğü şeye, yani fakirler ve ekonomik açıdan çok daha kötü durumda olanlar arasında Malayların çok orantısız temsil edilmesine ve buna paralel olarak işadamı sınıfı ve eğitimli profesyoneller arasında yeterince temsil edilmemelerine saldırmak olmuştur. Malayların ekonomik durumunu düzeltmek için başlatılacak destekleyici eylem politikası, 1970'den beri Malezya'daki siyasi uzlaşmasının temeli olarak kalan Yeni Ekonomik Politikanın (NEP) hedefiydi (Jesudason 1990).

Malaylara ayrıcalık sağlanacak başlıca alanların sayısı dörttü: Malay toprak mülkiyetinin korumaya alınması, bursların dolayısıyla da yüksek eğitim ve profesyonel sosyal mobilitenin kapılarının açılması, ev sahibi olmak için elverişli koşullar ve iş kredilerinde uygun şartlarla ve Malayların "modern sektöre", yani kapitalist ticari girişime katılımını arttırmak için tasarlanmış diğer önlemler. Bu önlemlerin ne kadar başarılı olduğu konusunda görüş ayrılığı yaşansa da, Malayların "kendi vatanlarında kaybeden kişiler" konumuna düşme korkularını azaltmaya, aynı zamanda, profesyonel, sivil hizmete ve idari mesleklere dayanan sağlam bir Malay orta sınıfının yaratılmasına ve iş sektörüne giderek artan oranda katılmalarına yetecek kadar başarılı oldukları konusunda bir görüş birliği vardır. Bunların hepsinde Malay siyasi tahakkümünün etkisi o kadar hissedilmiştir ki, Malayların Malezya politikalındaki "en üst derecede yönetici" konumlarının çoğunu işgal ettiği bir yerde Malay ve Müslüman olanların dışında birisinin Başbakan olduğunu düşünmek çok zordur. Bu başarıya ulaşmak için gerekli araç, İttifak Partisi ve onun tüm etnik grupları bir araya toplayan, fakat Malay ortağın – Birleşik Malay Ulusal Örgütünün – tartışmasız üstünlüğe sahip olduğu selefi Ulusal cepheydi. NEP yeniden gözden geçirildiğinde, Malayların durumlarını iyileştirme konusunda ulaşılan olasılıkların "tamamlanmamış" ve kısmi başarılar oldukları şeklindeki sonuçların, aynı zamanda, bu politikaların sürdürülmesine yönelik argümanlar oldukları ortadaydı; bu politikaların amaçlarına ulaştığı sonucuna varmak, onları tamamen ortadan kaldırmayı tartışmak demekti (Malezya: Yedinci Malezya Planı 1996-2000).

Hükümet, aynı zamanda, devamlı olarak ulusal birliğe duyulan ihtiyacı vurgulamıştır ve bunu da Malaylara tanınan her türden "ayrıcalıklar" ile ilgili açık veya potansiyel olarak keskin tartışmayı engelleyerek veya yasaklayarak yapar. Bu koşullar altında, hepsi olmasa da, yüksek eğitim ve okullardaki eğitim dilinden İslami uygulamaların yerine getirilmesine kadar birçok konu hakkındaki siyasi sorunlar etkili bir şekilde etnikleştirilmektedir (Lee 1990). Yani bu politikaları, etnik önemleri ve anlamları içinde eşzamanlı olarak ele almadıkça kavrayabilmek çok güçtür.

Malezya devleti makro-düzeyde iki sorunla karşı karşıyadır: kapitalist Malezya ekonomisinin devamlı gelişiminin finansmanını üstlenmeye istekli yatırımcıların ülkeye duydukları güveni kaybetmemek ve etnik barışı sağlamak. Birincisini başarmak için, hükümetin siyasi istikrarı garanti altına almaya çalışması ve istikrarlı endüstriyel ilişkileri dikkatle izlemesi şarttır; ikincisini başarmak için hükümet öncelikli görevini hep, yukarıda anlattığımız türden potansiyel Malay "etnik" hoşnutsuzluğunu gidermek olarak görmüştür. Dolayısıyla, hem keskin ve iyi hazırlanmış bir sınıf politikası, hem de acımasız ve yoğun bir etnik politika Malezya'da yaşanan uzlaşma ortamı için bir tehdit unsuru olarak görülmektedir.

İşgücüyle ilgili bazı sorunların daha da ciddi hal alması ihtimali vardır. Malezyalı işçilerin gelirleri arttıkça, başka yerlerdeki işçilerle (örneğin ABD'deki ve Japonya'daki işçilerle) aralarındaki rekabete elverişli ücret farkı da düşmektedir ve hükümetler çabuk davranıp iç gelir kazançlarının önüne geçmeye çalışabilirler ya da çok sayıda Endonezyalı ve Bangladeşli işçinin inşaat sektöründe çalıştırılması örneğinde olduğu gibi, ücret giderlerini azaltmak için tüm ümitlerini göçmen işçilere bağlayabilirler, fakat bu iki yolun da siyasi tehlikeleri vardır. Global bir kapitalizmde Malezya (ve diğer Güneydoğu Asya) ekonomilerinin karışıklığa düşmesi, yerli hükümetin kendi devlet sınırları içinde gelişme koşullarını her zaman zorla kabul ettiremediği anlamına gelir. Uluslararası yatırımcıları çekmek için Malezya ekonomisi ve benzeri ekonomiler, ya uluslararası sermayenin ya da işbirliği yapmaya çalışan hükümetlerin (örneğin ABD) "liberalleşmeye" yönelik taleplerini kabul etmek zorunda kalabilir. 1997-98'de Güney Doğu Asya ekonomilerinde görülen nispi zayıflık, Endonezya gibi ülkelerin Uluslararası Para Fonu'ndan gelen baskılara karşı ne kadar hassas olduğunu göstermiştir. Diğerleri kadar olmasa da Malezya da (durumu Endonezya'ya göre daha az ciddi olduğundan) yerel siyasi kontrol ve Para Fonu yardımı arasında seçim yapmak zorunda kalmıştır. Ülke, IMF'nin müşterilerinden biri olmaya bugüne kadar direnmiştir.

Bu arada, NEP'in bir Malay orta sınıfı yaratmakta gösterdiği başarı, zengin şehirli Malaylarla fakir kırsal Malaylar arasında sosyal ve kültürel bir mesafenin oluşmasına yol açmıştır. Malezya'da, başka yerlerde olduğu gibi, ekonomi ve sosyal dezavantajlara karşı verilen tepkilerden birisi İslam'ın sembollerine ve hükümlerine bağlılıkta yaşanan bir yoğunlaşma olmuştur. Malezya'nın İslami partisi PAS'a verilen destek özellikle, oldukça yoksul Malayların yaşadığı kırsal alanlarda son derece yüksektir. (Bunun aksine, ideolojik bir sınıf tabanına sahip sol partilere verilen destek büyük ölçüde Çinli etnisitesiyle özdeşleşmiştir). Bunlar modern sektör diye bilinen sektörün dışında kalan ve Malaylara yardım amaçlı programlarda toprak reformu devamlı oldukları atlandığından NEP'in hemen hemen hiç dokunmadığı tarımla uğraşan Malezyalılardır. Bu kesimin hoşnutsuzlukları İslami bir partiye kanalize edildiği takdirde, Malayların çoğunluğunun UMNO'ya verdiği destekle ayakta duran Ulusal Cephe için gerçek bir tehlike yaratacaklardır. Dolayısıyla, UMNO'nun başını çektiği hükümetin, uluslararası yatırımcıları vazgeçiren ve ülkede etnik ilişkileri istikrarsızlaştırılan türden bir İslamlaşma amacına ulaşamayacak olmasına rağmen, İslamın Malay etnisitesine sıkı sıkıya ilişkili olması yüzünden, İslami bir Malezya'ya bağlı görünmek için çabalaması gerekmektedir. Bu türde dengeleme hareketleri, Malezya hükümetinin önde gelen şahsiyetlerinin beyanlarında yansıtılmaktadır.

Sosyal, siyasi ve ekonomik işlemler ile düzenlemelerin etnik sınıflandırma temelinde tanımlanması, Malezya'da – Boulanger'in "etnik üçlü hegemonya" dediği (Boulanger 1996)- makro-sosyal bir kısıtlamayı oluşturur. Hangi etnik kimlikte olursa olsun, ne bir Malezyalı, istese de istemese de bu makro-sosyal ve kültürel olgunun etkisinden ve anlamından kaçamaz. Malezyalılar etnisiteden kaçamazlar, çünkü Anayasada, siyasi partilerin isimlerinde, okul seçiminde, yüksek öğretim bursları ve iş kredileri için başvurularda, ev alım satımı ve sürücü belgelerinde etnik kimlikleri yazılıdır. Malezya'nın büyük ve küçük ölçekli kurumlarında etnisitenin bu şekilde temellenmesi, etnisiteyi mikro-sosyal etkileşimlerde bireyler tarafından yapılan seçimler aracılığıyla değerlendiren yaklaşımların sınırlarını gösterir (Banton ve Mansor 1992).

Bunun önemi özellikle, -modernleşme süreçlerinin etnik bağlılıkları çözdüğü şeklindeki- standart liberal bir modernite görüşünün savunduğu en eski iddialardan biri hakkında bir yargıya varmaya çalışırken artar. Modernitenin etnisiteyi yaratılabileceğine dair bir çok kanıta rağmen, liberal görüşün, şehirlerin, endüstriyel ticaret ve hizmet istihdamının gelişmesinin, insanları girmekten kaçınamayacakları ilişkilerin içine çektiği şeklinde argümana dayandığını görmek gerekmektedir. O zaman buradan, "kör" etnik sadakatlerin, bu etkileşimleri ayakta tutamayacağı sonucu çıkmaktadır (bkz. Banton ve Manson 1992). Bu tür bir görüş çok basite indirgeyicidir. Şüphesiz, etnik açıdan farklı olarak tanımlanan insanlar arasındaki etkileşim kanalların açık olması (aynı okul, aynı mahalle, aynı fabrika) etnik farklılıkla ilgili yeni algılayış biçimlerine ve Eriksen'in etnisite iletişimi dediği şeyin tarzında değişikliklere yöneltebilir ve bazen gerçekten de yöneltir (Eriksen, 1993b).

Fakat bu bizi, etnik kategorilerin çözüldüğü veya etnik bağlara sadakatin zayıfladığı sonucuna götürmemelidir; makro-sosyal tanımların etnisiteyi güçlendirdiği durumlarda bu ihtimal çok düşüktür. İnsanlar mikro-sosyal etkileşimler ve makro-sosyal sadakatleri sadece, her bir 'düzeyi' ötekileri önemli ölçüde bilgilendirirken bile, farklı kurallarla oynanan farklı oyunlarmış gibi değerlendirirler. Dolayısıyla Mariappan'ın, insanların, makro-politik yapılar tarafından özellikle siyasi tutumlarında güçlü bir şekilde beslenmeye devam ederlerken, zihinlerinde bazı tiplerdeki mikro-sosyal etnisitelerarası işlemlerde esneklik göstermeye karşı istek duyduklarını ortaya koyması hiç de şaşırtıcı değildir (Mariappan 1996). Başka bir deyişle, insanlar bir taraftan hegemonik bir etnik sınıflandırma sisteminin devamlı güçlü kaldığını ve herkesi ya da neredeyse herkesi içine aldığını kabul ederken, diğer taraftan yüz yüze ilişkilerinde, tamamen bu sistem tarafından "yönetilmeyen" esnek tavırlarla hareket etmeyi başarabilirler. Mikro-sosyal alanlarda rastlanan esneklik kanıtlarından hareketle "etnik sadakatlerin" zayıfladığı sonucuna varmak, kanıtların yarısını, özellikle, Boulanger ve Khan'ın da gösterdiği gibi, Malezya'da etnik kategorilerin bazı açılardan sertleştiğini gösteren kanıtları göz ardı etmek demektir (Boulanger 1996, Khan ve Loh Kok Wah 1992).

Özet

Bu bölümde politika alanını tanımlayıp, etnisite politikasının örneklerini inceledik. Daha önceki iki bölümde gördüğümüz sınıf ve etnisite örneğinde olduğu gibi klasik etnisite ve ırk- durumlarını meydana getiren tarihsel bağlamları ele aldık: özellikle yeni bir ortamda yeni etnisiteler yaratan işgücü göçleri açısından kölelik ve kölelik-sonrası, kolonyal ve post-kolonyal toplum bağlamlarıyla, yeni bir dünya sisteminin oluşturulmasında ilk tohumlar atılmış olan Avrupalı toplumlar ve yeni dünya toplumları içinde şehirli azınlıkların oluşturulması bağlamlarını. Açıklamalarımız bir kölelik-sonrası toplumu olan ABD ve post-kolonyal bir toplum olarak Malezya örnekleri üzerinde yoğunlaştı. 7. Bölüm'de etnisite politikalarının egemenlik, kültürel onur ve toprak iddiası politikalarından ibaret olduğu bir mülksüzleştirme örneğini – Hawaii'yi- inceleyeceğiz; ve ayrıca diğer azınlıkların yanında, eski kolonilerinden göçmen ve mülteci kabul eden kolonileştirici ülkeler olarak kolonyalizm sonrası Britanya örneğini ve diğer Avrupa toplumlarını inceleyeceğiz.

7. Bölüm

Etnisite Politikaları: Hawaii, Britanya, Kıta Avrupası

Bu bölümde etnisite politikalarını iki bağlamda inceledik: toprakları ellerinden alınarak mülksüzleştirilmiş toplumlar ve Hawaii örneği ve kolonyalist toplumlarda post-kolonyal şehir azınlıkları – özellikle Britanya; ayrıca Avrupa bağlamı içerisinde etnisitenin çok daha geniş bazı yönlerini inceleyeceğiz.

Toprakları ellerinden alınmış toplumlarda etnisite politikaları

2. Bölüm'de Avrupalı genişlemesi, macera, kolonileştirme ve ilhak döneminin beraberinde, hem bilimle hem de Hıristiyan diniyle ilgili dünya görüşleri aracılığıyla ifade edilen muazzam bir kültürel güveni getirdiğini gördük. Avrupalıların karşılaştığı halklar, basit veya tek-tip bir yaklaşımla değil, son derece kalıcı ve dayanıklı olan uygar ve kutsal, vahşi ve yabani gibi temalarla değerlendirildi. Bu karşılaşmanın maddi ve sembolik etkileri Hawaii adalarının 200 yıldan biraz fazla süren geçmişi içinde incelenebilir. (Modern

Hawaii'nin temel özelliklerinden bazıları 5. Bölümde anlatıldı.) Aşağıdaki pasajlarda özellikle günümüz Hawaii rönesansı açısından, Adanın kendine özgü siyasi ve kültürel boyutlarına bakacağız.

Romanzo Adams -kolonileştirilmiş başka ülkelerle karşılaştırıldığında - Hawaii tarihine ait bazı garip özelliklerin, Hawaii'ye, onu diğerlerinden ayıran "ırk ilişkileri" hazır bir felsefesi kazandırdığını iddia etmiştir (Adams 1934, 1937). Adams'ın öne sürdüğü temel nedenler, ilk ticaret ilişkilerinin gerektirdiği geniş "eşitlik", dışarıdan gelenlerin baş etmek zorunda olduğu egemen bir yerli rejimin varlığı ve dışarıdan gelen beyaz yabancılarla Hawaiililer arasında yapılan meşru ve yüksek statüde evliliklerdir. Adams'a göre bu, bir beyaz üstünlüğü doktrini oluşturabilmesi için herhangi bir temelin olmadığı anlamına geliyordu: beyaz erkekler yüksek statüde Hawaiili kadınlarla evlenince tüm Hawaiililere saygı duymak zorunda kalmışlardı; ticaret yapmak kaba ama hazır bir eşitliği kabul etmek demekti; ve ev sahibi hükümetin otoritesi, kendi onayına ihtiyacı olanlardan saygı görmesini gerektiriyordu. İlk misyonerler Honolulu'da ev inşa etmek için Kraliçe Regent'den izin istemek zorunda kaldılar; ancak kraliçenin iznini aldıktan ve gerekli ve makul gördüğü kısıtlamalarına uyduktan sonra yerleşebiliyorlardı(Daws 1968). Kraliçenin sonradan Hıristiyanlığa geçmesi misyonerler için paha biçilemez bir değer taşıyordu.

Bu yabancı-Hawaiili ilişkiler modeli bazı itirazlarla karşılaşmıştır. Ticaret ilişkilerinde "kaba ama uygun" bir eşitlik olabilir, fakat Hawaii'de tüccarların ve denizcilerin yönettikleri bir dış dünya hakkında daha fazla bilgiye sahip olmaları – muazzam ateş güçlerinden bahsetmiyoruz - bu eşitliğin gerçek bir özelliğiydi. Hawaiililer kendi zararlarına olan anlaşmalar yapmaları için kandırılıp aldatılmışlar ve borçlarını ödeyemedikleri veya anlaşma koşullarını yerine getiremedikleri zaman zorla tehdit edilmişlerdir. (Daws 1968, Kent 1983). Dışarıdan gelenlerle yapılan evliliklere saygı duyulmuştur, fakat bunun etkisi dışarıdan gelen beyazlar arasında Hawaiililere karşı yaygın bir hürmet duygusu uyandırmaktan ziyade, yeni bir etnik kimliğin ve yeni bir yarı-Hawaiili üst sınıfının yaratılması olmuştur. Bu yarı-Hawaiili sınıf içinde, halkı en çok düşünenler ve Hawaiilileri önemseyenler, Hawaii halkının kaderi konusunda endişeliydi; diğerlerini ise, kendi gelecekleri çok daha fazla ilgilendiriyordu. 5. Bölümde gördüğümüz gibi, 19. yüzyılın ortalarına gelindiğinde Hawaii'de dış kaynaklı çıkarları temsil edenlerin mutlak üstün gücü, Hawaiili yöneticileri, Hawaii'nin Amerikanlaşmasını kolaylaştırmak için gerekli tavizleri vermeye zorlayabilmiş ya da bunun için kandırabilmiştir. Hawaii hükümetinin özerkliği ve hareket serbestisi, sonunda tamamen ortadan kaybolana kadar her gün biraz daha düş haline geldi. Hawaii tarihindeki bu tuhaf koşullar-Adams'ın bahsettiği gibi gerçek kolonyalizmin aksine tuhaf- niteliksiz bir etnik üstünlük doktrininin gelişmesini engelleyen bir etki yarattı. Fakat bunun nedeni olarak ileri sürülen etkenler ticaret ilişkilerinde eşitlik, Hawaii hükümetinin özerkliği ve Hawaiililere yönelik saygı giderek etkilerini kaybetti.

Adams, 1930'lardaki yazılarında Hawaii'ye dair tuhaflıklardan aslında "ortodoks olmayan ırk ilişkileri doktrini" diye bahsetmiştir, beyaz-egemen görüşlerle, sosyal ve kurumsal ayrım ABD'de "geleneklere uygundu". Hawaii'nin egemenliğini kaybetmesi (1893) ve bölgesel statünün tesisi (1990) Hawaii'yi daha öncekinden çok daha fazla kolonyal bir rejime benzeyen bir toplum haline getirmişti ve Hawaii'nin ırkçı ortodokslardan ayrılması bir derece sorunu idi. Bu dönemde Birleşik Devletler hükümet temsilcisi, askeri yetkililer, şeker üreticileri, üreticilerin temsilcilerinden ve taşıma şirketlerinden oluşan ve yerel olarak Büyük Beşler diye bilinen ve iş ilişkileri içindeki bu grup gerçek bir siyasi güç elde etti. Bu bölgesel rejim, işçi sendikalarına karşı saldırgan, adadaki Japon işçilere muhalifti ve Hawaiililere karşı kayıtsız kalıyordu. Yarı-Hawaiili ve *haoloe* (beyaz) soyundan birkaç ailenin ayakta kalması, beyaz egemen bir bölgesel iktidar yapısının gücü önünde çok küçük bir engel oluşturuyordu ya oluşturmuyordu.

1959'da Hawaii eyalet statüsüne geçtiği zaman gazete afişlerinde "Artık hepimiz haoleyiz!" yazıyordu. *Haole* teriminin o zamanki "yabancı" anlamı bugün hâlâ değişmemiştir, fakat anlatılmak istenen asılında beyaz Amerikalılar olmuştur. ABD'yle bölgesel ilişki, plantasyon döneminde terim "patron" anlamını taşıyordu. Afiş "Artık hepimiz patronuz" şeklinde de okunabiliyordu – bu da Hawaiinin demokrasiyle tanışması anlamına geliyordu. Bölgesel rejimde birçoğu siyasi katılımın dışında bırakılan Japon, Çinli ve Filipin soyundan gelen nüfuslar için, bu, gerçekten büyük önem taşıyordu.

Hawaiililer doğum yeri şartları konularak dışlanmamışlardı, fakat bölgesel statünün kendisi, onların egemenliklerini kaybetmelerinin işareti olmuştu. Eyalet statüsünün, en büyük fırsatları, Japonya'nın Pearl Hourbour'a saldırmasının yol açtığı sosyal etkilerin üstesinden gelmeye başlayan Japon kökenli Hawaiililere sunduğu düşünülüyordu. Japonların, Japonya'nın emperyal savaşının amaçlarına sıcak baktığı düşünülmüştü ve bu yüzden Japonlar, hiçbir dayanak olmadan, Japon savaş uçaklarına Pearl Harbour'a girmeleri için rehberlik etmekle suçlanmışlardı. Hawaii'de doğan Japon soyundan genç insanlar, ebeveynlerinin Japonya'ya olan duygusal bağları karşısında sinirleniyorlar ve bazıları kendi evlerindeki Japonlukla ilgili sembolleri yırtıp atıyorlardı. Hükümetten gelen itirazın ardından Amerikan ordusunda bir Japon taburun oluşturulması ve taburun savaştaki olağanüstü başarısı Hawaiili Japonlara "Amerikanlaşma" kapılarını açtı. Japon, Filipinli ve diğer çiftlik işçileri 1930'larda Amerikan-temelli sendikalara kaydolmaya başlamışlardı ve eyalet statüsünün ardından Japon soyundan Hawaiililer kendilerine Demokratik Parti'de sağlam yerler edindiler.

Bu onlara, sonunda, eyalet seçimlerinde iddialı olabilmeleri ve eyalet mekanizmasındaki başlıca siyasi konumlara ve idari mevkilere ulaşabilmeleri için bir temel sağlayacaktı. Adalardaki en büyük iki grubun birleşik seçmen sayıları ve siyasi güçleri - beyazlar (yüzde 35) ve Japon soyundan olanlar (yüzde 25) -Hawaii'de "haole-Japon ortak egemenliği" diye tanımlanan bir yönetimin iktidara gelmesine yol açmıştır. Aynı dönemde ekonominin yoğunluk merkezi çarpıcı bir şekilde plantasyonlardan (şeker ve ananas) turizme kaydı. 1990'larda adaların ekonomisi ve kaderleri büyük oranda otel sanayiini ve büyük hava ulaşımı şirketlerini kontrol eden az sayıda Japon ve Amerikalı çokuluslu şirketin elindedir (Kent 1983). Bu çok-uluslu Japon şirketlerinin, Hawaii doğumlu Japon soyundan gelen nüfuslardan açık bir şekilde ayırt edilmeleri gerekir. Hawaiili bu nüfus, adaların işçi sınıfının ve orta sınıfının büyük bir bölümünü oluşturmuştur; turizm endüstrisinin sahibi değildir.

Başta, eyalet statüsü ve plantasyon ekonomisinden turist ekonomisine geçiş olmak üzere, bu siyasi ve ekonomik değişimler, etnik kimliklerde ve kültür politikalarında yaşanan değişiklikleri de etkilemiştir (Fenton 1979, Buck 1993). Genel yaşam ve eğitim standartlarında yaşanan iyileşmeler, Hawaii soyundan gelen nüfusun yeniden canlandırılması ve 1960'lardan beri eyalet rejiminin siyasi açıdan oldukça açık olması, yerli Hawaii tarihi ve kültürüne karşı, Hawaii Rönesansı denen tazelenmiş bir ilginin doğmasına katkıda bulunmuştur. Kitle turizmi, arazilerin oteller tarafından kapışılması yüzünden kızgınlıklara yol açarken, aynı zamanda Hawaiili yerel müzisyenlere müzik ve eğlenceyle hayatlarını kazanabilmeleri için bir fırsat sunmuştu. Yerel müzisyenlerin işleri yerel organizasyonlarda -ailelerin sosyal amaçlı toplantıları, kilise toplantıları, düğün, yerel müzik yarışmaları ve festivaller- ve otel ve gece kulübü piyasasında çok iyi gidiyordu. Toplumsal organizasyonlar, müzik stüdyoları, televizyon ve radyo, bu müzisyenlerden bazılarını adada herkesçe tanınan ve sevilen insanlar haline getirdi. Bu müzisyenler müziklerinde Hawaii'ye ait eski müzikal formları, 19. Yüzyıl melodilerini, şiirlerini, türkülerini ve dışarıdan gelen göçmenlerin getirdiği İspanyol/Portekiz etkilerini yansıtan farklı bir dizi tarzı geliştirdiler. Hawaii müziğinin popülaritesi, modern dönemde Hawaii kültüründe yaşanan rönesansta önemli bir rol oynadı (Buck 1984-5, 1993).

Popüler müzisyenlerden özellikle üçü, herkesçe kabul edilen olağanüstü yeteneklerinden ve erken yaşta ölmelerinden dolayı önemli bir yere sahip olmuşlardır. George Helm, bir öğrenci ve müzisyendi ve Hawaii adalarından biri olan Kaho'olawe'yi bombalama tatbikatında hedef olarak kullanan Amerikan Donanmasını durdurmak için başlatılan harekette kilit bir şahsiyet olmuştu. Adanın ve adadaki tarihi yerlerin savunulması için girişilen hareket, *Protect Kaho'olewe Ohana*, Hawaii politikasında bir siyasi örgütlenmeyle ve kültürün mobilizasyonuyla ilgili bir modeldi. George Helm'in denizde kaybolması, Hawaii davasının bir şehiti olarak görülmesine neden oldu. 1970'lerin ortalarına gelindiğinde, Helm'in, toprağın korunması, eski ve yeni Hawaii kültürüne karşı saygının yeniden canlandırılması konularında duyduğu endişeleri artık bir çok Hawaiili paylaşıyordu. Gabby Pahinui belki de en çok bilinen "slack key"* gitarist ve şarkıcıydı; ve Hawaii müziğinin babası konumdaydı; 59 yaşında geçirdiği bir kalp krizi sonucunda öldüğünde, vefatı, yasların tutulduğu, her taraftan övgülerin yağdığı ve radyo programlarının günün tamamını onun müziğine ve dostlarının anlattığı anılara adadığı ulusal bir olay oldu. 1997'de Israel Kamakawiwo'ole de erken yaşta öldü; ünü ve ona duyulan sevgi, eyalet Meclis binasına gömülmesi yönünde alınan bir kararla gösterildi. Kendisi dahil herkes ona halkın ortak adamı manasında *kama'aina* diyordu. Helm, üç müzisyen arasında en belirgin siyasi

* Hawaii gitarıyla yapılan Hawaii folk müziği (editör).

kimliğe sahip olan kişiydi, diğer taraftan Israel Kamakawiwo'ole, hem bazen turistlere şarkı söyleyen – ve onlarla dalga geçen hikayeler de anlatan- hem de ulusal vesilelerde şarkı söyleyip her şeyde Hawaii'yi öven ve *aloha'aina*'nın –vatan sevgisinin- önemini herkese hatırlatan bir şarkıcı kuşağındandı.

Bu kültürel devrimin parçasıydı. 1980'lere ve 1990'lara gelindiğinde bu kültürel devrim egemenlik kavramının ve vatan hakkında kültürel-sembolik olduğu kadar maddi-yasal kaygıların da önemli yer tuttuğu siyasi bir devrime dönüşmüştü ya da kendi kendini böyle bir devrime dönüştürmüştü. Egemenlik için başlatılan hareketin ana hedefi, Hawaii ulusunun ayrı bir varlık olarak tanınması ve bu ulusun kendi kendini yönetebileceği anayasal bir formun oluşturulmasıydı (Dudley ve Keoni 1990). Bu egemenlik talepleri, Hawaii hükümetinden gayri meşru yollarla alınarak 1959'da eyalete dönüştürülen tüm toprakların iade edilmesi talebiyle birleştirilmektedir.

Hawaiililer Hawaii'de hep bir azınlık ve etnik grup olarak görülmüştür –çünkü dışarıdan gelen beyazlar ve Asyalı işçiler onları sayısal bir azınlık haline getirmiştir. Dışardan gelenlerle yaygın bir şekilde yapılan evliliklere rağmen yerli statüsünün, Yeni Zelanda'nın Maorileri arasında olduğu gibi, Hawaiililerin etnik kimliklerinin temel özelliği olduğu bugün çok daha açık şekilde anlaşılıyor. Bu özellikler onları adalardaki diğer etnik gruplardan ayırmıştır. Hawaiililer gibi yerli halklar da etnisite, dışarıdan göçle gelen grupların ve onların torunlarının etnik kimliklerinden oluşumları bakımından farklıdır. Şimdi bunun nedenlerinden bazılarını ana hatlarıyla göstereceğiz.

Hawaiililer, Hawaii'ye dışarıdan gelen göçmenler değildi ve genel olarak, göçmen işçileri talep eden kolonyal ekonomide, yani plantasyon ekonomisinde yer almadılar. Aksine, (başlangıçta baskılarla olsa da) dışarıdan gelenler kendilerine plantasyon ekonomisinde yer edindiklerinde bu, Hawaiililerin "kendi yurtlarında" yerlerinden edilmelerinin kaynağı ve nedeni olmuştur. Yani, plantasyon ekonomisi ilk önce yerli topraklara daha fazla insanın akın etmesine yol açtı ve ikinci olarak, daha sonra plantasyon ekonomisi zayıflayıp da dağılan işçiler, plantasyon ekonomisinin dışında gelişen ekonomide, dükkan işletmeciliği, küçük girişimcilik, profesyonel meslekler, öğretmenlik ve devlet memurluğu gibi devlet destekli istihdam formlarında kendilerine yer edinmeye çalışınca Hawaiililerin karşısına doğrudan rakip olarak çıkacak olan grupları Hawaii'ye getirdi.

Dışarıdan gelen göçmenler ve onlarını torunlarının yakınma nedenlerinin aksine, Hawaiililerin kendi topraklarıyla ilgili politikalarında yer alan kültürel talepler ve maddi dezavantajlar büyük ölçüde ve giderek büyüyen oranlarda, topraklarının ve egemenliklerinin ellerinden alınmasından kaynaklanıyordu. Açıkçası bölgesel ve eyalet politikalarında bu yakınmaları paylaşan başka "azınlıklar" yoktu. Hawaii "vakasının" özünde her zaman, Hawaii sahnesindeki diğer rakiplerin hiç birinde olmayan bir dizi spesifik tarihsel zorunluluk sözkonusuydu. Bu farklı öz, Hawaii'nin taleplerinin yörüngesinin, dışarıdan gelen göçmen gruplarınkinden farklı olduğu anlamına geliyordu; Hawaiililer, diğer azınlık çıkarlarında rastlanmayan bir şekilde ayağa kalkıp karşı koyma potansiyelini taşıyordu – sık sık toprak mücadeleleri şeklinde dışa vurulan bir potansiyel (Uyehara 1977, Hawaii Advisory Committee,1991). Diğer azınlık çıkarları özellikle, sosyal mobilite amacıyla bulvarların açılmasından, grup kimliği içinde saygının ve haysiyetin korunmasından, etnik ve ırksal ayrımcılıklara karşı çıkılmasından ibaretti. Çeşitli zamanlarda, özellikle kolonyal dönemde bu azınlık grup amaçlarının üçü de, Hawaii toplumunun ekonomik ve siyasi elit gruplarının muhalefetiyle karşılaştı veya bu elitler tarafından şüpheli bulundu (Daws 1968). Japon karşıtı duyguların en yoğun yaşandığı dönemde olduğu gibi, sosyal mobilite ayrımcılıkla engellenmiş ve miras alınan kolektif haysiyet ve gurur "Amerikalı olmayan" şeklinde kalıba dökülmüştür (Lind 1996).

Fakat bunların, uzun dönemde, Amerika'nın dışarıdan gelen göçmenlerin mobilitesine, kendileriyle birleşmelerine ve etnik ayrımcılığın gayri-meşrulaştırılmasına ters düşen bir eyaleti olarak Hawaii'nin sosyal ve ekonomik hayatında belli bir mantığı yoktur. Tazminat talepleri, yitirilen toprakların iadesi ve yerli Hawaiililerin egemenlikleri gibi hepsi de planlı bir Hawaii politikasının "mantıklı" bileşenleri gibi görülebilen unsurların tamamı potansiyel olarak doğrudan muhalif politikalardır. Turizm karşıtlığı, adaların temel ekonomik çıkarlarını doğrudan tehdit eder, egemenlik talepleri Amerikan hükümetinin meşruluğunu prensipte reddeder ve toprak iadesi talebinin, daha önce Avustralya'da ve Yeni Zelanda'da olduğu gibi ekonomiyi çökertme ihtimali vardır ((Trasj 1993; "Toprak talebi 1.2 milyar dolara ulaşabilir" *Honolulu Advertiser* 1996).

Hawaiili etnikliğinin, adalara yerleşen göçmen gruplarınkinden farklı olduğu duygusu budur. Yerli halkların inatla sürdürdüğü hareketler, gözlemcileri, bu duygunun sosyolojik varlığının bilincine varmaya zorlamıştır. Bu politikalar son otuz yılda giderek artan bir şekilde, Amerikalı Kızılderililer, Yeni Zelanda'daki Maoriler ve özellikle Kuzey ve Güney Amerika ve Pasifik'teki yine aynı şekilde yurtlarından edilen halklarla –örneğin şu anda Endonezya yönetimi altındaki Irian Jaya halkı- aynı çizgide yer alan mülksüzleştirilmiş yerli halkların politikasına dönüşmüştür. Bu hareketlerin hepsi birbirine benzemekte ve uluslararası düzeyde işbirliği yapmaktadır (Prejean 1994).

Göçmen etnisitelerle, yerli hareketlerin farklı amaçları bulunmasına rağmen, her ikisi de yine kendi üzerlerinde etkili olan kültürel bir tanınma kaygısıyla ifade edilir. Yerli Hawaiililer, ("Hawaiili" olduğunu iddia eden herkes) arasında siyasi yenilenmenin başlıca işaretleri, ilk önce, topluluk organizasyonuyla çok yakından bağlantılı olmakla birlikte, *kültürel* bir rönesans aracılığıyla verildi. Bu topluluklar ve siyasi örgütler toprakların turistler ve askerler tarafından tecavüze uğramasına karşı çıktılar (Aluli ve McGregor 1994). *Hula'ya*, Hawaii şarkılarına ve sanatsal anlatıma, Hawaiinin tarihsel kişiliğine ve dile olan ilginin yeniden canlanması 1960'ların sonlarında ve 1970'ler boyunca meyvelerini vermeye başladı (Buck 1984-5, 1993; Fenton 1997). Yeniden canlanma süreçleri, toprak tartışmalarında potansiyel olarak açıkça varolmasına ve daha sonra fark edilmesine rağmen, egemenlik temasıyla doğrudan veya kaçınılmaz olarak bağlantılı değildi. Kültürel "yozlaşma"nın, çoğunlukla bir sosyal dezavantaj sebebi olduğu ileri sürülüyordu. Bu, kandırılarak kökenlerindeki ve her yönüyle "kültürlerindeki" onuru kaybeden insanların okulda başarılı olmasının ya da pazarda rekabet edebilmesinin - ya da suça karşı aşılanabilmesinin güç olduğunu savunan bir argümanın Hawaiili versiyonudur. Atalarına ait kültürel gurur bir halka yeniden öğretilebilirse, o halkın bireyler olarak bir zamanlar başarısız oldukları her alanda başarıya ulaşacağı savunulmaktadır.

Fakat toprak bakımından mülksüzleştirilme durumlarında kültür politikası, kendini sadece kültür ve haysiyetle sınırlamaz. Kültürel rönesans, bir kere dolu dizgin yaşandı mı, önemi, toplumdaki gruplar tarafından "göstermelik" olarak tanınmasıyla yetinemeyen bir ivme kazanmaktadır. Dahası kültür argümanının mantığı (yani Hawaii'ye ait bir kültürel haysiyetin yeniden kazanılmasında gerekli şeyin mantığı) bir zamanlar göçmen olan nüfuslar arasında hakim argümanlar yüzünden bir hayli süreksizdir. Bir zamanlar göçmen olan gruplar için, bir miktar tanınma, birbirini takip eden nesillerin, her olayda, kendilerini Japonya'daki, Filipinler'deki veya Çin'deki atalarının anayurtlarına bağlayan kültürel işaretlerden yılmadan uzaklaştığı aşamalı bir sosyal ortaklık sürecine açılan bir kapı olabilir. Hawaiililere gelince, onlar için anayurtları hep zaman gözlerinin önündedir. Daha önceki ('tamamen' kültüralist) ve günümüzdeki kültürel politikaların egemenlik formları arasındaki bağlantı, her ikisinde de ortak olan ince çizgide – *aloha 'aina* ya da *malama 'aina* denilen vatan sevgisinin kültürel uyanış söylemine yapılan vurguda bulunabilir. Bu 'tamamen' kültürel formu içinde, Hawaiilerin kültürel hafızalarında kalan eski bir temanın, vatan sevgisine verilen önemin tekrarlanan bir şeklini alır: kalkınmanın, maddi ve manevi bakımdan değer verilen nimetleri elde etmenin kaynağı olarak vatan toprağı –eski Hawaii'deki değişmez bir yiyeceğin temel maddesi olan taronun yetiştirilmesinin tarihteki ve günümüzdeki değerinin ve öneminin canlandırılmasında örneğinde olduğu gibi. Hayat veren bir bitki ve geçmişteki bir medeniyetin temeli olarak taronun maddi ve sembolik öneminden bahsetmek, her iki dönem – Hawaii kültürünün "kendiliğinden" canlanmasının yaşandığı 1970'ler ve Hawaii kültürünün siyasi kimlik kazandığı 1990'lar boyunca Hawaii rönesansının göze çarpan bir unsurunu oluşturmuştur. Vatan sevgisi, vatanı önemseme, bu rönesansın, her iki evresinde de merkezde yer alan bir unsurudur. Bu türden bir siyasi-kültürel ifade bir zamanlar Hawaii'ye göç etmiş nüfuslara hiçbir zaman açık değildi.

Yerli Hawaii kültürünün bu şekilde canlandırılması veya yeniden yapılandırılması, enerjisini, kaybedilmiş değerlerin korunması veya yeniden kazanılması için duyulan toy bir arzudan değil, çağdaş siyasi kaygılardan alan bir "kültürü yeniden temsil etmenin veya 'eski' kültürü yeniden yapılandırmanın" bir formu olarak görülmüştür (Linnekin 1983, Keesing 1989). Dolayısıyla bu, "gelenek icadının" bir örneği veya geçmişe ait yapıların günümüz siyasi stratejileri içinde hizmete sunulduğu etnisite vakası olarak tartışılmaktadır. Kültürel geçmiş, günümüzde tamamen farklı bir bağlamda belli ki yeni bir anlam kazanmaktadır (Linnekin 1983, Keesing 1989). Fakat bu argümanın birkaç zayıf tarafı vardır.

Öncelikle, modern Hawaiililer tarafından sergilenen türde siyasi-kültürel hareketler ilhamlarını geçmişte arıyorlarsa ve böylece, bazı unsurlarını vurgulayıp bazılarını ihmal etmek suretiyle o geçmişi "yeniden yapılandırıyorlarsa", kolektif hafızanın tutarlı ve açıkça her zaman mevcut bir özelliği olan bir şeyi yapıyorlar demektir. Kültürel yeniden yapılanma konusunu kaleme alanların da doğal olarak derhal kabul edeceği gibi kusursuz tertemiz bir geçmiş, yani bugünkü formların sadece çarpıtılmış veya yeniden takdim edilen hileli versiyonlarını teşkil ettiği yalın bir sosyal mazi yoktur. "İcat" terimi taraflıdır; terim olarak anlatmak istediğini anlatır, fakat herkesçe bilinen imal etme ve *de navo* yaratma anlamında bir kavram olarak, karşıladığı şeyin geçerliliğini çürüttüğü şeklindeki çıkarımdan kaçması çok zordur.

Eriksen'in Norveç'teki Sami politikalarıyla ilgili olarak belirttiği gibi kültür politikalarına angaje olanlar, onları, "kültürel kökenlere" ilgi göstermelerinin asıl nedeni sadece ite kaka bir yerlere gelme çabalarını perdelemek olan fırsatçılardan ibaretmiş gibi resmettiği görülen bir analiz karşısında, umulacağı gibi, sinirlenmektedir (Paine 1992, Eriksen 1993b). Dahası bu analiz, kültürel kaygının sahiciliğine bir tür şüphe gölgesi düşürerek, söz konusu kültürlerin zaten insanlar ve bu kültürün geçmişte veya günümüzdeki taşıyıcılarından çok daha güçlü kuvvetler tarafından binlerce kere kurulabilme potansiyelini hafife almaktadır. Bunu, Obeyesekere'nin (1992) Kaptan Cook'un ölümüyle ilgili anlattıklarından daha iyi hiçbir şey açıklayamaz. Kaptan ve adamları 1778'de Kealakekua'da kaldıkları sırada Hawaiililerle tanıştı. Cook sahilde yaşanan bir çatışmada öldü. Obeyesekere'nin anlattıkları Batılı önkabullerde Cook'un nasıl da tipik bir rasyonel ve dürüst bir gemi kaptanı ve karşılaştığı Hawaii halkının da "akılsız yerliler" olarak tasvir edildiğini gösterir.

Geçmişi değerlendirirken, yerlileri ilgilendiren meselelerle ilgilenen günümüzün siyasi aktivistleri (her zaman olmasa da), "geleneksel toplumla" uyuşmayan belli başlı demokratik, eşitlikçi ve cinsiyete uygun değerleri paylaşan siyasi bir bilince ulaşmış olacaklardır. Günümüz yerli politikalarının 200 yıl gerisinde kalan geleneksel toplumların hiyerarşik, demokrasiden ve eşitlikten uzak ve ataerkil olma ihtimali yüksekti. Kültürel restorasyon politikalarının bazı versiyonları, bazı Fijianist politikaları gibi açık açık "muhafazakar" olabilir (Lawson 1992). Öteki bir çok şekiller, kendilerini demokratik eşitlikçi değerlere adamış liderler tarafından yürütülmektedir. Bu liderler geçmişin bazı unsurları karşısında diğerlerinden daha az heyecanlanıyorlarsa, buna şaşırmamalıyız, kaldı ki, bu durum Hawaii'nin modern kültürel politikalarında ve birçok başka örnekte görülebilir.

Etnik grupların sosyal sınırlarının oluşturulması süreci, bir kez daha günümüz Hawaii davasını geçersiz kılmadan, Hawaii örneği çerçevesinde anlatılabilir. Hawaiili teriminin sınırları, hem içten gelen özdeşleştirmeler hem de dışardan gelen kısıtlamalar yüzünden geçen 220 yıllık tarihi boyunca bir çok kez değişikliğe uğramıştır. Terimin muhtemel anlamları adalarda doğmuş, adalarda doğmuş kısmen Polinezya soyundan gelen ada sakinlerini; adalarda doğmuş ya da doğmamış, adalarda mukim olan olmayan Hawaii soyundan herhangi birinin torunlarını; ve yüzde 50 veya daha fazla Hawaii soyundan gelen nesilleri içermektedir. Günümüz Hawaiisinde siyasi mücadelelerde kimin Hawaiili olduğu sorusu hâlâ ateşli bir tartışma konusudur. Siyasi seçim toplantılarında kullanılan bir isim olarak Hawaiili, ada doğumluları, basit bir şekilde, dışarıdan gelenlerden ayıran etnik-benzeri bir unvan olan ve açıkça *haole*-olmayan anlamına gelen "yerel"le rekabet eden; henüz gelmiş anayurt *haole*'lerinden milyarlar değerinde Japon sermayesine kadar tüm "istilacı güçlere" karşı kızgınlığın bir ifadesidir (Fenton 1979, Kanahele 1996; Kent 1983). Fakat, aynı zamanda, günümüz (yerli) Hawaiilileri 1778'den daha eskilere dayanan sosyal ve siyasi bir mirastan açıkça sorumlu kişilerdir.

Avrupa'da kültür politikaları: proto-uluslar veya etno-milliyetçilik

Son on-yıllarda değişen yoğunluklarda tekrar tekrar su yüzüne çıkan etnik ve etno-ulusal kültür ve kimlikler Avrupa ulus-devletlerin oluşum süreçlerini yansıtır. Almanya ve İtalya 19. yüzyılın ikinci yarısında ulus-devletler olarak birleşmiştir, Fransa Fransız Devrimi döneminden itibaren modern şeklini almaya başlamıştır ve Britanya, Roma'nın çekilmesinin bir sonucu olarak İngiltere'nin şekillenmesinden çok sonra ve Norman istilasının ardından modern Britanya'yı oluşturmak için Galler'i (1536), İskoçya'yı (1708) ve İrlanda'yı (1800) kendine dahil etmiştir. O zamandan bu yana Ulster hariç İrlanda bağımsızlığını kazandı, Romalı Katolik azınlıklarıyla birlikte Kuzey İrlanda hâlâ önemli bir anayasal birleşmeleri sorunu olarak durmaktadır. Galler ve İskoçya 1998'de farklı anayasal yetki devir şekillerini kabul etti.

Bu tür bir etnisitenin ayırıcı özelliklerinden birisi, bunların siyasi olarak, çok daha geniş bir devlet sistemi içinde, bir toprak bütünlüğüne ve idari bir forma sahip bölgeler tarafından temsil edilmeleridir. Dolayısıyla iç yönetim, yetki devri ve bağımsızlık konularının, üstünde siyasi bir projenin tesis edildiği gerçek bir alanı bulunmaktadır. Bu açıdan bu etnisiteler, Kanada'daki Quebec'e ve Sovyetler Birliği'nin dağılmasının hemen ardından iki farklı ülke olarak ayrılan eski Çekoslovakya'daki Çek ve Slovak kimliklerine benzerler. Çöküşü, bugüne kadar 20 "yeni" ulus devletin doğmasına neden olan eski Sovyetler Birliği topraklarında yeni ulus devletler olarak yeniden ortaya çıkan ülkelerin çoğu da aynı durum sözkonusudur.

Aynı şekilde Federal Yugoslavya Cumhuriyeti'nin çöküşü de yeni Hırvatistan, Bosna (Bosna Sırp bölgesi dahil) devletlerinin, Yugoslavya'dan artakalanlarla kurulan bir devletle (Kosova dahil, başta Sırbistan ve Montenegro) Slovenya devletinin doğmasına yol açmıştır. Sovyetler Birliği'nin çöküşünü sadece, Litvanya, Letonya, Estonya ve Gürcistan gibi ülkelerde milliyetçilik akımlarının "yeniden uyanması" izlemedi, bizzat Rusya'daki milliyetçi ideolojiler ve geriye kalan devletlerde ve bölgeler içinde etno-ulusal iddiaların su yüzüne çıkması da bu çöküşü izledi (Tishkov 1997).

"Perennialist" uluslar ve milliyetçilik görüşü diye adlandırılan yaklaşımda, paylaşılmış kültürel ve tarihsel tecrübeye dayandırılan bir halk olma duygusuna, hem eski hem de yeni dünyada, ortak bir tarihe sahip ve kültür bölgelerinde varlıklarını sürdüren nüfuslarda rastlanabileceği ikna edici bir biçimde gösterilmiştir. Smith (1986) halklarla ilgili bu kavrayışı, halkları, devlet kavramıyla, modern şekliyle de ulus-devlet kavramıyla yakından ilişkili ulus teriminden ve tipik olarak alt-ulusal azınlıklar için kullanılan bir terim olan etnik grup teriminden soyutlayan "ethnie" terimiyle (bu cildin Giriş bölümünde geçen Soy başlığına bakınız) karşılamıştır. Ethnie terimi bir miktar ortak halk olma duygusuna sahip olan nüfusların tarihsel ve kültürel devamlılıklarının gerçek temeline dikkat çeker.

Bu görüş, devletin sınırları içindeki doğal halk topluluğunu kapsadığı düşünülen ulusların modern devletler tarafından nasıl "yaratıldığı" konusunda yoğunlaşan modernist bir ulus ve milliyetçilik kavramıyla tezat teşkil etmektedir. Bu argümanda uluslar, devletlerin-veya ulus-devletlerin- doğmasına neden olmazlar; daha çok devletler, modern devletlerin oluşumları esnasında aktif bir şekilde ulusal topluluk duygusunun güçlendirmesine ve ulus olmanın gereklerinden biri olarak ortak kültürü desteklemesine uygun bir biçimde ulusların doğmasına yol açarlar. Bu şekilde Gellner, merkezi yönetimler, askeri örgütler, etkin ticaret ve vergilendirme ve benzeri amaçlarla yurttaşların kamu kayıtları için ortak bir dilin gerektiği görüşünde olduğu gibi, modern devletlerde de ortak bir kültürün gerekli olduğunu düşünür (Gellner 1983). Modernleşen bir ekonominin ve bir devlet bürokrasisinin mantığı yerel kültürlerden ve dillerden kurtulmaya yönelik baskılar uygular – etkili bir ordu ve etkili bir borsa, herkesin birbirini anlamasını gerektirir. Birçok modern ve modernleşmekte olan devlet, ortak bir dil yaratmak ve mevcut bir dilin standart formlarını mükemmelleştirmek için gayret sarf etmiştir. Eugen Weber'in, 19. Yüzyıl Fransasının ulusal birlik projesine ve köylü kültürlerine dair anlattıkları, Fransa'nın kasıtlı bir kültürel standartlaştırma politikası aracılığıyla nasıl herkesin Fransızca konuştuğu bir toplum yaratabildiğini gösterir (Weber 1976). Orduya asker olarak alınarak veya devlet kurumlarıyla ilişkiler içine çekilerek ve "standart" Fransızca kullanımı ile tanıştırılarak Fransa'daki köylülerin bir çoğunun ve belki de büyük kısmının ilk kez kendilerini Fransız hissetmeleri sağlanmıştır.

Perennialist ve modernist görüşler – kültürel topluluğun, dolayısıyla ulusluğun, modern ve modernleşmekte olan devletler tarafından "imal/icat edilmesi görüşüne karşı halk olma ve sağlam kültürel devamlılık görüşü- çoğunlukla karşıt ve uzlaşmaz gibi görünmektedir. Fakat bizzat Smith'in de (1991) gösterdiği gibi, her iki unsuru da inandırıcı bir millet ve milliyetçilik tanımında birleştirmek mümkündür. Sürekli değişikliğe uğrasalar bile, kültürel devamlılık ve halk olma unsurlarından bazılarının çok derin tarihsel köklerinin olduğu görülebilir. Dilinin ve halk olma duygusunun gelişimi uzun bir süre alan İngiltere'nin durumu böyledir. Bu, İngilizlerin doğal bir topluluk, gerçek bir halk ailesi olduğu ya da bu halkı diğerlerinden ayıran kültürel bir mirasın var olduğu anlamına gelmez. Bu sadece, bugün siyasi sahnede İngiltere olarak temsil edilen şeyin mekan, dil ve kolektif kimliğin devamlılığı açısından geçmişe kadar uzanan izlere sahip olduğu anlamına gelir.

Savaş sonrası göç, etnisite, ulus ve ırkçılık politikaları – Britanya ve Avrupa

Gellner, milliyetçiliğin temel önermesinin "ulus, devletle örtüşmelidir" önermesi olduğunu ileri sürmüştür (Gellner 1983). Ulus fikri, ortak kaderi, geçmişi ve geleceği ve bir dizi geleneği, kolektif hatırayı ve herkesin bildiği yaygın sembolleri paylaşan bir halk fikridir; devlet terimi yurttaşlık örgütlenmesi şeklini, hükümeti ve coğrafik sınırları karşılar. Gellner'in argümanında "ulus", tüm ulus mensuplarının dahil olması ve dahil olmaması gerekenlerin dışarıda bırakması halinde devletin karşılığı olabilir. Birincisi devletin dışında kalan ama ulus mensubu olan herkesin "vatana geri dönülmesini" kabul edilmesi gerektiği anlamına gelir, bunun bir örneği komünizmin çöküşünün ardından "etnik Almanların" Almanya'ya dönüşüdür; ya da ulusun tüm mensuplarını tek bir siyasi çatı altında toplayabilmek için devletin genişletilmesi gerektiği anlamına da gelebilir. Yugoslavya İç Savaşında Sırp milliyetçiler eski federal Yugoslavya'nın birçok bölgesindeki halkları Sırp ulusunun mensupları olarak tanımlıyorlardı ve bu yüzden Büyük Sırbistan'ın sınırlarının onları da içine alacak şekilde genişletilmesi gerektiğini savunuyorlardı.

Ortak bir soyu ve kültürü paylaştığı düşünülen halk olarak ulus fikri, devletler aracılığıyla olduğu kadar imparatorluklar aracılığıyla da ifade edilir. Halkların oluşturduğu aileden bahsedildiğinde söz konusu olan soydaşlıktır; ortak duygular ve yaşam tarzlarından bahsedildiğinde söz konusu olan ortak kültürdür. Bu manada Winston Churchill'in kullandığı "İngilizce konuşan halklar" ifadesi bir ulusa veya bağlantılı uluslar topluluğuna ait kültürel bir tanımlamasıydı. Dolayısıyla, Fransızların başta Fransızca olmak üzere Fransız kültürünü imparatorluğunun dört bir yanına yaymaya verdikleri önem de, herşeyden önce, bir ulusun ve uluslar ailesinin kültürel bir tanımlamasıydı. Anavatan toprakları içinde ve dışında

Fransız kültür politikası, aynı anda, hem Fransız hem de evrensel olduğu düşünülen bir dizi uygarlık, bilgi ve iyi yönetim idealleri oluşturmak suretiyle güçlü bir asimile edici özelliğe sahipti. "Hısım akrabaya" ve eski beyaz İmparatorluğundaki kuzenlerimize - Yeni Zelanda, Avustralya, Kanada ve hatta "Amerika'daki kuzenlerimize"- yaptığımız göndermeler ulusun ve uzantılarının ırksal/soysal bir tanımlamasıdır. Portekizce, resmi dilleri Portekizce olan ülkeler ve resmi dilleri yine Portekizce olan Afrika ülkelerinin örgütlenmesi sayesinde ulus-aşırı ortak bir kültürel hakimiyet alanı kavramını ifade eder (Fafe 1990, Rosas ve Rollo 1998).

Uygarlığın bir ulusal kültürle ve dille özdeşleştirilmesi bir çelişkiyi içerir. İngilizce konuşan halklar – aynen Churchill'in yaptığı gibi- uygarlığın taşıyıcıları olarak görülüyorsa bu düşünce, içerisinde ikinci bir düşünceyi de ihtiva eder: İngiliz/Britanyalı olmayanlar daha az uygarlaşmıştır. Uygarlaşmış değerlerin ulus merkezli bir çerçevede ele alınması Evrenselcilik testinden geçemez, yani bu oldukça uygarlaşmış değerlerin gireceği kritik sınavlardan biri, tüm insanlara eşit saygı gösterip göstermedikleridir. Churchill örneğinde, İngilizce konuşan halklara duyduğu hayranlığın genelle yönelik bir hayranlık mı yoksa ırksallaşmış bir hayranlık mı olduğu konusunda şüphe duymaktan kaçınmayabiliriz. Churchill, hükümetin, örneğin Jamaika'dan, Barbados'tan ve Hindistan'dan gelen göçmenlerin sayılarının henüz az olduğu 1950'lerin başları dahil, beyaz olmayanları dışlamayı tasarlamaya başladığı dönemin büyük bir bölümünde Başbakandı. Muhafazakâr hükümet, "Britanya'yı Beyaz Tutalım" politikasının seçimlerde başarı sağlayacağı fikri üzerinde düşünmekteydi. 1950'lerden bu yana her seçimde bu tür ırkçı argümanların seçmen lobileri tarafından hükümete zorla kabul ettirilmeye çalışıldığı her durumda, dışardan gelen göçün kontrolü hakkında söylenen her söz zihinlerde , olması gerektiği gibi beyaz bir Britanya – daha fazla beyazın daha iyi olduğu - fikrini canlandırmıştır. İngilizce konuşmak bir kriter olsaydı Karayipli göçmenler bu kritere herkesten çok daha uygun düşerlerdi.

Siyahlara yönelik düşmanlık kendini hem kaba hem de "kibar" şekillerde kendini göstermiştir; doğuştan getirilen ırksal farklılık görüşleri bazen üstü kapalı bazen de gayet açıktı. Göç-karşıtı milliyetçi lobiler "ırk" dilini konuşuyordu; aşağı halklar Britanyalıların "melezleşmesine" yol açacak bir tehdit olarak görülüyordu (Foot 1965, Miles ve Phizacklea 1984). Afişlerdeki "Komşunun bir zenci olmasını istiyorsan İşçi Partisine oy ver" sloganı kaba mesajdı; göç karşıtı politikaların kamusal yüzü çok daha "nazikti" ve "ırk" dilinden ziyade bir kültür diliyle konuşuyordu.

Bu, sosyolojik yorumlar "kültürel ırkçılık"tan "yeni ırkçılık" diye bahsetmeye başlamadan çok önceleri geçerli olan durumdu. 1960'larda ırkçılığın en büyük havalisi olarak görülen Enoch Powell, konuşmalarında ve yazılarında en çok tekrar ettiği konu olarak İngiltere'nin (Britanya değil) diğer kültürler yüzünden saflığı bozulma tehlikesiyle karşı karşıya olan bir kültür-toplumu olduğu fikrini savunuyordu. Diğer taraftan İngiltere'de doğmuş olmanın bile sizi İngiliz yapmadığı şeklindeki yorumu, İngiliz olmanın zihniyette değil kanda yattığı anlamına geldiği şeklinde anlaşılabilir. Fakat genellikle Enoch İngiltere'nin bir ülke ve kültür olarak karakterini yitirme tehlikesi içerisinde olduğunu iddia etmiştir – ve aynı görüştekileri cezbetmiştir.

Bu, Miles ve diğerlerinin gayet iyi gösterdikleri gibi, ırkçılığın kapitalist sistemlerin doğasıyla yeniden üretimine bağlamanın kurmanın niçin mümkün olduğunun nedenlerinden birinin açıklamasıdır (Miles 1993). Kapitalizmin özelliklerinden birisi, son derece katı bir "devrimci" sosyal değişimin itici gücü olmasıdır. Yeni üretim biçimleri, dünya pazarlarının durmadan değişen koşulları, kâr etmeyen sanayilerin çökmesi, aynı hızda yeni sanayilerin ortaya çıkması hep kapitalizmin değişmeyen ve özünde yatan özellikleridir. Bu özellikler ayrıca otoyol ağlarının inşası, kırsal bölgelerin dönüştürülmesi, çalışan toplulukların istikrarsızlaşması, konut fiyatlarında son derece düzensiz hareketler ve yeni boş zaman ve popüler kültür formlarının ortaya çıkması gibi doğrudan veya dolaylı olarak kapitalizmin dinamik ve planlanmamış doğasıyla bağlantılı sosyal değişimleri de beraberinde getirir. Bu değişiklikler arasında devamlı tekrarlanan ve tepki yaratan siyasi bir tema hepsinin de -daha kötüye doğru- değiştiği ve ümitsiz bir şekilde kontrol dışı olduğu fikridir. Bu, nostalji politikalarının neden ırkçılık şeklini alabildiğini – "ülke artık o eski ülke değil" – ve tek ebeveyn olan annelere veya gençlerin ahlaki yanlışlarına karşı şiddetli saldırılara (hepsi de karşı çıkılan veya korkulan sosyal değişimin amacının saptırıldığına dair işaretler) nasıl dönüşebildiğini açıklamaktadır.

Bu, Margaret Thatcher'in 1979 genel seçimi öncesi seçim çalışmalarında insanların, bildik ve birleştirici kültür-topluluk bütünlüğünü tehdit eden, dışardan gelmiş, 'İngiliz olmayan' kültürel soyların içinde boğulmaktan korktuğunu" anlatırken yaptığı çağrıyla aynıdır. Bu da her şeyden önce, ulusal "kan saflığından" ziyade ulusal kimliğe yönelik bir tehlikeyle ilgili "kültürel" bir temadır. Bu tema aynı konuşma içinde İngilizlerin tüm dünyaya hediyesi olan demokratik yönetim hususunda "İngilizlerin sahip olduğu deha"ya yapılan bir başka göndermeyle yumuşatılmıştır. Bu gönderme, İngiliz kültürünün (demokrasisinin), İngiliz ulusunun damarlarında bulunduğu şeklindeki bir iddiaya oldukça yaklaşmıştır. Benzer herhangi başka bir iddia gibi bu da aynı çelişkiyi taşır - insanların demokrasi konusunda bir dehaları varsa bunu herkese sunmaları gerekir. Mesajın kültürel veya az da olsa "ırksal" olup olmadığı tartışma konusu olsa da okunması aynıydı. Savaş sonrası dönemde ırksallaşmış göçlerin en başından beri izlenen politikalardan anlaşılan şey, "beyaz olmayanların" sayıca az olmasının tercih edildiğiydi.

Bu tür göç karşıtı ırkçılığı savaş sonrası dönemde hemen hemen tüm Batı Avrupa toplumlarının en belirgin özelliği olmuştur. Miles'ın da tartıştığı gibi, her Avrupa devletinde yurttaşlık düzenlemeleri ve spesifik ulusal kültürler ve koşullar, ırkçılığın yerel tezahürlerinde farklılıklara neden olmuştur. Almanya'da "yurttaşlıkta sadece biyolojik köken esas alınmaya başlandı, bu da özcü, etnokültürel bir ulus düşüncesinin egemenliği ve dışarıdan göç eden nüfusların marjinalleşmeleri anlamına geliyordu" (Miles 1994b). Bunun tersine Fransa'da, Evrensellik ve akılcılık değerleri asimilasyon değerleriyle birleşmiştir ve yurttaşlık hakkı devlet tarafından öncelikle *jus soli* ilkesi esas alınarak verilmektedir.

Jus soli "toprağa" göre hak ilkesiyle ilişkilidir, yani kişilerin esasen kökenine göre yurttaşlık kazandığı *jus sanguinis* ilkesinin ("kandan kaynaklanan hak") aksine *jus soli* ilkesinde kişilere esasen doğduğu yere göre yurttaşlık hakkı tanınır. *Jus sanguinis* ilkesi *jus soli* ilkesinde olmayan ırkçı anlamlar içermektedir. *Jus soli*'nin ima ettiği şey şudur: bir ülkede doğmak ve ülkenin geleneklerini ve ideallerini iyice tanıyıp bilmek bu fırsata sahip olacak kadar talihli her insanın iyi bir yurttaş olması için yeterlidir. Bu anlamda ABD, Fransız dili ve kültürünün doğal zarafetinin sergilenmesine izin verildiği her yerde iyi Fransız erkeği ve kadını yaratabilme konusunda Fransızların kendilerine duydukları güvenlerinde olduğu gibi, gelen herkesi kabul etmek ve hepsini "iyi birer Amerikalı" yapmak konusunda kendisiyle gurur duymuştur. Dolayısıyla günümüz Fransasında dışarıdan gelen göç ve kültür politikalarıyla ilgili en bilinen olay, okullarına geleneksel baş örtüleriyle gelen iki Müslüman kız öğrencinin okuldan atılması olmuştur. Öğrencileri savunanlar bunu ırkçılık karşıtlığı ve İslam dahil tüm kültürlere saygı adına yapmışlardır. Öğrencilerin uzaklaştırılmasını savunanlar bunu, okullardaki dini partikülarizmin, eğitimin seküler akılsallığını tehdit ettiğini savunan bir Evrenselcilik görüşü adına yapmışlardır, bu mücadele modernleşen Fransa'da daha önce Katolik kilisesine karşı verilmiştir.

Avrupa'nın ulus-devletleri arasındaki farklılıklar bu açılardan büyük boyutlara ulaşmasına rağmen, benzerlikler de yabana atılmayacak kadar fazladır (Miles, 1994b). Avrupa Birliği içindeki Batı Avrupa devletlerinin çoğu, yeni göçlere yönelik muhalefetin, yeni gelmiş olanlara karşı cezalandırıcı politikaların ve "Avrupa" içinde daha büyük bir entegrasyon karşıtlığının ya da hep birlikte Birlikten çekilme görüşünün tipik platformlarını içeren aşırı sağ partilere sahiptir. Fransa'daki Le Pen'in Ulusal Cephesi bu partilerin "çok iyi bir örneğidir". Britanya'da aşırı sağ partiler neredeyse hiç ulusal seçim başarısı elde edememiştir, fakat yerel seçimlerde ve İngiltere'nin güneyi ve doğu Londra gibi belli bölgelerde oldukça başarılı olmuşlardır (Miles ve Phizacklea 1979, 1984, Husbands 1991b, 1997). Bu partilerin seçimlerde nispeten fazla etki gösterememeleri, büyük iki parti tarafından benimsenmiş olan "göç karşıtı" duruşa bağlanabilir.

Bu milliyetçi retorik, Britanya'da 1990'ların ikinci yarısında, kararlı bir şekilde Avrupa entegrasyonu meselesine dönmeye başladı; Avrupa Birliği'nin içine çekilmek, egemenliğin yitirilmesi ve ulusal kimliğin yok olması ve beraberinde "sosyalistlerin" ve göçmenlerin arka kapıdan kabul edilmesi tehlikesiyle karşı karşıya kalmak olarak tanımlanıyordu. Avrupa Birliği'nin kapitalist ekonomilere verdiği şeffaf taahhüde rağmen, Brüksel her nasılsa sosyalist olarak tanımlanıyor ve sınır kontrolleri hakkındaki anlaşmalar da hem ulusal egemenliğe hem de "istenmeyen" göçmenlerin engellenmesine karşı bir tehlike olarak tanımlanıyordu. Britanyalılara özgü Avrupalı-karşıtı demonolojide* "beyaz olmayanların" ülkeye göçü, asla tek hedef değildir. Avrupa için, siyasi liderlik düzeyinde Almanların ve Fransızların gösterdiği isteklilik, Fransız

* bir şeyi kötülük metaforu olarak şeytanla özdeşleştiren söylem (editör).

ve Alman karşıtı temaların Britanya'daki Avrupalı-karşıtı sağ kanat tarafından yeniden canlandırılacağı anlamına gelmektedir. Britanyalılığı kıta Avrupasında olan Fransızların zıttı olmakla belirlemek, Britanyalı kimliğinin şekillenmesinde izlenen başlıca yol olmuştur. "Kıta Avrupalı" ve Katolik Fransa, Britanyalı olmayan her şeyin işaretiydi (Colley 1992).

Britanya'nın ekonomik gerilemesi, Britanya'yı savaşı kazanmış ve barışı kaybettiğini düşünenler için içilmesi gereken acı bir ilaç olduğundan, Alman-karşıtı düşünceler İkinci Dünya Savaşından kalan düşmanlıkların devamı niteliğindeydi. Bu yüzden Thatchercı ideoloji, bütün bu temaları tek çatıda topladı: Britanya'nın ihtişamının yeniden canlandırılması, Britanyalı girişimci kapitalizmin yeniden özendirilmesi, ünlü Ridley olayıyla (Kabine bakanlarından birinin, "Alman karakteri" hakkında daha sonra kabineden atılmasına neden olan bir yazıyı kaleme alması) kapatılan Almanya düşmanlığı, İngilizliğin ve Britanyalılığın yüceltilmesi ve son olarak Avrupa entegrasyonuna karşı tam muhalefet. Ne bu milliyetçi karışım ne de İskoçya'ya özel bir parlamentonun ve Galler'e özel bir meclisin, "Britanya'nın parçalanmasına" dair belirtiler olduğu yönünde bir tehdidin varlığı Muhafazakâr partinin 1997'de bir dönem daha görevde kalmasını sağmaya yetti (Crick 1995, Marquand 1995, Miller 1995, Parekh 1995, Husbands 1997).

Etnik kimlikler ve Britanya sosyolojisi

1970'ler ve 1980'lerde, "renkli göç" diye bilinen şeye karşı yerel ve ulusal tepkiler olarak ortaya çıkan ve tüm İngiliz siyasal kimliklerini kuşatan kaygılar Britanya sosyolojisi tarafından büyük ölçüde iki temel yapının terimleriyle anlaşılmıştır: sınıf ve ırkçılık. 5. Bölümde de belirttiğimiz gibi, Britanya sosyolojisinin -Marksist ve Weberci- temel içgüdülerinden birisi göçmen işgücünün sınıfsal dizilimde nasıl " yerleştiğini" sormak olmuştur. Göçmen işçiler ve aileleri yeni Britanyalı işçi sınıfı mıydı, yoksa bu sınıfın belli bir kesimi miydi ve bu yüzden de sınıf ve eşzamanlı olarak bir ırkçılık tecrübesiyle yapılanmış olan Britanya toplumunda aşağı bir role mi yazgılı kılınmışlardı? Irkçılık her iki tarihsel yörüngede görüldü: hem post-kolonyal Britanya, "çok-ırklı" bir Britanya'nın kurumlarında kolonyal üstün ve aşağı kategorilerini yeniden üretmiştir, hem de sınıfsal çerçevede, ırkçılık, siyah azınlıkları ezmeyi sürdürmüş ve beyaz Britanyalı işçilerin engellenmesinde rol oynamıştır.

Britanyalı işçilerin ve bir bütün olarak Britanya halkının zihniyeti belirleyen kolonyal -emperyal bir geçmişin sonuçlarından biri, yaygın halde, bazen kaba, ırksallaştırılmış ve bazen de daha ince bir biçimde "renkli insanların" Britanya'ya ait olmadığının düşünülmesidir. Birçok beyazın kafasında neredeyse hiçbir şekilde sistematik ve tutarlı bir ırkçı düşünce sistemi yoktur, daha ziyade işlevleri bakımından, Billig'in 'banal milliyetçilik', diye tanımladığı kavrama benzeyen "bölük pörçük" fikirler; sıradan davranışlar ve ifadeler vardır (Billig 1995). Yeni göçmenlerin, doğal olarak "buraya ait" olmadığı şeklindeki basit düşünce çok daha geniş bir alana yayılmıştır ve bu, dış göç hakkında görüşleri sorulduğunda çoğu insanın neden olumsuz cevap verdiğini açıklamaktadır. Bu düşünce, sistematik bir ırksal eşitsizlikler teorisine dayanan herhangi bir ırksallaşmış ideoloji olmaksızın bile, çok sayıda düşmanca tutumu desteklemeye yetecek kadar güçlüdür. Eğer insanlar doğal olarak buraya ait değillerse, neden bu işe, bu konuta, sağlık merkezinin bekleme salonundaki bu yere veya herhangi bir kaynağa sahip olsunlar?

Bu, eşit olmayan bir sınıflı toplum içinde kaynakların dağılımı konusundaki kızgınlıkların, ırksal tutumları beslediğini savunan argümanla birebir örtüşmektedir. Az da olsa ödülleri ve kaynakları elde edenlerden bazılarının aslında bunları hiçbir şekilde hak etmediğinin düşünülmesi halinde de durum farklı değildir. Ulus-devletlerin evrensel yurttaşlık düşünceleri üstüne kurulması sürecinde, kapitalist demokrasiler bir taraftan herkese resmi eşitlik vaatlerinde bulunurken öteki taraftan kapitalist bir ekonominin işlemesiyle ilgili gereklilikler, kalıcı ve giderek yayılan eşitsizlikleri doğurur. "Ulus-devlet" eşitliğinin "ulus" tarafı inşa edilirken, kimin ulusa ait olduğuna ilişkin fikirler varsa, algılanan eşitsizlikler ırkçı bir tepkiye yol açabilir.

Kapitalizmin kesintisiz sosyal devrimleri, aynı zamanda, hem ulusal hem de global düzeyde, Britanya'da eski ihtişamın yitirilmesinin ve "dünya haritasından kızıl rengin" silinmesinin, yani imparatorluğun sona ermesinin karşısında duyulan daimi bir özleme dönüşebilen bir tür yakıcı nostalji için oldukça verimli zeminler oluşturur. Bu yakıcı nostaljinin önemli bir bölümünü de, siyah gençliğe ve merkeze yakın şehirlerdeki sosyal huzursuzluğa karşı önyargılı zihniyetle bağlantılı olarak ülkede toplumsal barış kaybına algılanmasını meydana getirir. Bunlar bütünü ortaya çıkaran parçalardır: dışardan gelen göçe karşıt duygular, yaygın kolonyal fikirler, acı nostalji, ırksallaştırılmış hukuk ve düzen konuları, kaynaklara yönelik ırksallaşmış rekabet.

Irkçılığın ne tek bir bütün olarak ne de azınlıkların kaderlerinin yegane sebebi olarak görülmemesi gerektiğini ileri sürmek, "ırkçılığı yok saymak" değildir. Böyle bir şey yapmak azınlıkların rutin bir şekilde suiistimale ve şiddete maruz aldığı Britanya dahil tüm toplumlardaki tecrübelere ters düşecektir (Virdee 1995). Ancak bu, hem ırkçılığın daha önce tartıştığımız gibi farklı unsurlara sahip çok boyutlu bir olgu olduğunu ve hem de ırkçılığın ona tabi olanların yazgılarının tek sebebi olmadığını iddia etmektir. İnsanların günlük hayatlarının rutin seyri içinde, hem kolektif hem de bireysel olarak, ırkçılık ve ayrımcılıkla başa çıkma ve bunlara karşı koyma kabiliyetlerini hafife almak demek olacaktır.

Bu ırkçılık görüşü, Britanya'daki genç Karayiplilerin ve Asya soyundan gelenlerin kimliklerinin "ırkçılık" tarafından beslendiği ama "belirlenmediği" gerçeğini yansıtmaktadır (Modood *ve ark.* 1994). Kolektif "siyah" kimliğinin siyasi mobilizasyonu, Britanya bağlamında sadece kısmen başarılıydı. Modood özellikle, "siyasi siyah" projesinin Britanya'daki genç Karayiplilere ve Asya soyundan insanları içine alan birden çok kimlik kaynağı yüzünden başarısızlığa uğradığını ileri sürmüştür. Modood'a göre, dini kimliğin kolektif bir kimlik formu olarak harekete geçmesinde, Rushdie olayı, maddi ve ırksallaşmış eşitsizlik tecrübesinden daha önemliydi. Göçmen ailelerin Britanya'da doğan çocukları, etnik kimliklerini, Britanya'da olma ya da Britanyalı olma duygularıyla uzlaştırma yolları aramaktadır (Back 1993). Genç kadınlarda ise bu süreç, özellikle cinsiyet eşitliğine dair genel kanıları, ailelerindeki ataerkil geleneklerle uzlaştırmaya çalıştıkları durumlarda çok daha hassaslaşmaktadır (Bhachu 1991, Bradby 1999). Bazılarına göre bu, "etnik" formuyla birlikte ataerkil toplum düzenine açıkça bir başkaldırıdır, başka bazılarına göre ise bu, ancak ırkçılığa gönderme yapmak suretiyle kısmen anlaşılabilecek yeni cinsiyet ve etnisite kimliklerinin yaratıcı bir biçimde oluşturmaktır (Bhachu 1991, Anthias ve Yuval-Davis 1992, Bradby 1999).

Bu genel sınıf, etnisite ve ırkçılık kuramlarından bazılarına 8.Bölüm'de tekrar döneceğiz.

Özet

Toprakları üstündeki mülkiyetleri ellerinden alınmış toplumlarda kültür politikaları, birbirinin eşi iki tarihsel olgu tarafından yönlendirilir: toprak ve kültürel değer kaybı. Yerli halklar, kendi topraklarının yerleşimcilerin ve istilacıların ellerine düştüğüne şahit olmuş olmaları yetmezmiş gibi, dillerinin aşağı bir dil, kültürlerinin ilkel bir kültür olduğunu vurgulayan bir mesaja tahammül etmek ve bunun olumsuz etkilerinin üstesinden gelmek zorunda kalmışlardır.

Kültürel tanıma politikaları çoğunlukla bu bağlamlarda, özellikle son otuz yılda, Avustralya, Yeni Zelanda, Hawaii, Endonezya ve birçok diğer örnekte su yüzüne çıkmıştır. Tanınma arayışı içerisindeki yerli kültürel rönesans hareketleri diğer azınlıklarla ortak duyguları ve hedefleri paylaşmaktadır; fakat yerli halkların politikalarındaki toprak esası, onları, örneğin dışarıdan gelen göçmenlerin torunları olan azınlıklardan ayırmaktadır.

Şehir azınlıkları, kendi eski kolonileri dahil dünyanın birçok yerinden göçmenleri içine çeken Avrupa toplumlarının en belirgin özelliğidir. Tüm göçmen işçiler, mutlak onlarda karşıt özellikler taşıyan yabancılar olarak görülme olasılığıyla karşı karşıyadır; eski kolonilerden gelenler, kolonyal zihniyetlerin günümüze kadar yok olmadan gelen etkilerini yaşarlar. Avrupa Birliği içindeki çoğu toplumda göç karşıtı fikirleri, Avrupalı-karşıtı fikirlerle ve çok kültürlülüğe yönelik bir hoşnutsuzlukla birleştiren siyasi sağ partiler vardır (Modood ve Werbner 1997). 8. Bölümde etnik partikülarizmlere yönelik saygının bir Evrensellik ethosuyla nasıl uzlaştırılabileceğini tartışacağız.

8. Bölüm

Etnisite, Irkçılık ve Sosyal Teori

Etnisitenin, etno-milliyetçiliğin ve ırkçılığın uyanışına, geri dönüşüne ve yeniden doğuşuna ilişkin bildiriler günümüzde modernite, post-modernite ve modern dünyanın yapısı ve kültürü üstüne yazılan makalelerin yaygın bir özelliği haline geldi. Yüzeysel olarak birbirine benzeyen aşağıdaki iki alıntı bunu örnekleyecektir:

> En azından 150 yıldır liberaller ve sosyalistler kendilerinden emin bir şekilde etnik, ırksal ve ulusal bağların sona ereceğini ve uluslararası ticaret ve kitle iletişim araçları aracılığıyla bütün dünyanın birleşeceğini umdular. Bu beklentiler gerçekleşmedi. Bugün hepimiz bunun yerine tüm dünyada patlak veren bir dizi etnik uyanışa şahit oluyoruz. Avrupa'da, Güney ve Kuzey Amerika'da 1960'lardan ve 1970'lerden beri etnik hareketler umulmadık bir şekilde su yüzüne çıkmıştır, Afrika'da ve Asya'da 1950'lerden beri bu hareketler güç kazanmaktadır ve eski Sovyetler Birliği'nin çöküşü ülke, topraklarının tamamında etnik çatışmaları ve milliyetçi hareketleri alevlendirmiştir. 1990'dan bu yana ekseriyetle baskın etnik topluluklara dayalı yirmi yeni ulus tanınmıştır. Etnisite yok olmaya yüz tutmak şöyle dursun açıkça her kıtanın sosyal ve siyasi hayatının ana noktalarından biri haline gelmiştir. Öyle görünüyor ki, "tarihin sonu" etnisite çağının habercisi olmuştur (Hutchinson ve Smith 1996, önsöz).

> "Batı" toplumlarında hortlayan hayalet artık komünizm değil, hem sınırları içinde hem de dışında hissedilen bir dizi ırkçılık ve etno-milliyetçiliktir (Rattansi 1994, s. 1).

Uyanış, eski şeklini alma ve yeniden doğuş olguları tamamen aynı fenomenler değildir. Uyanış daha önceden bildiğimiz bir şeyin yeniden ortaya çıkması demektir; eski şeklini alma , aksi yönde oldukça fazla beklentiye rağmen bir şeyin asla fazla uzağa gitmediğini anlatır; ve yeniden doğuş, benzerlerine geçmişte rastlayabileceğimiz fakat bugün yeni güçle ve yeni şekillerde karşımıza bir kez daha çıkan şeyi ifade eder. "Uyanış" terimi, eski bir şeyin yeniden ortaya çıkışı anlamını en az ölçüde içermektedir. İncelediğimiz örneklerin tamamı – Malezya, Britanya, ABD, Hawaii – bugün etnisite olarak gözlemlediğimiz şeyin, modern koşulların baskısı altında oluşup modern şeklini aldığını göstermektedir. Bu bir totoloji olabilir- modern etnisitenin modern dünyanın bir ürünü olması gerekir- fakat bütün tanığı olduğumuz şeyin grup kimliklerinin ve kültürlerin varlıklarını sürdürmesinden başka bir şey olmadığı şeklindeki - dünyanın hep bildiği - bir imadan uzak durmak için bir kez daha tekrar edilmesi gereken bir totolojidir. Anthony Smith (1981) modern ulusların ve etno-ulusların köklerinden bazılarının tarih içerisindeki halk olma süreçlerine dayandığını söylerken haklıdır, fakat bu bizi, etnisitenin modernliği üzerinde ısrar etmekten alıkoymaz. Bazı Afrika ülkeleri, Malezya ve benzer ülkeler bunun iyi kanıtlarıdır. Etnisitenin ortaya çıkışı, geleneksel kan bağının ve kabile bağlarının yok olmasıyla bağlantılıdır, şehir koşullarında yeniden şekillenir ve bir taraftan gerçek dil ve kültür farklılıklarına dayanırken, diğer taraftan açıkça, sadece eski kültürlere ve etnilere* tekabül etmeyen kolektif kimliklere güç kazandıran kolonyal ve post-kolonyal bağlamlarda oluşmuşlardır (Werbner ve Ranger 1996).

---

* ethnie, kabile, boy (ç.n.).

"Eski şeklini alma" olgusu "uyanışla" benzer bazı imaları içermektedir – alternatif kimlikler ve bağlılıkların rekabet gücü ve modernitenin etkilerine rağmen zamana yenik düşmeyen sadakatler ve sosyal bağlar. Uyanış gibi "eski şeklini alma" olgusu da, dün olduğu gibi bugün de karşılaşılan ve zor kullanılarak bertaraf edilebileceği ya da azaltılabileceği boşuna umulan tarifi mümkün ve ayrı sosyal kolektif bir formdur. Bu kitapta üzerinde durduğumuz etnisite türleri ve bu türlerin ortaya konduğu bağlamlar, aralarında hepsini aynı grupta toplamaya yetecek kadar benzerlik olsa bile, her zaman aynı adla karşılayabileceğimiz, aynı türden bir olguyu ele aldığımızı kabul etmeyi alışkanlık haline getiremeyeceğimizi gösterir. İrlandalı, İtalyan, Polonyalı ve İskoçyalı Kuzey ve Güney Amerikalılar tarafından Avrupalı kökenlerine gösterilen bağlılığın ifadesi, ne gerçekten Sırp etno-milliyetçiliğinin eski Yugoslavya'daki kanlı seferberliğiyle, ne de Malezya'daki topluluk kimliklerinin kurumsal, anayasal ve kültürel seferberliğiyle aynı şeydir.

Yeniden doğuş,* durumu en iyi karşılayan terim olarak karşımıza çıkmaktadır. En azından yüzeysel benzerlikler içeren bir dizi sosyal olgu, birçok bağlamda, eski kültürler ve sosyal sınırların önemli uzantıları bulunan fakat gürsel dünyasında spesifik bir forma, şekli ve anlama sahip olan olgular olarak ortaya çıkmıştır. Etnisitenin, bastırılmış nüfusların kültürel coşkunluğuyla bağlantılı olduğu durumlarda yeniden doğuş terim olarak özellikle uygundur. Bu da, yine ırkçılığa ve mülksüzleştirmeye yönelik mücadelede siyasi güç ve yeni tesis edilmiş güvenin kolektif etnik kimliklerin temel unsurlarından birini oluşturduğu durumlarda kullanılır. Coşkunluğun, rakiplerin ve şeytanlaştırılmış muhaliflerin pahasına etno-ulusun yüceltilmesi, keyfi şiddetle açıkça ilişkilendirildiğinde yeniden uyanış terimi sezgisel olarak daha az uygun görünmektedir. Bazı gruplar kötü bir baskıya uğrayabilirler,

* rönesans.

fakat Sırp milliyetçiliği, örneğin Yeni Zelanda'da Maori ulusal bilincinin uyanışından daha az çekici ve sosyolojik açıdan daha az sağlıklıdır.

Bu bölümde birbiriyle bağlantılı bir dizi soruya cevap arayacağız. Etnisite, etno-milliyetçilik, milliyetçilik, dini kimlik ve ırkçılık modern dünyanın sorunu mudur? Tümü de bazı bakımlardan "nonrasyonel" olarak görülen kolektif kimliklerin rasyonel bir çağda ortadan kaybolacağı yönündeki "liberal beklenti" hakkında nasıl bir sonuca ulaşılabilir? Hangi sosyolojik yaklaşım en kavrayıcı bakışı sunmaktadır? Etnisite çalışmaları, sosyoloji disiplininin kendisini nasıl etkiler?

Etnisite, etno-milliyetçilik, milliyetçilik, dini kimlik, ırkçılık

Yüzeysel olarak benzer gibi görünmelerine rağmen, bu bölümün girişinde yer alan Hutchinson'dan ve Rattansi'den yapılan alıntılar dikkat çekici ölçüde farklıdır, Rattansi'den yapılan alıntı, ötekinden açıkça daha "eleştirel" ve şüphecidir. Rattansi, bizleri dünyada yeniden hortladığını düşündüğü çoklu ırkçılıklara ve etno-milliyetçiliklere- Sırp milliyetçiliği buna iyi bir örnektir- karşı uyarmaktadır. Irkçılığın eski mono-teorik açıklamalarının yerini, ırkçılıklara karşı bir bilince -kalıtımla ilgili ırkçı sınıflandırmalarla benzerlikler taşıyan fakat halkları özselleştirmenin yeni şekilleri lehine biyolojik determinist fikirleri vurgulamayan düşünce biçimlerine ve ideolojik formlara- bırakması gerektiği şeklindeki değerlendirmeye katılmamak güç olacaktır. Aslında biyolojinin "eski" ırkçılık üzerindeki etkisinin boyutları fena halde abartılmaktadır. Rattansi'nin gösterdiği ve bizim de 2. Bölümde üzerinde durduğumuz gibi, her örnekte, bir uygarlığın ve o uygarlığın taşıyıcılarının bütün ötekilerden üstün olduğunu savunan öncelikli inancın içerdiği büyük bir dini, kültürel ve biyo-bilimsel fikirler harmanı uzun süre varlığını korumuştur. Irkçılık ve bu tür ırkçılıklar hakkındaki anlayışımızı genişletirsek dil, kültürel deneyip, kolektif haysiyet, ödüllerin ve kaynakların dağıtımı üzerine yapılan kültürel ve siyasi mücadelelerin devam edeceği açıktır. Bu durum, ulus-devletlerin hem kendi içlerinde hem de iki ve daha fazla ulus-devlet arasında böyle olacaktır. Rattansi, aynı zamanda, etno-milliyetçilikler konusunda endişelendiği takdirde, o zaman, ne demek istediğini anlamak çok zor değildir- eski Sovyetler Birliği ve Yugoslavya'nın yeni devletleri canlı örnekler olarak karşımızda durmaktadır ve muhtemelen Rattansi bu devletler için, örneğin İskoçya'da tamamen ayrılmış bir parlamento olasılığı için olduğundan daha fazla "kaygı" duymaktadır.

Hutchinson'un örneğinde anlatılmak istenenin ne olduğundan emin olmak çok daha zordur. Örneğin "Avrupa ve Güney ve Kuzey Amerika'da beklenmedik bir şekilde 1960'lardan ve 1970'lerden itibaren su yüzüne çıkan etnik hareketler" nelerdir? Anlatmak istediği Amerika'daki Siyah Onur ve Siyah Milliyetçi hareketleri midir ve eğer böyleyse, bunlar 1960'ların beklenmedik yeni doğrultuları olarak nasıl görülecektir? Siyah Amerikalıların siyasi bilincinin tarihi, milliyetçiliklerin, Afrikanizmlerin ve maddi-kültürel hedefler ve entegrasyonist-ayrılıkçı politikaların arasında durmadan tekrarlanan gerginliğin sıralandığı uzun bir katalogdur. Amerika'nın yakın geçmişindeki en çarpıcı kırılmalar oldukça erken yaşanmıştır: İkinci Dünya Savaşı'nın hemen ardından silahlı kuvvetlerdeki entegrasyon ve daha önce 75 yıldır beyaz üstünlüğünü savunan yasaların ve ayrımcı uygulamaların kaldırılması. 19. ve 20. yüzyılın Avrupa kökenli Amerikalıları arasında ötekilere göndermede bulunan etnik kimlik türleri, halk ve kültür için ölümüne yapılan savaşlardan uzak bir çığlık olarak, tam anlamıyla "sembolik etnisite" kategorisine yerleştirilebilir (Gans 1979, 1994, Waters 1990). Eski Sovyetler Birliği'nde insanlar –

Çeçenistan'da olduğu gibi- ölümüne savaşmaktadırlar ve dünya tarihinde daha önce sık sık olduğu gibi etno-milliyetçilikler imparatorlukların yıkılışının ardından ortaya çıkmıştır. Yeni ülkelerin politikalarının ne kadar süre yüzeysel veya gerçekten kararlı bir şekilde etnikleşmiş olarak kalmaya devam edeceği görülecektir.

Hutchinson'un formülünün (bu bölümün başlarına bakınız) birçok benzeri kitapta karşılayabilecek gerçek güçlüğü, "tüm dünyada patlak veren etnik uyanışlar" ifadesinde yatmaktadır. Bu ifade tek bir grup içinde birbirinden farklı o kadar çok olguyu toplamıştır ki, bütün doğruluğunu ve inandırıcılığını yitirmiştir; "patlak veren" ifadesi, etnisitenin içten içe ısınıp patlama noktasına dayanmış köklü duygular -tüm sosyal çatışmaların gerisinde veya hemen altında yatan türde kolektif insan bilinci - olduğunu ima eden tam anlamıyla bir tür gazetecilik terimidir. Avrupa sosyolojisinin başlangıçta sınıf karşısında afallaması gibi, günümüz sosyolojisi de bazen etnisite karşısında şaşkınlıktan donup kalıyor gibidir. Belirsizlikler üç kat daha fazladır: çok farklı olan veya olabilen şeylerin gruplanması, etnisite bağlamlarının açıkça belirtilememesi ve tanımlanan etnik bağların doğası hakkındaki sorunun, ima yolu hariç (yani "patlayıcı") cevapsız bırakılması.

Gruplamalar ve bağlamlar

Bu kitapta göstermeye çalıştığımız gibi tüm dünyada tekrar tekrar ortaya çıkan tek bir "etnisite" yoktur. Kolonyal ve post-kolonyal dönemde dünyanın belirgin özelliklerini, zorla ve gönüllü işgücü göçlerinin önemini, mülksüzleştirmenin tarihteki kurbanları olan halkların yeniden doğuşunu ve modern kapitalist ve kapitalist olmayan devletlerin ulusal kültürler yaratma yolunda yarım kalan işlerini anlattık. Bu tarihsel çerçeveler, kölelik sonrası ırkçılıkların ve ırkçılık-karşıtlıklarının, "çoğul" toplumların topluluksalcılığının,* yerli halkların siyasi hareketlerinin, ulus-devletler diye bilinen etno-milliyetçiliklerin ve yerleşik devletlerin milliyetçiliklerinin /ırkçılıklarının ve son olarak zengin ve yoksul ülkelerdeki şehir azınlıklarının bireysel ve kolektif kimliklerinin arka planını oluşturmuştur. Ne kadar benzerlik ve ortak tema sergilerlerse sergilesinler, sadece birkaç örnekte aynı sosyal düzen içinde yan yana geldikleri için, onları etnik bir uyanışın tek tip örnekleri olarak ele almak faydalı değildir.

Bu farklı etnisite türlerinden her biri, kendi tarihsel bağlamı içerisinde tanımlanmaktadır. Onlar, çağdaş tezahürlerinde, ekonomik ve siyasi bağlamlar içinde konumlandırılır. Dolayısıyla her bir örneğin ya da herhangi birinin kısmen onu tanımlayan bağlam içinde anlaşılmaya çalışılması şarttır. Afrikalı Amerikalılar örneğinde, bu nüfusun yoksul ve ekonomik hakları ellerinden alınmış Amerikalılar arasında son derece orantısız bir şekilde temsil edilmelerinin baskısını göz ardı etmek imkansızdır (veya akıllıca değildir). Amerika'daki siyah insanların kölelik sonrası tarihinin büyük bölümü, Afrikalı Amerikalıların Amerikan toplumunun ana akışına dahil olmalarına yönelik organize beyaz Amerikalı direniş tarihi olmuştur. Daha önce de açıkladığımız gibi, Afrikalı Amerikalılarla diğer gruplar arasındaki geleneksel olarak belirlenmiş başarı farklılıkları, Amerika tarihinde başka hiçbir grubun böyle bir ortaklaşa ulusal ve yerel, resmi ve gayri-resmi, federal ve lokal, şiddetli ve sinsi örgütlü direnişle karşılaşmadığı gerçeğinin ötesinde bir açıklama getirmez. Kölelik dönemiyle kölelik sonrası dönemden kalma ırksallaştırılmış farklılık kalıpları sosyal ve entelektüel Amerikan bilinci içerisinde merkezi bir yere sahiptir. Sadece Afrikalı Amerikalı kimliğini değil, Amerikan toplumu içinde genel bir etnisite çatısını da alttan destekler (Kymlicka 1989).

---

* communalism, komünteryanizmden veya cemaatçilikten ayırt edilebilmesi için topluluksalcılık olarak karşılanmıştır (editör).

Kölelerin ve onların torunlarının yanısıra çok sayıda veya çoğunluğu oluşturacak kadar beyaz nüfusun mevcudiyeti belli bir toplumdaki etnik oluşumun üstündeki etkisi son derece hayatidir. Kölelerin çoğunun veya tamamının Afrikalı olduğu durumlarda beyazlar hemen kendilerini özgür olarak onlardan ayırt etmeye çok hevesli olmuşlardır ve kölelik sonrası dönemde kendi kendilerini korumaya alan ve siyah ya da Afrikalı nüfusu dışlayan toplumsal bir dışa kapanma politikasını uygulamaya kararlılıkla devam etmişlerdir. Köle olmayan beyaz nüfusların ciddi bir orana ulaştığı ülkelerde, eskiden köle olan nüfusların çoğunluğu ekonomik açıdan avantajlardan mahrum bırakılmıştır. Bazı Karayip ülkelerinde, çok sayıda beyazın olmayışı ve Hint kökenli kırsal işçiler arasında görülen nispi yoksulluk nedeniyle bu durum daha yumuşak bir biçimde hissedilmektedir.

Siyasi bağlam: etno-milliyetçilikler ve devlet

Siyasi bağlam da büyük çeşitliliğe, yani etnisitenin doğasına, şekline ve mobilizasyonuna farklılıklar kazandıran bağlamsal farklılıklara tabidir. Eski Sovyetler Birliği ve Yugoslavya'nın siyasi bağlamı, geçen on yıl boyunca anayasa, ordu-gerilla ve devletle ilgili çatışmalara bir çözüm aranmasıyla yaşanmış bir bağlamdır. Bu bağlamın *modus operandisi** imparatorluk sonrası anayasal manevralar, devlet-azınlık savaşı ve iç savaş olmuştur. Her iki örnekte de etnik nüfuslar, davaları için savaştıklarını iddia ettikleri halkın isteklerini ve düşüncelerini gerçek anlamda temsil eden veya etmeyen kesimler veya elitler tarafından temsil edilmektedir. 1990'ların başlarından ortalarına kadar tüm medyada Miloseviç, Sırp etno-milliyetçiliğinin zafer simgesi olarak gösterilmişti; 1996'nın sonlarına gelindiğinde Miloseviç hükümeti, yakın

---

* *birşeyi yapmanın belli bir yolu, şekli,yöntemi anlamında Latince sözcük.*

geçmişin en güçlü ve uzun halk protestolarından biri karşısında neredeyse dizlerinin üstüne çöktü. Radovan Karaziç, Bosna'daki Sırp Cumhuriyeti yerleşim bölgesinde Sırp etnik sadakatinin örneğiydi; 1997 senesinin ortasına gelindiğinde Sırp polis kuvveti, tehlikeli bir şekilde Karaziç'in ve yeni cumhurbaşkanının yandaşları olarak ikiye ayrıldı. Milliyetçi ve etno-milliyetçi bir mücadele de dahil, siyasi mücadelelerin şekillenmesinde elit grupların önemi vurgulamadan geçilemez ve bu, kolektif duygunun ve mobilizasyonun her zaman sorunlu bir konu olduğu anlamına gelir (Brass 1991, Tishkov 1997). Bu, elit grupların liderliğinin zayıf veya kararsız halkları her zaman atladığı, aldattığı veya avuttuğunu söylemekle aynı şey değildir. Halklar, şüphesiz, elit grupların veya kesimlerin eylemlerini farklı düzeylerde destekleyecekler veya bu eylemlere halk olarak karşı çıkacaklardır, fakat bunun derecesini kestirmek genellikle kolay değildir. Kuzey İrlanda'da terörist yöntemlere veya silahlı mücadeleye verilen halk desteği ne kadar yaygındı? Bunu söylemek neredeyse imkansızdır – ve siyasi ortam da çabucak değişebilir- fakat keyfi şiddet uygulanmaya yönelik istek, gördüğü destekle orantısız bir etkiye sahiptir; Kuzey İspanya'daki ETA ve Bask siyasi hareketi için de aynı şey söylenebilir. Silahlı şiddetin, örneğin, Quebec'te, Katalanlar arasında, İskoçya ve Galler'de olduğu gibi son derece nadir yaşandığı veya hiç yaşanmadığı örneklerin aksine bu etno-milliyetçilikler silahlı şiddetin merkeze alınması açısından diğerlerinden farklıdır. Glasgow'da bir Perşembe günü *Braveheart* (Cesuryürek) filmini seyrettikten sonra Cuma günü işinize stajyer bir muhasebeci olarak gidebilirsiniz; Bana Luka'da evinize geldiğinizde evinizi yerle bir edilmiş bir halde bulabilirsiniz. (*Cesuryürek* İskoç milliyetçiliği temasını işleyen ünlü bir Mel Gibson filmidir; Bana Luka ise Bosna'da küçük bir kasaba)

Şehir azınlıkları

Etno-milliyetçiliğin bu önceki formları, etnisitenin, gelişmiş ve zengin ekonomilerin şehir politikalarındaki siyasi kullanımlarından daha farklıdır. Etnik kimlik, Amerika'nın ulusal ve yerel politikalarında kullanışlı bir sembolik silahtır ve etnik lobiler özellikle, Amerikalıların "anayurtları" hakkındaki duygularını ifade ettikleri dış politikada -İrlandalıların İrlanda hakkında, Yahudi Amerikalıların Ortadoğu hakkında ve Afrikalı Amerikalıların Güney Afrika ve genelde Afrika kıtası hakkında - karar alma süreci üzerinde etkilidir. Fakat bu, açık bir şekilde etnikleştirilmiş politikalarda etnik sadakatlerin *tout court** bir mobilizasyonundan ziyade, Amerikan iç ve dış politikalarının karmaşık etkileri içinde etnik duyarlılıklarla ilgili bir oyunun konusudur. Amerika'daki etnisite politikaları ayrımcılık, lobi faaliyetleri, kaynaklara yönelik mücadele ve eğitim -yani kısaca sosyal mobilite, dışlama ve kabullenme - konusundadır. Buna karşıt olarak, yerli halkların politikaları, toprak iddiaları ve bir uygarlığın boyunduruk altına alınması ve değersizleştirilmesi konusundadır. Bütün örneklerde kültürel mücadele ortak bir zemin oluşturmasına rağmen, siyasi etnisite türlerinin temel itici güçleri her örnekte oldukça farklılık gösterir.

Milliyetçilik ve ırkçılık

Her ne kadar bu iki kavram da sıklıkla aynı olgunun – kolektif kimliklerin yaşatılması- parçalarıymış gibi tartışılsa da milliyetçiliklerin ve ırkçılıkların açık önemlerine çok farklı bir açıdan bakılabilir. Etno-milliyetçilikler "ulus" olarak bilinme ve bu ulusla örtüşen bir devlet kurma arzusunun ya da mevcut bir devlet içinde daha fazla özerklik elde etme -kopma ve yetki devri kilit ihtimal-

---

* *için aşağıda tek satırlık yer ayrılacak.*

lerden ikisidir- arzusunun siyasi ifadeleridir. Fakat milliyetçilikler halk olma öğretisinin iç amaçlarla seferber edildiği veya dış işlerinde iç tüketime yönelik olarak "önce ülkemiz" politikasının ilan edildiği yerleşik ulus devletlerin ifadesidir. Bunun en dikkat çekici iki örneği, Britanya'da yakın zamanlardaki "küçük İngiltere" milliyetçiliğinin Falkland Savaşı'nda ve 1990'ların ortalarında Muhafazakâr politikacıların siyasi toplantılar düzenleyerek "Avrupa-kuşkusu" geliştirmeye teşebbüs etmeleri olmuştur (Marguand 1995, Miller 1995, Husbands 1997).

"Önce ülkemiz" politikası, belirli azınlıkların Avrupa'nın bütünleşmesine itiraz ettiği bütün Avrupa Birliği ülkelerinde ortaya çıkmıştır. Avrupa Birliği'nin her şeyden önce kapitalist bir proje olmasına rağmen, Avrupa'nın muhafazakâr ve reaksiyoner sağ kanadı, kendilerini "önce Britanya/Fransa/Danimarka/İsveç" davasına adamış ve bir çok örnekte bu davayı içteki ırkçılıkla ve göç karşıtı retorikle birleştirmiştir. Avrupa Birliği, üye ülkelerde küçük burjuvazinin ve işçilerin karşı çıktığı bir *grande bourgeoisie* projesi olarak görülmektedir; düşmanlar Brüksel ve yabancılardır. Birlik içinde daha fazla hareket serbestisi karşısında hepsi sınırlarında teyakkuz halini arttırmaktadır.

Birden çok kullanım şekli yüzünden, bu etnik partikülarizmler, etno-milliyetçilikler ve milliyetçilikler katalogunda ırkçılık teriminin hangi kategoriye girdiği konusunda kafalar karışmıştır. 2. 2. Bölümde tartıştığımız gibi, bir etnisite söylemi ve bir ırkçılık söylemi ve ayrıca bir de her ikisinin örtüştüğü geniş bir zemin vardır. Aslını isterseniz ırkçılığın birden çok söylemi vardır: ABD'de ve Apartheid Güney Afrikasında olduğu gibi ayrımcılığın haklı çıkarılmasına yönelik retorik; Britanya, Hollanda ve Fransa gibi kolonyalizm sonrasında dış göç alan Avrupa ülkelerinde dışardan gelen göçe karşı ırkçı retorik; ve Balibar'ın çalışmasında yer alan eğilimde olduğu gibi "Evrenselcilikten" yoksun herhangi bir siyasi-kültürel yapı olarak görülen ırkçılık (Balibar ve Wallerstein

1991). Irkçılığın özü, halkların doğaları bakımından eşit olmayan bir değere sahip oldukları şeklindeki bir fikre dayanan bir sosyal sınıflandırma sistemidir; bu öğreti, hem bir ulus-devlet çerçevesi içerisinde hem de emperyal tahakküm sistemleri içinde bir halk kategorisinin sistematik olarak bastırılmasına ve ezilmesine dayanmaktadır. Irkçılığın bu bakımdan belirli bir zamanı ve mekanı vardır, ancak diğer taraftan modern dünyadaki "Batı" egemenliğinin kapsamı ve süresi düşünülürse ırkçılık, "Batıcılığın" her alanında hazır ve nazır olarak tanımlayan yaygın bir genel özellik olarak görülebilir.

Rattansi'nin kısa ve öz açıklamasındaki gibi:

> "Batılı" kimliklerin – ve onlara göre Öteki olanların kimliklerinin-, modernitenin Batılı olmayan Ötekilerle fiili ve hayali karşılaşmaları tarafından nasıl durmadan oluşturulduğu ve yaratıldığı konusunda bir fikir sahibi olmadan Batılı ırkçılık formlarının çoğunu anlamak ve kavramaya çalışmak imkansızdır. "Batı" ve "Avrupalı" ve hatta "beyaz" gibi kimlikler; bunların akılcılık, "uygarlık" ve Hıristiyanlık görüşleriyle biraraya getirilmesi; ve bunların üzerine çıplak/giysili, cahil/eğitimli, teknolojik açıdan geri/ileri çiftlerinin oluşturduğu paganizm ve vahşilik imgelerinin eklenmesi henüz "yerli yerine oturmamıştı" -bunlar emperyal kolonyalizm ve kolonyal hakimiyet süreçlerinde ortaya çıktılar (Rattansi 1994, s. 36)

Irkçılığı, bu "emperyal-kolonyal" bağlamda görmenin anti-Semitizmin anlaşılmasını zorlaştıracağı söylenebilir; fakat Miles ve diğerlerinin ileri sürdükleri gibi, ırkçılıklar, dış egemenlik sistemlerinin eşlik eden unsurlar kadar, iç baskı sistemlerinde, içeriye doğru da yönlendirilmiştir (Miles 1994b). Miles, ırkçılık formlarının nasıl hem devletlerin siyasi oluşum sürecinde hem de kapitalizmin ekonomik mantığı içinde (Avrupalı) ulus-devletlerin iç dinamiğinin bir parçası olarak görev yapabildiğini tekrar tekrar göstermiştir (Miles 1993). Üçüncü Reich'in anti-Semitizm'i, doğal olarak, Üçüncü Reich'in* emperyalizmiyle bağlantılıydı; ulusun kendi içinde arındırılması, bir Alman imparatorluğunun yaratılmasında totaliter bir egemenlik oluşturma projesinin bir parçasıydı. Anti-Semitizm ırkçılığın nihai formunu, eşit değer verilmeyen halkların yok sayıldığı, ancak tek bir halkın en yüksek değeri hak ettiği ve Almanya örneğinde, özellikle Yahudiler ve Çingeneler gibi öteki halkların yaşamayı hak etmediğinin düşünüldüğü "soykırım ırkçılığı" halini temsil etmektedir.

Öyleyse, anti-Semitizm'in Batılı rasyonalite projesiyle mi, yoksa Evrensellikten ileri ölçüde sapma ve kopmayla mı doğrudan bağlantılı olduğu şeklinde önemli bir soru karşımıza çıkmaktadır. Kuşkusuz anti-Semitizm her iki şekilde de tanımlanabilir (Bauman 1989). Üçüncü Reich'ın ölüm makineleri bürokratik olarak düzenlenmişlerdir ve hijyenik bir temizlik bilimine hizmetinde kullanılmışlardır. İki savaş arası dönemde yayılan üstün ırk teorileri, sadece Hitler sempatizanı azınlık sağ partilerde değil, aynı zamanda "müttefik ülkelerde" de benimsenen soy ıslahını savunan ırkçılık biçimiyle de doğrudan bağlantılıydı. Halkın bir topluluk olarak idealleştirilme süreci, aynı zamanda, "Yahudi bilimi" diye matematikte ve fizikte ilerlemelerin reddedilmesi gibi romantik "irrasyonellikleri"de içermiştir. Almanya'daki anti-Semitizm anlayışı kısmen de "kapitalizm krizleri" tezine dayandırılmalıdır. Hitler ve partisinin ortaya çıkmasına yol açan başlıca koşullardan ikisi, Almanların Birinci Dünya Savaşı konusundaki burukluğu ve Alman ekonomisinin çöküşüydü. İsminin ikinci kısmına rağmen Ulusal Sosyalist proje, aynı zamanda, işçi sınıfın hoşnutsuzluğunu ve bütün savunma organlarını bastırmak için tasarlanmış sınıfsal bir projeydi.

---

* Nazi Almanyası (1933-1945).

Buraya kadar "etnisitenin", her yerde aynı kültürel ve sosyal dürtüleri yansıtan ve yapısı bakımında her yerde tamamen aynı olan üniter bir global olgu olmadığı iddiasında bulunmaya yetecek kadar tartışmış bulunmaktayız. Bütün bu benzerliklere rağmen, tümünün gerisinde yatan "toplumsal güçler", bağlamdan bağlama değişiklik gösterir. Ortagüney Afrika'da yaşanan iç çatışmaların Yeni Zelanda'daki Maoriler arasında rastlanan toprak iddialarıyla ve kültürel rönesansla aynı şey olduğunu; ya da eski Sovyet Orta Asyasında yeni devletlerin kurulmasıyla ABD'de St. Patrick gününün kutlanması arasında hiçbir fark olmadığını; ya da Malezya'daki İslami partinin Edinburg'da bir parlamentonun kurulmasıyla birlikte tasavvur edilebileceğini; ya da eski Yugoslavya'da yapılan soykırımın Galler'de Galce konuşmanın yaşatılmasıyla yakınlığının bulunduğunu düşünmekle, bana öyle görünüyor ki, fazla bir şey kazanmayacağız. Etnisiteyle ilgili olarak tesis etmeye çalıştığımız şey, etnisitenin şeklini siyasi, ekonomik ve tarihsel bağlamlarından aldığıydı. Bu bağlamların bazıları boş ümitler verecek bir şekilde örtüşmektedir ve biraz önce yaptığımız alıntıda Rattansi, incelediğimiz şeylerin çoğunda, geçmiş ve günümüz "Batı" egemenliğinin sonuçlarına ait ortak bir seyrin varlığını görmekte haklıdır. "Batılı" insan projesine ilişkin yapılandırmaların devam ettirilmesi meselesi, modernite ve doğasıyla ilgili kaygılar ve uygarlık sosyolojisinde derin bir düşünce biçimi olarak postmodern çerçeve büyük bir teşebbüstür ve Rattansi'nin de doğru bir biçimde teşhis ettiği gibi, modern sosyolojide muazzam canlılığa ve yenilenmiş imgeleme sahip bir projedir. Bunlar bu kitapta değindiğimiz fakat aslında daha enine boyuna irdelenmesi gereken konulardır. Rattansi, haklı olarak kimlik, etnisite ve ırkçılık konularının, sosyolojik imgelemin yenilenmesinde merkezi rol oynadığını savunmaktadır, fakat bugünün sosyal değişikliklerini gözlemleyerek modern dünyanın temel özelliğinin "etnisitenin uyanışı" olduğu yargısına varmak ya fazla bir şey ifade etmez ya da yanlıştır.

Primordializm ve etnisite

"Her kıtanın sosyal ve siyasi hayatının temel noktalarından biri" (Hutchinson, bu bölümün girişi) olan etnisiteyle ilgili bu konu hakkında son birkaç gözleme daha yer verebiliriz. Bu, primordializm konusuna bir kez daha dönmemiz gerektirir. Primordial bağlar kavramına gerekli önemi vermeyenlerin, Geertz'in (1973) argümanındaki temel noktayı büyük ölçüde kaçırdığını hatırlatabiliriz. Geertz'in iddiası, etnik bağların primordial olduğu değil, primordial bağların ve duyguların medeni ve seküler sadakatlerle ters düştüğü ve bir dizi öncelikli yükümlülük ve normu taşıdığından yurttaş statüsüyle de bağdaşmadığıdır. Etnisite denen şeyin primordial bir karakterinin olup olmadığı ve yurttaşlık düzenini inkar edip etmediği sorusu her gözlemlenebilir vakada sorulabilecek bir soru haline gelir.

Daha önce tartıştığımız gibi etnik sadakatlerin ve kimliklerin, şüphesiz, insanların kişiliklerine derinden işlemiş akrabalık duygularıyla ve özdeşleşme şekilleriyle doğrudan bağlantılı olduğu örnekler vardır. Ayrıca etnisite diye tanımladığımız şeyin, temel kültürel öğrenme deneyimleriyle ve herkesi kucaklayan sosyal bağlarla doğrudan ilgili olduğunun iddia edilemeyeceği açık örnekler de vardır. Walters'in konuya doğrudan eğildiği (beyaz) Amerikalılar bahsinde tanımlanan opsiyonel kimlikler, günümüz Malezyasındaki çok daha zorlayıcı etnik bölünmelerden doğaları bakımından farklıdır. Bu etnik bölünmeler, kuşkusuz, ne basit bir şekilde "primordial" olarak kavranılacak ne de beyaz Amerikalıları tanımlayan radikal bireycilikte bir tercih meselesi olarak anlaşılacaktır.

Aynı şekilde ve aynı zamanda, etnik çatışmanın dışardan görünüşünden hareket ederek, primordial teriminin gerektirdiği derinlik ve yoğunluğun mutlaka var olduğu sonucuna varamayız. Eski Sovyetler Birliği'nin Orta Asya'daki sınırları içerisinde yeni devletlerin örgütlenmesi, dini kimlik, kültür ve dil meselelerini doğurmuştur. Bu yüzden çatışmalar kolayca "etnik" diye algılanabilir. Fakat Tishkov'un (1997) biraraya getirdiği yığınla delil, bu ulus-devlet oluşumlarının altında yatan şeyin, emperyal Rus baskısından 70 yıl sonra "basit bir şekilde" yeniden ortaya çıkan ve ortak soy, din ve dili paylaşan kültür toplumları olduğunu farz edemeyeceğimizi gösterir. İslam dinine itaat konusunda şevkleri zayıf olabilir ve dilleri gerilemiş olabilir; bu değişimler tek başına kültürel emperyalizmin sonucu değildir. Yerel kültürler daha geniş bir kültürün ekseni içerisine çekilmiştir ve hangi doğrultuda gelişecekleri açık bir sorudur. En azından kültürel olarak kenetlenmiş toplulukların, Rusya'nın çizmesinin altından kurtulup yeniden ortaya çıktığını farz ederek cevaplanamayacak bir sorudur.

İslamiyet ve Hıristiyanlık konularına –hem dünya çapında inanç ve ideoloji sistemleri hem de yerel kültürler olarak-burada etraflıca eğilemeyiz, fakat ikisi de değinmeden geçemeyeceğimiz kadar konumuzla yakından ilişkilidir (Said 1985, Gellner 1992, Sayyid 1997). Çünkü İslami kimliğin dünyanın birçok bölümünde, etnik ve milliyetçi kimliklerin dünyanın başka bölümlerinde oynadığı rolün aynısını oynadığı -veya yine "etnik" ve "milliyetçi" olduğu düşünülen kimliklerin önemli bir parçasını oluşturduğu-konusunda fazla şüphe yoktur. Şüphesiz farklılık yerel etnik kimliklerin bir bileşeni olarak İslam'ın, aynı zamanda, halkları küresel bir kimlikle birleştirmesidir. Bunun nedeni, karmaşıklıklarını bir kenara bırakırsak, İslam içindeki bölünmelerin İslam ve Hıristiyanlık veya diğer inançlar arasındaki bölünme kadar önemli görülebildiği değildir. Fakat İslam'ın üniter, bölünmemiş bir bütün olduğu düşünülemese bile, birçok örnekte "Batılılığın" ve Hıristiyanlığın giderek sona yaklaşan egemenliğine karşı bir kültürel iddiayı temsil ettiği görülmektedir. Bu kısmen, Rattansi'nin özetlediği gibi Batı hakimiyetine karşı bir tepki olarak anlaşılabilir ve Trollope'in karakterlerinin Ortadoğu gezisi tasvirinden yaptığımız alıntıda çok güzel bir şekilde gösterildiği gibi (Bölüm 2) Batılı kültür hiyerarşilerine tepki veren halkların kızgınlıklarına dayanır.

Dünya çapında "Batıya verilen bir tepki olarak İslam'ın bu küresel etkisi, günümüzde hem farklı devlet sistemleri arasında hem de içinde yaşanan kültürel rekabetin açık bir bileşenidir. Bununla bağlantılı ikinci bir dürtüye, dünyadaki yoksullar veya daha yoksullar arasında görülen kültürel kızgınlık ve ekonomik haksızlık duygusunun birleşiminde rastlanabilir. Modern zengin Malezya'ya dahil edilmemişlik duygularını, her ikisini de taşımalarına rağmen, Malay etnisitesinden ziyade, İslami heyecan ile ifade eden Malezya'nın kırsal fakirleri arasında görülen İslam'a bağlılık buna bir örnektir (Khan ve Loh Kok Wah 1992). Üçüncü bir İslami heyecan kaynağına, Malezya gibi toplumlarda yaşayan, modern sektörlerinde giderek artan zenginliğe ulaşan ve bu yüzden yaşadıkları toplumları, tüketim kültürünün materyalizm anlayışı ve bireysel yükselmenin şehvetleriyle doğrudan karşı karşıya getiren daha varlıklı orta sınıf Müslümanlarının hissettiği çaresizlikte rastlanmaktadır. Dördüncü olarak, Batının kurduğu ittifaklara ya da Orta Asya'nın yeni devletleri örneğinde, eski Sovyet devletlerinin giderek zayıflayan bağlılıklarına karşı bir dizi uluslararası ittifak alternatifi sunarak, gevşek bir ifadeyle ulus-devletlerin dost Müslüman ülkelerle özdeşleştirilmesine karşılaşıyoruz. İslam'la özdeşleşmeyi olabildiğince arttıran bu dürtüler, yerel ve küresel tezahürlerinde farklılaşırlar, bu etnisitelerin tek bir olgu olarak ele alınması konusundaki uyarımızı yansıtmaktadır.

Liberal beklenti

Kitabımızda bir çok kez "liberal beklenti" ifadesinden bahsettik, bu, liberal beklentinin, iddia edilen "etnik uyanış" bağlamında – şöyle ya da böyle- sık sık sözkonusu olduğu gerçeğinin bir kanıtıdır. Bu argüman konusunda ulaştığımız sonuçlar, dolayısıyla, günümüz dünyasındaki etnisite konusunda ulaştığımız sonuçlar tarafından şekillendirilmiştir. Bu argümanın, anlaşılırlık adına, iktisadi, siyasi, sosyal ve kültürel sahaları keskin çizgilerle ayıran dört önerme halinde yeniden formüle edilebileceğini belirttik. Bunlar ayrı alanlar olarak algılanmaması gereken, basitleştirme amacıyla yapılmış ayrımlardır ve bu ayrımlar sayesinde argüman çok daha yakından incelenebilmektedir. İktisadi bir önerme olarak beklenti meritokrasidir[1]; siyasi bir önerme olarak beklenti yurttaşlık hakları normlarıdır; sosyal bir önerme olarak beklenti etnik dayanışmaların zayıflamasıdır; ve kültürel bir önerme olarak beklenti ulus-devletler içinde ve arasında kesin bir homojenleşmedir.

İktisadi önerme

İktisadi malların – sosyal yardım ve barınma- tahsisinde etnikleştirilmiş bir iş bölümü ve ayrımcılık uygulamaları liyakat düzenine ters düşer. Liyakat düzeninin, oturmuş eşitsizlikleri azaltmak veya ortadan kaldırmakla aynı proje olmadığını akıldan çıkartmamak gerekir; liberal teoride liyakat düzeni sınıfsa eşitsizliklerin devam ettirilmesiyle bağdaşmaktadır, çünkü bir liyakat sisteminin ölçütü sosyal eşitlik değil mobilitedir.

Dürüst çalışmanın yanı sıra eşitsizlikler sayesinde de gerçek fırsatlara ulaşılabileceğini bilenler, liyakat düzeninin katı olmaktan

---

[1] Yeteneğe göre mevkilendirme sistemi; liyakat düzeni.

çok sadece "biçimsel" olabileceği gerçeğinin de farkında olabilirler. Aynı nedenlerden dolayı, sosyal açıklığın genel kanıtı olarak, en azından Amerikan rüyasını veya benzer fırsat ideolojilerini canlı tutmaya yetecek küçük mobilite artışları yaşanabilir. Öyleyse akla gelen soru "Gerçek fırsat eşitliği var mıdır?"dan ziyade "Sınırlarda, bazılarının geçişine izin verilip bazılarına verilmediğinin, dışlananlar tarafından çok iyi bilinmesine ve aksine inandırılamamalarına yol açacak kadar ciddi bir katılaşma var mıdır?"dır. Etnik olarak tanımlanmış ekonomilerde ve etnikleşmiş bir işbölümünde, aslında, etnik kökenin iktisadi katılımla ilgisi yokmuş gibi gösterme çabalarıyla karşılaşılması gerekmez- ırk toplulukları için ayrı düzenlemeler bulunduğu dönemdeki Amerika'da ve Apartheid Güney Afrikasında söz konusu olan, kesinlikle bu durumdur. Bu iki ülke de, açık ırkçı ideolojilerin terk edildiği bir çağda, etnik farklılık çizgisinde devam eden radikal bir refah, fırsat ve sosyal yardım eşitsizliklerinin sürdürülmesi sorunuyla karşı karşıyadır (Adam ve Moodley 1993).

Kişinin kendisinin ve çocuklarının "daha iyiye ulaşabilmesinin" mümkün olduğu düşüncesi, biçimsel olarak liyakat düzenine sahip toplumlardaki tüm etnik gruplar için önemlidir; bu düşünce özellikle, ABD'deki Afrikalı Amerikalılarla şehirli yoksul kesim arasında olduğu gibi sınıfsal konum ve etnisite arasında açık bir denkliğin olduğu durumlarda çok daha can alıcıdır. Bu aşamada, daha iyiye ulaşma olasılıklarının çok küçük olduğu sonucundan çok sayıda insanın çoğunlukla kaçamaması gibi çarpıcı bir olasılık karşımıza çıkmaktadır. Etnik olarak yapılandırılmış sınıfsal bir konumun bu şekilde sürdürülmesi, ayrımcılığın ya da daha geniş manada ırkçılığın açık veya gizli uzantısının tek fonksiyonu olmayabilir-ve Wilson'un da (1980) ABD için söylediği gibi neredeyse kesinlikle tek fonksiyonlu değildir. Ülkenin göründüğü kadarıyla Afrikalı Amerikalıların yoksulluk sorununu çözememesi, genel olarak yoksulluk sorununu çözememesi gerçeğinin bir boyutu olarak algılanmak zorundadır.

Siyasi önerme

Siyasi sahada liberal beklenti, etnisitenin yurttaşlık statüsü için artık öneminin kalmayacağı şeklindedir. Geçmişte Afrikalı Amerikalılara, *de facto* veya *de jure*, bir şekilde oy kullanma hakkı tanınmamışsa -daha önce İç Savaşın ardından oy kullanmış olan siyah halkın neredeyse tamamı, yüzyılın başından itibaren bu haklarından mahrum bırakılmıştı- kimse etnisiteyi siyasi katılımla ilgisizmiş gibi göstermeye çalışamaz. Aynı dönem boyunca Afrikalı Amerikalıların yapılan yanlışlıkların düzeltilmesi için mahkemelere başvurma hakları yok sayılarak, hepsi yargı sürecinde sistematik bir şekilde beyazlardan farklı muamele görmüşlerdir. Yurttaşlıkla ilgili bu resmi eşitsizlikler tekrar kaldırılmıştır, fakat tüm kanıtlar ABD'de ve Britanya'da siyah insanların yargı sistemine girdiklerinde sistemli olarak farklı sonuçlarla karşılaştıklarını ve sistemi idare eden -polislik, avukatlık ve hakimlik gibi- yetki tanınmış memuriyetlerde sayıca az temsil edildiklerini göstermektedir. Bütün etnik kökenlerin bütün mensupları resmen siyasi sisteme katılmakta özgür olsalar bile, zenginlik ve sayısal azınlık statüsüne dayanan eşitsizliklerin yanı sıra, siyasi ideolojilerde ırkçılığın gücü etnik grupların nispi zayıflığına neden olabilir. Yurttaşlık haklarında resmi eşitlik, *de facto* eşitsizlik aracılığıyla geçersiz kılınabilir. Bu durum, resmi ideolojinin güce ve nüfuza erişme konusunda açık demokrasi idealini vurguladığı devletlerde sorun yaratır. Bütün toplumlarda, özellikle de demokratik toplumlarda gücün ve güçsüzlüğün uygulamada etnik sınırlara göre belirlenmesi, eşit yurttaşlık kurallarının güvenirliğiyle ilgili gerçek sorunlar yaratır.

Evrenselciliğin öteki başlıca uygulanma bağlamı yurttaşlığın işleyişinden çok yurttaşlığa giriştir. Evrensel İnsan Hakları Bildirgesi ve uluslararası ya da çokuluslu (örneğin Avrupalı) mahkemeler, imzası bulunan ülkelerin kabul ettiği ilkeleri içerirken, fiili bir "dünya vatandaşlığı" yoktur; fiili vatandaşlık, bir ulus devletin vatandaşı olarak doğmak veya onun vatandaşlığına geçmek anlamına gelir. Bu kaçınılmaz olarak beraberinde, bir çelişkiyi getirir. "Evrenselcilik" ilkeleri bütün erkeklerin ve kadınların, adalet, vicdan özgürlüğü ve onur haklarını kabul eder; bu haklar Aydınlanmanın siyasi ve entelektüel mirasları olarak görülür. Adil muamele hakkı, kanun önünde eşitliği ve keyfi muamelelerden korunmayı içerir; vicdan özgürlüğü hakkı, inanç özgürlüğü fikrini, kör inançlardan ve önyargıdan özgür olmayı yüceltir; insanlık onuru ilkesi her bireye, acımasız cezalar ve kişiye hakaret aracılığıyla da tecavüz edilebileceği düşünülen belli bir kutsallık bahşeder.

Bu ilkelerle paralellik gösteren yönetişim sistemi demokrasidir, çünkü resmen ya da bir ilke olarak, demokrasi karar alma sürecine katılım hakkını, "seçen" bireye verir. Çelişki ise, bu hakların ulus-devletlerle ilişkilendirilmesi durumunda, bu ilkenin içerdiği faydalardan yararlanabilmek için milli mensubiyetin birincil bir önem kazanması gerçeğinde yatmaktadır. Daha önce gördüğümüz gibi, ulus-devletlerin gelişmesi, bir ulus imgesinin,yani bir devlet sisteminin "doğal" üyelerinin yaratılmasını da içermektedir. Bu, bireylerin herhangi bir ulus-devlete giriş hakkı elde edemeyeceği (milyonlarca mülteci ve yurtsuz insan) veya sınırlı bir giriş hakkı elde edebileceği (dışardan gelen göçmenler ve göçmen işçiler) anlamına gelmekle kalmaz, aynı zamanda, ulusun kendisini yücelttiği ve örtülü olarak diğer uluslara daha az değer verdiği anlamına da gelir. Irkla ilgili fikirler dışardan gelen göçün kontrolünde, mülteci olarak girişlerde ve ulus üyeliğine kabullerde çoğu zaman varlığını hissettirmektedir. Irkçı ve milliyetçi söylemler karşılıklı olarak birbirlerini besler ve Evrenselliğin garantörü olarak ulus-devlet vatandaşlığını engeller.

Sosyal önerme

Sosyal değişimin "gelenekselden" "modern" toplumlara doğru sosyolojik bir tipleştirmesinde, resmi kurumlar, doğuştan getirilen akrabalıklar ve üyelikler üzerine kurulu sadakatlerin yerini almaktadır. Durkheim'ın ifadesiyle doğum çevresi, yani içine doğduğumuz sosyal bağların oluşturduğu çevre giderek önemini yitirmektedir. Bu, modern ve modernleşmekte olan toplumlarda genişlemiş aile ilişkileri zayıfladıkça akrabalığın da kapsamının daraldığı ve akrabalık içinde gitgide daha az işlem - eğitim, refah, ekonomik işlev-yapıldığından gücü bakımından zayıfladığı anlamına gelir. Etnisitenin akrabalığın bir uzantısı olarak görüldüğü yerlerde, onun, içine doğulan çevrenin zayıflamasıyla birlikte zayıfladığı ve akrabalık ilişkilerinin tamamen kişilerin özel alanında yer edindiğini anlamını çıkarabiliriz. Aslında modernitenin ilerlemesi, ilk olarak Weber'in iddia ettiği gibi, kamusal alanla özel alan arasında belirgin bir ayrımın yapılmasına endekslidir (Gerth ve Wright Mills 1961).

Liberal beklentinin sosyal önermesi, en belirgin olanı etnisitenin doğasının tanımlanması olmak üzere, birçok güçlükle karşı karşıyadır. Bu, 1.Bölümde bahsettiğimiz "kurulmuş" etnisiteye karşı "temeli bulunan" etnisite problemiyle 3.Bölümde bahsettiğimiz yoğunluk problemini beraberinde getir. Orada ileri sürdüğümüz gibi, yoğunluk sorunu akrabalık sorunuyla bağlantılıdır; çünkü akrabalık bağları, çoğunlukla etnisitenin yoğunluğunu açıklayan kan bağları olarak görülür. Etnisitenin bir "patlamayla uyanışı"na yönelik gönderme, kan bağı ve akrabalıkla ilgili sağduyu fikirlerini yansıtan bu yoğunluk kavramına işaret eder. Modernitenin paradoksu, etnik bağların, akrabalığın ve etnisitenin zayıflaması tezlerini çürütecek şekilde önemini sürdürmüş olması değildir. Yani etnisite hâlâ ayakta olsa bile bu, onun, mutlaka ve her zaman, örneğin Durkheim'ın tanımladığı şekilde içine doğulan çevrenin bir uzantısı olarak akrabalıkla bağlantılı olmasını gerektirmez. Başka bir deyişle etnisite hayatta kaldıysa da liberal beklentinin sosyal önermesinde belirtilen sosyal formun aynısı değildir.

Bu, aynı zamanda, şu sonucu beraberinde getirir: etnisitenin bir yoğunluğu varsa -ki bu genellikle "irrasyonalite" diye tanımlanır - akrabalıkla olan bağlarından çıkmaz veya çıkması da gerekmez. Eğer etnisiteye bireysel ve kolektif eylemin araçsal bir formu olarak gereksinim duyuluyorsa, o zaman ayakta kalan şey, aslında liberal beklentinin bir reddi olarak "illiberal" etnisite değil, insanların eylemlerini konumlamakta ve kolektif formlar inşa etmekte gösterdikleri hünerleridir.

Kültürel önerme

Bu bölümün başında Hutchinson'dan yaptığımız alıntıda "dünya ticareti ve kitle iletişim sistemleri", yerel kültürlerin çözücüleri ve etnik çeşitliliği bir kenara atan belli bir kültürel tek tipliliğin habercileri olarak görülür. Bu küresel etkiler bahsedilen homojenleşme kaynağıdır. Gellner'in devletler yaratmanın, ulus-devletler yaratmayı da beraberinde getirdiği şeklindeki argümanı (1983) bir diğer kaynaktır. Bunun nedeni devletin işleyişinin bir miktar kültürel birliği gerektirdiği – özellikle bir *langua franca*'nın (ortak dil) zorunluluk haline geldiği ve yerel dillerin yetersiz olduğu ileri sürülür. Kültürün homojenleşmesi, bir ulus yaratmayı gerektirir. Etnisitenin, liberal beklentinin kültürel önermesini "tekzip eder gibi" ayakta kaldığı şeklindeki argümanı, Barth'a ait argümanının haliyle neredeyse tam tersini, yani "etnisite"de hayatta kalanın kültürel farklılık olduğunu savunan argümanı beraberinde getirmektedir. Aslında görünürde çoğunlukla tanık olunan şey, kültürel tektiplik artarken veya gelişirken bile etnik sınırların "katılaştığıdır" (Barth 1996).

Britanya'da etnisite kısmen, ebeveynlerinin beklentilerine, diğer insanlardan gelen sosyal yakınlığa, soğukluğa, düşmanlığa ve yeni arkadaşlık, evlilik ve meslektaşlık modellerinin yarattığı ilişkilerin inceliklerine karşı tepkilerini ortaya koyan genç insanların canlılığının ve enerjisinin bir ürünü olan kemikleşmemiş bir dizi etnik kimlik formu halinde yaşatılmaktadır. Sosyal değişime yol açan uyarıcılar ve insanların bununla aynı anda hissettikleri öfke dolu kederler ve umutlu tepkiler, içlerinden bazıları etnisite terimi - ve "melezlikle" ilgili fikirler ve cinsiyet beklentileri ve isteklerinin değişen temelleri aracılığıyla- kavranan sosyal değişimleri yaratır (Werbner ve Modood 1997, Yuval-Davis 1997). Fakat burada etnisitenin bir şekilde "hayatta kalmasından" bahsetmek, geçmişte kültürel açıdan farklı olan ve giderek daha da farklılaşan "etnik gruplar" arasındaki kültürel farklılıkların giderek daha da derinleştiği anlamına gelmez.

ABD'de, beyaz etnisitelerin gözle görünür canlılıklarının giderek derinleşen kültürel çeşitliliğin ve farklılığın bir sonucu olduğu ileri sürülmektedir. Water'ın (1990), nüfus sayımında sorulan sorulara verilen cevaplardan hareketle etnik kimlikler üzerinde yaptığı incelemesi etnik kimliklerin kültürel asimilasyona veya "Amerikanlaşmaya" karşı direndiğini gösterir ve Yinger (1994), kültürlenme ve asimilasyon ile ilgili eleştirisinde kendine, kültürel farklılıkların azaldığı bir zamanda, etnik kimliklerin neden varlığını sürdürdüklerini sorar. Waters'ın en etkileyici gözlemlerinden birisi, insanların, kendilerini özdeşleştirdikleri etnisitenin ayırt edici özelliklerinden birisini söylemeleri istendiğinde, çok farklı kökenlerden gelmelerine rağmen hep aynı özellikleri -aileye bağlılık, yaşlılara hürmet, sadakat duygusu ve toplumsal değerler- sıralamalarıdır. Bu çok güçlü bir şekilde, insanların aynı yaşantıyı - bir ya da daha fazla nesil boyunca, aile dayanışmasının çok önemli olduğu ülkelerden ve koşullardan kalkıp şehir Amerikasının gitgide daha bireyci kimliğe bürünen hayat tarzını giren insanların yaşantısını-tanımlamaya çalıştıklarını düşündürür. Henüz hiçbir yere göç etmemiş insanlara sorulduğunda da aynı duyguların ifade edildiği görülecektir.

Eski Sovyetler Birliği'nde, Valey Tishkov (1997) tarafından toplanan kanıtların büyük bir kısmı kültürel farklılıkların, merkezileşen devlet ve "resmi" komünist değerlerin etkisi altında büyük ölçüde azaldığını gösterir. Bu kısmen devlet-teşvikli kültürel bir homojenleşmeydi -Sovyet devleti kesinlikle dine güvenmedi ve dindarları yıldırmaya çalıştı, sindirdi ve onlara zulmetti; ve Ruslaştırma politikasının gereği olarak Rusça çok dilli bir ülkenin *lingua franca*'sı olarak tayin edildi. Fakat, Sovyetler Birliği sınırları içindeki herkes Rusça'yı sosyal mobilite dili olarak benimsediğinden, bu durum aynı zamanda, sekülerleşme ve modernleşme sürecinin de bir parçası haline geldi. Tishkov'a göre, ülkenin Müslüman bölgelerinde, İslam inanışı ve onun gereklerinin yerine getirilmesi asgari düzeydeydi ve Sovyet devletinin çöküşünün ardından bu özellik böyle kaldı. Hem Sovyet devleti hem de Sovyet-sonrası devlet, dil ve kimlikle ilgili kayıtları çok dikkatli bir biçimde tuttu- Sovyet devleti Birlik içindeki tüm uluslara karşı saygılı olduğu iddiasını doğrulamak, Sovyet-sonrası devlet ise, yeni devlet oluşumlarının temeli olarak kültürel farklılığı seferber etmek amacıyla. Her iki durum da kültürel farklılığın gerçek anlamda azalmasına ters düşmektedir; bu da, başarısızlığa uğradığı yerde bile partikülarizmde ısrar eden yurttaşlık düzeninin -devletin - iyi bir örneğidir. Halklar, kendilerinden öyle istendiği için bir milliyete adlarını verdiler ve bir milliyete adlarını verdiklerinde, kendilerini, o milliyete tekabül eden dili konuştuklarını iddia etmekle yükümlü hissettiler; o dili konuşmadıkları zaman bile böyle davrandılar (Tishkov 1997).

İnancın ve dini yükümlülüklere bağlılığın zayıfladığına ve "azınlık" dillerinin kullanımının azaldığına dair kanıtlara, belirli bir bölgede destek ve meşruluk sağlama arayışına girmiş siyasi elit grupların yeni etno-ulusal iddiaları eşlik etmektedir (Tishkov 1997). Dolayısıyla, Orta Asya devletlerinde İslamın "uyanışı", uzun zamandır baskı altında tutulan dini içgüdülerin yeniden ortaya çıkışı ve etno-ulusal kimliklerin emperyal kontrolün zincirlerinden kurtuluşu gibi geleneksel görüşlerden oldukça farklı yorumlanabilir. Yerel devletlerdeki yeni siyasi elit gruplar, son derece kayıtsız bir nüfus içinde, en azından görünüşte, dini inancı ve dini yükümlülüklere bağlılığı yeniden tesis etmeye ve bir ünvandan ibaret olan dili, yeni ulus devletin kültürel bir doğrulaması olarak korumaya çalışır. Kültürel partikülarizm, bir kez daha, devlete yönelik desteğin garantiye alınmasında kültürel kimliklerin değerinin bilincinde bir devlet elitinin oluşturulmasıdır. Burada anahtar faktör budur, yoksa bastırılmış kültürel farklılığın birden patlaması falan değil. Eski Sovyetler Birliği'nde ve ABD'de yaşanan, kültürel bir farklılaşma devrimi değil kültüre verilen değerde görülen bir değişimdir (bkz. Schlesinger, 1991).

Liberal beklentinin yeniden değerlendirilmesi, bundan ötürü, Evrenselliğin ölümüne ve etnik partikülarizmin hayatta kalışını veya uyanışını yansıtan bir durumla sonuçlanmaz. Çeşitliliğe ilişkin olarak azalan kültürel farklılığa yönelik kanıtların çoğu, konunun sosyal ve kültürel bağlamlarda, en azından, sözkonusu siyasi bağlamlardaki ilke ve uygulama zıtlığı kadar karışık ve kompleks olduğunu ortaya koyar. Bu, kültürel kimlikte ve politikalarda etnik partikülarizmin bir uyanışı olarak kabul edilen şeyin, aslında bunun tam karşıtı olduğu izlenimini uyandırır. Üçünde de görebileceğimiz şey, evrenselci değerlerin yeni bir ifade şekilde ifade edilmesi ve bireyciliğin durdurulamaz ilerleyişi çevresinde kültürel yakınlaşmadır. Başka bir deyişle, her şeyin özündeki temel değer, insan haysiyetidir ve insan haysiyetine karşı her türlü saldırıya karşı koymaktır ve bu haysiyet, insan teki olarak bireyin kutsallığının ifadesidir. Kültürlere, dillere ve kimliklere karşı saygının önemini vurgularken insanlar, aşağılamaya, kayıtsızlığa ve bireylere insanlık dışı muamele yapılmasına karşı çıkmaktadırlar ve siyasi isteklerini etno-milliyetçilik olarak dile getirirlerken de çoğaltılıp devredilmiş siyasi demokrasi talep etmektedir. Etnik olarak inşa edilmiş kimliklerin merkezi öğesinin, bireye saygı talebi olduğunu savunan argüman, kültürel savunucuların, "kendi kültürümüz"e saygı ilkesiyle "kendi kültürümüz"ün tek tip ve sabit olarak zorlayıcı ve sınırlayıcı bir biçimde kurulması arasında niçin denge kurmak zorunda olduklarını açıklayacaktır. Bu açıdan etnisitenin uyanışı diye bilinen şey- Durkheim'ın bireyciliğin büyümesiyle sosyal dayanışmayı nasıl bağdaştırılabileceği şeklindeki çelişkisinin (1898) en son dönemeci olarak görülebilir.

Kanıtlar bir başka açıdan da karışık ve komplekstir, yani tartıştığımız bağlamlar farklılaştıkça manzara da farklılaşmaktadır. İktisadi ve siyasi alanlarda kanıtlar evrensel değerlerin yok olmasıyla değil, ilke ve uygulama -evrenselci ilke ve partikülarist uygulama- arasında devam eden gerilimle ilgilidir. Bu, Balibar ve Wallerstein'in (1991), kapitalist toplumlarda Evrenselcilikle partikülarizmin "zikzak"ı konusunda ulaştıkları sonuçla benzeşmektedir. Kültürel ve sosyal bağlamlarda kanıt, yine, etnik partikülarizmlerin "beklenmedik" şekilde hayatta kalmaları değil, sosyolojik akrabalık ve topluluk anlamında etnik dayanışmaların gerçekte azalmasına ve kültürel farklılığın daralmasına rağmen yeni etnik ifade şekillerinin ortaya çıkmasıdır. Bu yeni etnik ifade şekillerinin merkezinde etnisitelerin ayrıntılarına inilmesi ve kültürlere yeniden değer biçilmesi bulunur (Hall 1992). Kültürlere ve kimliklere yeniden değer biçilmesi, büyük kültürel yakınlaşma süreçlerinin sona erdiğini veya tamamen tersine döndüğünü iddia eden herhangi bir önermeden içerdiği çıkarımlar bakımından farklıdır. "Kültürümedeğer-ver/bana-değer-ver" formülünün ikinci kısmı birinci kısmına göre çok daha fazla öne çıkabilir.

Aynı şekilde etno-milliyetçilik de adil ve evrenselci bir yurttaşlık düzeninden uzaklaşmak yerine onu elde etmenin bir aracı olarak algılanabilir. Daha geniş bir yurttaşlık düzeni, onun bütün kültürel ve bölgesel bileşenlerine eşit saygı ve kaynaklara erişme hakkı sunmuyorsa, o zaman, mevcut devlet sistemi içinde birbirine kenetlenmiş bir bütünün varolduğu herhangi bir yerde saygı, onur ve gerekli bütün maddi çıkarları, iktidarın, yerel özerkliklerdeki küçük artışlarla ayrılmalara ve yeni bir devlet kurmaya varıncaya kadar çeşitli şekillerde devri aracılığıyla daha iyi garanti altına alınabilme olasılığını doğuran etno-nasyonalizmleri bekleyebiliriz. Bu tam anlamıyla, Charles Taylor'un Kanada'daki Quebec "sorunundan" esinlenerek, devlet olmayla tutarlı bir kültürel çeşitlilik imkanları üstüne yazdığı denemelerinde boğuştuğu türden bir sorundur. Başka bir deyişle, aynı zamanda yurttaşlık düzeni olarak, Federal Kanada'nın varlığını sürdürmesiyle tutarlı bir şekilde bir Fransız-Kanada kültürünün, yani ayrı bir toplum olarak Fransız Kanadasının tanınması sözkonusu olabilir mi? Tanıma politikalarıyla ve yeniden dağıtım politikalarıyla ilgili birçok noktaya daha önce değindik. Taylor (1992) burada bir bireycilik formu olarak Evrenselcilik sorununu -insan olarak her bireyin değerinin tanınması- ve bir "partikülarizm" şekli olarak değil, tanıma politikasının bir parçası olarak kültürün tanınması konusunu açıklığa kavuşturmuştur. Taylor'un argümanını daha yakından inceleyelim.

Tanıma politikası

Taylor'un çıkış noktası onur toplumları ile haysiyet toplumları arasında bir ayrımdır:

> *Ancien regime* anlamıyla onur doğası itibariyle eşitsizliklere dayanır. Bu anlamda onura sahip kişilere gelince, herkesin buna sahip olmaması şarttır... Bu onur nosyonuna karşıt olarak, biz artık evrenselci ve eşitlikçi bir anlamda kullanılan modern haysiyet, yani insanın varlığından ayrı düşünülemeyecek " insan haysiyeti veya yurttaş haysiyeti nosyonuna sahibiz...bu haysiyet kavramı, görüşü vardır...Bu haysiyet kavramı, demokratik bir toplumla bağdaşabilen yegane kavramdır (Taylor 1992, s. 27).

Böylelikle Taylor, mücadelesini iki düzeyde, yani kimlik hakları ve kamusal hakları düzeyinde sürdürülen bir şey olarak düşündüğü "tanıma söylemi"ne giriş yapar:

> Evrensellik politikasında tüm yurttaşların eşit haysiyeti [vurgulanır] ve ne pahasına olursa olsun kaçınılması gereken şey, birinci sınıf ve ikinci sınıf vatandaşların varlığıdır...modern kimlik düşüncesinin gelişmesi bir farklılık politikasının doğmasına neden olmuştur. Bunun, elbette, bu ikisi arasında örtüşmeyi ve karışımı mümkün kılan evrenselci bir temeli vardır...Bunun altında yatan talep, evrensel eşitlik ilkesidir. Farklılık politikası ayrımcılığa karşı kınamalar ve ikinci sınıf vatandaşlığa itirazlarla doludur. Bu, haysiyet politikasına içinde evrensel eşitlik ilkesine bir giriş noktası sunar... Bizlerden, evrensel olarak paylaşılmayan bir şeyi tanımamızı ve ona statü kazandırmamızı ister (Taylor 1992, s. 38-9).

Geniş bir sistem içinde-Taylor'un Kanada Yerlileri ve Fransız Kanadalıları örneklerindeki gibi- "kapana kısılmış" kültür-toplulukları geniş sistemin (Federal Kanada'nın) Evrenselci ilkelerini reddetmezler, ama bu ilkelerin kendilerine uygulanmadığında ısrar ederler: eşit haysiyet politikasının güya farklılıklara kör tarafsız ilkeler dizisi, aslında hegemonik kültürün bir yansımasıdır.

Taylor'ın etnisite konusunda söylediklerinin aynısını, cinsiyet hakkında da, yani farklılıklara kör -tarafsız- ilkelerin erkeklerin lehine işlediğini söyleyeceğinden emin olabiliriz.

Buradan Taylor'un, Evrenselcilik ilkeleriyle farklılığın uzlaşması imkanına veya Evrenselciliğin hakkıyla uygulanmasının merkezi bir unsuru olarak farklılığın tanınmasına inandığı ortaya çıkmaktadır. Bu, hem gerçek anlamda paylaşılan yurttaşlık değerleri göz ardı edilmeden hem de hegemonik olmayan kültürlerin savunucuların yapmaya eğilimli oldukları gibi mutlak bir rölativizme ve öznelliğe düşmeden başarılmalıdır:

> İnsan, önemli olan fakat kaldırılabilen veya kısıtlanabilen ayrıcalıklardan ve dokunulmazlıklardan hiçbir biçimde dokunulmaması gereken temel özgürlükleri ayırt etmek zorundadır (Taylor 1992, s. 59).

Değişim ve azınlık haklarının arandığı alan olarak kültür üstündeki vurgu, içindeki mücadelelerin bu kritik seçimleri yapmaya zorladığı merkezler olarak eğitime, okullara ve üniversitelere yansıyan bir etkiye sahiptir. Taylor'ın Evrenselcilikle farklılığı uzlaştırma konusundaki denemesi bizlere, şahit olduğumuz şeyin partikülarizmlerin bekâsı ve uyanışı ya da Evrenselciliğin ölümü olduğuna dair herhangi bir iddiadan çok daha anlaşılır olan bu daha detaylı ve sık dokulu açıklamayı sunmuştur. Taylor, "hayat, özgürlük, adil muamele, özgür ifade ve dinini özgürce yaşama" haklarından "asla çiğnenmemesi" gereken temel haklar olarak söz eder. Bu temel hakların kalbinde, can alıcı öneme sahip bir değer olan insan haysiyeti bulunmaktadır. İnsanlar bu fikrin – insanın kendisinin değer aldığı, her insanın ilkesel olarak ötekilerle eşit olduğu fikrinin- önemini bir kere kavradı mı, artık kolay kolay hiç kimse bu değerlere saldıramaz. Bu özel anlamda tek tek bireyler için olduğu kadar, aynı zamanda, kolektif bir kimliğin katılımcıları olarak bireyler için de geçerlidir. Çağdaş toplumda bireylerden, başkalarından daha az değerli olduklarını niçin kabul etmeleri istenmesi gerektiğine veya bunun istenebileceğine ilişkin olarak dünya üzerinde tahayyül edilebilir tek bir sebep dahi yoktur. Herhangi bir ideolojik akım veya sosyal uygulama, bir insan kategorisinin daha az değerli olduğunu iddia veya ima ederse bu, kendilerini sözkonusu kategorilerin bir mensubu olarak benimseyen bütün bireylere doğrudan bir hakarettir.

Bu türden bir argüman, Modood'un, yirmi yıllık ekonomik dezavantajların ve ırksal ayrımcılığın Britanyalı Güney Asya Müslümanlarını birleştirmediği ve onları İslami inancına yönelik bir hakaretin vesile olduğu siyasi bir eyleme sevk ettiği şeklindeki gözlemiyle uyuşacaktır (Modood 1992).

Kültürel farklılık politikaları -Taylor'un Quebec örneğinde bir çoğunu aydınlattığı- önemli güçlükler doğurur- fakat, Taylor'la birlikte bunların aşılamaz olmadıklarının görüleceğini umabiliriz. Ve bunlar evrensel haklar diliyle ifade edildikleri zaman-örneğin yerli halkların iddialarında olduğu gibi- "Evrenselciliğin" yok olmasından çok sapasağlam ayakta kaldığının açık kanıtlarıdırlar. Modernleşmekte olan devletlerden bazılarının liderleri, insan haklarını dilini kesinlikle, global eşitsizlikleri sürdürmek için tasarlanmış batılı bir söylem olarak tanımlama eğilimindedir. "İnsan hakları sicilini" iyileştirmeye yönelik talepler makul bir biçimde zengin ülkelerin fırsatçılığı olarak görünüyorsa, bu argüman ikna edici olabilir. Fakat Evrenselci söylemin ve beraberindeki kültürel bireyselliğin bazı çok önemli öğelerden bir "farklılık" karmaşası içinde dağılacağını düşünmek aynı derecede zordur.

Tasavvur edilmesi çok daha zor olan şey ise, eşitsizlikle ilgili aşağılayıcılığın, ilke olarak, kültürel tanınmayla ilgili aşağılayıcılıklar kadar anlaşılabilir olduğudur. Bir kimsenin konuştuğu dilin daha aşağı bir dil olduğunu, koyu veya açık teninin bir aşağılık işareti olduğunu, inancıyla kör cehalet veya batıl inanış arasında fazla fark olmadığını veya kadın olarak bazı görevleri veya yükümlülükleri yerine getirmek konusunda doğuştan daha az kabiliyetli veya yatkın olduğunu söylemek giderek tahammül edilemez bir hal alan aşağılamalardır. Fakat verdiği ümitsizlikten ve içerdiği insanlık mesajından dolayı sefalet, bolluğun ortasında nispi yoksullukta olduğu gibi kendi kendinin aşağılayıcısıdır.

Hutchinson'un "uluslararası ticaret ve kitle iletişim sistemleri aracılığıyla tüm dünyanın birleşmesi" şeklindeki ifadesinde (bu bölümün başına bakınız) ima edilen homojenleşme bir bakıma, aslında kısmen gerçekleşmiştir. 1960'lar ve 1970'lerde öngörülenin aksine Amerikalı veya Batılı kapitalist projenin büyük ölçüde başarıya ulaştığı görülebilir. Yugoslavya ve Çeçenistan dışında sosyalist imparatorluk gerisinde tek bir duman bırakmadan buharlaşmıştır. Güney Amerika'da ve Karayipler'de sosyalizm olasılığı en azından şu an için neredeyse ortadan kalkmıştır. ABD, çıkarlarının tehlike altında olduğunu gördüğü her yere -Şili'de, Guyana'da, Jamaika'da ve Grenada'da ve Küba'yla uzun süreli bir mücadelede girerek- müdahale etmiştir. Bunlar sadece demokrasinin ve insan haklarının zaferleri değil, aynı zamanda, sosyalizmin yıkılmasında etkili olan kapitalizmin itici gücünün de zaferleridir. Eski Sovyetler Birliği'nde, Doğu Avrupa'nın büyük bölümünde ve Güneydoğu Asya'nın, Hindistan'ın hemen hemen tamamında ve Güney Afrika dahil Afrika'nın geniş bölgelerinde piyasa ekonomisinin açık kabulü can çekişen sosyalist isteklerin yerini almıştır. Bu durumun ne kadar süreceğini hiç kimse söyleyemez. Fakat yoksulluğun devam etmesi, şiddetini arttırması ve ulus devletler içinde ve arasında eşitsizlikler yaşanmasının bedeli gerçekten ağır olmuştur. Bu kitabı yazımı sırasında, Güneydoğu Asya ekonomilerinde güven krizlerine ve hepsinde de büyük eşitsizliklerin varlığına ilişkin kanıtlara tanık olduk. Eğer bu ekonomik gerçeklerin doğrudan veya dolaylı şekillerde, mülksüzleştirilmişlerin bizzat kendi politikalarıyla ilgili oldukları iddia ediliyorsa, bunun nedeni, sonunda ekonomik gerçeklerin belirleyici olması değil, bu gerçeklerin tehlikeli ve insanlık haysiyeti mesajına karşıt bir biçimde birleşmesidir.

Sonuç: sosyal teori ve etnisite

Bu kitapta ilk amacım, iktisadi siyasi yapı ve süreç bağlamlarında etnisitenin analizini yapmaktı. "Etnisite ve sınıfsal bağlam" ve "etnisite ve siyasi bağlam" üstünde durduğumuz bölümler, etnik mobilizasyon ve ırksallaşmış politikaların ortaya çıktığı koşulların belirgin özelliklerinden bazılarını gözler önüne sermektedir. Bu bağlamlar, etnik, sınıfsal ve ekonomik konumun birbirini besleyecek şekilde işbölümünü ve sınıfsal yapıyı etnikleştirmesini içermektedir; tarih boyunca bu, gönüllü ve gönülsüz göçmen işgücünün ve kölelik sonrası toplumlarda sınıfsal oluşum süreçlerinin ırksallaşmasının bir işlevi veya sonucu olmuştur. Aynı zamanda, ele aldığımız toplumların çoğunda mülksüzleştirilmiş yerli halkların ekonomik açıdan marjinalleştirilmelerine ve bununla birlikte dayatılan hegemonik bir kültürel sistemin etkisiyle neredeyse kaçınılmaz bir biçimde kültürel olarak yozlaşmalarına tanık oluyoruz. Siyasi bağlam, kısmen, etnitesitenin sınıfsal boyutları ve bir "ırk" söyleminin egemen olduğu toplumlarda neredeyse bütün sosyal ilişkilerin ırksallaştırılması aracılığıyla düzenlenmiştir.

Bir amacım da, etnik ve ırksallaşmış kimliklerin değişebilen ve değişen yollarla nasıl oluşturulduğunu anlarken, ortak bir tarih ve yaşantıyı kabul eden bir görüşü savunmak adına etnik grupları soyla sınırlı gerçeklikler olarak değerlendiren pozitivist görüşten de kaçınmaktı; bu kimliklerin ortak kültür veya akrabalığın sınırlarıyla bir ilişkisi olmayabilir. Bütün bunlar arasında, kültür kavramına – hemen hemen on yıl öncesine kadar- savaş sonrası sosyolojisine özgü konumunkinden çok daha etkili bir konum verilmesi gerektiği açıkça görülür. Post-modernistlerin arada sırada yaşanan aşırılıklarına gelince, örneğin Rattansi'nin yazılarında sosyolojik imgelem açısından oldukça fazla sıçramaya rastlanmaktadır, öyle ki geçmişteki pozitivist veya Marksist sosyolojinin açık veya üstü kapalı eleştirisi olmaksızın bu mümkün olmayabilirdi. Etnisitelerin büyük bir kısmının sosyal açıdan kurulmuş olduğunu kabul etmekle birlikte, bir çok kaynakta ileri sürülen primordializm eleştirisini kabul etmedik, çünkü bu eleştiri aslında sadece Geertz'in (1973) argümanının yanlış anlaşılmasından ibarettir. Aslında primordial ve uygar arasındaki ayrım entelektüel önemi açısından, Balibar'ın ve Wallerstein'ın (1991) önemli örneklerini teşkil ettiği daha sonraki düşünce adamlarına ait "evrensel/ partikülar" kuramsal yapılara yakındır.

Kapanışta spekülatif olsa da, dikkatli ve mütevazı bir biçimde, bazı kalem darbelerine izin verebiliriz. Marksist düşüncenin güçlü unsurları etnisite analizinde, sadece ırksal veya etnik ilişkilere dair teoriler üretmek için duyulan zavallı umudun bir eleştirisinin sunmakla kalmayan büyük bir katkıda bulunmuştur. Robert Miles (1993) bu açıdan öncü olmuştur ve Marksist düşüncenin unsurlarını, kapitalist sosyal düzenlerde ırkçılığın ekonomi politiğine başarılı bir şekilde uygulamış ve sonuçlarını da almıştır. Aynı zamanda ekonomi çerçevesi içerisinde etnisite ve ırkçılık gibi *tout court** ekonomi-politik çerçevesinde iki sosyal gerçekliği yakalamaya talip olan Marksist bir çerçeve kendi sınırlarının farkına varmaya başlamıştır. Bu duruma, Miles'ın, (kapitalist) ulus-devletlerinin tanımlanmasında kültür politikalarının merkezi önemini kabul etmesinden daha iyi bir örnek gösterilemez -ırk söylemi ulus söylemiyle aynı doğrultuda uzanır ve tamamen iç içedir. Kitabımız boyunca, sosyal yapıların ve süreçlerin ırksallaştırılmasının ve etnikleştirilmesinin şekillenmesinde kolonyal ve post-kolonyal döneme verilen ağırlık Miles'ın argümanıyla ters düşmez; bu çerçeveler hikayenin başlangıcı ya da sonu değildir. Etnisitelerin

---

* *tout court.*

bağlamını tesis etmek ve yüzyıllar boyunca tüm dünyaya hükmetmiş bir dünya görüşünü gözler önüne sermek bakımından bu çerçeveler çok önemlidir. Fakat, etnisitenin ve ırkçılıkların, tarihsel akış içinde kolonyal ve post-kolonyal dönemle ilgili çerçeveler tarafından ve bunların da ötesine geçen etkenler aracılığıyla hazırlanan bağlamlarda yeniden üretildiklerinin düşünülmesi gerekir. Aslında Avrupa'da ulus-devletinin oluşumunun tarihsel bağlamı en azından kısmen kolonyal koşullardan bağımsız bir ağırlık merkezine sahiptir. Miles'ın da iddia ettiği gibi günümüzde Avrupa'da yaşanan emek ve sermaye bağlamı, etnik kimliklerin ve ırksallaşmış politikaların gelişmesi için sürekli bir ortam sunmaktadır.

Bununla birlikte bu çerçevenin içerdiği çok kapsamlı bir etnisite ve ırkçılık görüşünü içerdiği şeklindeki iddiaları konusunda şüphelerin olması gerekir. Bunu söylerken kastettiğim özellikle üç kanıt veya argüman dizisiydi. Birincisi ırkçılıkların, milliyetçiliklerin, etnik ve etno-milliyetçi oluşumların, en azından Batı'nın kapitalist rejimleri kadar, komünist rejimlerde de güçlü bir biçimde ayakta kaldıkları şeklindedir. Bunlar, komünist rejimlerin çöküşünden sonraki sorunlu dönemde olduğu kadar, komünist rejimler sırasında da açık bir biçimde görülebilir; ve bazen şüphe yaratacak ölçüde paralellik gösteren nedenlerle bu oluşumlar belirginleşir: suçlayacak birilerini bulmak için yapılan arayışlar, etnik açıdan tanımlanmış grupların spesifik iş gücü bağlamlarında keyfi olarak kullanılması, ulusların tanımlanması süreçleri, sanayileşme ve "modernleşme" kriterleri altında kültürel açıdan "seviye belirleme" süreçleri.

Komünizmin çöküşünün hemen ardından milliyetçiliklerin, etno-milliyetçiliklerin ve ırkçılık formlarının ortaya çıkması, ne bastırılmış kimliklerin yeniden uyanışı teziyle, ne de bu eski sosyalist devletlerin "kapitalist" oldukları anda, doğrudan ve hemen kapitalist formun ne kadar kötü özelliği varsa – ırkçılık dahil- hepsini sergilediği argümanıyla doyurucu bir şekilde açıklanabilir. İnsanlar, eski devletlerinin artık yapmadığı ya da asla yapmadığı bir şekilde onlara bazı güvenceleri garantilemeyi vaat eden bir devlet sisteminde kendilerini korumaya çalıştıklarından, eski sosyalist devletlerde başlıca etno-milliyetçilik kaynaklarından bazıları iktisadi olmaktan ziyade siyasi süreçlerle ilişkili olmalıdır. Siyasi yapıların emniyetsizliğinin ve istikrarsızlaşmasının en fazla hissedildiği yerlerde etno-ulusal kimliklerin yardımına başvurmak, Yugoslavya'da olduğu gibi, en zorlayıcı ve çaresiz yöntemdi.

İkincisi, ulus inşasının daha geniş bir tanımda ırkçılıkla ittifakına, hem normal olarak yapılandırıldığı kolonyal /post-kolonyal çerçevenin veya hem de kapitalist siyasi ekonomi çerçevesinin oldukça dışındaki bağlamlarda da rastlanabileceği şeklindedir. Çin örneğini 2.Bölümde inceledik. Çin ulusunun ve kültürünün yapılanmasına dair olası tek yorumun Dikötter'inki (1992) olmadığı açıktır, fakat Dikötter'in yorumunun Batı'da ırkçılık olarak görülen şeyi tekrarlayan güçlü temalar içerdiği de açıktır. Belirttiğimiz gibi Batılı araştırmacıların Avrupa'ya daima ırkçılığın kaynağı olarak bakışı etno- veya Avrupa- merkezciliğinin en son ironik dönemeci olabilir. Bu aynı zamanda bize, dünya nüfusunun neredeyse yarısını oluşturan Çin'den ve Hindistan'dan bu kitapta çok az bahsettiğimizi de hatırlatmalıdır. Çoğu kendisini Müslüman olarak tanımlayan etnik nüfuslar, Uygurlar, merkezileşmiş bir Çin yönetiminden rahatsızlık duyduklarına dair sinyaller vermeye başladıklarında 27 Temmuz 1997 tarihli haberlerde (BBC Dünya Servisi) Çin'in batısında etnik çatışmalardan bahsedildi. Haberlere göre, bu çatışmaların ilham kaynağı onlarla etnik dayanışma içinde olduklarını iddia edebilecekleri özgürlüklere yeni bağımsızlıklarına kavuşmuş eski Sovyetler Birliği içindeki komşularıydı (Kazakistan). Etnisitenin ve etnik çatışmanın dünyanın en büyük ulus-devleti içinde alacağı formları anlamaya başlamamız biraz zaman alabilir.

Üçüncüsü Avrupa'da –başta Yahudilere ve Romanlara olmak üzere- uzun süreli tarihsel antipatilerin ve baskı formlarının devam etmesinin kolay kolay kolonyal/post-kolonyal dönem veya kapitalist siyasi ekonomi çerçevelerine yerleştirilemeyeceği şeklindedir. Kuşkusuz, modern anti-Semitizmin tezahürleri kısmen emperyal bir proje içinde dışlayıcı Alman ulusluğunun ifadeleri olarak; ve Birinci Dünya savaşı sonrası Almanya'sında yaşanan sınıfsal husumetlerin bir ürünü olarak "anlaşılabilir". Üçüncü Reich'teki düzene, bilime ve sınıflandırmaya değer vermekle bürokratikleştirilmiş soykırım programlarının arasında kesintisiz bir bağ vardır. Fakat bu tür açıklamalar en iyi ihtimalle kısmidır ve bu kitapta anlattığımız açıklayıcı çerçevelerde kısmen sözü edilen -faşist Almanya'nın bünyesinde veya ötesinde, kapitalist ve sosyalist Avrupa'da su yüzüne çıkan- soykırıma kadar varan nefretin bütün tezahürlerinin farkındayım.

Son olarak "ırktan" ziyade etnisite üstündeki vurgunun dinamik ve ümit verici boyutlarını yansıtabiliriz. "Etnisite perspektifini" ırkçılığın acımasız gerçekliklerinden bir kaçış olarak görmek yerine, bir halkın ya da halkların kendilerini, hem kendilerine özgü şeyler bakımından hem de diğerleriyle paylaştıkları şeyler bakımından tanımlamaya yönelik gerçek potansiyelleri üzerindeki bir vurgu olarak görebiliriz. Bu, çağdaş sosyolojinin kültür üstündeki vurgusunun, kısmen temsil ve belirsizlik üstünde bir vurgu olduğu gerçeğini yansıtmaktadır. Eğer etnisiteleri kurabiliyorsak onları parçalarına ayırabilir ve tekrar kurabiliriz de.. Bu, feministlerin ortaya attıkları mesajın aynısıdır: Cinsiyetleştirilmiş bir sosyal düzenin önemli unsurlarından biri "kadınlığın" ve kadınların rolünün toplumsal olarak kurmaksa, o zaman yerine getirilmesi gereken görev, kurulan bu yapıyı parçalarına ayırmaktır. Eğer etnisite, ötekilerin saygıyı, hatta yaşamayı hak etmediklerini şeklindeki tehlikeleri tanımlamalar yerine, insan haysiyetinin evrenselliğine ilişkin özel kabuller aracılığıyla kurulursa, o zaman, umutsuzluktan çok umut vaat edebilir.

Kaynakça

Ackerman SE (1986) Ethnicity and trade unionism in Malaysia: a case study of a shoe workers union, in Lee R (ed.), pp. 145-67.

Adam H (1971) *Modernizing Racial Domination: the Dynamics of South African Politics*, Berkeley, University of California Press.

Adam H and Giliome H (1979), *Ethnic Power Mobilised*, New Haven, CT, Yale University Press.

Adam H and Moodley K (1993) *The Opening of the Apartheid Mind: Options for the New South Africa*, Berkeley, University of California Press.

Adams R (1934) *The unorthodox race doctrine of Hawai'i*,, in Reuter EB (ed.) Race and Culture Contracts, New York, McGraw-Hill.

Adams R (1937) *Interacial Marriage in Hawai'i: a Study of the Mutually Conditioned Processes of Acculturation and Amalgamation*, New York, Macmillan.

Aluli NE and Davianna Pomaika'i McGregor (1994) *The Healing of Kaho'olawe* , in Hasager and Friedman (eds).

Anderson B (1983) *Imagined Communities: Reflections on the Origin and Spread of Nationalism*, London, Verso.

Anthias F (1992) *Connecting `race' and ethnic phenomena*, Sociology 26(3): 421-38.

Anthias F and Yuval-Davis N in association with Harriet Cain (1992) *Racialized Boundaries, Race, Nation, Gender, Colour and Class and the Anti-racist Struggle*, Routledge, London.

Apple R and Apple P (1979) *Land, Liliu'okolani and Annexation*, Honolulu, Top Gallant Publishing.

Kaynakça

Aptheker H (1987) *American Negro Slave Revolts*, New York, International Publishers.

Asaratnam S (1970) *Indians in Malaysia and Singapore*, Kuala Lumpur, Oxford University Press.

BBC World Service (1997*) Ethnic conflict in China*, 27 July.

Back L (1993) *Race identity and nation within an adolescent community in South London*, New Community, 19(2): 217-34.

Baldwin J (1965*) Nobody knows my Name*, London, Corgi.

Balibar E and Wallerstein I (1991 *) Race Nation, Class Ambiguous Identities*, London, Verso.

Ball W and Solomos J (eds) (1990*) Race and Local Politics*, London, Macmillan.

Ballard R (1992) New clothes for the emperor? The conceptual nakedness of the British race relations industry, *New Community*, 18: 481-92.

Ballard R (ed.) (1994) Desh Par-desh: the South Asian Presence in Britain, London, Hurst & Co.

Ballard R (1996) Negotiating race and ethnicîty: exploring the implications of the 1991 census, Patterns of Prejudice, 30(3): 3-34.

Banton M (1977) *The Idea of Race*, London, Tavistock.

Banton M (1983) *Racial and Ethnic Competition*, Cambridge, Cambridge University Press.

Banton M (1987) *Racial Theories*, Cambridge, Cambridge University Press.

Banton M (1988) *Racial Consciousness*, London, Longman.

Banton M and Harwood J (1975) *The Race Concept*, Newton Abbott, David & Charles.

Banton M and Mansor MN (1992) The study of ethnic alignment: a new technique and an application in Malaysia, *Ethnic and Racial Studies*, 15(4): 599-613.

Barany Z (1995) The Roma in Macedonia: ethnic politics and the marginal condition in a Balkan state, *Ethnic and Racial Studies*, 18(3): 515-32.

Baron DE (1990) *The English Only Question: An Official Language for Americans* , New Haven, CT, Yale University Press.

Barot R (ed.) (1996) *The Racism Problematic: Contemporary Sociological Debate on Race and Ethnicity*, Lampeter, Edwin Mellen Press.

Barot R, Bradley H and Fenton S (eds) (1999) *Ethnicity, Gender and Social Change*, London, Macmillan.

Barringer H, Gardner RW and Levin MJ (eds) (1995*) Asians and Pacific Islanders in the United States*, New York, Russell Sage Foundation.

Barth F (ed.) (1969) *Ethnic Groups and Boundaries: The Social Organization of Culture Difference*, London, Allen & Unwin.

Bauman, Z (1989) *Modernity and the Holocaust*, Cambridge, Polity Press.

Beechert ED (1985) *Working in Hawai'i: A Labor- History*, Honolulu, University of Hawai'i Press.

Bennett C (1995) *Yugoslavia's Bloody Collapse, Causes, Course and Consequences*, London, Hurst.

Berger M (1952*) Equality by Statute*, New York, Columbia University Press.

Bhachu P (1991) Culture, ethnicity and class amongst Punjabi Sikhs in 1990s Britain, *New Community*, 17(3): 401-12.

Biddiss MD (ed.) (1979) *Images of Race*, Leicester, Leicester University Press.

Billig M (1995) *Banal Nationalism*, London, Sage.

Blassingame JW (1979) *The Slave Community: Plantation Life in the Ante-bellum South*, New York, Oxford University Press.

Boas F (1982) *Race, Language and Culture*, Chicago, University of Chicago Press.

Bonacich E (1972) A theory of ethnic antagonism: the split labor market, *American Sociological Review*, 81: 601-28.

Kaynakça

Bonacich E (1976) Advanced capitalism and black/white relations in the United States: a split labor market interpretation, *American Sociological Review*, 41: 34-51.

Boston TD (1988) *Race, Class and Conservatism*, London, Unwin Hyman.

Boulanger CL (1996) Ethnicity and practice in Malaysian unions, *Ethnic and Racial Studies*, 19(3): 660-80.

Boyce DG (1991) *Nationalism in Ireland*, 2nd edn, London, Routledge.

Bradby H (1999) *Negotiating marriage: young Punjabi women's assessment of their individual and family interests in Barot*,

Bradley and Fenton (eds). Bradley H (1996) *Fractured Identities: Changing Patterns of Inequality*, Cambridge, Polity Press.

Brass PR (1985) Ethnic Groups and the State, in Brass PR (ed.) *Ethnic Groups and the State*, Beckenham, Croom Helm.

Brass PR (1991) *Ethnicity and Nationalism: Theoıy and Comparison*, New Delhi, Sage.

Brown C (1984*) Black and White Britain: The Third PSI Survey*, London, Heinemann.

Brown C and Gay P { 1985) *Racial Discrimination: 17 Years After the Act*, London, Policy Studies Institute.

Buchanan AR (1977) *Black Americans in World War ll*, Santa Barbara, CA, Clio.

Buck EB (1993) *Paradise Remade, Philadelphia*, PA, Temple University Press.

Buck E8 (1984-5) The Hawai'i Music Industry, *Social Process in Hawai'i*, vol. 3l.

Camejo P (1976) *Racism Revolution, Reaction* 1861-1877, New York, Monda Press.

Carter B, Green M and Halpern R (1996) Immigration policy and the racialization of migrant labour; the construction of national identities in the USA and Britain, *Ethnic and Racial Studies*, 19(1): 135-57.

Carter B, Harris C and Joshi S (1987) The 1951-55 Conservative government and the racialisation of black immigration, in James W and Harris C (eds) *Inside Babylon: The Caribbean Diaspora in Britain*, London, Verso.

Carter J (1997) *Ethnicity, Equality and the Nursing Profession*, unpublished doctoral dissertation, University of Bristol.

Castles S and Kosack G (1985) *Immigrant Workers and Class Structures in Western Europe*, Oxford, Oxford University Press.

Castles S and Miller MJ (1993) *The Age of Migration: International Population Movements in the Modern World*, Basingstoke, Macmillan.

Castles S with Booth H and Wallace T (1984) *Here for Good: Western Europe's New Ethnic Minorities*, London, Pluto Press.

Cell JW (1982) *The Highest Stage of White Supremacy: The Origins of Segregation in South Africa and the American South*, Cambridge, Cambridge University Press.

Chinen JJ (1958) *The Great Mahele: Hawai'i's Land Division of 1848*, Honolulu, University of Hawai' i Press.

Cleaver E (1970) *Soul on Ice*, London, Panther.

Cohen A (ed.) (1974) *Urban Ethnicity*, London, Tavistock Publications.

Colley L (1992) *Britons: Forging the Nation 1707-1837*, New Haven, CT, and London, Yale University Press.

Connor W (1973) The politics of ethnonationalism, *Journal of International Affairs*, 27(1): 1-21.

Connor W (1993) Beyond reason: the nature of the ethnonational bond, *Ethnic and Racial Studies*, 1G(3): 373-90.

Cornell S (1996) The variable ties that bind: content and circumstances in ethnic processes, *Ethnic and Racial Studies*, 19(2): 265-89.

Crick B (1995) The sense of identity of the indigenous British, *New Community*, 21(2): 167-82.

Curtin PD (1964) *The Image of Africa*, Madison, WI, University of Wisconsin Press.

Dabydeen D (1985) *Hogarth's Blacks: Images of Blacks in Eighteenth Century English Art*, Kingston upon Thames, Dangaroo Press.

Dabydeen D and Samaroo B (1987) *India in the Caribhean*, London, Hansib Publishing.

Daily Telegraph (1997) Hague slaps down Tebbit on race, 8 October.

Daws G (1968*) Shoal of Time: A History of the Hawai'ian Islands*, Honolulu, The University of Hawai'i Press.

Degler CN (1971) *Neither Black Nor White: Slavery and Race Relations in Brazil and the United States*, New York, Macmillan.

Denitch B (1994) *Ethnic Nationalism: The Tragic Death of Yugoslavia*, London, University of Minnesota Press.

Diamond L and Plattner MF (eds) (1994) *Nationalism Ethnic Conflict and De*mocracy, London and Baltimore, MD, John Hopkins University Press.

Dikötter F (1992) *The Discourse of Race in Modern China*, London, Hurst & Co.

Dikötter F (ed.) (1997) *The Construction of Racial Identities in China and, lapan*, London, Hurst & Co.

Dollard J (1937) *Caste and Class in a Southern Town, White Caste Agression Against Negroes*, New York, Doubleday.

Donald J and Rattansi A { 1992) *`Race', Culture and Difference*, London, Sage.

Douglass F (1962) *The Life and Times of Frederick Douglass, Written by Himself*, New York, Macmillan.

Drake St Clair and Cayton HR (1962) *Black Metropolis: A Study of Negro Life in a Northern City*, vols I and 2, New York, Harper & Row.

Draper T (1970) *The Rediscovery of Black Nationalism*, New York, Viking Press.

Dresser M (1986) *Black and White on the Buses: The 1963 Colour Bar Dispute in Bristol*, Bristol, Bristol Broadsides.

Dudley MK and Keoni KA (1990) *A Call for Hawai'ian Sovereignity*, Honolulu, Na Kane O Ka Malo Press.

Durkheim E (1898) L'individualisme et les intellectuels, *Revue Bleue*, 4th Series, 10 pp. 7-13.

Durkheim E (1899) Notes sur l'antisemitisme in Dagan M, *Enquete sur I'antisemitisme*, Stock, Paris.

Dzidzienyo A and Casal L (eds) (1979) *The Position of Blacks in Brazilian and Cuban Society*, Minority Rights Group pamphlet number 7, London, Minority Rights Group.

Elkins SM (1976) *Slavery: A Problem in American Institutional and Intellectual Life*, Chicago, University of Chicago Press.

Eller JD and Coughlan R (1993) The poverty of primordialism: the demystification of ethnic attachments, *Ethnic and Racial Studies*, 16(2): I 87-201.

Epstein AL (1978) *Ethos and Identity*, London, Tavistock.

Eriksen TH (1991) *Languages at the Margins of Modernity: Linguistic Minorities and the Nation-state*, Oslo, International Peace Research Institute.

Eriksen TH (1992) *Us and Them in Modern Societies: Ethnicity and Nationalism in Trinidad, Mauritius and Beyond*, Oslo, Scandinavian University Press.

Eriksen TH (1993a) Formal and informal nationalism, *Ethnic and Racial Studies*, 16(I): 1-26.

Eriksen TH (1993b) *Ethnicity and Nationalism: Anthropological Perspectives*, London, Pluto Press.

Essien-Udom EU (1962) *Black Nationalism: The Rise of the Black Muslims in the USA*, Harmondsworth, Penguin.

Evans G (1997) *Responding to Crises in The African Great Lakes*, London, Oxford University Press.

Expresso (Lisbon) (1997) Crimes em Nome da Cor, 7 June.

Fafe JF (1990) *Naçâo: fim ou metamoı fose*, Lisbon, Imprensa Nacional Casa de Moeda.

Fardon R (1987) African ethnogenesis: limits to the comparability of ethnic phenomena, in Ladislav H (ed.) *Comparative Anthropology*, Oxford, Blackwell, Pp. 168-88.

Featherstone M (ed.) (1990) *Global Culture: Nationalism, Globalisation and Modernity*, London, Sage.

Fenton AF (1997) *E mau na hana no'eau o Hawai'i: craftspeople, public institutions and the peıpetuation of tr-adition in Hawai'i*, unpublished masters dissertation, University of Edinburgh.

Fenton S (1979) Haoles and Hawai'ians: ethnicity in the mid-Pacific, *New Community*, VIII(2): 262-71.

Fenton S (1980) *Race, class and politics in the work of Emile Durkheim, in Sociological Theories, Race and Colonialism*, Paris, Unesco.

Fenton S (1984) *Durkheim and Modern Sociology*, Cambridge, Cambridge University Press.

Fenton S (1987) Ethnicity beyond compare, review of Horowitz D (1985) *Ethnic Groups in Conflict, British Journal of Sociology*, 28(2): 272-82.

Fenton S (1988) Health work and growing old: the Afro Caribbean experience, *New Community*, 14: 426~3.

Fenton S (1996) Counting ethnicity: social groups and official categories, in Levitas R and Guy W (eds) *Interpreting Official Statistics*, London and New York, Longman.

Fielding S (1993) *Class and Ethnicity: Irish Catholics in England, 1880-1939*, Buckingham, Open University Press.

Financial Times (1996) Czech company report, 8 November, p. 3.

Financial Times (1998) Country cousins take rap for rising crime in Shanghai, 8/9 August.

Fleras A and Elliot JL (1992) *The Nations Within: Aboriginal State Relations in Canada, the United States, and New Zealand*, Toronto, Oxford University Press.

Fontaine P-M (ed.) (1985) *Race, Class and Power in Brazil*, Los Angeles, UCLA Center for Afro American Studies.

Foot P (1965) *Immigration and Race in British Politics*, Harmondworth, Penguin.

Foot P (1969) *The Rise of Enoch Powell*, Harmondsworth, Penguin.

Franklin JH (1943) *The Free Negro in North Carolina 1790-1860*, New York, WW Norton & Co.

Fraser N (1995) From redistribution to recognition? Dilemmas of justice in a postsocialist age, *New Left Review*, 212: 68-93.

Frazier EF (1957) *Black Bourgeoisie: The Rise of a New Middle Class*, New York, Free Press.

Fredrickson GM (1972) *The Black Image in the White Mind: The Debate on AfroAmerican Character and Destiny*, 1817-1914, New York, Torchbook, Harper & Row.

Fredrickson GM (1981) *White Supremacy: A Comparative Study of American and South African History*, New York, Oxford University Press.

Fredrickson GM (1988) *The Arrogance of Race: Historical Perspectives on Slavery, Racism and Social Inequality*, Hanover, New England, Wesleyan

University Press.

Fryer P (1984*) Staying Power: The History of Black People in Britain*, London Pluto Press.

Furnivall JS (1948) *Colonial Policy and Practice*, Cambridge: Cambridge University Press.

Gans H (1979) Symbolic ethnicity: the future of ethnic groups and culture in America, *Ethnic and Racial Studies*, 2(I): 1-20.

Gans H (1994) Symbolic ethnicity and symbolic religiosity: towards a comparison of ethnic and religious acculturation, *Ethnic and Racial Studies*, 17(4): 577-92.

Geertz C (1973) *The Interpretation of Cultures*, New York, Basic Books.

Gellner E (1983) *Nations and Nationalism*, Oxford, Blackwell.

Gellner E (1992) *Postmodernism Reason and Religion*, London, Routledge.

Gellner E (1994) *Encounters with Nationalism*, Oxford, Blackwell.

Genovese ED (I 971) *The World the Slaveholders Made*, New York, Vintage Books. Genovese ED (1976) Roll, Jordan, *Roll: The World the Slaves Made*, New York, Vintage Books.

Gerth HH and Wright Mills C (1961) *From Max Weber: Essays in Sociology*, London, Routledge & Kegan Paul.

Geschwender J (1980-81) *Lessons from Waiahole-Waikane, Journal of Social Process in Hawai'i*, 28: 121-35.

Glazer N and Moynihan DP (1963) *Beyond the Melting-pot*, Cambridge MA, Harvard University Press (reprinted 1970, MIT Press).

Glazer N and Moynihan DP (eds) (1975) *Ethnicity: Theory and Experience* ,Cambridge, MA, Harvard University Press.

Glenny M (1990*) The Rehirth of History, Eastern Europe in the Age of Democracy*, Harmondsworth, Penguin.

Glenny M (1992) *The Fall of Yugoslavia: The Third Balkan War*, London, Penguin.

Goddard VA, Llobera JR and Shore C (eds) (1994) *The Anthropology of Europe: Identities and Boundaries in Conflict*, Oxford, Berg.

Goffman E (1969) *The Presentation of Self in Everyday Life*, Harmondsworth, Penguin.

Goldberg DT (1993) *Racist Culture: Philosophy and the Politics of Meaning*, Oxford, Blackwell.

Goldberg DT (ed.) (1994) *Multiculturalism: A Critical Reader*, Oxford, Blackwell.

Gordon P (1989) *Fortress Europe? The Meaning of 1992*, London, The Runnymede Trust.

Gossett TF (1965) *Race the History of an Idea in America*, New York, Schocken Books.

Grillo RD (1974) *Ethnic identity and social stratification on a Kampala housing estate*, in Cohen (ed.).

Grosby S (1994) The verdict of history: the inexpungeable tie of primordiality: a response to Eller and Coughlan, *Ethnic and Racial Studies*, 17(1): 164-71.

Grosfoguel R (1997*)* Colonial Caribbean migrations to France, the Netherlands,

Great Britain and the United States, *Ethnic and Racial Studies*, 20(3): 594-612.

Guardian (1852) Anti-Catholic Riot in Stockport, 4 July.

Guardian (1995) It is true I killed your parents. It is true. I had orders, 1 May.

Guardian (1997a) Muslim riots shake China, 11 February.

Guardian (1997b) Symbols of the Old South under seige, 1 1 February.

Guardian (1997c) Census re-think, 27 June.

Guardian (1997d) China joins scramble for black gold, 29 September.

Guardian (1998) On Australia's sorry day it's goodbye to Botany Bay, 26 May.

Guillaumin C (1972) *L'ideologie raciste: genese et langage actual*, Paris and The Hague, Mouton.

Guillaumin C (1995) *Racism, Sexism, Power and Ideology*, London, Routledge.

Gutman H (1977) *The Black Family in Slavery and Freedom,* 1750-1925, New York, Vintage.

Hal1 S, Critcher C, Jefferson T, Clarke J and Roberts B (1978) *Policing the Crisis: Mugging, the State and Law and Order*, London, Macmillan.

Hall S (1992) New Ethnicities in Donald and Rattansi (eds).

Handler R (1988} *Nationalism and the Politics of Culture in Quebec*, Wisconsin, University of Wisconsin Press.

Handlin O (1973} *The Uprooted*, Boston, MA, Little, Brown.

Handy ESC, Emory KP, Bryan EH, Buck PH and Wise JH (1965) *Ancient Hawai'ian Civilisation*, Tokyo, Charles E. Tuttle.

Handy ESC, Emory KP, Bryan EH, Buck PH, Wise JH et al. (1981) *Ancient Hawai'ian Civilization*, Rutland, VT, Charles E. Tuttle.

Hasager U and Friedman J (eds) (1994) *Hawai'i: Return to Nationhood*, Copenhagen, International Work Group for Indigenous Affairs.

Hawai'i Advisory Committee to the United States Commission on Civil Rights, (1991) *A Broken Trust, The Hawai'ian Homelands Program: Seventy Years of Failure of the Federal and State Governments to Protect the Civil Rights of Native Hawai'ians*, Western Regional Office, US Commission on Civil Rights.

Hawai'i State Department of Health (1993) Health Surveillance Prograrn. Special Tabulation, Honolulu.

Hazlehurst K and Hazlehurst C (1989) Race and the Australian conscience: investigating aboriginal deaths in custody, *New Community*, 16(I): 35-48.

Hechter M (1975) *Internal Colonialism*, London, Routledge.

Hermann JS (1981) *The Pursuit of a Dream*, New York, Oxford University Press.

Hirschmann C (1986) The making of race in colonial Malaya: political economy and racial ideology, *Sociological Forum*, 1(2): 330-61.

Hirschmann C (1987) The meaning and measurement of ethnicity in Malaysia, *Journal of Asian Studies*, 46(3): 552-82.

Hobsbawm E (1990) *Nations and Nationalism Since 1780: Programme, Myth, Reality*, Cambridge, Cambridge University Press.

Hobsbawm E and Ranger T (eds) (1983) *The Invention of Tradition*, Carnbridge, Cambridge University Press.

Hoel B (1982) Contemporary clothing sweatshops, Asian female labour and collective organisation, in West IJ (ed.) *Work, Women and the Labour Market*, London, Routledge & Kegan Paul.

Holmes C (ed.) (1978) *Immigrants and Minorities in British Society*, London Allen & Unwin.

Holmes C (1988) *John Bul1's Island: Immigration and British Society 1871-1971*, Basingstoke, Macmillan.

Honolulu Advertiser (1996) Cayetano says OHA claim could reach $ 1.2 billion, 18 September.

Hormann BL and Lind AW (eds) (1996) *Ethnic sources in Hawai'i, Social Process in Hawai' i*, **29.**

Homwitz DL (1985) *Ethnic Groups in Conflict*, Berkeley, CA, University of Califomia Press.

Horowitz DL (1989) Incentives and behavior in the ethnic politics of Sri Lanka and Malaysia, *Third World QuarterIy*, 14(4): 18-35.

Hosking G (1985) *A History of the Soviet Union*, London, Fontana.

Huggins N, Kilson M and Fox D (eds) (1971) *Key Issues in the Afro-American Experience*, New York Harcourt Brace.

Hughes R (1987*) The Fatal Shore*, London, Pan Press.

Husbands CT (1991 a) The mainstream right and the politics of immigration in France: major developments in the 1980s, *Ethnic and Racial Studies*, **14**(2): 170-98.

Husbands CT (1991b) The support for the Front National, analyses and iındings, *Ethnic and Racial Studies*, **14**{3): 383-417.

Husbands CT (1994) Crises of national identity as the `new moral panics': political agenda setting about definitions of nationhood, *New Community*, **20**(2): 191-206.

Husin Ali S (1991) Development, social stratiiications, and ethnic relations: the Malaysian case, in Samarasinghe and Coughlan (eds), ss. 96-118.

Hutchinson J (1987) *The Dynamics of Cultural Nationalism*, London, Allen & Unwin.

Hutchinson J and Smith AD (eds) (1996) *Ethnicity*, Oxford, Oxford University Press.

Iganski P and Payne G (1996) Declining racial disadvantage in the British labour market, *Ethnic and Racial Studies*, **19**(1): 113-34.

Independent (1998) Queensland casts a vote for racism, 15 June.

James CLR (1938) *The Black Jacobins: Toussaint L'Ouverture and the San Domingo Revolution*, London, Allison & Busby.

Jenkins R (1986) Northem Ireland: in what sense `religions' in conflict?, in Jenkins R, Donnan H and McFarlane G, *The Sectarian*

Divide in Northern Ireland Today (Occasional paper No. 41), London, Royal Anthropological Institute.

Jenkins R (1997) *Rethinking Ethnicity: Arguments and Explorations*, London, Sage.

Jeshurun C (1993) *Malaysia: the Mahathir Supremacy and Vision 2020*, South East Asian Affairs, pp. 203-23.

Jesudason JV (1990) *Ethnicity and the Economy, the State, Chinese Business and Multinationals in Malaysia*, Oxford, Oxford University Press.

Jomo KS (1988*) A Question of Class: Capital, the State and Uneven Development in Malaya*, New York, Monthly Review Press.

Jones A (1994) Gender and ethnic conflict in ex-Yugoslavia, *Ethnic and Racial Studies*, **17**(1): 115-35.

Jordan W (1968) *White Over Black*, Baltimore, MD, Penguin.

Kame'eleihiwa L (1992) *Native Land and Foreign Desires: Pehea La E Pono Ai?* Honolulu, Bishop Museum Press.

Kanahele GS (1996) The New Hawai'ians, *Social Process in Hawai'i*, **29**: 13-21.

Kearney H (1989) *The British Isles: A History of Four Nations*, Cambridge, Cambridge University Press.

Keesing RM (1989) Creating the Past: Custom and Identity, in *the Contemporary Pacific*, **1**(1-2): 19-42.

Kennedy S (1959) *Jim Crow Guide to the USA*, London, Lawrence & Wishart.

Kent NJ (1993) *Hawai'i: Islands Under the Influence*, Honolulu, University of Hawai'i Press.

Khan JS (ed.) (1998) *Southeast Asia Identities*, Singapore, South East Asia Studies. Khan JS and Loh Kok Wah F (1992) *Fragmented Vision: Culture and Politics in Contemporary Malaysia*, Sydney, Allen & Unwin.

Kiberd D (1996) *Inventing Ireland: The Literature of the Modern Nation*, London, Vintage.

Kiernan VG (1969*) Lords of Human Kind: European Attitudes to the Outside World in the Imperial Age*, Harmondsworth, Penguin.

Klein HS (1967) *Slavery in the Americas: A Comparative Study of Cuba and Virginia*, London, Oxford University Press.

Kolsto P (1996) The new Russian diaspora, an identity of its own? Possible identity trajectories for Russians in the former Soviet Republics, *Ethnic and Racial Studies*, **19**(3): 609~0.

Kupchan CA (ed.) (1995) *Nationalism and Nationalities in the New Europe*, Ithaca , NY, Cornell University Press.

Kuper I (ed.) (1975) *Race, Science and Society*, Paris, Unesco Press.

Kymlicka W (1989) *Liberalism, Community and Culture*, Oxford, Clarendon.

Kymlicka W (1995) *Multicultural Citizenship: A Liberal Theory of Minority Rights*, Oxford, Clarendon.

Lacy D (1972) *The White Use of Blacks in America*, New York, McGraw-Hill.

Laczko LC (1994) Canada's pluralism in comparative perspective, *Ethnic and Racial Studies*, **17**(1): 20-42.

Lal V (1990) *Fiji: Coups in Paradise*, London, Zed Books.

Lawrence D (1974) *Black Migrants White Natives*, London, Cambridge University Press.

Lawson S (1992) Constitutional change in Fiji: the apparatus of justification, *Ethnic and Racial Studies*, **15**(1): 61-84.

Layton-Henry Z (1984) *The Politics of Race in Britain*, London, George Allen & Unwin.

Lee R. (ed.) (1986) *Ethnicity and Ethnic Relations in Malaysia*, Center for South East Asian Studies, Northern Illinois University.

Lee R (1990) The state religious nationalism and ethnic rationalization in Malaysia, *Ethnic and Racial Studies*, **13**(4): 483-501.

Lee SM (1993) Racial classifications in the US census 1890-1990, *Ethnic and Racial Studies*, 16(1): 75-94.

Levi-Strauss C (1975) Race and History in Kuper (ed.)

Levitas R (ed.) (1986) *The Ideology of the New Right*, Cambridge, Polity Press.

Lewis P (1994) *Islamic Britain, Religion Politics and Identity among British Muslims*, London, I.B. Tauris.

Liliu'okalani (1964) *Hawai' i's Story by Hawai' i's Queen*, Tokyo, Charles E. Tuttle.

Lim MH (1985) Affirmative action, ethnicity and integration: the case of Malaysia, *Ethnic and Racial Studies*, **8**(2): 250-76.

Lind AW (1938) *An Island Community: Ecological Succession in Hawai'i*, Chicago, University of Chicago Press.

Lind AW (1955) *Hawai'i's People*, Honolulu, University of Hawai'i Press.

Lind AW (1996) Race and ethnic relations: an overview, ethnic sources in Hawai' i, *Social Process in Hawai'i*, **29**: 110-27.

Linnekin J (1983) Defining tradition: variations on the Hawai'ian identity, *American Ethnologist*, **10**: 241-52.

Linnekin J and Poyer L (eds) (1990) *Cultural Identity and Ethnicity in the Pacific*, Honolulu, University of Hawai'i Press.

Lipton M (1985) *Capitalism and Apartheid: South Africa, 19I0-1986*, Aldershot, Wildwood House.

Little S (1994) *Sri Lanka: The Invention of Enmity*, Washington, DC, The United States Institute of Peace Press.

Litwack LF { 1961) *North of Slavery,The Free Negro in the Free States 1790-I860*, Chicago, University of Chicago Press.

Litwack LF (1980) *Been In the Storm So Long. the Aftermath of Slavery*, London, Athlone Press.

Lloyd C (1994) Universalism and difference: the crisis of anti-racism in the UK and France, in Rattansi and Westwood (eds).

Lloyd C and Waters H (1991) France: one culture, one people? *Race and Class*, **32**(3): 49~15.

Lloyd PC (1974) Ethnicity and the structure of inequality in a Nigerian town in the mid-1950s, in Cohen (ed.).

Loomis A (1976) *For Whom Are the Stars? Revolution and Counter-revolution 1893-I895*, Honolulu, University of Hawai'i Press.

Lorimer DA (1978) *Colour, Class and the Victorians: English Attitudes to the Negro in the Mid Nineteenth Century*, Leicester, Leicester University Press.

MacDonald S (ed.) { 1993) *Inside European Identities*, Oxford, Berg.

McGarry J and O'Leary B (eds) (1993) *The Politics of Ethnic Conflict Regulation*, London and New York, Routledge.

McKay J (1982) An exploratory synthesis of primordial and mobilisationist approaches to ethnic phenomena, *Ethnic and Racial Studies*, **5**(4): 395-420.

MacKenzie M Kapilialoha (ed.) (1991) *Native Hawai'ian Rights Handhook*,Honolulu, Native Hawai'ian Legal Corporation.

Magas B (1993) *The Destruction of Yugoslavia, Tracing the Break-up 1980-92*, London, Verso.

Malaysia: Seventh Malaysia Plan 1996-2000, Kuala Lumpur, Per Cetakan Nasional Malaysia Berhad.

Malcolm X (1968) *The Autobiography of Malcolm X*, Harmondsworth, Penguin.

Malik K (1996) *The Meaning of Race: Race History and Culture in Western Society*, London, Macmillan.

Marable M (1983) *How Capitalism Underdeveloped Black America*, London, Pluto Press.

Marable M (1984) *Race, Reform and Rebellion*, London, Macmillan.

Mare G (1993) *Ethnicity and Politics in Southern Africa*, London, Zed Books.

Mariappan K (1996) Micro and Macro Ethnicity: Ethnic Preferences and Structures in Malaysia, unpublished dissertation, University of Bristol.

Marks S and Trapido S (eds) (1987) *The Politics of Race, Class and Nationalism in Twentieth Century South Africa*, London, Longman.

Marquand D (1995) After Whig imperialism. Can there be a new British identity?, *New Community*, **21**(2): 183-94.

Marx AW (1998) *Making Race and Nation: A Comparison of the United States. South Africa and Brazil*, Cambridge, Cambridge University Press.

Mason D and Jewson N (1992) Race equal opportunity policies and employment practice: reflections on the 1980s, prospects for the 1990s, *New Community*, 19(1): 99-112.

Massey DS and Denton NA (1993) *American Apartheid: Segregation and the Making of the Underclass*, Cambridge, MA, Harvard University Press.

Maude HE (1981) *Slavers in Paradise: The Peruvian Slave Trade in Polynesia. 1862-1864*, Stanford, CA, Stanford University Press.

May S (1998) Language and education rights for indigenous peoples, Maori in Aotearoa/New Zealand, *Language,Culture and Curriculum*, **11**(3).

May S (1999) *Language Education and Minority Rights*, London, Longman.

Meier A and Rudwick W (1976) *From Plantation to Ghetto*, New York, Hill & Wang.

Miles R (1982) *Racism and Migrant Labour*, London, Routledge & Kegan Paul.

Miles R (1989) *Racism*, London, Routledge.

Miles R (1993) *Racism After `Race Relations'*, London, Routledge.

Miles R (1994a) A rise of racism and fascism in contemporary Europe? Some skeptical reflections on its nature and extent, *New Community*, **20**(4): 547-62.

Miles R (1994b) Explaining racism in contemporary Europe, in Rattansi and Westwood (eds), pp. 189-221.

Miles R and Phizacklea A (eds) (1979) *Racism and Political Action in Britain*, London, Routledge & Kegan Paul.

Miles R and Phizacklea A (1984) *White Man's Country,: Racism in British Politics*, London, Pluto Press.

Miller D (1995) Reflections on British national identity, *New Community*, **21** (2): 153~6.

Milne R (1981) *Politics in Ethnically Bi-polar States*, Vancouver, University of British Columbia Press.

Modood T (1992) *`Not Easy Being British' : Colour, Culture and Citizenship*, London, Trentham Books and Runnymede Trust.

Modood T and Werbner P (1997) *The Politics of Multiculturalism in the New Europe: Racism Identity and Community*, London, Zed Books.

Modood T, Beishon S and Virdee S (1994) *Changing Ethnic Identities*, London, Policy Studies Institute.

Modood T, Berthoud R, Lakey J, Nazroo J, Smith P et al. (1997) *Ethnic Minorities in Britain, Diversity and Disadvantage*, London, Policy Studies Institute.

Montagu A (ed.) (1964) *The Concept of Race*, New York, Free Press.

Moody A (1968) *Coming of Age in Mississippi: An Autobiography*, London, Peter Owen.

Mulgan R (1989) *Maori, Pakeha and Democracy*, Auckland, Oxford University Press.

Nagata JA (1974) What is a Malay? Situational selection of ethnic identity in a , plural society, *American Ethnologist*, **1**(2):.331-50.

Nagata JA (1976) The status of ethnicity and the ethnicity of status: ethnic and class identity in Malaysia and Latin America, *International Journal of Comparative Sociology*, **17**(3-4.): 242-60.

Nagel J (1994) Constructing ethnicity: creating and recreating ethnic identity and culture, *Social Problems*, **14**(1): 152-76.

Nagel J and Snipp CM (1993) American Indian social, economic, political and cultural strategies for survival, *Ethnic and Racial Studies*, **16**(2): 203-35.

Nash M (1989) *The Cauldron of Ethnicity in the Modern World*, Chicago, University of Chicago Press.

Native Hawai'ian Data Book (1996) State of Hawai'i, Office of Hawai'ian Affairs.

Nawawi MN (1990) *Plural Societies*, pp. 56-67.

Nisbet RA (1967) *The Sociological Tradition*, London, Heinemann Educational.

Norton R (1977) *Race and Politics in Fiji*, Queensland, University of Queensland Press.

Obeyesekere G (1992) *The Apotheosis of Captain Cook. European Mythmaking in the Pacific*, Chichester Princeton University Press.

Observer (1995) The battered slaves of the Gulf, 1 October.

Observer (1995) Four million Filipina maids work abroad, 1 October.

O'Hare WP, Pollard KM, Monn TL and Kent MM (1991) African Americans in the 1990s, *Population Bulletin*, 46{ 1): 1-39.

Okamura JY (1981) Situational ethnicity, *Ethnic and Racial Studies*, **4**(4): 452-63.

Oliver DL (1975) *The Pacific Islands*, Honolulu, University Press of Hawai'i.

Ollman B and Birnbaum J (eds) (1990) *The United States Constitution*, New York, New York University Press.

Omi M and Winant H (1986) *Racial Formation in the United States*, London, Routledge & Kegan Paul.

Paine R (1992) The claim to aboriginality: Saami in Norway, in Gronhaug R, Haaland G and Henriksen G (eds) *The Ecology of Choice and Symhols: Essays in Honour of Frederick Barth*, Bergen, Alma Mater.

Parekh B (1995) The concept of national identity, *New Community*, **21**(2): 255-68.

Parkin F (1971) *Class, Inequality and Political Order*, London, McGibbon and Kee.

Patterson O (1975) Context and choice in ethnic allegiance: a theoretical frame

work and Caribbean case study, in Glazer and Moynihan (eds).

Pearson D (1990) *A Dream Deferred: The Origins of Ethnic Conflict in New Zealand*, Wellington, Allen & Unwin.

Phizacklea A (1999) Gender and transnational labour migration, in Barot, Bradley and Fenton (eds).

Phizacklea A and Miles R (1980) *Labour and Racism*, London, Routledge & Kegan Paul.

Phizacklea A and Wolkowitz C (1995) *Home Working Women: Gender, Racism and Class at Work*, London, Sage.

Pinkney A (1976) *Black Nationalism in the United States*, Cambridge, Cambridge University Press.

Poliakov L (1974) *The Aryan Myth: A History of Racist and Nationalist Ideas in Europe*, Brighton, Sussex University Press.

Prejean Nakoa (1994) *Kanaka Maoli and the United Nations*, in Hasager and Friedman (eds).

Puette WJ (1988) *The Hilo Massacre: Hawai'i's Bloody Monday August I st 1938*, Honolulu, University of Hawai'i Press.

Ramet SP (1996) *Balkan Babel, the Disintegration of Yugoslavia from the Death of' Tito to Ethnic War*, Oxford, Westview Press.

Ramet SP (1996) Nationalism and the `idiocy' of the countryside: the case of Serbia, *Ethnic and Racial Studies*, **19**(1): 70-87.

Ratnam KJ (1965) *Communalism and the Political Process in Malaya*, Kuala Lumpur, University of Malaya Press.

Rattansi A (1994) `Western' racisms, ethnicities and identities in a `postmodern' frame, in Rattansi A and Westwood S (eds) *Racism, Modernity and Identity on the Western Front*, Cambridge, Polity Press.

Rattansi A and Westwood S (1994) *Racism, Modernity and Identity on the Western Front*, Cambridge, Polity Press.

Rawick GP (1972) *Sundown to Sunup, The Making of the Black Community*, Westport, CT, Greenwood.

Reitz JG and Breton R (1994) *The Illusion of Difference: Realities of Ethnicity in Canada and the United States*, Toronto, C.D. Howe Institute.

Rex J (1973) *Race Colonialism and the City*, London, Routledge & Kegan Paul. Rex J (1983) Race Relations in Sociological Theory, 2nd edn, London, Routledge & Kegan Paul.

Rex J (1986) *Race and Ethnicity*, Milton Keynes, Open University Press.

Rex J (1997a) The problematic of multinational and multicultural societies, *Ethnic and Racial Studies*, **20**(3): 455-73.

Rex J (1997b) The concept of a multicultural soeiety, in Guiberneau M and Rex J (eds) *The Ethnicity Reader: Nationalism, Multiculturalism and Migration*, Cambridge, Polity Press.

Rex J and Guibemeau M (eds) (1997) *The Ethnicity Reader: Nationalism, Multiculturalism and Migration*, Cambridge, Polity Press.

Rex J and Mason D (eds) (1986) *Theories of Race and Ethnic Relations*, Cambridge, Cambridge University Press.

Rich PB (1986) *Race and Empire in British Politics*, Cambridge, Cambridge University Press.

Robertson R (1992) *Globalization Social Theory and Global Culture*, London, Sage.

Rodriguez C and Cordero-Guzman H (1992) Placing race in context, *Ethnic and Racial Studies*, **15**(4): 523~2.

Roff WR (1994) *The Origins of Malay Nationalism*, Oxford, Oxford University Press.

Roosens EG (1989) *Creating Ethnicity: The Process of Ethnogenesis*, London, Sage.

Rosas F and Rollo MF (1998) *Lingua Portuguesa: A Herança Comum*, Lisbon, Assirio & Alvim.

Rose EJB in association with Deakin N, Abrams M et al. (1969) *Colour and Citizenship, A Report on British Race Relations*, London, Oxford University Press.

Said EW (1985) *Orientalism: Western Conceptions of the Orient*, London, Peregrine.

Said EW (1991) *Orientalism: Western Conceptions of the Orient*, Harmondsworth, Penguin.

Samad Y (1992) Book-burning and race relations: political mobilisation of Bradford Muslims, *New Community*, **18**(4): 507-19.

Samarasinghe SWR and Coughlan R (eds) (1991) *Economic Dimensions of Ethnic Conflict*, London, Pinter.

Sarawak Tribune (1997) Over one million illegal immigrants in Malaysia, 2 April.

Sayyid B (1997) *Fundamental Fear*, London, Zed Books.

Scarr D (1984) *Fiji: A Short History*, Sydney, Allen & Unwin.

Schermerhorn R (1970) *Comparative Ethnic Relations: A Framework for Theory and Research*, New York, Random House.

Schlesinger AM (1991) *The Disuniting of America: Reflections on a Multicultural Society*, New York, WW Norton & Company.

Schmidt JD, Hersh J and Fold N (eds) (1998) *Social Change in South East Asia*, Harlow, Longman.

Shaw A (1988) *A Pakistani Community in Britain*, Oxford, Blackwell.

Shils E (1957) Primordial personal sacred and civil ties, *British Journal of Sociology*, **8**(2): 130-45.

Shyllon F (1977) *Black People in Britain, 1555-1833*, London, Oxford University Press.

Siddique S and Shotam NP (1982) *Singapore's Little India: Past, Present and Future*, Singapore, Institute of South East Asian Studies.

Silber L and Little A (1995) *The Death of Yugoslavia*, Harmonds-worth,

Penguin. Silberman C E (1964) *Crisis in Black and White*, Vintage Books, New York.

Sivanandan A (1982) *A Different Hunger: Writings on Black Resistance*, London, Pluto Press.

Skultans V (1999) Gender and ethnicity in Latvian narrative experience, in Barot R, Bradley H and Fenton S {eds) *Ethnicitv, Gender and Social Change*, London, Macmillan.

Small S (1994) *Racialised Barriers: The Black Experience in the United States aird Englands in the 1980s*, London, Routledge.

Smith AD (1981) *The Ethnic Revival in the Modern World*, Cambridge, Cambridge University Press.

Smith AD (1986) *The Ethnic Origin of Nations*, Oxford, Blackwell.

Smith AD (1991) *National Identity*, Harmondsworth, Penguin.

Smith AD (1992) National identity and the idea of European unity, *International Affairs*, **68**(I): 55-76.

Smith AD (1995) *Nations and Nationalism in a Global Era*, Cambridge, Polity Press.

Smith B (1985) *European Vision and the South Pacific*, 2nd edn, New Haven, CT, Yale University Press.

Smith MG (1965) *The Plural Society in the British West Indies*, Berkeley, University of California Press.

Solomos J (1988) *Black Youth, Racism and the State*, Cambridge, Cambridge University Press.

Solomos J and Back L (1996) *Racism and Society*, London, Macmillan.

Spoonley P, McPherson C and Pearson D (1996) *Nga Patai: Racism and Ethnic Relations in Aotearoa/New Zealand*, Palmerston North, Dunmore Press.

Spoonley P, McPherson C, Pearson D and Sedgwick C (eds) (1984) *Tauiwi: Racism and Ethnicity in New Zealand*, Palmerston North, Dunmore Press.

Srinivasan S (1992) The class position of the Asian petty bourgeoisie, *New Community*, **19**(1): 61-74.

Stannard D (1989) *Before the Horror: The Population of Hawai' i on the Eve of Western Contact*, Honolulu, Social Science Research Institute, University of Hawai'i.

Stannard DE (1992) *American Holocaust, The Conquest of the New World*, Oxford, Oxford University Press.

Stanton W (1960) *The Leopard's Spots: Scientific Attitudes Towards Race in America, 1815-1859*, Chicago, University of Chicago Press.

Steinberg S (1981) *The Ethnic Myth: Race Ethnicity and Class in America*, Boston, Beacon Press.

Stone M (1981) *The Education of the Black Child in Britain: The Myth of Multiracial Education*, London, Fontana.

Takaki R (1984) *Pau Hana*, Honolulu, University of Hawai'i Press.

Tamura EH (1994) *Americanization, Acculturation, and Ethnic Identity: The Nisei Generation in Hawai'i*, Urbana and Chicago, University of Illinois Press.

Taylor C (1992) *Multiculturalism and The Politics of Recognition*, Princeton, Princeton University Press.

Taylor CM (1994*) Multiculturalism: Examining the Politics of Recognition*, Princeton, Princeton University Press.

Thoburn JM (Bishop) (1892*) India and Malaysia*, New York, Hunt & Eaton.

Thomas WI (1966) *On Social Organisation and Social Personality*, Chicago, University of Chicago Press.

The Times (1965) The Dark Million, 18-27 January.

Tiryakian EA (1971) The principles of 1789 and sociology, in Tiryakian EA (ed.) *The Phenomenon of Sociology*, New York, Appleton Century Crofts.

Tishkov V (1997) *Ethnicity. Nationalism and Conflict In and After the Soviet Union: The Mind Aflame*, London, Sage.

Tonkin E, McDonald M and Chapman M (eds) (1989) *History and Ethnicity*, Association of Social Anthropologists, monograph no. 27, Routledge.

Tönnies F (1963) *Community and Society*, New York, Harper & Row.

Trask Haunani K (1991) Natives and anthropologists: the colonial struggle, *Contemporary Pacific*, **3**(1): 1 1 1-17.

Trask Haunani K (1993) *From a Native Daughter: Colonialism and Sovereignty in Hawai'i*, Maine, Common Courage Press.

Trollope A (1 991) *The Bertrams*, Oxford, Oxford University Press.

Turnbull C (1948) *Black War: The Extermination of the Tasmanian Aborigines*, Melbourne, Lansdowne Press.

Turner BS (1994) *Orientalism, Postmodernism and Glohalism*, London, Routledge.

US Bureau of the Census (1993) Census of Population. Social and Economic Characteristics, Hawai'i CP-2-13, Washington.

Uyehara M (1977) *The Hawai'i Ceded Lands Trusts; Their Use and Misuse*, Honolulu, Hawai'iana Almanac Publishing.

Vallieres P (1971) *White Niggers of America*, Toronto, McClelland & Stewart.

Vann Woodward C (1951) *Origins of the New South 1877-I913*, Baton Rouge, Louisiana State University Press.

Vann Woodward C (1963) *Tom Watson: Agrarian Rebel*, New York, Oxford University Press.

Vann Woodward C (1964) *American Counterpoint*, Boston, Little, Brown.

Varigny C de (1981) *Fourteen Years in the Sandwich Islands: 1855-1868*, Honolulu: University of Hawai'i Press.

Vertovec S (1992) *Hindu Trinidad: Religion, Ethnicity and Socio-Economic Change*, London, Macmillan.

Virdee S (1995) *Racial Violence and Harassment*, London, Policy Studies Institute.

Wade P (1985) Race and class: the case of South American blacks, *Ethnic and Racial Studies*, **8**(2): 233-49.

Walker R (1990) *Ka Whawai Tonu Matou: Struggle Without End*, Auckland, Penguin.

Wallman S (ed.) (1979) *Ethnicity at Work*, London, Macmillan.

Walvin J (1973) *Black and White: The Negro and British Society*, London, Allen & Unwin.

Walvin J (1983) *Slavery and the Slave Trade: A Short Illustrated History*, Jackson, MS, University Press of Mississippi.

Washington BT (1945) *Up from Slavery, an Autobiography*, London, Oxford University Press.

Waters MC (1990) *Ethnic Options: Choosing Identities in America*, Berkeley, CA, University of California Press.

Watson G (1970*) Passing for White*, London, Tavistock.

Wayland SV (1997) Religious expression in public schools: kirpans in Canada, hijab in France, Ethnic and *Racial Studies*, **24**(3): 545-61.

Weber E (1976) *Peasants into Frenchmen, the Modernization of Rural France 1870-1914*, Stanford, CA, Stanford University Press.

Werbner P and Modood T (1997) *Debating Cultural Hybridity: Multicultural Identities and the Politics of Anti-racism*, London, Zed Books.

Werbner R and Ranger T (eds) (1996) *Post Colonial Identities in Africa*, London, Zed Books.

Wieviorka M (I 994) Racism in Europe: Unity and Diversity, in Rattansi and Westwood (eds).

Wilkie M (1994) Anti-discrimination law in Australia, *New Community*, **20**(3): 437-54.

Williams C (1994) *Called Unto Liberty*, Clevedon, Multi-lingual Matters.

Williams R (1958) *Culture and Society 1780-1950*, New York, Harper & Row.

Wilson WJ (1980) *The Declining Significance of Race*, Chicago, University of Chicago Press.

Wilson WJ (1987) *The Truly Disadvantaged; The Inner City, the Underclass and Public Policy*, Chicago, University of Chicago Press.

Wolf E (1982) *Europe and the People without History*, Berkeley, University of California Press.

Wolpe H (1988) *Race, Class and the Apartheid State*, Paris, Unesco.

Woo D (1990) The `overrepresentation' of Asian Americans: red herrings and yellow perils, *Sage Race Relations Abstracts*, **15**(2): 3-36.

Yelvington KA (ed.) (1993) *Trinidad Ethnicity*, London, Macmillan.

Yin Hua Wu (1983) *Class and Communalism in Malaysia: Politics in a Dependent Capitalist State*, London, Zed Books.

Yinger MJ (1994) *Ethnicity*, New York, State University of New York Press.

Young C (ed.) (1993) *The Rising Tide of Cultural Pluralism. The Nation State at Bay?*, Madison, WI, University of Wisconsin Press.

Yuval-Davis N (1993) Gender and Nation, *Ethnic and Racial Studies*, **16**(4): 621-633.

Yuval-Davis N (1997) Gender and Nation, London, Sage.

Zeitlin IM (1968) *Ideology and the Development of Sociologica! Theory*, Englewood Cliffs, NJ, Prentice-Hall.

Dizin